法学教室
LIBRARY

Introduction to Tax Law
Masui Yoshihiro

租税法入門

第3版

増井良啓

有斐閣

第3版 はしがき

　第2版の刊行後5年余りの間に，税制改正が繰り返され，重要判例が登場し，注目すべき研究が公表されました。そこで，このような新しい動きを織り込んで，第3版としました。所得課税を中心に租税法の見取図を簡潔に描くこと，そのさい租税政策を意識すること，という基本方針に変更はありません。

　租税法の学習を山登りにたとえると，所得課税を素材として租税法に入門するのは，よく整備された太い山道を登ることに似ています。登山者の往来も多く，議論の蓄積もあるので，初めて租税法を学ぶ方に適しています。日本における公的サービスの資金源としては社会保険料や消費税の比重が高まっていますが，租税法の学習にあたってまず所得課税に取り組むことの利点は明らかです。

　ときおり，『租税法入門』という本書の題名が入門書のイメージにそぐわない，とおっしゃる方がいます。これに対しては，本書の初版への書評が次のように指摘してくれています。「本書は，租税法の入門書といっても，税金の計算方法を学ぶ書物ではなく，『租税法』という学問として，そのような計算を基礎付ける思想や計算の意味を考えて，あるべき課税の姿を考えようとする書物である。」（須藤典明「書評」金融法務事情1998号〔2014年〕124頁）。まさにこの指摘の通り，現行法の骨格を学び，その基礎を問う営みへの入門，という意味として題名をご理解いただければ幸いです。

　第2版以降，本書をとりまく環境は大きく変わりました。本書の著者は配偶者に先立たれ，本人も病を得ました。新型コロナウイルス感染症は研究教育環境を激変させ，従来の授業方式に反省を迫りました。著者の師匠である金子宏教授が逝去されました。困難な状況の中で本書の改訂が可能になったのは，あたたかく励ましてくれた先輩・同僚・友人と，熱心に講義や演習に参加された方々のおかげです。安佐鎮裁判官は本書第2版の韓国語版を公刊されました。有斐閣編集部の皆さまはプロフェッショナルな仕事を遂行されました。感謝申し上げます。

　2023年11月

増 井 良 啓

第2版　はしがき

　2014年の初版刊行から，はやくも4年が経過しました。この間，いくつもの税制改正がなされ，興味深い裁判例が登場しました。また，注目すべき研究が内外で公表されています。そこで，これらを取り込んで叙述を更新し，第2版としました。所得課税を中心に租税法の見取図を簡潔に描くこと，そのさい租税政策を意識すること，といった方針に変更はありません。

　第2版では，「Part 04展開」に3つの章を新設しました。Chapter 19は，所得税でよく問題となる所得区分について，実践のためのヒントを提供します。Chapter 20は，みなし配当を単純な設例で例解するもので，企業法務に関心のある皆さんの要望を反映しています。Chapter 21は，所得税における相続の扱いを，判例にそくして検討します。このような拡充により，本書は，一歩先の学習にも役立つものに進化しました。なお，初版最終章の事例問題は分量の関係で削除し，その内容の一部をChapter 19に引き継ぎました。また，租税法の解釈に関する章を「Part 01序論」のChapter 5に移動し，直前のChapter 4の法形成過程とのつながりがわかりやすいようにしています。その他，こまかな項目やコラムなどにつき，この間の授業経験を踏まえて，改善を試みました。末尾の判例索引ひとつをとっても，教材としてより使いやすくなっていることがおわかりいただけることでしょう。

　改訂にあたり，多くの方々のお世話になりました。とりわけ，東京大学，一橋大学，北海道大学，税務大学校の授業参加者からは，貴重なご意見やご質問をいただきました。有斐閣の五島圭司さんは，『法学教室』連載時から引き続き，周到かつ綿密に編集を担当してくださいました。人生のパートナーである高須奈緒美は，困難な時期にあって，持ち前のユーモアと明るさで強く筆者を支えてくれました。深く感謝します。

　2018年7月

増　井　良　啓

初版　はしがき

　本書は租税法の入門書であり，所得課税を中心に租税法の見取図を描くものです。全体を通じた目標は，経済取引を行った場合に課税がどうなるかを考える力を身につけることです。主な読者として，大学で租税法を学習する方を想定しています。

　法科大学院で私が担当する「租税法」の授業では，取引を行った場合にどのような課税問題が生ずるかを，具体的な事案にそくして検討します。おのずから，法令の条文をあてはめ，判例を読み解く，といった訓練に，授業時間のほとんどを費やします。そのさい，「もっと時間に余裕があれば現行法の背景となっている基本的な政策をていねいにお話しできるのに」と思うことがよくあります。

　そこで本書では，租税政策（tax policy）を意識して簡潔な叙述を試みました。租税政策というのは，望ましい税制のあり方に関する政策論のことで，立法論を展開するための基礎となり，個別規定の解釈論を根っこのところで支えてくれます。本書のはしばしに沿革や比較法，初歩的な経済学が顔を出しているのも，租税政策の角度から現行制度をいったん相対化し，いわば「鳥の眼」から日本の租税法を描きたかったからです。

　このようなねらいをもつ本書は，所得課税を素材としていますが，租税法の全体に対する入門という位置付けの書物になっています。現行法令を隅々まで解説したり，裁判例を網羅したりするようなことは，もとより目標にしておりません。大きな筋を理解することこそが，具体的な場面における問題処理能力を習得する近道だと確信するからです。その意味で，法科大学院だけでなく，学部での学習や，公共政策大学院の租税政策関連の授業にも，役立つところがあるでしょう。

　本書の原型は，1993 年の初講義以来，東京大学の法学部と大学院専修コース，九州大学法学部，早稲田大学法学部，税務大学校などで取り組んできた授業用ノートです。2004 年以後は，東京大学法科大学院における受講者との濃密なやりとりが，授業内容をきたえてくれています。2010 年 4 月からは，このノートの一部を『法学教室』に 2 年間連載する機会に恵まれました。これを全面的に改訂し，一書にまとめたのが，本書です。

　刊行を機に，これまでお世話になった皆さまに，心から感謝いたします。

　2014 年 2 月

増 井 良 啓

本書の目標と構成

この本を手にしているほとんどの皆さんは，これまで租税法の世界になじみがなく，これがどのような科目なのか予測しにくいのではないでしょうか。そこで，はじめに序論を用意して，租税法の世界にご招待します（→本書 Part 01）。実は，租税法は皆さんのとても身近なところに位置しています。

本書では，所得課税を中心に，じっくりと租税法に入門します。その中核は，個人の「所得（income）」という経済的なプリズムを用いて，いろいろな私的取引の性質を考える作業です（→本書 Part 02）。契約や不法行為，物権などの学習と密接に関連するばかりでなく，市場で生じる取引に対して「ひと味違う」ものの見方を味わいます。「ひと味違う」というのは，金銭の時間的価値（time value of money）とかリスク（risk）とか消費（consumption）とかいったような，いくつかの基礎的な観念を用いつつ現実の経済取引に接近するからです。

租税法は理論的におもしろいだけでなく，実際的にも大きな意味をもちます。なぜなら，人の経済生活には必ずといってよいほど租税が関係するからです。本書の後半では，会社が各種の取引を行った場合に法人税の課税がどうなるかを分析します（→本書 Part 03）。これによって，「法人成り」をはじめとする閉鎖的同族会社に特有の問題から，上場会社の活動に伴って生ずる問題まで，日本の経済社会で起きていることに課税の角度から接近することになります。

最後にまとめの意味で，それまでに学んだ内容を横断的に整理しつつ，議論を1歩先に展開します（→本書 Part 04）。

目　　次

Part 01　序　　論　1

Chapter 1　租税法とは　2

Chapter 2　租税法における公平　12

Chapter 3　歴史的展開　24

Chapter 8　所得税法のしくみ　98

Chapter 9　収入金額　113

Chapter 17　同族会社　280

Part 04　展　　開　295

Chapter 18　課税繰延の 3 類型　296

コラム目次

凡　　例

1　法令名の略語

　法令名の略語は，以下のものを除き，小社刊行の法令集の巻末に掲載されている
「法令名略語」に従っています。

所基通　　　　所得税基本通達

法基通　　　　法人税基本通達

2　判例集・判例誌の略語

民(刑)集　　　最高裁判所民(刑)事判例集

集民　　　　　最高裁判所裁判集民事

高民集　　　　高等裁判所民事判例集

行集　　　　　行政事件裁判例集

訟月　　　　　訟務月報

家月　　　　　家庭裁判月報

税資　　　　　税務訴訟資料

裁時　　　　　裁判所時報

判時　　　　　判例時報

判タ　　　　　判例タイムズ

3　学会誌・法律雑誌の略語

国家　　　　　国家学会雑誌

法協　　　　　法学協会雑誌

ジュリ　　　　ジュリスト

法教　　　　　法学教室

法時　　　　　法律時報

序　論

Part

01

　Part 01 では，本書全体の序論として，租税法の世界に皆さんをご招待する。

　まず Chapter 1 で，なぜ租税が必要か，また，租税を法で規律することがどうして必要かを論ずる。いいかえれば，租税法という分野の存在意義を示す。Chapter 2 で，租税が公平でなければならないという原則の意義を検討する。Chapter 3 で，明治以降の日本の税制史を概観する。Chapter 4 で，租税法が形成される過程を描写する。Chapter 5 で，租税法の解釈について判例がいかなる態度をとっているかをみる。

📄 この章のテーマ
▶租税の現状　▶租税の必要性　▶租税法律主義

1−1　租税の現状

　現在の日本において，租税収入はどのくらいの金額になっているか。

　図表1−1は，令和5年度予算における国税・地方税の内訳である。国が課す租税を国税といい，地方公共団体が課す租税を地方税という。国税と地方税は，あわせて118兆円を超えている。

　内訳をみてみよう。

▶最大の税目が所得税である。所得税は国税であり，これに連動する形で地方公共団体が個人住民税と個人事業税を課している。税収上の割合は，あわせて29.8％にのぼる。

▶次に大きいのが法人税（国税）およびそれに連動する法人住民税と法人事業税（ともに地方税）であり，あわせて22.0％である。法人税と所得税をあわせて所得課税というが，所得課税は全体の51.8％をかせぎ出している。

▶消費税（国税）と地方消費税（地方税）は，あわせて25.3％である。消費税が導入されたのは1988年の竹下登内閣のときであり，導入から35年の間に基幹的な税目に成長した。

▶相続税・贈与税の税収に占める比率は2.3％しかない。これに対し，固定資産税は，市町村の独自税源として重要であり，全体のうち8.3％である。

1−2　租税の必要性

　それでは，どうして租税が必要なのか。この問いは，ふたつの要素を含んでいる。

▶なぜ政府が必要か（→1−2−1）。

▶政府が必要であるとして，政府の活動をまかなう資金源として租税を用いる必要はどこにあるか（→1−2−2）。

図表1−1　令和5年度予算における国税・地方税の内訳

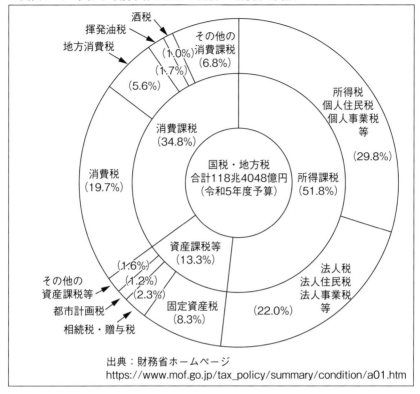

酒税
揮発油税
地方消費税
その他の消費課税（6.8%）
(1.0%)
(1.7%)
(5.6%)
所得税
個人住民税
個人事業税
等
（29.8%）
消費課税
（34.8%）
国税・地方税
合計118兆4048億円
（令和5年度予算）
所得課税
（51.8%）
消費税
（19.7%）
その他の
資産課税等
都市計画税
相続税・贈与税
(1.6%)
(1.2%)
(2.3%)
資産課税等
（13.3%）
固定資産税
（8.3%）
法人税
法人住民税
法人事業税
等
（22.0%）

出典：財務省ホームページ
https://www.mof.go.jp/tax_policy/summary/condition/a01.htm

1−2−1　なぜ政府が必要か

(1)公共財の提供

　なぜ政府が必要か。この問いは法学政治学の昔からの課題であり，いろいろなアプローチが可能である。ひとつの機能的な説明は，「公共財（public goods）」を提供するためだというものである。

　ここにいう公共財とは経済学の用語であり，財だけでなくサービスも含む。公共財は，①消費が競合的であるか否か，また，②消費の排除性があるか否かによって，私的財から区別される。

　①消費が非競合的であり，かつ，②消費を排除できないのが，純粋公共財である。たとえば，警察官がパトロールをすることで街の治安が保たれ，私たちが夜道を歩くときに犯罪にあわない状態になっているとしよう。この例で，①パトロールによる安全保障の消費は，人々の間で競合しない。私が安全保障サービスの恩恵を受けたからといって，あなたが同じ恩恵から締め出

されるわけではないからである。また，②安全が保たれた以上，このサービスの恩恵は誰もが享受することになり，恩恵を排除しようとしてもそう簡単には排除できない。つまりサービスの消費が排除不可能である。

(2)公共財の供給水準

公共財はこのような性質をもつから，その供給を民間の主体にゆだねておけば，過少供給になってしまう。この点は，純粋公共財については直感的に理解しやすいところ，上記①か②のいずれかひとつからも導くことができる。すなわち，

▶①消費が非競合的である財について，料金を支払わない者を排除すれば，本来は消費したほうがよい者が消費できなくなってしまう。だが，料金を支払う者を選別できてはじめてその財を供給しようというインセンティブが出てくるから，ここに過少供給という問題が発生する。

▶②消費が排除不可能である場合，料金を支払わずにフリーライド（ただ乗り）することが得になるから，人々は公共財の提供に自発的に寄与しようとしないであろう。民間企業はこのようなただ乗りを食い止めることができず，公共財はここでも過少供給となってしまう。

要するに，市場の失敗（market failure）が生ずるのである。このように市場が失敗する場合に，政府の出番となる。政府をつくって，公共財を提供させる。政府の必要性は，このような公共財の性質から説明することができる。実際には，日本の現在の政府部門は，純粋公共財を提供する以上のはるかに広範な活動を行っている。とりわけ社会保障の規模は大きく，国の一般会計歳出総額の3割を超えている。

Column 1−1	ロナルド・コースの発見

燈台は，長い間公共財の例と考えられてきた。これに対し，ロナルド・H・コース「経済学のなかの燈台」同〔宮沢健一ほか訳〕『企業・市場・法』〔東洋経済新報社，1992年〕213頁は，17世紀から19世紀にかけての英国における燈台の歴史を実証的に検討し，多くの学者の信念とは逆に，燈台サービスは私企業によって供給されていたと論じた。

1−2−2　政府の資金源としての租税

⑴公債と租税

　さて，政府が必要だとすると，その活動をまかなうための資金源をどうするかが問題となる。現代の市場経済の下では，民間部門で生産活動が行われ，政府は原則としてみずから事業活動を行わないから，政府の財源は，民間部門に求めるよりない。その調達のやり方は，端的にいうと，取ってくるか借りるかである。借りるほうが公債の発行であり，後で返さなければならない。よって，結局のところ，取ってくることが必要になる。その手段が租税である。

⑵租税の特徴

　では，国の公共支出をまかなう手段として，どうして租税の形をとることが必要か。この点を考えるためには，租税の特徴を理解しなければならない。

　租税には，（あ）強制的であり，かつ，（い）直接の対価がない，という特徴がある。これらの特徴は，手数料には存在しない。手数料であれば，あるサービスを受けようと思った人だけが自発的に支払うから，強制的ではない。また，特定のサービスを受けることの対価として支払う。

　このような手数料方式でなく，租税という形をとって公共支出をまかなう理由は，次の点にある。公共財の性質は，消費の①非競合性と②排除不可能性である。

▶①人々の間で消費が競合しないならば，個別に手数料を徴収するよりも，社会共通の費用としてまとめて租税の形で徴収したほうがよい。

▶②消費が排除不可能であれば，自分が手数料を払わなくとも恩恵が及ぶから，誰も進んで手数料を払おうとしない。フリーライドが可能だからである。強制的にかつ対価のない形で徴収しなければならず，租税の形をとることが必要となる。

　こうして，公共財を提供するための財源として租税が必要である，と説明できる。この点について，日本国憲法 30 条は，「国民は，法律の定めるところにより，納税の義務を負う」と定めている。この規定は，なぜ納税の義務があるかを書いていない。しかし，以上のように考えると，公共財を提供するためには対価なしに強制的な形で資金を調達する必要があるからだ，と説明することができよう。

　租税の特徴に関する上の説明は，公共財の性質との関係で租税概念の核心をとらえたものである。日本の所得税や法人税がこれにあたることを理解できれば，さしあたり十分である。

なお，歴史的には，労務の提供や特定産品の納付（米の年貢など）を強制していた段階から，現在のように金銭納付による段階に移行した。日本では，明治初年の地租改正（→**3−1**）がこの転換を成し遂げた。通貨制度の安定が背景にある。これを反映して，租税の学問上の定義では，金銭給付であることが要素とされる（租税法における金銭の位置付けについては，藤岡祐治「為替差損益に対する課題：貨幣価値の変動と租税法(1)」国家130巻9＝10号〔2017年〕790頁参照）。

(3)その他の機能

　租税は，公共財提供のための財源を調達するという主要な機能に加えて，次の機能をもつ。

▶再分配機能。再分配とは，市場による富の分配を基準としたときに，その分配状況に対して国家が介入し，富める者から貧しい者へと富を移転することである（→**2−3**）。たとえば，相続税は税収の上では必ずしも大きな存在ではないが，富の公正な分配の上で重要な機能を果たす。

▶経済安定化機能。経済活動の極端な変動を避ける機能である。所得税の累進税率の下では，景気が過熱して所得が増えると税額が比例的以上に増えて手取りを減らし，景気が後退するとその逆の機能を果たす。また，不況期には企業減税を行って企業の手元に残る資金を増やし，投資を盛んにすることが試みられる。

▶市場のひずみの補正。カーボンプライシングにおける炭素税のように，市場における価格形成のひずみを補正し，外部性に対応するために租税という政策手法を用いる例がある。人々の行動を特定の方向に誘導するための措置として，研究開発税制のような租税誘因措置を構ずることも多い。

1−2−3　租税根拠論との関係

　以上，公共財の性質から租税の必要性を論証してきた。このような機能的な説明がなされるようになったのは，かなり新しいことである。それ以前，近代市民革命期以降の欧州においては，租税の正当化根拠をめぐり，利益説と義務説の流れが存在してきた。

(1)利益説

　利益説は，17世紀から18世紀の政治思想家により広く受容され，19世紀末から復興された考え方であって，租税の根拠を国から受ける利益に求める。その基礎には社会契約説がある。国の目的は市民の身体と財産を保護するこ

とにある。そのために社会契約によって国をつくり，そこから一般的な形で利益が得られる。その対価が租税である，というのである。

利益説はさらに，税負担の配分原理として，各人が国家から受ける利益に応じて税負担を配分すべきであるという（応益負担）。しかし，このような利益の大きさを各人ごとに計測することは不可能である。J・S・ミルは，財産の保護という利益の対価として財産に応じた税負担が望ましいという説を痛烈に批判し，10倍の財産をもっているからといって10倍の利益を受けるとはいえないだろう，むしろ最も弱い立場にある人こそ国から利益を受けるのだから利益説の考え方をおしすすめると極端な逆進課税になってしまうと論じた。

(2)義務説

義務説は，国家は当然に課税権をもつのであって，納税は国民の当然の義務であるとする。この考え方は，19世紀後半にドイツで展開された国家観と強く結びついていた。義務説のポイントは，公共財の供給に関する決定から租税を切り離すところにある。そして，税負担の配分基準としては，能力に応じて課税する，という構成をとる（能力説・応能負担）。

義務説は，租税が強制的なものだという点を的確にとらえている。また，そこから導き出される担税力の考え方は，福祉国家の理念に合致し，20世紀には実定憲法に取り入れられる例もあった。たとえば，1947年イタリア共和国憲法53条は，「何人も，その担税能力に応じ，公共の費用を分担しなければならない」と定めた。

しかし，義務説と結びついていた国家観は，あまりに権威主義的である。日本国憲法30条は「納税の義務を負う」と定めるが，上のような意味での国家観をとったとみるのは，憲法前文のつくりと整合しない。この規定は「法律の定めるところにより」というところに力点をおいて読み，民主的租税思想の発露ととらえるべきであろう。人のために国があるのであって，国のために人があるのではない。私たち個人の暮らしがよくなるように，国をつくり，公共財を提供させる。そして，公共財を提供するために必要な資金を，租税という形で徴収する。しかもそれを，国民の代表がつくる法律の定めによって決める，というわけである。この点につき，最大判昭和60・3・27民集39巻2号247頁［大嶋訴訟］も，「およそ民主主義国家にあっては，国家の維持及び活動に必要な経費は，主権者たる国民が共同の費用として代表者を通じて定めるところにより自ら負担すべきもの」であるとする。

Column 1−2	伊藤博文の理解

伊藤博文に帰せられる『憲法義解』は，明治憲法21条の納税の義務に関する規定の注釈として，「納税は一国共同生存の必要に供応する者にして，兵役と均く，臣民の国家に対する義務の一たり」と述べた。さらに，政府は人民の契約に基づいて基礎付けられるという「民約の説」を退け，フランスの学者の述べる租税利益説は「実に千里の謬たることを免れず」と激しく批判した。

(3)税負担の配分基準

租税の正当化根拠を問うことは常に重要な課題でありつづける。だが，公共財を提供する主体として国の存在を承認する以上，税負担をいかなる基準で人々の間に配分するかという問題のほうが相対的に重要である。これは，複数の税目をどう組み合わせるべきかというタックス・ミックス（tax mix）の問題である。また，個別税目の設計，たとえば所得税について所得概念をどう構成すべきか，税率構造をどうすべきかといった問題でもある。さらに，次章で学ぶように，租税を法律上納付する主体と，実際にそれを「負担」する主体とがズレてくる可能性がある点に留意する必要がある。

1−3　租税法律主義

以上，日本の租税の現状と租税の必要性について，大筋を確認してきた。それでは，どうして租税について法で規律することが必要なのだろうか。この問いは，租税「法」という分野が成立しうるための政治的前提条件にかかわる。

1−3−1　沿革

租税は法律に基づくものでなければならないという原則を，租税法律主義という。租税法律主義は，法治主義のあらわれである。近代以前の国家においてはしばしば，君主が人々の自由や財産に恣意的に干渉した。そこで，これに対して，人々の自由と財産を保護するため，公権力の行使は法律の根拠に基づかなければならないと主張された。この主張は，はじめは政治原理として主張され，のちに憲法原理として定着した。

租税法律主義が最初に確立したのは，英国である。1215年のマグナ・カルタは，君主が各種の負担を課すには封建貴族の同意が必要である，と定め

た。その後，英国では議会制度が発達する。その反面，君主の権力が徐々に制限される。その中で，租税を課するためには議会が同意しなければならない，という原則ができてくる。そして，議会の構成員も貴族階級だけでなく市民階級に広がっていく。こうして，租税を課すためには議会の承認が必要である，つまり，法律が必要だということになった。このように，租税法律主義は，歴史的にみると，君主による恣意的課税から私人を保護することを目的として，展開してきた。

　租税法律主義は，その後，他の国でも憲法原理として承認された。日本でも，明治憲法 62 条が，「新ニ租税ヲ課シ及税率ヲ変更スルハ法律ヲ以テ之ヲ定ムヘシ」と規定した。また，日本国憲法 84 条は，「あらたに租税を課し，又は現行の租税を変更するには，法律又は法律の定める条件によることを必要とする」と定めている。

1-3-2　民主主義的側面と自由主義的側面

　憲法 84 条は「法律……によることを必要とする」とする。これは，君主や内閣ではなく，議会が決定する，ということである。議会の構成員は国民の代表であるから，これを，租税法律主義の民主主義的側面ということができる。これに対し，租税法律主義のもうひとつの重要な側面として，自由主義的側面がある。これは，私人の自由と財産に対して国が不当に介入しないよう，防護壁を設けるという意味である。

　民主主義的な側面と自由主義的な側面は，相互に関連しているが，区別できる。このことを理解するために，思考実験として，次の所得税法の改正案を考えてみよう。この仮想の法律案では，所得税法には，「第 1 条　所得税については，すべて，所得税法施行令に定めるところによる」とだけ定める。所得税法施行令とは，内閣が定める政令のことである。そして，現行所得税法に書いてあることすべてを，そのままそっくり所得税法施行令に書き込んだとする。

　このような法律案が登場することは現在の日本において全く現実的でないが，仮にこのような法律ができたとすれば，それは明らかに憲法 84 条に違反するであろう。

▶民主主義的側面からみると，国会が決すべきことがらを，内閣に白紙委任している。これでは，民主政の基本構造に合致せず，三権分立の均衡を失する。憲法 84 条の趣旨に抵触することおびただしい。これに対しては，84 条の文言は「法律又は法律の定める条件」によることを要求しているから，「法律に定める条件」すなわち政令で定めておけばよいという人が

いるかもしれない。しかし，国会が決めるというもともとの趣旨からして，法律が政令に委任するにあたっては，「法律自体から委任の目的，内容，程度などが明らかにされていること」が必要である（大阪高判昭和43・6・28行集19巻6号1130頁［大阪銘板事件]）。上の法律案はこの基準をとうてい満たさない。

▶自由主義的側面についてはどうであろうか。同じ内容であることが事前に明確にわかっている限り，私人にとっては，所得税法に書いてあっても，所得税法施行令に書いてあっても，予測可能性という点では同等なのではないか。そういう人がいるかもしれない。このような見方が出てきうることからも，自由主義的側面に関する問題のあらわれ方が，民主主義的側面に関するそれとはやや異なることが理解できよう。もっとも，政令の場合には，法律に比べて，ルールの変更が容易である。だから，その時々の内閣が恣意的に所得税法施行令を変えてしまえば，不意打ちにより私人の予測可能性を害する可能性は高まる。そこまで含めて考えれば，上の法律案は，自由主義的側面からみても問題がある。

1－3－3　法律で定めておくことの意味

　今日，租税は，経済活動のあらゆる局面に関係をもっている。合理的な経済人であれば，その意思決定に，租税の問題を組み込む。その意味では，いかなる行為や事実からいかなる納税義務が生ずるかをあらかじめ法律の中で明確にしておくことが，法的安定性と予測可能性を保障することにつながる。それを充足することで納税義務が成立する要件のことを課税要件というが，課税要件を法律で明確にしておくことが望ましいのである。

　前掲最大判昭和60・3・27［大嶋訴訟］も，憲法84条の解釈として，「課税要件及び租税の賦課徴収の手続は，法律で明確に定めることが必要である」と述べている。また，最判平成23・9・22民集65巻6号2756頁［土地譲渡損失損益通算否定事件］は，憲法84条が課税要件を法律で明確に定めるべきことを規定している趣旨として，「これにより課税関係における法的安定が保たれるべき趣旨を含む」と述べた上で，暦年途中の租税法律の変更と新ルールの暦年当初からの適用が違憲になるかどうかを審査している。

Column 1 − 3　　　　トヨタの納税

　2023年3月末に終了した1年間において，トヨタ自動車株式会社の連結損益計算書には，税引前利益が3兆6687億円あり，法人所得税費用が1兆1757億円あった。3割強が租税納付に充てられていたことになる。この数字から，企業経営に占める租税の比重の大きさを実感してほしい。

📄 この章で学んだこと
▶ 公共財を提供するためには，租税が必要である。
▶ 租税の根拠について，利益説と義務説の流れがある。
▶ 租税法律主義には，民主主義的側面と自由主義的側面がある。

→ 調べてみよう
▶ 租税法は，どのような研究分野として成立したのだろうか？
　→金子宏「市民と租税」『岩波講座現代法(8)』（岩波書店，1966年）313頁（同『租税法理論の形成と解明(上)』〔有斐閣，2010年〕3頁に所収）
▶ 租税法を知っておくと，いいことがあるか？
　→法教425号（2016年）の特集「租税法の世界」における谷口勢津夫・佐藤英明・渡辺徹也・渋谷雅弘・増井良啓論文

📑 この章のテーマ
▶租税公平主義 ▶水平的公平 ▶垂直的公平

2−1 租税公平主義

　租税負担を人々の間に公平に分配しなければならないという原則を，租税公平主義という。租税公平主義は，課税における平等原則のあらわれであり，憲法 14 条の命ずるところである。この原則の歴史的淵源は，封建制度の下の身分制を打破し，すべての国民を法の下で平等に扱うように改めたところにある。たとえば，フランス革命前のアンシャン・レジームにおいては，貴族と聖職者が特権階級として免税され，第三身分に租税負担が偏っていた。このような状況を批判して，シィエスは，第三身分にのみ課される税は全廃すべきであると論じた。

　それでは，現代の日本において税制を設計する立法者に対し，憲法 14 条は何を命じているか。この点について検討するためには，1970 年代以降における租税論の進展を勘案することが有益である。市場や法に関する理解が深まり，ものの見方や分析手法が進化した。その結果，課税の公平に関する議論のやり方が刷新されたからである。

　ここでいう公平とは，英語の equity（衡平）のことである。より日常的には，公正（fair）とほとんど同義に用いることもある。以下では，公平という用語が多義的であることに注意した上で，次のふたつの概念を解きほぐしていこう。

▶水平的公平（horizontal equity）　等しい状況にある者を等しく扱うことを意味する。

▶垂直的公平（vertical equity）　異なる状況にある者に対して適切な差異のパターンを設けること，ひらたくいえばより豊かな人により重く課税することを指す。

　なお，税制改革の基本原則として公平に言及する例は多い。1988 年の抜本的税制改革（→**3−5**）の基本理念として，税制改革法 3 条は，税負担の

公平の確保，税制の経済に対する中立性の保持，税制の簡素化をあげた。2009年からの民主党政権下の税制調査会は「公平・透明・納得」の3原則をあげた。2012年末からの自民党と公明党の連立政権は，「公平・中立・簡素」の3原則を明示して，税制調査会への諮問を行った。

2−2　水平的公平

2−2−1　事後の観念としての水平的公平

　はじめに，水平的公平の内容をイメージするために，次の例を想定しよう。太郎は八百屋を営む事業所得者であり，花子は会社に勤める給与所得者である。いま，X国の所得税制が，事業所得にのみ課税し，給与所得を非課税にしていたと仮定しよう。このとき，ふたりが同額の所得をかせいでいた（＝「等しい状況にある」）としても，太郎は花子よりも重課され（＝「等しく扱って」いない），水平的公平が保たれない。

　水平的公平は，事後（ex post）の観念である。X国で職業選択の自由が保障されているとすれば，太郎と花子はそれぞれに働き方を選択できたはずである。それぞれの職業選択を動かしようのない与件としてはじめて，水平的公平に反するという結論に至る。事業所得者としての人生を選択した太郎と，給与所得者としての人生を選択した花子とを，事後の視点から比較しているのである。

　これに対し，これから選択を行おうという事前（ex ante）の視点からみると，X国のこの税制は，中立性（neutrality）に反するということができる。水平的公平と中立性は，類似した概念であるが，視点を異にする。水平的公平が人が選択を行った後の結果を比較するのに対して，中立性は選択を行う際の意思決定に着目する。

　もし，自己責任の観点を徹底的に強調するならば，この例で水平的公平などそもそも問題になり得ない，という考え方も論理的には成立しうる。太郎と花子は，八百屋を営むか会社に勤めるかを自由に選択することができた。そうだとすると，選択の結果として不利益を被ったとしても，不正であるとはいえない，という考え方である。

　しかし，この考え方には難点がある。第1に，自由な選択が可能であったというためには，選択にあたって拘束が存在しないという前提が必要である。だが，現実の世界において，人は種々のしがらみの中で生きていたり，コミットメントを行っていたりする。過去との紐帯の中で生きているのであって，一切の拘束がないまっさらな選択など，現実にはあり得ない。第2に，あり得る選択肢について，人は，十分な情報を有していないことがある。選

択肢の存在が認識できなければ，選択することはできない。このように，水平的公平が一切問題になり得ないという考え方は，仮想の自由選択を根拠にしてしまっており，説得力を欠く。

2-2-2 「市場の見えざる手」による調整

(1)市場における競争

　水平的公平が問題になる局面は，一定の条件の下で，資源配分の効率性の問題に置き換わってしまう。課税が人々の行動に変化を及ぼすと，その結果として水平的不公平が消失することがありうるからである。

　このことを理解する上で，はじめに頭にたたきこんでおいてほしいのは，市場では競争が働くという事実である。たとえば，暖冬で野菜の出荷が増えれば，野菜の値段が下がる。これは，売手の間で競争が働き，より低い価格で売ろうとするからである。競争的な市場における需要と供給の関係からモノやサービスの価格が変化するという点が，問題の核心である。

(2)具体例を用いた例解

　いま，リスクとリターンが全く同一の投資プロジェクトがふたつあり，そのうちAは課税され，Bは非課税であったとしよう。太郎はプロジェクトAに投資し，花子はプロジェクトBに投資する。市場への参入障壁がなく，情報がゆきわたっており，かつ取引費用がかからないものとする。インフレがない条件の下で，課税前の収益率がABともに10％である。

　ここで税率50％の租税を導入すると，当初の状況は次のようになる。Aからの収益はフルに課税されるので，税引後の収益率は5％である。Bは非課税であるため，税引後の収益率は10％のままである（図表2-1）。

図表2-1　当初の収益率

	プロジェクトA	プロジェクトB
税引前	10％	10％
税引後	5％	10％

　この数字を見た投資家は，どのように反応するだろうか。合理的な投資家ならば，AではなくBに投資するであろう。その結果，一方で，Bに対する投資が過剰となる。投資が増えて競争が激しくなると，投資家はより小さなリターンで満足しなければならなくなる。つまり，Bの税引前収益率が引き下げられる。このメカニズムは，さきに述べた需要と供給のバランスによ

る。プロジェクトＢをめぐる競争的市場では，投資が過剰になると税引前収益率が下がっていくのである。他方で，Ａに対する投資が減り，Ａの税引前収益率が引き上げられる。収益率が高くないと，Ａには投資してくれないからである。

　こうして，「市場の見えざる手」による調整が働き，税引前収益率が変化していく。この運動は，ＡとＢの税引後収益率が等しくなるところまで続く。どこで均衡するかは条件によるが，ここでは税引後の収益率がＡＢともに８％のところで均衡するものとしておこう。このとき，税引後で８％の収益率をもたらすためには，プロジェクトＡは税引前で16％の収益率を有していなければならない。プロジェクトＢのほうは非課税であるため，税引前収益率は税引後収益率と同じく８％である（図表２−２）。

図表２−２　調整後の収益率

	プロジェクトＡ	プロジェクトＢ
税引前	16%	8%
税引後	8%	8%

　この例では，投資プロジェクトＡＢの間の選択に対し，課税が中立性を欠いている。その結果，資源配分に歪みが生ずる。当初の状態においては，ＡＢともに税引前の成績で10％の収益率をもたらしていた。ゆえに，投資家は，ＡＢ間の選択について無差別に投資すればよかった。これに対し，非中立的な課税の結果，税引後収益率に格差が生じ，人々の投資行動が変化した。その結果，図表２−２の状態において，プロジェクトＡは税引前で16％の収益率がないと，プロジェクトＢに負けてしまう。プロジェクトＢは８％の収益率しかないにもかかわらず，プロジェクトＡと互角に競争できる。これは，収益力の低いプロジェクトを優遇することに他ならない。

　注目すべきは，図表２−２の状態において水平的公平が満たされていることである。均衡後の状態において，太郎がＡに投資し，花子がＢに投資したとしよう。この場合，二人の税引後収益率は等しい。太郎と花子はその意味で「等しく」扱われており，水平的公平が維持されている。このように，課税により人々の行動が変化するならば，市場における調整過程が終了した後に選択を行った個人について，水平的不公平は存在しない。すなわち，太郎と花子は「等しい状況」にあり，かつ，税引後収益率をみれば「等しく」取り扱われているのである。

　このことを一般化すれば，次の通りである。すなわち，課税によって人々

の行動が変化し，市場の「見えざる手」が税引後収益率を均等化する。その
ため，水平的公平の問題が消えてしまう。残るのは，市場における資源配分
の効率性の問題のみである。

(3)租税裁定と黙示の税

　図表2−2のプロジェクトBに相当する典型例が，米国における非課税
の地方債である。州政府が地方債を発行し，投資家がそれを買う。米国の連
邦所得税との関係では，投資家は，地方債の利子を受け取っても，非課税で
ある。そこで，非課税地方債への投資が過剰になる。つまり，課税債Aから
非課税債Bに乗り換える裁定取引が起こる。これを租税裁定（tax arbitrage）
という。

　租税裁定取引の結果，地方債の税引前利子率は，他の同じ条件の課税債よ
りも実際に低くなっている。この利子率の低下は，黙示の税（implicit tax）
と呼ばれる。明示的な課税ルールでは，地方債の利子はあくまで非課税とさ
れている。だが，市場調整が働くことで，税引前利子率が10％から8％に下
がる。投資家は2％分損をしており，これが黙示の税である。この2％分が
誰の得になっているかというと，地方債を発行した州政府である。2％分だ
け利払額を節約できるからである。要するに，地方債の利子を非課税にした
ことの恩恵は，投資家にではなく，州政府に及んでいることになる。

(4)タックス・クライアンテーレ

　市場調整後の状態において，あくまで課税債Aに投資したいと考える主
体が存在する。それは非課税団体である。非課税団体は収益を受け取っても
課税されないため，税引前収益率16％をそのまま享受できるからである。
このように，投資プロジェクトAには特定の顧客（tax clientele）がつく。

2−2−3　推論過程の吟味

　租税裁定や黙示の税といった知見がなぜ重要かといえば，水平的公平の概
念の基礎を問い直し，税制の評価基準を塗り替えるからである。Aを重課
しBを軽課する税制の下で人々の行動が変化することがないならば，事後
的にみて水平的公平を満たさないことだけを問題にしていればよかった。こ
れは，人々の行動が変化しないと想定している点で，静的な見方といえよう。

　これに対し，より動的な見方をとり，課税ルールが人々の行動に影響し，
税引前収益率の変動をもたらすことまでを視野に入れるとなると，話はずい
ぶん違ってくる。租税の帰着（incidence）を分析し，経済活動に与える効果

をみる。そのようにして課税が資源配分と所得分配に与える影響を考えてはじめて，特定の課税ルールの望ましさを語ることができる。水平的公平という評価基準を超えた大きな広がりがある。

　もっとも，だからといって，伝統的な水平的公平という観念に出番がなくなってしまうと断ずるのは軽率にすぎる。ここで再び，さきの例を観察しなおしてみよう。図表2−1から図表2−2に至る過程をもう一度よくみると，以下の点が問題になる。

▶当初の収益率には格差があった。水平的公平が満たされるのは，あくまで，市場による調整が終了した後において投資を行う場合であった。調整に至る前に投資を行えば，AをとるかBをとるかで違いが残る。差別的な課税ルールが新規に導入された図表2−1の時点では，水平的不公平がもたらされるのである。

▶市場調整が完全に行われるという保障はない。もちろん，人々がある程度の情報を有しており，かつ取引費用が適度に安価である市場においては，課税資産から非課税資産への乗換えが比較的円滑に起こるであろう。けれども，現実の世界においては，そのような条件はおうおうにして満たされない。たとえば，人が課税上のうまみだけを求めて職業を変えることは，現実にはあまり考えにくいであろう。仮にそういった条件が満たされたとしても，情報の不均衡や取引費用が残存する限りで，市場調整後に税引後収益率の格差が残りつづける。とすると，図表2−2のような均衡状態には到達せず，水平的公平が達成されることはない。

　以上の2点からして，水平的公平の概念に出番がなくなるわけではない。それは，あたかも量子力学と特殊相対性理論が登場した後のニュートン力学のように，より一般的な道理の近似として有効である。私たちは依然として，納税者が法律上どれだけの租税を納付するかに，関心を持ちつづけるであろう。実際の納税手続を念頭に置けば，その局面での取扱いの差異を問題にすることには十分な理由がある。

　だが，租税立法の合理性を検証し，租税法の望ましいあり方について語るためには，それだけでは足りない。Aを重課しBを軽課する課税ルールの存在が人々の行動をどう変化させるか，そして結局のところ誰が租税を負担することになるかを意識することが大切である。「納税」する人が「負担」するとは限らないからである。

2-3 垂直的公平

2-3-1 担税力に応じた課税

次に，租税法における垂直的公平の意義を考えよう。

垂直的公平の観念を支えているのは，人々がその負担能力（担税力）に応じて課税されなければならないという考え方である。この考え方は，1-2-3で紹介した義務説の系譜につらなっており，市民革命期以来発展を重ね，福祉国家化の進行とともに支持を集めてきた。法律家の間では，応能負担原則と呼ぶことも多い。担税力といっても，それだけでは「税を担う力」というトートロジーである。そこで，制度設計にあたっては，担税力の標識としてより具体的に，所得・消費・資産の3つをバランスよく組み合わせるべきであるといわれる。

垂直的公平を重視する制度の例として，所得税の累進税率がある。累進税率の下では，所得が2倍になると所得税額が2倍超になり，高所得者は低所得者よりも比例的レベルを超えてより多くの所得税を納付する。これは，所得の大小について「異なる状況」にある人々の間に，累進税率を適用して納付税額に「適切な差異」を設けることであるから，垂直的公平の要請にかなう。

何が「適切な差異」であるかについては，人によって意見が分かれる。自由尊重主義者（libertarian）はそのような差異を設けることに反対するであろうし，平等主義者（egalitarian）はより強度の累進税を要求するであろう。実際，どの程度急進的な累進税率を設けるかは，歴史的にも変遷してきた。日本の所得税率は，明治20年の創設時には1％から3％にすぎなかったが，昭和15年改正時には10％から65％の累進税率をもつようになり，第二次大戦後かなり長い間最高税率が70％以上であった。昭和62年以降，徐々に累進度が緩和された。

Column 2-1　**累進税率は労働意欲をそこねるか**

累進税率の存在が事前にわかっていれば，高所得者になる可能性のある人は，労働を控えて余暇を増やすかもしれない（代替効果：substitution effect）。逆に，税引後の手取りを増やそうと考えて，もっと働こうとするかもしれない（所得効果：income effect）。いずれの効果が勝るかは実証研究によって検証すべき問題である。

2-3-2 独立した租税原則としての垂直的公平への批判

　垂直的公平（担税力に応じた課税）を独立した租税原則として定立することに対しては，批判がある。注意しておきたいこととして，その批判の標的は，平等主義ではない。むしろ，批判者の多くは，所得や富の分配に深い関心をもち，経済的平等の実現にコミットした人である。その人たちは，税制が再分配機能を果たすことに反対しているのではなく，垂直的公平という枠組みで望ましい税制のあり方を評価するという議論の枠組み自体を問題にしている。

　このような批判にはいくつかの流れがある。公共政策の規範的評価基準は厚生（welfare）のみによるべきであると主張する人たちは，そもそも担税力とか垂直的公平とかの評価基準を用いない。これに対し，ここでは，正義論の観点から比較的最近に展開された批判をみてみよう。

　批判の骨子は，以下のようなものである。すなわち，分配的正義は，納付税額の人々への割り当てをめぐってではなく，あくまで税引後の財産権の分配に関して議論すべきものである。国家なくして市場はなく，租税なくして国家はない。市場が産み出した分配状態が正義にかなっていないなら，配分的正義の正確な基準がその分配状態を参照することはあり得ない。また，国の活動から受ける便益から切り離して，税制だけの公正さを語ることにも意味がない，というのである。

　たとえば，それぞれ1万人の構成員から成る社会Cと社会Dがあったとしよう。社会Cでは，すべての土地を300人の地主が所有し，残りの人々はすべて小作人である。社会Dでは，構成員全員が均等に土地を所有している。富の分配についての初期条件がこのように違えば，税制のもつ経済的効果や社会的意味も，当然に異なってくる。形式的には同じ所得税の累進税率を導入したとしても，人々の間における税引後でみた富や所得の分配状況は，ふたつの社会で全く異なる。社会Cにおける経済格差は，社会Dにおけるよりも依然としてはるかに大きいであろう。日本は1946年に戦後改革の一環として農地解放を経験しているため，社会Cのような状況をイメージするのは難しいかもしれない。しかし，第二次大戦前の日本はそうではなかったし，現在でも，一握りの家族が旧宗主国からプランテーションを引き継いだ国における貧富の格差をイメージしてもらえばよい。要するに，税制だけではどうしようもない巨大な経済的不平等がありうるということである。

　この例からわかるように，富の分配状況が正義にかなっているかどうかを評価する対象として，租税の負担だけをとらえるのは近視眼的である。税引後でみて誰がどれだけ富を保有しているか，さらにいえば，政府支出や規制

の効果を織り込んでどうなっているかを，観察する必要がある。このように政府と市場の動きを包括的にとらえることで，租税法を分配的正義（distributive justice）の諸構想に接合していくことができるであろう。

Column 2 - 2　　　　　　　　**正義論と租税法**

L・マーフィー＝T・ネーゲル（伊藤恭彦訳）『税と正義』（名古屋大学出版会，2006 年）は，平等主義の立場から本文に紹介した批判を展開する書物である。なお，人口減少と高齢化に伴い，世代間公平の問題が重要性を増している。参照，神山弘行「世代間衡平と租税法——租税・財政・社会保障」フィナンシャル・レビュー 152 号（2023 年）123 頁。

2-3-3　分配状況に影響を与えるものとしての税制

　究極的には，政府活動の全体を総合してとらえた上で税引後の分配状況の是非を語ることができれば，一貫した見通しがたつ。しかし，一挙にその状態に到達することは，現実には困難である。そこで，観察対象を分節化し，歳入面と歳出面を別々に考える思考様式が生ずる。垂直的公平とは，そのように分節化した局面において，歳入面における税制上の措置について，いわば片面に関する方向性を示そうとする概念である。

　なるほど，そのような個別の観察は，そのままでは，近視眼的というそしりを免れない。また，個別のピースを積み重ねる結果，合成の誤謬も生じうる。だが，限界をもったツールであることを認識するという条件付きであれば，垂直的公平や担税力といった考え方を議論の中から一切排撃してしまう必要はない。具体的な制度にそくして内容を充填していくことこそ，租税政策（tax policy，税制の基本的あり方に関する立法政策論）の課題である。重要なのは，租税法が，私有財産制度や政府規制，社会保障や私的支援と相まって，人々の間の分配状況に影響を与えているという視点である。

　この見方は，憲法 29 条のつくりにも見合っている。同条は，1 項で，「財産権は，これを侵してはならない」とし，2 項で，「財産権の内容は，公共の福祉に適合するやうに，法律でこれを定める」としている。ここにいう「法律」の中には，民法や会社法だけでなく，所得税法や法人税法ももちろん含まれる。ここからは，不可侵の核心部分が残るにせよ，基本的に，財産権の内容を定めるのは，他の法律と租税法律が協働関係の下にこれを行う，という読み取りが可能である。

2−4 憲法14条の位置付け

　以上論じてきたところから，税制を設計する立法者に対して憲法14条が命じているのは，次のようなことがらであると解される。

　まず，租税法における水平的公平という概念には，課税の方法に制限を置くものとしての意義を認めることができる。憲法14条1項は，「すべて国民は，法の下に平等であって，人種，信条，性別，社会的身分又は門地により，政治的，経済的又は社会的関係において，差別されない」としている。したがって，人種や宗教，性別といった無関連な特徴に関連した課税は，この規定に違反する。これこそが，多数決では覆すことのできないことがらである。いいかえれば，憲法が「切り札」として保障することがらである。

　これ以上のことがらについては，憲法14条は，広範な立法裁量を認めていると解すべきである。つまり，担税力をどうとらえるかを含めて，民主的政治過程における議論にゆだねるのである。誰がどれだけの税を納付し負担すべきか。その結果として生ずる富の分配は望ましいものか。こういった問題を議論し，多数決によって決するわけである。まさにこの領分に属するのが，租税政策論である。

　最高裁は，租税立法の憲法14条適合性審査の基準として，かなりゆるやかな基準をとってきた。最大判昭和60・3・27民集39巻2号247頁［大嶋訴訟］は次のように述べる。

　「租税法の定立については，国家財政，社会経済，国民所得，国民生活等の実態についての正確な資料を基礎とする立法府の政策的，技術的な判断にゆだねるほかはなく，裁判所は，基本的にはその裁量的判断を尊重せざるを得ないものというべきである。そうであるとすれば，租税法の分野における所得の性質の違い等を理由とする取扱いの区別は，その立法目的が正当なものであり，かつ，当該立法において具体的に採用された区別の態様が右目的との関連で著しく不合理であることが明らかでない限り，その合理性を否定することができず，これを憲法14条1項の規定に違反するものということはできない」。

　ここで，ゆるやかな審査基準を採用する理由としては，立法府の政策的・技術的判断を尊重せざるを得ない点があげられている。しかしそれほど，立法府は社会経済の実態を正確に知悉しており，賢慮に満ちた存在なのであろうか。逆に，司法府には本当に，そのような能力が欠如しているのであろうか。むしろ，財産権の分配については決定的なベンチマークがなく，憲法上の「切り札」としての権利として保障されているものではないから，租税立

法の実体的内容が公平にかなっているかどうかを立法府の多数決で決めてよいのだと解すべきであろう。この理由付けによって，最高裁の審査基準を支持することができる。また，この理由付けをとることの反面として，人種や宗教，性別が問題になっている場合には，より厳格に立法の合理性を審査すべきものであろう。

なお，多数決原理で決すべきところの，税制の基本的あり方をめぐる立法政策論としては，人々の選択に対して税制が中立的であるべきだという議論を出発点とすることが望ましい。それは，民主的政治過程にタガをはめるためである。ある業界が自分たちのために租税優遇措置を求め，別の業界が自分たちに有利な減税措置を求めてロビー活動を繰り返す，というのが立法過程のバザールである。放っておくと，がたがたになる。諸々の利害関係者間で繰り広げられる抗争に対するほとんど唯一の調整原理が，中立性という旗印である。このような政治過程の規律のために，中立性という中間命題を用いることには，意味がある。

Column 2−3　　　**キャプローとシャベルの命題**

「法と経済学」の学者であるキャプローとシャベルは，「厚生主義の下では，法制度は効率性のみを追求し，所得分配の不公平にはもっぱら租税と給付を通じた所得再分配によって対応すべきである」という命題を提出した。その射程について，藤谷武史「法制度の効率性と租税法の役割——Kaplow & Shavell の "double distortion" テーゼ再訪」フィナンシャル・レビュー152 号（2023 年）4 頁。

📋 **この章で学んだこと**

▶ 租税裁定により，税引前収益率が変化する。

▶ 分配の正義の判断は，税引後の富の分布をめぐってなされるべきである。

▶ 最高裁は，租税立法の憲法 14 条適合性を審査するにあたり，ゆるやかな基準をとっている。

→ **調べてみよう**

▶ 1970 年代以降，水平的公平に関する考え方にいかなる変化が生じたか？
　→増井良啓「租税法における水平的公平の意義」金子宏先生古稀祝賀『公

法学の法と政策(上)』(有斐閣，2000 年) 171 頁
▶ 分配の正義の観点からすると，垂直的公平の基準にはどのような視野の拡大が必要か？
　　→増井良啓「税制の公平から分配の公平へ」江頭憲治郎＝碓井光明編『国家と社会〔法の再構築(1)〕』(東京大学出版会，2007 年) 63 頁
▶ 再分配の手法の中で，税制はどう位置付けられるか？
　　→増井良啓「再分配の手法と税制」租税法研究 44 号 (2016 年) 1 頁

📝 この章のテーマ

▶ 地租改正　▶ 昭和 15 年改正　▶ シャウプ税制　▶ 抜本的税制改革

年表
明治　6 年（1873 年）　地租改正条例
明治 20 年（1887 年）　所得税の導入
明治 22 年（1889 年）　明治憲法の制定
明治 29 年（1896 年）　営業税法の制定
明治 32 年（1899 年）　法人所得への課税開始
明治 38 年（1905 年）　相続税法の制定
昭和 15 年（1940 年）　所得税制の大改正
昭和 22 年（1947 年）　申告納税制度の導入
昭和 24 年（1949 年）　シャウプ勧告
昭和 25 年（1950 年）　シャウプ税制
昭和 28 年（1953 年）　シャウプ税制の修正開始
昭和 34 年（1959 年）　国税徴収法の全面改正
昭和 37 年（1962 年）　国税通則法制定
昭和 40 年（1965 年）　所得税法と法人税法の全文改正
昭和 63 年（1988 年）　抜本的税制改革
平成 23 年（2011 年）　社会保障・税一体改革

3−1　地租改正

(1)明治前期の地租改正作業

　明治維新以降の日本の税制史を，かいつまんでみておこう。

　明治元年（1868 年）8 月 7 日の布告により，租税についてはしばらく旧慣
によって徴収することとされ，徳川時代の地租・小物成・課役が生き残った。
その後，明治 4 年（1871 年）7 月に廃藩置県が断行され，全国ことごとく中
央政府の直接統治下に帰し，租税制度の全国統一が課題となった。そしてい
よいよ，明治 6 年（1873 年）7 月 28 日に地租改正条例が制定された。これ
に伴う地租改正作業は，明治 14 年（1881 年）に完了する。

　江戸時代から，地租は存在した。それは，収穫量を対象として，百姓から
農作物の形で徴収するものであった。これに対し，新しい地租は，地価を対

象とし，地主から金銭の形で徴収する。税率は一律3％であり，制度が全国的に統一された（図表3-1）。

図表3-1 地租改正

【旧地租】	【地租改正】
収穫量	地価
農作物で納付	金銭で納付
分権的	全国一律

⑵地租改正の目的と農民の反応

地租改正の目的は，旧地租の総額を維持しつつ，統一制度によって負担の不均衡を平準化することにあった。いまの言葉でいえば，税収中立的改革である。政府にとっては，豊作と凶作とを問わず，地価を基準として毎年毎年定額の金銭収入が入ってくる。安定財源を確保し，これによって政府の活動をまかなおうとしたのであった。

当時懸念されたのが，農民の反応であった。幕末から維新にかけて，農民は，反税運動としての一揆を繰り返していた。そこで政府は，将来は地租を3分の1にすることを，目標にかかげた。そして，地券によって所有者の権利を定めた。このことの積極的意義は，土地に対する個人の私的所有権が確立したことである。

もっとも，現実には，農民は重い地租の負担を負い続けた。これは，国が殖産興業・富国強兵の路線をとり，そのための財源を農業部門に求めたからである。この過程で，明治9年（1876年）に茨城と三重で農民暴動が起きる。対策として，その翌年には0.5％の減租がなされた。

⑶地租中心の国税収入構成

明治政府は，外国からの商品流入に対して関税障壁を設けて国内産業を保護するやり方を重視しなかった。また，関税収入を主要な財源とするやり方もとらなかった。

その理由は，いくつかある。第1に，安政条約以来の外圧により，不平等条約を結んでおり，関税自主権を失っていた。第2に，内外の生産力格差があまりに大きく，多少の保護関税ではカバーできなかった。

そこでむしろ，政府の援助により大企業を設立し，外から技術を導入してキャッチアップを図った。これが殖産興業路線であり，その財源を農業部門に依存した。これが地租である。こうして，地租が国税収入の大半を占める

時期が長期化した。

3-2　所得税の導入と展開

⑴所得税の導入

　所得税の導入は，明治20年（1887年）3月のことである。年に300円以上の所得がある者に対し，所得税を課すこととした。当時，所得税は，将来の有力財源として期待され，すべての階級・職業を通じて公平な負担をもたらす全般的な租税と考えられていた。その背景には，明治維新以来，各種租税を新設し改廃したが，地租や酒税にならぶだけの有力な租税が育たなかったことがある。

　注意すべきは，この所得税の導入が，帝国議会の開設前であったことである。明治20年の所得税法は勅令であった。政府の意図は，帝国議会の開設前に所得税を導入することにあった。

　明治22年（1889年）2月に，明治憲法を制定する。明治憲法62条1項は，「新ニ租税ヲ課シ及税率ヲ変更スルハ法律ヲ以テ之ヲ定ムヘシ」としていた。そして，それ以前の租税については，63条が「現行ノ租税ハ……旧ニ依リ之ヲ徴収ス」と定めた。つまり，憲法の制定前から存在する税制を，憲法が受け入れたのである。なお，民法典の制定は，憲法制定よりもさらに遅く，明治29年（1896年）である。

　明治憲法の下で，租税に関する法制を次々に整備・制定していく。

▶明治22年　3月　　国税徴収法
▶明治22年12月　　国税滞納処分法
▶明治23年　9月　　間接国税犯則者処分法
▶明治23年10月　　訴願法，行政官庁の違法処分に関する行政裁判の件

　所得税を導入した当時，産業の大部分は零細農業であり，企業と家計は分離していなかった。企業部門も会計制度が整っておらず，正確な計算は望めない状況だった。所得税といっても現在のような精緻なものではなく，制度だけが早激に移植された。当時の税制は，圧倒的に，地租が中心であったのである。

　地租中心の税制は，帝国議会の構成に影響した。当時は制限選挙であって，選挙権を持つのは高額納税者のみである。地租を納付する地主が高額納税者として選挙権を行使し，豊かな農民の代表が議会を支配した。こうして，初期の帝国議会は，地租を納付する富農代表という性格を有していた。このような議会勢力が，藩閥政府と対峙した。

⑵日清戦争と日露戦争

　明治28年（1895年）に日清戦争が終わる。政府は戦後経営に関する財政計画をたて，これに必要な恒久的財源を探した。その一環として明治29年（1896年）3月に営業税法を制定し，24種の営業に対して国税を賦課することとした。これによって商工業者が一様に国税を納税することとなり，参政権を獲得した。

　それまでは国税の徴収は地方官庁がこれにあたっていたが，明治29年（1896年）10月以降，大蔵大臣の管轄の下に各地に税務管理局と税務署を設け，国税事務執行を一元化する。

　明治32年（1899年）2月，所得税法を改正し，法人所得を第一種所得として課税するようになった。これが法人税の原型である。

Column 3−1　歴史の中の営業税

　営業税は第二次大戦直後まで存続し，都道府県の事業税となって現在に至っている。また，公益法人等に対する現行法人税も，旧営業税のコンセプトを借りて収益事業を定義してきた。その意味で，営業税は，税制史の中で失われたかに見えて，姿を変えて生き残っている。

　明治37年（1904年）2月に日露戦争が開始し，巨額の臨時軍事費が必要になった。これをまかなうために，政府は議会に非常特別税法を提出し，平和回復後に廃止するという条件の下に議会の承認を得た。非常特別税法は，既存の内国税・関税を増徴するとともに，塩・毛織物・石油・絹布の消費税を新設するものである。しかし軍事費はかさむばかりであり，明治38年（1905年）には第二次非常特別税の徴収が必要となった。相続税法が制定されたのは，同年のことである。

　非常特別税は戦時税であり，平和回復に至りたるときはその翌年末日限りで廃止するとの条項が付されていた。そこで，明治38年（1905年）9月に日露戦争が終結すると，戦後の租税整理が重要な政治課題となった。ところが，戦争の結果，陸海軍の復旧費などの他，公債の元利・恩給・年金などの経常費が大きく増加したから，多年にわたって巨額の財源が必要であった。そこで政府は，非常特別税を将来に継続する案を議会に提出したが，これに対し，貴族院・衆議院ともに有力な反対論が生じた。政府は，税法調査会を組織して税制の整理をいそぐことを声明し，ようやく法案が議会を通過し

た。これを受けて，明治 39 年（1906 年）4 月に大蔵省内に税法審査委員会が設置され，同年 12 月に整理案を大蔵大臣に報告した。これを原案として，明治 40 年（1907 年），政府は，官民の学識経験者から成る税法整理案審査会を組織し，審議を重ねた。この検討に基づく法案は，さらに反対にさらされたが，明治 43 年（1910 年）にはほぼ実現した。

(3)商工業中心の税制へ

明治も末に近づくと，地租中心の税収構造が変化をみせる。酒税の比重が大きくなり，ついに地租を追い抜く。明治 35 年（1902 年）には，酒税が 42％，地租が 30％であった。さらに大正 7 年（1918 年）になると，所得税がはじめて，国税収入の首位になる。このころから，経済の中心が農業から商工業へと移行したのである。その後，酒税と所得税は，相互に国税収入の首位を争う。そして昭和 10 年（1935 年）以降，所得税収入が首位を占めることになる。

所得税は，大正 2 年（1913 年）の改正，そして第一次大戦後の大正 9 年（1920 年）の改正により，基幹税としての姿を整える。大正デモクラシーが進展した時期であり，租税立法に社会政策が加味された。研究も進んだ。大正 11 年（1922 年）には，臨時財政経済調査会が税制整理案を政府に答申している。

大正 12 年（1923 年）9 月の関東大震災を経て，さらに税制整理が行われた。この時期にははっきりと，所得税が税制の中心であると認識されている。たとえば，大正 14 年（1925 年）8 月の閣議決定は，税制整理方針として，次のように記した。

「第一　直接国税の体系は大体において現在の制度を是認し，所得税を中心とし，これが補完税として地租・営業税に適当なる改善を加えてこれを存置し……めむとす。」

(4)所得税のその後の展開

所得税のその後の展開を大きく鳥瞰すると，重要な節目が 3 つある。
▶昭和 15 年　所得税制の大改正（→ **3-3**）
▶昭和 24 年　シャウプ勧告（→ **3-4**）
▶昭和 63 年　抜本的税制改革（→ **3-5**）

3−3 昭和 15 年改正

⑴戦時体制の構築

　昭和 6 年（1931 年）の満州事変，昭和 8 年（1933 年）の国際連盟脱退，昭和 12 年（1937 年）の日中戦争突入と，昭和の初期には戦争が拡大し，急増する戦費の調達が課題とされた。昭和 11 年（1936 年）に馬場鍈一蔵相の下で包括的な税制改革案が示されたが，内閣の交代により実現しなかった。昭和 14 年（1939 年）9 月，第二次世界大戦が開始する。

　この中で，国税と地方税を通じた昭和 15 年（1940 年）改正がなされる。これは，戦時体制を構築するための手当てのひとつであった。このとき，税制だけでなく，金融や労働，産業構造全般にわたって，日本の今日の経済体制を特色づけるしくみができた。いわゆる 1940 年体制である。

⑵所得税制の大改正

　昭和 15 年改正のねらいは，所得税と法人税を基幹にすえて，所得を弾力的に捕捉することにあった。所得税制の主要な改正点は，3 点ある。

▶分類所得税と総合所得税の併用。それまで，所得税は，第 1 種所得（法人所得），第 2 種所得（利子配当所得），第 3 種所得（利子配当所得以外の個人所得）に分けて課税されていた。改正により，分類所得税と総合所得税の二本だてとした。分類所得税は，不動産所得・配当利子所得・事業所得・勤労所得・山林所得・退職所得の 6 種に所得を分類し，それぞれ税率などを異にするものである。このうち勤労所得の基礎控除を 720 円に引き下げることで，所得税は一気に大衆課税化した。総合所得税は，各種の所得を総合し，所得額 5000 円以上を超える部分に対し超過累進税率を適用するものである。

▶法人税の創設。従来の第 1 種所得と法人資本税を統合して，新たに法人税とした。このとき法人税が所得税から分離し，独立の租税となった。

▶源泉徴収の拡充。源泉徴収とは，支払に際して税金を天引きする制度である。昭和 15 年改正は，この源泉徴収制度を，給与や退職金の支払にまで適用した。現在までこのしくみが脈々と生きている。

　昭和 15 年改正はまた，物品税法を制定した。さらに，地方税法を制定した。地租・家屋税・営業税は，国税として徴収し，道府県に分与することとした。

3－4　シャウプ税制の成立とその修正

3－4－1　昭和 22 年改正

　敗戦後，日本は，占領軍の統治下に入った。日本国憲法が制定され，昭和
22 年（1947 年）に次の改正があった。

▶申告納税制度の導入。申告納税制度とは，納税者が税額をみずから計算し
　て税務署に申告し確定するしくみである。それまでは，賦課課税制度であ
　り，税務署が税額を決定していた。

▶総合所得税制度への一本化。昭和 15 年改正以来，分類所得税と総合所得
　税が併用されてきたところ，これを総合所得税に一本化した。

▶相続税法の改正。イエ制度の廃止に伴うものである。

3−4−2　シャウプ勧告
(1)シャウプ使節団の来日
　昭和23年（1948年）12月に，経済安定9原則が発せられた。そのねらい
は，日本経済の自立を促進するため，単一為替レートを早期に設定すること
にあった。そのためには，円の価値を安定させ，悪性インフレを収束させる
必要がある。そこで，支出を引き締め収入を確保する超均衡予算がとられた。
いわゆるドッジ・ラインである。その一環として，「税収計画を促進強化し，
脱税者に対し速やかにかつ広い範囲にわたり，徹底的な刑事訴追措置をとる
こと」が原則とされた。

　この中で，占領軍総司令部（GHQ）が，租税政策に精通した専門家を使節
団として招待した。この使節団は，コロンビア大学のシャウプ博士を団長と
していた。シャウプ使節団は昭和24年（1949年）5月に来日し，3か月にわ
たって日本の税制と租税行政について精力的な調査と研究を行ったのち，報
告書を提出した。これがシャウプ勧告である。

(2)シャウプ勧告の内容
　シャウプ勧告は，税制の全体について提言した。所得税と法人税を中心と
する税制設計であり，3つの柱がある。

▶総合累進所得税。総合累進所得税のしくみの下では，個人が得るすべての
　所得を合算し，累進税率を適用して税額を計算する。シャウプ勧告は，こ
　のような総合累進所得税こそが公平な税制であると考えた。ただし，最高
　税率自体は引き下げるべきであるとした。同時に，社会政策的考慮から，
　基礎控除を拡充し，医療費控除や不具者控除（現在の障害者控除）の新設
　を勧告した。なお，所得税以外にも，課税の累進性を高める提言として，
　富裕税や，累積的取得税を提案した。

▶租税行政の改善。とりわけ革新的であったのが，青色申告の制度である。
　個人事業者や法人が，青色の申告書を用いて申告する場合には，会計帳簿
　を備えて計算することとし，税務上の数々の特典を与えた。アメとムチを
　併用して，申告納税環境を整えようとしたのである。

▶地方の自主財源の強化。付加税中心の税制を改めることである。地租や家
　屋税は昭和22年（1947年）に国から地方に移譲されていたが，これらの
　代わりに新しく固定資産税を設けることを勧告した。

3−4−3　シャウプ税制の修正
　シャウプ勧告の多くの部分は，昭和25年（1950年）に法律になった。こ

れをシャウプ税制という。

　昭和28年（1953年）以降，シャウプ税制には多くの修正が加えられた。いわゆる逆コースの時期と重なる。総合累進所得税についていえば，すべての所得を総合するというたてまえがくずれていった。利子についてマル優というしくみを導入し，個人が一定の預貯金利子を受け取っても非課税とした。個人が株を売った場合の譲渡益についても，原則として非課税とした。他にも多くの例外措置を講じ，すべての所得を総合して累進税率をかけるというしくみに穴があいていく。さらに，富裕税や累積的取得税を廃止するなど，次々と修正を加えた。

3−4−4　法制の整備

　昭和30年代後半の時期に，租税制度を支える重要な法制を整備した。現在私たちが六法全書でみることのできる法律は，おおむねこの時期に制定されたもの（が改正されてきたもの）である。

▶昭和34年　国税徴収法の全面改正
▶昭和37年　国税通則法の制定
▶昭和40年　所得税法と法人税法の全文改正

3−5　昭和末期以降の税制改革

3−5−1　抜本的税制改革

　高度成長期を経て，昭和48年（1973年）のオイルショック以降，日本の経済成長率は低下した。この中で，産業就業構造の変化，所得水準の上昇と平準化，消費の多様化・サービス化，人口構成の高齢化，経済取引の国際化など，社会経済情勢が著しく変化した。ところが，このような変化に税制が対応しきれていないため，所得税をはじめ，税制の全般にわたりさまざまのゆがみやひずみが認識されるようになった。

　このような認識を基礎として，政府税制調査会は昭和61年（1986年）10月に「税制の抜本的見直しについての答申」を提出し，所得・消費・資産といった課税ベースを適切にくみあわせつつ，全体としてバランスのとれた税体系を構築すべきであるとした。これを受けて，昭和62年（1987年）と昭和63年（1988年）に抜本的税制改革を行った。これは大きくいって，所得税減税と消費税創設のパッケージであった。

▶個人所得課税。一方で，税率構造を簡素化し，サラリーマンが就職してからある程度の地位に達するまでの各段階を通じて適用される税率がなるべく変わらないようにした。最高税率も引き下げた。他方で，課税ベースを

拡大した。たとえば，利子についてマル優の非課税措置をほぼ廃止し，個人の株式譲渡益を原則として課税の対象に含めた。

▶法人課税。税率水準を引き下げ，課税ベースを拡大した。

▶消費税の創設。従来の物品税を中心とする個別消費税制度では，消費水準の上昇や消費態様の多様化・サービス化に対応できないため，課税ベースの広い消費税を創設した。創設時の税率は3%であった。

Column 3−4 **消費税の創設**

消費税の創設には紆余曲折があった。大平正芳内閣は一般消費税の導入に失敗した（1979年）。中曽根康弘内閣（第三次）は売上税の導入に失敗した（1987年）。3度目の正直で，竹下登内閣の下，消費税が創設された（1988年）。参照，加藤淳子『税制改革と官僚制』（東京大学出版会，1997年），水野勝『税制改正五十年——回顧と展望』（大蔵財務協会，2006年）。

3−5−2 平成期前半の改正

バブル経済の崩壊後，人口構成が急速に高齢化し，社会保障負担と公債発行額が増大した。この中で，消費税の比重を高める改正が続いた。

平成6年（1994年）の改正で，個人所得課税につき，中堅所得層を中心に税率構造の累進性を大幅に緩和し，課税最低限を引き上げた。また，消費税率を3%から4%に引き上げ，税率1%の地方消費税を創設した。国と地方をあわせた消費税率は5%であった（1997年4月から実施）。

平成10年（1998年）以降も，国際競争の圧力の下で，法人税率を随時引き下げた。また，金融商品をはじめとして課税ベースの適正化を進めた。さらに，組織再編税制（2001年）や連結納税制度（2002年，2020年からはグループ通算制度に組み替え），法人事業税の外形標準課税（2003年），グループ法人税制（2010年）を導入した。

平成19年（2007年）には，所得税から個人住民税への3兆円の税源を移譲した。これは「三位一体の改革」の一環としての国庫補助負担金改革を受けたものであり，個人住民税（所得割）の税率を一律10%とした。

3−5−3 社会保障・税一体改革

平成20年（2008年）の世界金融恐慌を経て，平成23年（2011年）には「社会保障・税一体改革」成案が取りまとめられた。これにより，社会保障

給付に要する公的負担の費用は，消費税収（国・地方）を主要な財源として確保することとされた。

その後，平成 26 年（2014 年）4 月に消費税率（国・地方あわせて）を 8％に引き上げた。令和元年（2019 年）10 月には，飲食料品（酒類・外食を除く）等を対象として 8％の軽減税率を実施した上で，消費税率を 10％へと引き上げた（国税と地方税をあわせて 10％）。

所得税の重要な改正としては，平成 30 年（2018 年）に，給与所得控除と公的年金等控除を減らし，その分を基礎控除の拡充に振り替えた。これは，低所得層の負担が増えて中堅所得層の負担が減り，若年層の非正規雇用が増えて所得格差が拡大し，人々の働き方が多様化し家族のセーフティーネット機能が低下したことに対応するものである。

人口変動・経済成長との関係からみると，日本の 20 世紀は，人口増加と高度成長の時代である。これに適合した税制が，所得税を中心とするものであった。今後，21 世紀における日本の人口は急激に減少し，高齢化が進む。働き方やライフコースが多様化し，経済のグローバル化・デジタル化が進行する。基幹税としての所得税の存在意義はますます重みを増すが，消費税のあり方を含め，経済社会の構造変化に対応して不断に税制を改善していくことが必要である。

📋 この章で学んだこと

▶ 明治初年の地租改正により，土地に対する私的所有権が確立した。

▶ 議会開設前の明治 20 年に，所得税が導入された。

▶ 所得税制の展開には，昭和 15 年改正，シャウプ勧告，昭和 63 年抜本的税制改革という大きな節目がある。

→ 調べてみよう

▶ シャウプ勧告は，日本の税制にどのような影響を及ぼしたか？
　　→金子宏「シャウプ勧告と所得税」同『所得課税の法と政策──所得課税の基礎理論(下)』（有斐閣，1996 年〔初出 1983 年〕）16 頁

▶ 昭和 63 年抜本的税制改革には，いかなる意義と限界があったか？
　　→金子宏「所得税制改革の方向──いわゆる『抜本的税制改革』の意義と限界」同『所得課税の法と政策──所得課税の基礎理論(下)』（有斐閣，1996 年〔初出 1991 年〕）88 頁

▶ 平成期前半の税制改革は，どのような道筋をたどったか？

→財務省財務総合政策研究所編『平成財政史——平成元〜12 年度第 4 巻
（租税）』（大蔵財務協会，2014 年）

Chapter 4　法形成過程

📑 この章のテーマ

▶税制改正のプロセス　▶法令解釈通達　▶納税手続の流れ

4−1　立法過程

4−1−1　法形成のダイナミックな過程

　租税法はどのようにして形成されるか。法形成過程（legal process）の角度からスケッチしてみよう。法形成過程とは，法ルールができてくるプロセスを，たてまえではなく機能にそくして総合的に検討するアプローチのことである。

4−1−2　税制改正のプロセス

　日本列島が春を迎えると，桜が咲くのとほとんど同じ確実さで，税制が改正される。3月末の税制改正は，いまや年中行事になっている。たとえば，現行所得税法は昭和40年3月31日に法律第33号として全文改正されたものが，その後毎年例外なしに改正され，現在に至ったものである。年度末のみならず，年度の半ばに改正することも多い。

　税制改正法案は，そのほとんどが内閣提出法案の形をとる。典型的なプロセスは，次のようなものである。所得税法や法人税法についていえば，財務省主税局が原案を作成し，12月末に税制改正大綱が示される。翌年1月に内閣が法律案要綱を閣議決定し，法案を国会に提出する。法案の修正はまれであり，通例3月末にはそのまま国会を通過する。

　なお，地方税法を所管するのは総務省自治税務局であり，地方公共団体が条例を制定し執行にあたっている。関税法や関税定率法の所管は財務省関税局である。

4−1−3　税制調査会の役割

　税制調査会には，ふたつのものがある。ひとつの税制調査会（「政府税調」）は，内閣総理大臣の諮問機関であり，税制に関する基本的事項を調査審議

し，意見を述べる。いまひとつの税制調査会（「党税調」）は，与党の政党内部の組織であり，税制に詳しい国会議員が毎年の税制改正事項を決定する。

1960年代までは，政府税調が大枠を示し，党税調が特例や免除を含めた細部を決めていた。この時期に定着した政府税調の運営方式は，「日本型の審議会方式」と呼ばれ（石弘光『現代税制改革史――終戦からバブル崩壊まで』〔東洋経済新報社，2008年〕301頁），業界を代表する利害関係者が審議会のメンバーとなってコンセンサスをとりつけていた。この時期の産物が，国税徴収法の全面改正（1959年），国税通則法の制定（1962年），所得税法・法人税法の全文改正（1965年）である（→3−4−4）。1970年ごろ，高度成長が終わって税収の自然増収がなくなった時期から，与党である自民党税調の影響力が増大した。

2009年9月からの短期間，民主党政権の下で従来の政府税調と党税調の機能が一元化された。2012年12月の自民党・公明党の連立政権では，政府税調と党税調の二元的体制が復活した。さらに，安倍晋三内閣の長期政権下で官邸主導の傾向が強まった。

政府税調で審議された結果は答申や報告書として公表されている。税制改正の基本的考え方を示す貴重な立法資料である。また，中期答申といって，日本の税制のあり方を包括的に整理した文書を公表することがある（最新のものとして，税制調査会『わが国税制の現状と課題―令和時代の構造変化と税制のあり方―』〔2023年6月〕）。

4−1−4　インプットとアウトプット

税制改正のプロセスを動態的に眺めると，政策提案がインプットされ，それが政治過程を経て，法律の形でアウトプットされる。人々の生々しい利害がかかわる過程であり，ドラマに満ちている。

(1)税制改正要望

まずインプットの側からみていこう。税制改革案が立法過程のアジェンダに乗るにはいくつかのルートがあるが，ほぼ恒常的に行われているのが，種々の利害関係者からの要望である。これは，多元的な民主的政治過程では半ば当然の現象である。税制をめぐるさまざまな問題点が指摘され，「ここを改革してほしい」とか「このようなしくみをつくってほしい」とかいった要望が出される。このような要望の実現に向けて利益団体が政党に働きかけることもあるし，省庁がそれぞれの所管事項について要望事項を取りまとめることもある。各省からの要望事項は，国税について財務省のウェブサイト

で，地方税については総務省のウェブサイトで，毎年公表されている。

(2)アウトプットとしての租税法令

　このようなプロセスのアウトプットとしてできてくるのが，租税法律である。唯一無二の金科玉条が法律として制定されるというよりは，可変の立法政策を実施するために法律をつくるというイメージのほうがぴったりしている。

　租税立法過程のアウトプットとしては，法律だけでなく，政令にも注目すべきである。たとえば，所得税法の改正に伴って，所得税法施行令が改正され，課税ルールの細目がそこで具体化される。

　内閣が国会に提出する税制改正法案は，毎年1月末ごろになると，財務省や総務省のウェブサイトに掲載される。これに対し，政令は国会の審議を経るものではないから，改正法案の国会通過後にはじめて，官報でそのテクストが公表される。このように法律と政令は憲法上の位置付けが大きく違うのであるが，内閣提出法案の場合，同じ人によって起草される。たとえば，所得税法の改正法案を起草する財務省主税局のスタッフは，同時に，所得税法施行令の改正案をも起草する。

(3)税制改正の実施と新たなサイクルの開始

　税制改正法の附則で，施行日が定められる。たとえば，所得税法等の一部を改正する法律（令和5年法律第3号）の附則1条本文は，「この法律は，令和5年4月1日から施行する」と定める。事項によっては，経過措置を定める。

　新法令が公布されてからしばらくすると，いろいろな媒体で，立案担当者の解説が公表される。「令和○○年版改正税法のすべて」といった書物や，財務省のウェブサイトなどで，毎年の改正について解説される。改正の経緯や立案担当者の考え方を述べた重要な情報源である。もっとも，いうまでもないことであるが，法令の解釈にあたってはあくまでその文言が出発点になるのであり（→**5-1**），立案担当者の解説内容が絶対の解釈指針になるわけではない。初夏を迎えるころには，複数の専門誌で税制改正特集が組まれる。

　夏場になると，次年度の税制改正に向けてのプロセスが本格化し，新たなインプットがなされていく。そしてこのサイクルが毎年繰り返される。このようにして，税制改正が年中行事となっているのである。

　本書で近年の税制改正に言及する場合，このプロセスを前提として記述を

行う。たとえば，「令和5年度（税制）改正」というときには，令和5年（2023年）3月末に国会で承認された改正法律による改正のことを指すものとする。

4−2　行政過程

4−2−1　国税庁による法令解釈

　国税庁は，日本における最も強力な法執行機関のひとつである。内国税の賦課徴収を担当する行政組織であり，1949年に大蔵省（現財務省）の外局として設置された。国税庁本庁の他，全国に11の国税局，沖縄国税事務所，524の税務署が設置されている。税務署は，国税庁や国税局の指導監督の下に，国税の賦課徴収を行う第一線の執行機関である。令和5年度の国税庁定員は5万5985人である。

　国税庁の任務は，内国税の適正かつ公平な賦課徴収を実現することにある。その任務達成には納税者の理解と信頼を得ることが必要であるため，法令解釈や事務手続などについて周知と広報を行っている。すなわち，①法令解釈通達，②事務運営指針，③事前照会に対する文書回答，④照会に対する質疑応答などをウェブサイトで公表している。

　このうち，①法令解釈通達は，国税庁長官が税務職員に対して発する命令（行組14条2項）のうち，法令の解釈を行うものである。行政組織の内部では拘束力をもつが，国民に対して拘束力をもつ法規ではない。しかし，国税庁として有権解釈を示すことによって，納税者の行動に事実上大きく影響する。たとえば，所得税法の解釈指針として，「所得税基本通達」が定められており，所得税の実務に携わる人は必ずといってよいほどそれを参照する。法令解釈通達は，税制改正に対応して変更されることもあるし，新判例の登場や社会経済情勢の変化によって変更されることもある。通達の変更にあたっては，行政手続法に基づく意見公募手続（パブリック・コメント手続）を実施する例があるが，法令改正に伴う場合には適用が除外される（行手39条4項2号・8号。この手続については，参照，泉絢也『パブリックコメントと租税法——政令・通達等に対する手続的統制の研究』〔日本評論社，2020年〕）。

　②事務運営指針も同様の命令で，仕事のやり方を定めるものである。

　③事前照会に対する文書回答は，取引を行う場合に課税関係がどうなるかを，納税者が税務署に照会し，文書による回答を得る手続である。この手続は国税庁が納税者サービスの一環として事務運営指針において定めており，直接の法令上の根拠をもたない。将来行う予定の取引で個別具体的な資料の提出が可能なものも，この手続の対象とされている。回答内容が公表される

ため，同様の取引を行うことを考えている納税者にとって参考になる。事前照会者を特定する情報は，原則として非公表である。

4−2−2　納税手続の流れ

　給与所得者の所得税を念頭に置いて，納税手続の流れを紹介する。手続の大枠を理解するためのポイントは，申告納税というラインと，源泉徴収というラインのふたつがあることである。

(1)納税義務の成立

　所得税の納税義務は暦年の終了の時，つまりその年の 12 月 31 日末に成立する（税通 15 条 2 項 1 号）。ただし，源泉徴収による所得税は，源泉徴収をすべきものとされている所得の支払の時に成立する（同項 2 号）。

(2)申告納税方式

　給与の金額が 2000 万円を超える場合や，2 か所以上から給与の支払を受ける場合などには，税務署長に申告書を提出しなければならない。個人事業者や株式会社も，自分の納付すべき税額が具体的にいくらであるかを申告する必要がある。このように，納付すべき税額が納税者のする申告によって確定する方式を，申告納税方式という（税通 16 条 1 項 1 号）。

　原則的なルートは，先に源泉徴収された分だけ，後で申告納税するさいに精算するというものである。これに対し，通常の給与所得者であれば，源泉徴収だけで手続が完了し，納税申告を行う必要がない。これは，日本の所得税法が精密な源泉徴収制度を用意しているからである。また，銀行預金の利子のように，源泉徴収だけで納めきりにするしくみを多用しているからである。このような事情があるため，勤労者の多くが所得税の存在をあまり意識しないで日常生活を送っている。しかしこれは，納税プロセスが普通の勤労者にとって見えにくくなっているだけのことである。その分だけ，給与や利子などを支払う者が，源泉徴収に関する種々の事務を負担している。このような者を，源泉徴収義務者という（所税 6 条。→**7−2−2**）。

(3)確定申告

　所得税の確定申告は，2 月 16 日から 3 月 15 日の間に行う（所税 120 条 1 項）。この期限内に行う申告を期限内申告という（税通 17 条）。期限内申告をした人は，3 月 15 日までに所得税を納付する（同 35 条）。こうして，春は税制改正の季節であるとともに，確定申告の季節にもなっている。

さきに源泉徴収された金額があれば，確定申告のさいに精算する（所税120条1項5号）。どれだけの額を源泉徴収されたかがわかるように，納税者は，支払をする者から，源泉徴収票や支払通知書を受け取る（同225条・226条）。そこには，支払額と源泉徴収税額を記載してある。同じ情報は支払をする者から税務署にも提出されるから，税務職員は情報をつきあわせて申告内容の正確性を調べることができるわけである。

(4)更正と決定

申告納税方式の下で，多くの場合，納税者は自分で確定申告したところにより所得税額を納付することで，その年の納税手続が終了する。納税者が申告した税額が法律の定めるところとくいちがう場合，税務署長は「更正」を行う（税通24条）。本来申告すべきであったのに，納税者が申告書を提出しない場合，税務署長は「決定」を行う（同25条）。更正と決定は，いずれも，税額を確定するための行政処分である。納税者の地位を安定させるため，原則5年の期間制限に服する（同70条）。

(5)修正申告と更正の請求

申告によっていったん確定した税額に過不足があったことに気づいたら，納税者はどうすればよいか。一方で，税額を増額する場合には，「修正申告」を行う（税通19条）。他方で，減額を求める場合には，「更正の請求」を行う（同23条）。更正の請求ができる期間は原則5年に制限されている。更正の請求があった場合，税務署長は調査の上，減額更正をするか，更正する理由がない旨を通知する。このように，いったん申告によって確定した税額を後で減額する場合には，税務署長の判断を介在させるルールになっている。

(6)滞納処分

納税者が法定納期限までに租税を自発的に納付しない場合，税務署長は，強制徴収として滞納処分を行う。この手続を定めるのが国税徴収法である。私債権の履行強制が民事執行法に基づき裁判所の判断を経てはじめて行われるのに対し，租税債権については行政機関に自らの手で強制的実現を図る権限（自力執行権）が与えられている。滞納処分の手続は，差押え→換価→配当の流れで行われる。

　税務署長による「更正」という場合，正しくするという字を使っている。会社「更生」とか犯罪者の「更生」とかいう場合と漢字が異なるので，書きまちがえないようにしたい。なお，必要経費に「算入」すると表記するのが正しいのに，「参入」という漢字を書いてしまう誤りも多い。

4−2−3　申告納税方式の担保

　申告納税方式を担保するためのしくみとして，次のものが重要である。

▶質問検査権。税務職員は，所得税や法人税などに関する調査について必要があるときは，納税義務がある者に質問し，その者の事業に関する帳簿書類その他の物件を検査し，または当該物件の提示・提出を求めることができる（税通74条の2第1項）。この権限は，犯罪調査のために認められたものと解してはならない（同74条の8）。調査手続が法定されている（同74条の7〜74条の13）。

▶加算税。過少申告加算税は，納税者が申告したところが過少であった場合の金銭的制裁である。後に修正申告や更正によって増額された場合に，原則として増差税額の10％を本体部分（本税）に加えて課す（税通65条）。過少申告が隠蔽仮装による場合，過少申告加算税に代え，35％の重加算税を賦課する（同68条1項）。この他に，無申告加算税と不納付加算税があり，それぞれについて重加算税が用意されている（同66条・67条・68条2項3項）。

▶罰則。「偽りその他不正の行為」により所得税を免れた場合，刑事罰の対象になる可能性がある（所税238条）。犯則事件の調査は，国税局の査察部が担当する。告発（税通155条）を受けて事件を検察が引き継ぎ，検察が起訴すれば刑事訴訟に移行する。令和3年度における直接国税犯則事件に係る1審判決は117件で，そのうち有罪件数は117件である。

　以上のしくみが申告納税方式を担保するためのムチであるとすれば，アメに相当する制度もある。たとえば，所得税法や法人税法の青色申告制度は，正確な会計帳簿を備えている者に対して種々の特典を与える。特典を与えることによって，適正な申告納税を行うインセンティブを与えようとしているのである。

Column 4−2

マルサの女

　1987 年に公開された映画「マルサの女」は，マルサの略称で査察部の名前を一躍有名にした。主役の女性査察官を演じた宮本信子は第 11 回日本アカデミー賞主演女優賞を獲得した。

4−2−4　税務執行の理論

　もともと，人がルールを遵守するメカニズムは，複雑なものである。納税協力（tax compliance）についてこれを研究するのが，税務執行の理論である（増井良啓「税務執行の理論」フィナンシャル・レビュー 65 号〔2002 年〕169 頁）。納税プロセスの動態を理解し，改善策を提示するには，理論と証拠に基づいた検討が欠かせない。

　社会保障・税番号制度（マイナンバー）の利活用や，納税者情報の収集・処理・移転に関する手続の改革など，納税環境の整備が重要課題となっている（税制調査会『わが国税制の現状と課題―令和時代の構造変化と税制のあり方―』242 頁〔2023 年 6 月〕）。国税庁は，「税務行政のデジタル・トランスフォーメーション」の名のもとに，納税者の利便性の向上，課税・徴税事務の効率化・高度化，事業者の業務のデジタル化促進を重点施策としている。

4−3　司法過程

　日本国憲法の下では，租税に関する事件についても，通常裁判所が管轄する。租税事件を担当する裁判官は，必ずしも租税法の専門家であるわけではない。比較法的にみると，租税専門の特別裁判所を設置する国もある。裁判における国の代理人が，法務省大臣官房租税訟務課等の訟務検事である。租税訴訟を専門に手がける弁護士の数は，事件の高度化・大型化とともに，増加傾向にある。

　租税法関係の訴訟は，行政事件・民事事件・刑事事件にわたる。そのため，租税法に関する最高裁判所の重要判決は，民集と刑集のいずれにも掲載される。このうち，行政事件に関する典型的な争いは，次のプロセスをふむ。まず，司法過程に入る前の段階として，更正や決定に不満がある納税者がそれらの取消しを求め，税務署長に対する再調査の請求を経るかあるいは直接に，国税不服審判所長に対する審査請求をする（税通 75 条 1 項）。しかるのち，地方裁判所に出訴し，高等裁判所への控訴，最高裁判所への上告受理申

立て，と続く。

　令和 3 年度の数字で，国側を被告として納税者が訴訟を提起した件数は
189 件あった。訴訟が終結した件数は 199 件あり，このうち納税者が一部ま
たは全部勝訴したのは 13 件である。これらは第 1 審から最高裁までをあわ
せた件数であり，所得税・法人税・消費税などすべての税目を含み，徴収関
係の事件もカバーする件数である。日本の人口に比べると，いかにも少ない
数と感じられるかもしれない。

　ひとつの背景として，提訴前の不服申立ての段階でスクリーニングが働く
ことがある。審査請求に対して国税不服審判所が裁決を下すと，それに不満
の納税者は訴訟を提起できるが，国の側から提訴することはない。同じく令
和 3 年度の数字で，審査請求の処理済件数は 2282 件あり，そのうち原処分
の全部取消が 160 件，一部取消が 137 件あった。

Column 4 − 3	国税庁はなぜ勝つか

　日本では納税者の勝訴率が恒常的に低い。その説明として，J・マーク・
ラムザイヤー＝エリック・B・ラスムセン〔吉村政穂訳〕「どうして日本の納
税者は勝てないのか？」金子宏先生古稀祝賀『公法学の法と政策(下)』〔有
斐閣，2000 年〕147 頁は，政府が合理的な継続的当事者として事件を選択
し，みずからの有利な方向に先例を形成できそうな事件を選んで訴訟段階ま
で争っているからであるとする。

4−4　まとめ

4−4−1　複雑さとの共存

　日本の租税法形成過程には，ふたつの特徴がある。第 1 の特徴は，租税に
関する法令や通達の量が膨大で，ルールが複雑になっていることである。そ
のため，往々にして，税制を簡素化すべきであるという主張が，新聞紙上な
どで繰り返される。一見正しそうな（そして正しい部分を含んでいる）このよ
うな主張にもかかわらず，現実の税制にはいっこうに簡素化する気配がない。

　なぜであろうか。それは，税制改革の目標として「簡素」という観念のもつ
意味が，限定的なものにとどまるからである。私たちが公平な税制を求める以
上，一定程度複雑なルールになることは不可避である。また，経済取引自体が
複雑であるため，それに対応するための込み入った課税ルールを設けておか

ないと，課税関係がどうなるのかわからなくなってしまい，結局のところ納税者が困る。ある程度の複雑さは，やむを得ないことというべきかもしれない。

もっとも，改善の余地はある。

▶課税ルールの明確化。法令を読みやすくして，納税協力コストを削減すべきである。すべての内容をひとつの文章で完結させようとするために，括弧書きが何重にも入り組んでしまい，条文が不必要に読み取りにくくなっている。

▶租税特別措置の整理。経済政策や社会政策の手段として税制を用いることの適否を再検討すべきである。個別的な特例を積み重ねることで，税制が複雑になっているからである。租税特別措置を統制する手段として「租税特別措置の適用状況の透明化等に関する法律」があり，法人税関係特別措置につき適用実態調査とその結果の国会への報告を義務づけている。

4−4−2　改正速度への対応

日本の租税法形成過程の第2の特徴は，租税法令や通達が短期間で改廃される傾向にあることである。その背景になっているのが，**4−1**でみた税制改正の年中行事化である。

ある実務家は，次の川柳を詠んだ。

「条文をおぼえたころに廃止され」

そういいたくなる気持ちは，よくわかる。この章を読んだ皆さんにも，わかっていただけるであろう。

ここまでひんぱんな租税法令の改正は，必然のことなのだろうか。考えてみると，不思議に思わないでもない。ことわざに「旧税は良税である」という。新税を導入しようとすると大きな社会的・政治的抵抗に直面する。増税についても同じである。民主的政治過程の下で，勝者と敗者を生み出す税制改正には，多大の困難と抵抗が生じ，現状維持を求めるプレッシャーがかかるはずである。

それなのに税制改正が不断に継続するのは，このようなプレッシャー以上に改革への社会的需要が大きいからである。日本の財政赤字は，待ったなしで新たな税収源を求める。少子高齢化・グローバル化・デジタル化は，税制の構造的改革を必要とする。対応を要する個別論点は山積しており，税制改革を叫ぶ声は絶えることがない。租税法は，何十年も放っておくには，あまりに重要すぎるのである。

ただし，ここでひとつ確認しておきたい点がある。租税法律の定める内容には，税制の基本構造にかかわるものから，その時々の社会政策や経済政策

を反映した細かいものまで，いくつかのレベルがある。樹木にたとえていえば，幹に相当する部分と，枝葉に相当する部分である。たしかに，枝葉の部分は，数年で転変することが多い。これに対し，幹の部分は，実は，50年単位の継続性・安定性をもつ。租税法律の基本構造は，良くも悪くも，昔のままの姿を保っている。このことはあまり知られていないことであり，もっと注目してよい。本書で学んでいくのは，幹の部分である。

4−4−3　法の担い手の重要性

このように，租税法は複雑な領域であり，改正のテンポも速い。それだけに，その担い手の資質と厚みが問われることになる。

この関係で，納税者をサポートする専門家層の厚みがどの程度あるかは，税制にとってたいへん重要なことがらである。そのような租税専門家として，税理士は，納税者の税務相談に応じ，申告書をはじめとする税務書類を作成し，行政不服申立てにあたり納税者を代理する（税理士2条1項）。また，租税に関する事項について，補佐人として，弁護士である訴訟代理人とともに出頭し，陳述することができる（同2条の2）。日本税理士会連合会の調べによると，2023年6月末日現在の登録者数は，8万0502人である。税理士には，税理士試験に合格した人と，国税庁などの勤務を経た人がいる。公認会計士や弁護士の中にも，税理士登録をして税務業務を行う人がいる。

これに対し，弁護士に固有の職務としては，納税者の訴訟代理人として活動することがある。それだけでなく，不動産売買や遺産相続，社債発行やM＆Aなど，枢要な経済取引の構築にあたって，課税関係がどうなるかを法的に分析し，的確な助言を与えることが求められている。これがビジネス・プランニングの一環としての租税法の実務であり，税理士と協力することも多い。のみならず，弁護士が国税庁に勤務したり，地方公共団体の訴訟代理人を受任する例が増えてきている。

📄 この章で学んだこと

▶ 毎年，税制改正要望→閣議決定→法案国会通過→政省令の公布というプロセスが繰り返される。
▶ 国税庁の法令解釈通達が，納税者の行動に事実上影響する。
▶ 納税者は訴訟に至る前に，申告→修正申告→更正→再調査の請求→審査請求といったプロセスを経る。

→ **調べてみよう**

▶ なぜ税制は簡素にならないのか？

　→増井良啓「『簡素』は税制改革の目標か」国家 107 巻 5・6 号（1994 年）548 頁

▶ 租税手続にはいかなる将来的課題があるか？

　→高橋祐介「租税法の手続的基層――手続・執行面の法的統制」金子宏監修『現代租税法講座(1)理論・歴史』（日本評論社，2017 年）157 頁，租税法学会編『租税手続法の新たな地平』租税法研究 47 号（2019 年）

📄 この章のテーマ

▶ **文理解釈** ▶ **借用概念** ▶ **租税回避**

5−1 文理解釈の基本

(1)憲法構造からの帰結

　租税を課すには，国会の定める法律および法律の適法な委任に基づく政省令によることが必要である（憲84条。→**1−3**）。課税の根拠となるこれらの法令を，本章では，租税法令という。

　租税法令の解釈にあたっては，文理解釈が基本となる。このことは，租税法律主義の民主主義的側面と自由主義的側面にかかわる（→**1−3−2**）。

▶民主主義的側面。租税に関するルールの決定権限は，国会にある。国会のつくった法令について解釈の幅を広げると，解釈する主体，とりわけ課税庁や裁判所が決める範囲が広がる。そのさい，文理からあまりに離れた自由な解釈を許容すると，国会の決めたことを改変する権限を課税庁や裁判所に与えることになってしまう。

▶自由主義的側面。課税するという作用は，私人の財布に公権力が手をつっこむことである。それゆえ，事前に明確に定めたルールを定立しておかないと，不意打ちになってしまい，経済活動に悪影響が及ぶ。悪影響を避けるためには，事前に与えられた規定の文理にそくして解釈することが望ましい。

　こうして，租税法令の解釈にあたっては，文理解釈を基本とすべきである。最高裁も，「租税法律主義の原則に照らすと，租税法規はみだりに規定の文言を離れて解釈すべきものではない」と判示している（最判平成27・7・17判時2279号16頁［堺市溜池跡地事件］）。ただし，文理の内容を確定するために，法令の趣旨・目的を考慮することが必要になることは，いうまでもない。

⑵文理と趣旨

　最高裁は，租税法令の文理を基本としつつ，規定の趣旨・目的を考慮した解釈を行っている。

　たとえば，最判平成22・3・2民集64巻2号420頁［ホステス報酬事件］は，「当該支払金額の計算期間の日数」（所税令322条）という文言について，原審の解釈を退けるにあたり，次のように判示した。

　「租税法規はみだりに規定の文言を離れて解釈すべきものではなく，原審のような解釈を採ることは……文言上困難であるのみならず，ホステス報酬に係る源泉徴収制度において基礎控除方式が採られた趣旨は，できる限り源泉所得税額に係る還付の手数を省くことにあったことが，立法担当者の説明等からうかがわれるところであり，この点からみても，原審のような解釈は採用し難い。」

　この判示は，文言から離れた解釈をいましめるとともに，立法趣旨をも考慮して，解釈を導いている。規定の趣旨と文言に照らして解釈を行うという態度は，他の事件においてもみられるところである（最判平成18・6・19判時1940号120頁［ガイアックス事件］，最判平成24・1・13民集66巻1号1頁［逆ハーフタックスプラン事件］。なお，最判平成28・12・19民集70巻8号2177頁は，規定の趣旨目的を重視した原審の解釈を覆した）。

⑶概念の拡張

　拡張がいきすぎると，解釈の名の下に，新たな立法を行ったのと同じことになる。それゆえ，租税法令の定めは，みだりに拡張解釈すべきではない。譲渡担保に対する不動産取得税の課税が争われた事件で，最高裁は一般論として「租税法の規定はみだりに拡張適用すべきものではない」と判示したことがある（最判昭和48・11・16民集27巻10号1333頁［東京産業信用金庫事件］）。

　もっとも，最高裁は，文言の意味をやや拡張気味に解釈することもある。最判平成9・11・11訟月45巻2号421頁［レーシングカー事件］では，当時の物品税法の下で，競走用自動車が「小型普通乗用四輪自動車」に該当するとして課税されるか否かが争点となった。法廷意見は，

　「本件各自動車も，人の移動という乗用目的のために使用されるものであることに変わりはなく，自動車競走は，この乗用技術を競うものにすぎない。……本件各自動車は，乗用とは質的に異なる目的のために使用するための特殊の構造，装置を有するものではない」

として，「乗用以外の特殊の用途に供するものではない」から普通乗用自動

車に該当すると判示した。この法廷意見は，「普通」という言葉の意味を，かなりゆるやかに解している。この判決には，反対意見が付されている。この争いが生じた後，物品税法は廃止され，消費税法が制定された。消費税法は「課税資産の譲渡等」を広く課税対象としているから，現在では，このような解釈問題は生じない。

(4)法形成過程の一部としての法令解釈

　いま，課税ルールの形成過程を，あらためて機能にそくして観察してみよう（→ Chapter 4）。そうすると，裁判所・国税庁・納税者による法令解釈は，国会の定立した法令の内容を具体化するものとみることができる。この場合，法令の規律密度が低いと，解釈によって決めるべき範囲が相対的に大きくなる。

　昭和40年全文改正前の所得税法や法人税法の下では，法律で定めていることが現在よりもはるかに少なく，多くのことを政令または通達にゆだねていた。その後，通達上の安定した取扱いが政令に「格上げ」され，さらに法律の内容として制定された例もある（所税64条2項や法税64条の2など）。

　現在においても，法令に十分な定めがなく，その「すきま」を解釈でうめている例がある。たとえば，組合形式で営む事業に対する所得課税ルール（→ Chapter 13）は，そのほとんどが通達の解釈に依拠している。また，相続税などで問題になる財産の評価については，土地・家屋・株式などの評価方法をはじめとして，時価の認定に関する多くのことが財産評価基本通達に定められている（増井良啓「租税法の形成における実験──国税庁通達の機能をめぐる一考察」ソフトロー研究6号〔2006年〕59頁）。

5-2　借用概念の解釈

(1)借用概念とは

　私たちの経済生活における取引は，私法により規律される。そこで，所得税法や法人税法は，すべての概念を自足的に定義し尽くすことをせず，民法や会社法などで用いられている用語と同一の概念を用いることがある。私法から借りてきたという意味で，これを借用概念という。

(2)借用概念の解釈

　最高裁は，昭和30年代半ばから，原則として，借用概念を私法上の概念と同じ意義に解すべきであるという判断を示してきた。用語の意義を統一的に理解することから，これを借用概念の解釈に関する統一説という。

▶「利益の配当」 最判昭和 35・10・7 民集 14 巻 12 号 2420 頁［鈴や金融株式会社事件］

▶「匿名組合契約およびこれに準ずる契約」 最判昭和 36・10・27 民集 15 巻 9 号 2357 頁［勧業経済株式会社事件］

▶「親族」 最判平成 3・10・17 訟月 38 巻 5 号 911 頁

▶「配偶者」 最判平成 9・9・9 訟月 44 巻 6 号 1009 頁［事実婚「配偶者」訴訟］

▶「住所」 最判平成 23・2・18 訟月 59 巻 3 号 864 頁［武富士事件］（→**5－3－2**(3)）

Column 5 －1　　「外国法人」への該当性

　　最判平成 27・7・17 民集 69 巻 5 号 1253 頁［デラウェア州リミテッド・パートナーシップ事件］は，外国法に基づいて設立された組織体が「外国法人」（所税 2 条 1 項 7 号，法税 2 条 4 号）に該当するか否かは，まず，「①当該組織体に係る設立根拠法令の規定の文言や法制の仕組みから，当該組織体が当該外国の法令において日本法上の法人に相当する法的地位を付与されていること又は付与されていないことが疑義のない程度に明白であるか否か」を検討して判断し，これができない場合には，「②当該組織体が権利義務の帰属主体であると認められるか否かを検討して判断すべきものであり，具体的には，当該組織体の設立根拠法令の規定の内容や趣旨等から，当該組織体が自ら法律行為の当事者となることができ，かつ，その法律効果が当該組織体に帰属すると認められるか否か」という点を検討して判断すべきであると判示した。

---

(3)借用概念の修正

　私法から概念を借用するにあたり，租税法令が明文で概念を修正している場合，修正された規定どおりに解釈すべきことは当然である。これに対し，明文による修正がなくても，当該租税法令の規定の趣旨からみて，借用元における意義とは別の意義に解すべき場合がある。

　たとえば，最判昭和 63・7・19 判時 1290 号 56 頁［浜名湖競艇場用地事件］は，「所得税法 60 条 1 項 1 号にいう『贈与』には贈与者に経済的な利益を生じさせる負担付贈与を含まない」としている。負担付贈与（民 553 条）も「贈与」の一種である（民法第 3 編第 2 章第 2 節）。民法上は「贈与」とさ

れているものを，最高裁は，所得税法60条1項1号との関係では「贈与」
に含めなかったのである。のちに学ぶように，前主に対して資産の含み損益
の課税を繰り延べることとの対応関係で譲受人が取得費を引き継ぐ（→**9－
3－2**, **18－3**）。このような規定の趣旨からして，課税を繰り延べない場合
には取得費を引き継がないとするものである。この例では，譲渡所得に関す
る所得税法のしくみからして，「贈与」という借用概念に修正が必要になっ
ている。

⑷法的安定性の確保

　借用概念について統一説をとることの利点は，私法上意味内容が確立した
概念を借用している場合，それに従うことで法的安定性を確保できることに
ある。取引の当事者も，通常，私法上の意味で意味内容を理解しているはず
である。

　もっとも，私法上の意義自体が必ずしも一義的でない場合がある。たとえ
ば，「人格のない社団等」（法税2条8号）の意義は，民事法上の「権利能力
なき社団」と同様に解されているところ（→**13－2－2**），それはかなり多
義的である。「住所」の概念のように，事実認定とあてはめに微妙な判断を
要するものもある。このような場合，借用概念について統一説をとるだけで
は，法的安定性を確保することができない（この点については，渋谷雅弘「借
用概念解釈の実際」金子宏編『租税法の発展』〔有斐閣，2010年〕39頁を参照）。

　法的安定性を高めるためには，租税法令の中により明確で使いやすい定義
を設けたり，事前照会に対する文書回答を活用したり（→**4－2－1**）する必
要がある。

⑸私法上の概念を借用していない場合

　なお，租税法令が私法上の概念を借用していない場合は，以上の議論の範
囲外である。たとえば，「収入金額」（所税36条1項）は借用概念ではない。
この概念の解釈として，収入の原因となった行為が違法であっても所得とし
て課税する，というのが確立した判例である（→**9－4－2**）。これは，窃盗
や強盗のように私法上無効である場合であるか，詐欺や脅迫のように一応所
有権が移転するものであるかを問わない。

5−3 租税回避の否認

5−3−1 租税回避とは

(1)節税・脱税・租税回避

一般に，節税と脱税は，合法か違法かで区別される。課税要件を充足していないため，もともと納税義務が生じないのが，節税である。これに対し，課税要件を充足しているにもかかわらず，納税義務が生じていないものと偽るのが，脱税である。脱税は，重加算税や罰則（→4−2−3）の対象となりうる行為である。

これに対し，租税回避は，合法か違法かがあいまいな灰色領域を指す概念である。境界領域にある概念であるため学説の定義もさまざまであるが，共通する骨子を抽出するならば，濫用により課税要件の充足を免れることを念頭に置くことが多い。特に，私法上の選択可能性を利用して納付税額を減少しようとする企てが，問題になる。

容易に免れることができる租税には税収調達力がないし，本来納税すべき人が納税していないとなれば税制に対する信頼がなくなる。そのため，制度設計のあり方としては，租税回避の試みが未然に防げるような強靱な税制を立法することが望ましい。

Column 5 − 2　　タックスシェルター

課税を回避し軽減するための法的スキームを総称して，タックスシェルター（tax shelter）という。シェルターとは避難所を意味する言葉であり，租税回避だけでなく，仮装行為や脱税にあたる行為をも広く含む。タックスシェルターはしばしば商品化して売り出される。参照，中里実『タックスシェルター』（有斐閣，2002 年）。

---

(2)租税回避の否認

納税者の租税回避が問題になる場合に，課税庁が取引の内容を引き直し，課税要件を充足したものとして扱うことを，租税回避の否認という。

法律によって，対象領域を限定せず一般的に租税回避の否認を認める例として，ドイツ租税通則法 42 条がある。2008 年改正後の同条 1 項は，

「法の形成可能性の濫用により租税法律を回避することはできない。租税回避の阻止のための個別租税法律の規定の要件が充足される場合には，当

該規定により法効果が決定される。それ以外の場合において，第2項に規定する濫用が存在するときは，経済的事象に相応する法的形成をした場合に発生するのと同じように，租税請求権が発生する」

と定めている（谷口勢津夫『租税回避論』［清文社，2014年，初出2008年］262頁の訳による）。

米国では，判例法理によって租税回避への対処がなされてきた。2010年に内国歳入法典7701条(o)が，これまでの判例法理である経済的実質主義を明確化した。その1項は，

「経済的実質主義が関連するいかなる取引の場合であっても，以下の場合に限り，当該取引は経済的実質を有するものとして取り扱われる。

　(A)取引が納税者の経済的地位を（連邦所得税の効果をのぞき）意味のあるやり方で変更すること，かつ，

　(B)納税者が当該取引を行うための（連邦所得税の効果をのぞき）実質的な目的を有すること」

というものである（岡村忠生「米国の新しい包括的濫用防止規定について」日本租税研究協会『税制改革の課題と国際課税の潮流』［日本租税研究協会，2010年］138頁）。

日本では，かつて，国税通則法制定時に，税制調査会が

「税法の解釈及び課税要件事実の判断については，各税法の目的に従い，租税負担の公平を図るよう，それらの経済的意義及び実質に即して行うものとするという趣旨の原則規定を設けるものとする」

と答申した（「国税通則法の制定に関する答申（税制調査会第2次答申）及びその説明」［1961年］4頁）。また，同族会社以外の特殊関係者間の行為計算を否認できるようにする規定を設けることを答申した。答申のこれらの内容は強い反対をまねき，立法化が見送られた（吉村政穂「租税手続法の一環としての一般的否認規定？──国税通則法制定に関する答申をめぐる議論を振り返る」日税研論集71号［2017年］35頁）。

> **Column 5－3**　　　**ルールとスタンダード**
>
> 　一般に，主に制定法の規律密度を念頭において，こまかな点まで規律する
> ものをルール（rule）といい，おおまかな原則的な定めとするものをスタン
> ダード（standard）という。これを租税法令についていうと，次のジレンマ
> がある。一方で，明確で精密な課税ルールを事前に設定すると，法的安定性
> と予測可能性が高まるが，抜け穴を利用する租税回避行為が生ずる。他方
> で，租税法令の規定を判断余地の大きいスタンダードにとどめておけば，問
> 題の発生に課税庁が事後的に対処しやすくなるが，租税効果が不明確になっ
> て円滑な取引を阻害する。

5－3－2　租税回避への対応

⑴立法的対応

　租税法令が明文で，租税回避を抑制する措置を設けることがある。たとえ
ば，組合が船舶や航空機をリースし，個人組合員に対して不動産所得の赤字
を利用させる商品が組成された。これを封ずるため，平成17年度税制改正
で立法的措置が講ぜられ，組合事業に対して受動的にしか関与していない個
人組合員が，平成18年以後の各年において，組合事業から生ずる不動産所
得の赤字は，所得税法の適用上，生じなかったものとみなすこととした（租
特41条の4の2。**→10－5－3**）。

　一歩進んで，現行法には，やや一般的な形で，納税者の行為計算にかかわ
らず，税務署長に否認の権限を与える規定がある。典型的な例は，同族会社
等の行為計算（所税157条，法税132条，相税64条），組織再編成に係る行為
計算（法税132条の2），通算法人に係る行為計算（同132条の3）について，
納税者の行為計算を引き直して更正や決定をする権限を与える規定である。
これらの行為計算否認規定の適用要件は「不当に減少させる」という一般的
なものである（**→17－4**）。

　では，このような根拠規定がない場合に，租税回避を否認する権限を，税
務署長に認めることができるか。東京高判平成11・6・21高民集52巻1号
26頁［岩瀬事件］は，売買か交換かが問題になった事件において，次のよ
うに判示し，これを消極に解した。いわく，

　　「いわゆる租税法律主義の下においては，法律の根拠なしに，当事者の選
　　択した法形式を通常用いられる法形式に引き直し，それに対応する課税要
　　件が充足されたものとして取り扱う権限が課税庁に認められているもので

はないから，本件譲渡資産及び本件取得資産の各別の売買契約とその各売買代金の相殺という法形式を採用して行われた本件取引を，本件譲渡資産と本件取得資産との補足金付交換契約という法形式に引き直して，この法形式に対応した課税処分を行うことが許されないことは明かである。」

　この判示部分は，憲法84条の租税法律主義を理由にあげている。最高裁が上告不受理の決定をしたため，この事件は高裁段階で確定した。

⑵法令解釈による対応

　最高裁は，租税回避の否認について，どのような考え方をとっているか。タックスシェルターを問題にした次の最高裁判決は，法令解釈によって納税者の主張を封じた。上に述べた意味の租税回避の否認権限を課税庁に与えたものではないが，結果的に，租税回避を否認したのと同じ結論を導いている。

　最判平成17・12・19民集59巻10号2964頁［外国税額控除余裕枠りそな銀行事件］は，外国税額控除の余裕枠を利用して法人税額を減少させる取引が問題になった事案において，以下の通り判示し，当該事案における外国税額控除の適用を否定した。

　　「これは，我が国の外国税額控除制度をその本来の趣旨目的から著しく逸脱する態様で利用して納税を免れ，我が国において納付されるべき法人税額を減少させた上，この免れた税額を原資とする利益を取引関係者が享受するために，取引自体によっては外国法人税を負担すれば損失が生ずるだけであるという本件取引をあえて行うというものであって，我が国ひいては我が国の納税者の負担の下に取引関係者の利益を図るものというほかない。そうすると，本件取引に基づいて生じた所得に対する外国法人税を法人税法69条の定める外国税額控除の対象とすることは，外国税額控除制度を濫用するものであり，さらには，税負担の公平を著しく害するものとして許されない」。

　争いが生じた後，平成13年度税制改正で法人税法69条1項を改正し，通常行われる取引と認められないものとして政令で定める取引に基因して生じた所得につき，外国税額控除の対象外とした。

　最判平成18・1・24民集60巻1号252頁［パラツィーナ事件］は，法人組合員が映画の減価償却費の損金算入を求めた事案において，損金算入を否定した。その理由付けは，

　　「本件映画は，本件組合の事業において収益を生む源泉であるとみることはできず，本件組合の事業の用に供しているものということはできないか

ら，法人税法……31条1項にいう減価償却資産に当たるとは認められない」

というものである。つまり，この事案における本件映画が「減価償却資産」に該当しないという理由により，損金算入を否定したのである。平成17年度税制改正で立法的に対応し，一定の法人組合員が組合事業から生ずる費用を損金算入できる金額を出資金額に限定した（租特67条の12）。

これら2件の最高裁判決は，法令解釈の限界に接近している。

⑶納税者の租税回避目的と事実認定

これに対し，納税者の租税回避目的を事実認定に反映させなかったのが，最判平成23・2・18訟月59巻3号864頁［武富士事件］である。争点は，贈与税との関係で，納税者の「住所」が日本国内にあるか否かであった。最高裁は以下のように判示して，納税者が贈与税回避の目的の下に日本での滞在日数を調整していたことは，日本国内に「住所」があると認定する理由にはならないとした。すなわち，

「一定の場所が住所に当たるか否かは，客観的に生活の本拠たる実体を具備しているか否かによって決すべきものであり，主観的に贈与税回避の目的があったとしても，客観的な生活の実体が消滅するものではないから，上記の目的の下に各滞在日数を調整していたことをもって，現に香港での滞在日数が本件期間中の約3分の2（国内での滞在日数の約2.5倍）に及んでいる上告人〔納税者〕について前記事実関係等の下で本件香港居宅に生活の本拠たる実体があることを否定する理由とすることはできない」。

最高裁は，さらに，「贈与税回避を可能にする状況を整えるためにあえて国外に長期の滞在をするという行為が〔事件当時の〕課税実務上想定されていなかった事態であり，このような方法による贈与税回避を容認することが適当でないというのであれば，法の解釈では限界があるので，そのような事態に対応できるような立法によって対処すべきものである」という。これは，司法府ではなく立法府が対処すべきだという考え方である。実際，この争いが生じたのち，税制改正によって贈与税の課税対象を立法的に拡大した。

⑷総合的アプローチの重要性

このように，租税回避の事件が生ずるたびに，後追いで立法的対応がされる。また，事件が生ずる前に，租税回避を予想して立法で手当てすることも多い。

租税回避という現象に適切に対処するためには，ひとり法令解釈論の枠内

だけで検討していても十分でない。文言を離れた法令解釈は，安定性を欠くし，おのずから限度がある。迂遠なようであっても，課税要件の立法的整備こそが，王道である。さらに，アグレッシブな租税回避スキームの義務的開示制度（MDR：Mandatory Disclosure Rules）や，企業会計上の情報開示，租税専門家の倫理と規律など，市場参加者のインセンティブに着目した総合的アプローチが重要というべきであろう。

📄 **この章で学んだこと**

▶ 最高裁は，規定の文理と趣旨を考慮して租税法令を解釈している。
▶ 借用概念は，原則として私法上の意義と統一的に解釈する。
▶ 租税回避への対処としては，総合的アプローチが重要である。

➡️ **調べてみよう**

▶ 租税法と民法は，いかなる関係にあるか？
　→金子宏＝中里実編『租税法と民法』（有斐閣，2018 年）
▶ 租税回避の否認に関する日本の議論は，「遅れている」のか？
　→長戸貴之「『分野を限定しない一般的否認規定（GAAR）』と租税法律主義」中里実＝藤谷武史編著『租税法律主義の総合的検討』（有斐閣，2021年）105 頁
▶ 解釈統制とは何か？
　→本部勝大『租税回避と法──GAAR の限界と解釈統制』（名古屋大学出版会，2020 年）

所 得 税

Part

02

Part 02 では，個人の所得税について学ぶ。その中核は，個人の所得（income）という経済的なプリズムを用いて，いろいろな私的取引を分析する作業である。そのような作業のために必要な道具だてを，次の順序で学んでいく。

まず，Chapter 6 で，所得とはどのような概念であるかをみる。そして，Chapter 7 で，納税義務者がどう定義されているかを知る。こうして，個人の所得に対して課税するということの意味をおさえる。ここから一歩進んで，Chapter 8 では，所得税法のしくみがどうなっているかを，実定法にそくして概観する。そこで学ぶように，所得税法における中心的な問題は，個人の行う経済活動との関係でいかにして所得を算定するかという点にある。このことを，Chapter 9 では収入金額の側から，Chapter 10 では費用控除の側から，よりくわしく検討する。最後に，Chapter 11 で，時間とリスクの観点から，所得に課税することの意味を再確認する。

所得の概念

📄 この章のテーマ
▶所得概念の包括的構成　▶現物所得　▶帰属所得　▶原資の回復

6−1　所得概念の包括的構成

6−1−1　所得税法における所得の意義

(1)公園で拾った財布は所得か

　所得の意義は，所得税法を理解するうえで，最も基本的な問題である。

　例で考えてみよう。①私が公園で財布を拾い，開けてみると現金10万円が入っていたとする。これは所得だろうか。②現金ではなく，オペラのチケットが入っていたらどうか。チケットも所得なのだろうか。

　これらの例で所得があるということに，多くの人が戸惑いをおぼえるであろう。法律を勉強している人であれば，拾得物の扱いがどうなるかが気になるに違いない。仮に私法上問題なく私のものになったとしても，①は，たまたま手にした現金である。このような偶発的・一時的な利得を所得といってよいものか，判断に迷う人が出てきてもおかしくない。さらに，②は，チケットという現物である。このチケットを手にしたことで，何円分の所得があったと金銭評価するのだろうか。もしチケットにプレミアムがついており，20万円で流通していたとすれば，20万円の現金を拾った場合と同じに考えてよいのだろうか。

　この例からわかるように，所得という概念の外延は，実はそれほど明確ではない。

(2)制限的構成と包括的構成

　私たちが日常的に所得という場合には，上の例と比べてもうすこし，継続的に金銭の形で入ってくるものを漠然とイメージしていることが多い。たとえば，働いて給与を受け取ったり，預金口座に利子がついたりすると，そこから得られる給与や利子は，所得である。そして，これらが所得にあたることに，ほとんどの人が疑問をもたないであろう。

　ここで，所得の概念を制限的に構成すれば，給与や利子など継続的・反覆的に得られるものだけが所得にあたることになる。これに対し，包括的に構成すれば，一時的・偶発的・恩恵的利得も所得にあたるし，現物で得られたものも所得にあたることになる。つまり，所得の概念をどの程度包括的に構成するかによって，所得税の課税対象になる範囲が変わってくるわけである。

　注意すべき点として，所得の概念は，あたかも天から降ってきたもののようにして先験的に決まっているというものではない。所得税制をつくる私たちが，時代と状況に応じ，目的論的に構成しなければならないのである。

6−1−2　サイモンズの所得概念
(1)サイモンズの定式

　課税との関係で所得の概念をどう構成すべきかについて，19世紀末から20世紀初頭にかけて，いくつもの学説が展開した。これらの学説は，各国で所得税が基幹税となっていく時代状況の中で，どのような課税ベースが望ましいかを論じた。

　包括的構成を唱えた名だたる学者たちの中で最も著名な経済学者が，シカゴ大学のヘンリー・サイモンズ（Henry Simons）である。彼は，古典的自由主義の系譜にみずからを位置づけつつ，自由を阻害しないためには私的権力の集中を警戒すべきであり，自由を破壊することなく富の再分配を可能にするしくみとして所得税を構想した。1938年の書物『個人所得課税』は，個人所得を，広く「社会の希少な資源の利用に対する支配の行使」を意味するとしたうえで，その算定方法を定式化した（Henry Simons, Personal Income Taxation, The Definition of Income as a Problem of Fiscal Policy（University of Chicago Press, 1938）49-50）。この定式が，所得を包括的に定義するものとして，今日，広く知られるに至っている（図表6−1）。

図表6−1　サイモンズによる個人所得の算定式

Y ＝ C ＋ Δ A 　C：「消費において行使された権利の市場価値」 ΔA：「その期間のはじめとおわりの間における財産権の 　　　蓄積の価値の変化」

　この式の記号は便宜のためにつけたものであって，左辺のYが「個人所得」の金額である。右辺は，C「消費（consumption）において行使された権利の市場価値」と，ΔA「その期間のはじめとおわりの間における財産権

の蓄積（accumulation）の価値の変化」との和を意味する。つまり，個人所得の金額は，消費と蓄積の和に等しい。

　式の右辺は，所得の使途（つかいみち）である。入ってくるものは，消費するか，蓄積するしかない。ゆえに，どう使ったかをみていくと，どれだけ所得があったかがもれなくわかる。つまり，右辺から左辺を導くことで，所得を包括的に構成している。これが，サイモンズの概念構成の巧みなところであった。

　式の構成要素は，次のような相互関係にある。Cが消費に相当し，ΔAが資産の増分に相当する。資産とは，現在それを処分することで消費に充てることのできる最大額である。いいかえれば，資産は，将来消費の現在価値である。ゆえに，この式の構造は，消費を定義すれば資産が定義され，それによって所得の金額が定義される，というしかけになっている。

　この定式による所得を，包括的所得（comprehensive income）という。呼称としては，「純資産増加説」ということもある。これは，個人が一定期間において全く消費を行わなかったと仮定した場合に，その資産に生じたはずの純増加額として所得をとらえることと等しいからである。同じことを違う角度からみると，資産価値を不変に保ちながら消費できる最大額が所得であるということになる。

(2)分析ツールとしてのサイモンズの定式

　この定式は，1930年代の米国の社会経済状況をふまえ，サイモンズが独米における先行学説を参照しつつ自覚的に構成したものである。米国の所得税は，19世紀末にポピュリスト運動の成果として登場し，20世紀初頭に定着した。資本主義社会において経済的平等を実現するものとして，草の根の支持を受けた。これを概念装置に組み込み，累進的な課税を提唱したという背景がある。そのような目的のための道具だてであるから，唯一普遍の金科玉条ととらえることは禁物である。

　このような由来に注意を払うべきであるものの，サイモンズの定式は，所得税制を評価し検討するための分析ツールとして，なかなか便利である。そこで以下でも，実定法をみていく際の知的な「物差し」のひとつとして用いることにする。なお，念のために付言すれば，この定式は，個人所得を定義するものであり，法人の所得については語っていない。

(3)サイモンズの定式に関する注釈

　サイモンズの定式につき，3点だけ注釈しておく。

▶ 期間を区切っている。ある期間のはじめとおわりの間でどれだけの消費や蓄積があったかを問題にしている。具体的にどの長さの期間かは定式では明示していないが，現実の制度では1年ごとに所得を計算し納税する。このこととの関係で，この定式においては，ある期間における資産の値上がり益は，その資産を売却しなくても，ただ値上がりしたということのみによってその期間の所得として計上する。いわゆる未実現の利得（unrealized gains）を所得に含めるのである。逆に，資産価値の減少をもたらすものは，その性質を問わず，所得計算において控除項目として扱う。その中には，株の値下がり損や，災害・盗難に限らない資産損失が広く含まれる。この扱いは，日本の実定法上の扱いと異なるところである。

▶ 個人ひとりひとりの所得に着目する。各個人の所得を合計しても，国民所得には一致しない。たとえば，個人Xから個人Yへと贈与により財産が移転したとする。そのとき，Xさんの損がYさんの得になっているだけのことで，社会全体でみれば所得は生じていない。しかし，サイモンズは，あくまで個人に着目してその経済力の大きさを測ろうとした。そのため，個人が贈与により財産を取得する場合を，蓄積部分の増加（プラスのΔA）として所得に含めたのである。こうして，この例のYさんには所得があることになる。では，Xさんのほうではどうなるか。贈与を行った分だけXさんの蓄積部分は減少しており，所得算定上控除するのが，この式の素直な適用になりそうである。しかし，サイモンズは，消費と代替関係にある支出であるという理由によって，Xさんにおける控除を認めない。つまり，Xさんの所得計算上は控除を認めず，Yさんの所得計算上は加算する。いわゆる二重計上（double counting）が生ずるのである。

▶ ヒトとモノを峻別する。ΔAの部分は，財産権の蓄積の価値の変化を意味しており，個人が有する財産の価値変動が測定対象である。これに対し，その個人自体の資質や健康などの人的資本（human capital）について，その経済的価値の増減は対象としていない。あくまでモノの世界で蓄積部分を計測していると解釈できる。現実には，私たちが生きていくうえで，病気になったり，精神的損害を被ったりすることは避けられない。そのような場合に実定法がどのような工夫をこらしているかは，**6－4**でふれる。

　サイモンズの定式は，個人所得を使途の側面から測定する。これに対し，源泉の側面からとらえると，個人所得は，その源泉に応じて，労働所得（labor income）と資本所得（capital income）に大別できる。両者の区別は経済的なものであり，いずれも法令用語ではない。労働所得は人的資産のリターンであり，勤労性所得ともいう。資本所得は物的資産のリターンであり，資産性所得と呼ぶことも多い。資本所得は，さらに，実物資産から生ずる所得と，金融資産から生ずる所得に分かれる。実物資産の典型例は土地であり，金融資産の典型例は社債や株式である。個人事業から生ずる所得のように，労働所得と資本所得が結合する場合もある。

6－1－3　日本の実定法における所得概念の拡大

　日本の実定法は，どのように所得概念を構成してきたか。転機になったのが第二次大戦直後のいくつかの税制改正であり，それまでの制限的な構成からより包括的な構成に転換し，現行所得税法に至っている。

　所得税の創設は，明治20年である（→**3－2**）。当時，「営利ノ事業ニ属セサル一時ノ所得」には所得税を課さないこととしており（明治20年所得税法3条3号），一時的・偶発的・恩恵的利得を課税の対象から除いていた。これに対し，「預金ノ利子」や「官私ヨリ受クル俸給」の所得算定方法については「直ニ其金額ヲ以テ所得トス」と定めていたから（2条1号），預金利子や給与は当時から所得税の対象であった。その後第二次大戦まで，所得税法は一時的・偶発的・恩恵的利得を課税の対象から除いていた。

　第二次大戦を経て，所得税は広く大衆が納める税になった。昭和10年の時点で納税人員は94万人にすぎなかったものが，昭和25年には全所得者の40％，1427万人をカバーする大衆税になった。

　この動きと並行して，所得税法はより包括的な構成に転換する。昭和22年11月の改正は，新しく一時所得という類型を設け，一時的・偶発的な所得を課税の対象に加えた。さらに，シャウプ勧告を受けて，昭和25年の税制改正では，譲渡所得を一般的に課税の対象としたばかりでなく，雑所得という類型を設けて他の類型にあたらないその他すべての所得を含むこととした。雑所得というキャッチ・オール条項を設けることで，原則としてすべての所得を課税の対象としたのである。

　現行所得税法は，昭和40年に全文改正されたものを基礎としている。こ

の改正にさきだち，昭和 38 年 12 月に，政府税制調査会は，課税所得の意義について以下のように述べた（税制調査会「所得税法及び法人税法の整備に関する答申」〔1963 年〕5 頁）。

「所得税及び法人税における所得概念については，個別経済に即した担税力を測定する見地からみて，基本的には，現行税法に表われているいわゆる純資産増加説（一定期間における純資産の増加——家計費等所得の処分の性質を有するものによる財産減少は考慮しない——を所得と観念する説）の考え方に立ち，資産，事業及び勤労から生ずる経常的な所得のほか，定型的な所得源泉によらない一時の所得も課税所得に含める立場をとるのが適当であると考えられる。」

当時の立案担当者は，「経常的な所得」と「定型的な所得源泉によらない一時の所得」を区別しながらも，ともに課税所得に含めることが適当であると考えていたのである。所得概念の包括的構成を意識していた証左ということができる。なお，この叙述は，所得税と法人税を同列に論じているが，いま問題にしているのは所得税の個人所得に関する部分だけである。

こうして，所得税法は，所得の範囲をかなり包括的に構成するようになった。もっとも，高度成長の時期を含むかなり長い期間，預貯金の利子については「マル優」と通称される非課税措置が講じられていたし，有価証券の譲渡益も原則として非課税とされていた（→ 3 − 4 − 3）。他にも，租税特別措置として課税の対象から個別的に除外されてきた所得の項目は数多い。そのため，現実の所得税がサイモンズの定式ほど包括的であったことは，一度もなかった。とりわけ，サイモンズの定式にいう ΔA の多くの部分が課税の対象から除外されてきたため，実定制度上の所得税は，$C + \Delta A$ を課税ベースとする包括的所得税と，C を課税ベースとする消費税のハイブリッド（hybrid：あいのこ）であるといわれてきた。

以下では，日本の実定法が所得をどう構成しているかを理解するうえで重要な点を，3 つみていく。

▶現物所得（→ 6 − 2）。従業員フリンジ・ベネフィットのかなりの部分は課税の対象から外れている。

▶帰属所得（→ 6 − 3）。サイモンズの定式との関係では，消費の測定に関する問題と位置付けられる。

▶原資の回復（→ 6 − 4）。蓄積部分の測定に関する問題である。

6-2　現物所得

6-2-1　所得税法のたてまえ

(1)現物所得の意義

　現物の形で受け取る所得を，現物所得という。サイモンズの定式によれば，ある期間における経済力の増加は，消費されるか財産権の蓄積に充てられる限り，どのような形式で流入しようが，所得を構成する。金銭の形で入ってくるか，現物の形で入ってくるかは，違いをもたらさない。

(2)所得税法の条文

　実定法ではどうか。日本の現行所得税法も，現物所得を課税の対象に含めるたてまえをとっている。このことを確認するために，所得税法の条文をみてみよう。

　まず，課税所得の範囲は「全ての所得」であり（所税7条1項1号），一定の非課税所得（同9条〜11条）にあたらない限り，原則として課税の対象になる。

　次に，具体的にどれだけの金額の所得があったかを算定するためのルールとして，所得税法22条以下の規定がある。Chapter 8の内容を先取りすることになるが，これらの規定についてあらかじめ注意しておきたいのは，次の2点である。

▶ 10種類の「各種所得」ごとに計算方法を定めていること

▶計算方法の基本が収入から各種費用を差し引くやり方であること

　これらはいずれも，サイモンズの定式とは異なる。サイモンズの定式では，所得はその個人につき一本であり，内部での区分はなかった。また，消費と蓄積という使途から所得金額を測定するのであり，入ってきたもの（収入）と出ていったもの（費用）の差額をとらえる方式でもなかった。

(3)所得税法36条1項

　これら「各種所得」の金額の計算方法に関する通則が，収入金額に関する所得税法36条である。同条1項は，「その年分の各種所得の金額の計算上収入金額とすべき金額又は総収入金額に算入すべき金額は，別段の定めがあるものを除き，その年において収入すべき金額〔括弧書き省略〕とする」と定めている。ここに「その年分」とは，1月1日から12月31日までの暦年のことである。「各種所得」とは，10種類に区分された所得のことである（所税2条1項21号）。

ここで重要なのが,「その年において収入すべき金額」という文言に付された括弧書きが,「(金銭以外の物又は権利その他経済的な利益をもって収入する場合には,その金銭以外の物又は権利その他経済的な利益の価額)」となっていることである。この括弧書きから,「金銭以外の物」をもって収入する場合には,その物の価額を収入金額に算入することになる。「権利」や「経済的な利益」をもって収入する場合についても同様である。

所得税法36条1項の規定は,「各種所得」のいずれにもあてはまる通則であるから,一般的に適用される。**6−1**の冒頭の例で,オペラのチケットを取得した場合,仮にそのチケットが20万円で流通していたとすれば,チケットの価額である20万円の収入金額が生ずるという結論になる。

6−2−2 フリンジ・ベネフィットの課税

⑴フリンジ・ベネフィットの意義

このように,所得税法のたてまえとしては,現物所得も所得に含まれる。しかし,実際に法律を運用する段階になると,現物所得の中には課税されていないものがかなり存在する。典型的に問題とされてきたのが,従業員フリンジ・ベネフィット(employee fringe benefits)である。

従業員フリンジ・ベネフィットとは,事業者が被用者に対して,本来の給与に加えて,付加的に与える給付のことである。それは,必ずしも非現金給付だけに限定されるものではない。たとえば,従業員の出張に際して会社が実費を上回る宿泊費や日当を支払えば,実費との差額は現金の形をとった付加的給付である。しかし,フリンジ・ベネフィットとして特に問題とされてきたのは,非現金給付であった。社宅その他の福利厚生サービスや,企業年金掛金や医療保険料の事業主負担などである。

住宅サービスや食事,旅行などの現物形態での労働報酬は,受け取った個人にとって個人消費にあたるから,サイモンズの定式によれば当然に所得に含まれる。また,事業主に掛金や保険料を肩代わりしてもらうと,従業員にとって将来に受け取るべき年金受給権の価値が増加し,あるいは将来において消費できる医療サービスに対する期待権が発生するから,やはり所得に含まれる。

そして,所得税法も,36条1項括弧書きが「その金銭以外の物又は権利その他経済的な利益の価額」を収入金額に算入することを命じている。よって,現行法のたてまえとしても,このようなフリンジ・ベネフィットを与えられた被用者は,所得を計上しなければならないはずである。

ところが,ここで現実的な問題が生ずる。フリンジ・ベネフィットという

「経済的な利益の価額」をいくらであると金銭評価すべきか。また，フリンジ・ベネフィットの多くは換金性に乏しいものであるところ，納税資金の手当てをどうするか。さらに，ありとあらゆるフリンジ・ベネフィットを網羅的に所得計上しようとすると，税制の執行が著しく困難になるのではないか。このような問題があるため，フリンジ・ベネフィットには，現実には課税されないものが多い。

国税庁の法令解釈通達には，多様なフリンジ・ベネフィットにつき，一定の要件の下に「課税しなくて差し支えない」とするものが多数存在する（所基通36‐21など）。他方で，従業員の給与として課税の対象に含める場合について，その金銭評価についても通達が取扱いを定めている（同36‐36以下）。

(2)香港2泊3日旅行事件

ある会社が従業員の海外旅行の費用を補助した事件をみてみよう（大阪高判昭和63・3・31判タ675号147頁［香港2泊3日旅行事件］）。会社が従業員慰安旅行として2泊3日香港旅行を実施し，その費用の一部を補助した。税務署長がこれを従業員に対する給与であると認定し，当該会社に対して源泉徴収すべきであった所得税の納付を命じた。これに不服の会社が争ったという事件である。

大阪高裁は，所得税法36条をひいて「本来……個人の所得として課税されるべきである」と述べつつも，非課税とする通達の扱いに合理性があるとしたうえで，本件の慰安旅行が「社会通念上一般的に行われていると認められるレクリエーション行事」にあたり，参加従業員の受ける経済的利益が一人あたり2万9578円であって少額であること等を総合考慮し，結論として，非課税とすべきであると判断した。

この事件の第1審判決が下されたのち，国税庁は昭和63年に通達を変更した。これが平成元年と平成5年にさらに変更され，現在では，⑴4泊5日以内であり，かつ，⑵参加従業員が50％以上である場合，原則として「課税しなくても差し支えない」ものとしている（所基通36‐30の運用について）。

国税庁の法令解釈通達は，もちろん，裁判所を拘束しない（→4‐2‐1）。しかし，この通達に依拠して現場の税務職員が「課税しない」という取扱いをするときに，それをわざわざ争う納税者はいないであろう。つまり，この通達による法令解釈は，あくまで国税庁内部の取扱指針ではあるものの，その解釈を争う人がいないということによって，事実上，課税と非課税を分かつ機能を果たすことになる。

日本の会社につとめる従業員にとって，会社主催の慰安旅行への参加は，もしかしたら業務の一環のような意味があるのかもしれない。そうであるとすれば，通達のいうように，比較的短期間であり，従業員の半分以上が参加するような行事について，所得税法 36 条の収入金額に含めないという解釈をとることも，企業社会の実情をふまえた常識的な線であるのかもしれない。

だが，一歩退いて，この取扱いによって誰が得をするかを冷徹に観察するとどうであろうか。4 泊 5 日慰安旅行の恩恵にあずかることができるのは，どのような会社の従業員であろうか。非正規職員はこのような慰安旅行に参加できるのか。同じ会社の中でも，プライベートの時間における会社内の人的つながりの増進強化を好む人と，休暇には会社を離れて個人旅行に行くことを好む人との間で，前者の選好を優先することにならないか。さらに，あえて皮肉な見方をすれば，この扱いは旅行業界に対する隠れた補助金の機能をもつのではないか。げんに，平成 5 年にこの通達が改正されたとき，日本経済新聞に日本旅行業協会の広告が掲載された。その表題は，「非課税枠拡大，4 泊 5 日で職場旅行が変わる」というものであり，当時の運輸政務次官が写真入りで挨拶文を載せていた（日本経済新聞平成 5 年 10 月 27 日付け朝刊 36 面）。

以上のような潜在的な利害対立が存在することを考えると，従業員慰安旅行に対する会社の補助をどのような要件で課税の対象に含めるかは，議論を尽くしたうえで，所得税法や所得税法施行令で明示することが望ましい。

なお，その後，マカオに 2 泊 3 日の慰安旅行に行く費用一人あたり約 24 万円を使用者が支出した場合に，従業員が旅行参加から得る経済的利益を給与所得として課税の対象とした例がある（東京高判平成 25・5・30 税資 263 号順号 12222）。

⑶法律で非課税とされている場合

フリンジ・ベネフィットの中には，法令によって明示的に非課税とされているものがある（所税 9 条 1 項 4 号～8 号）。このうち，所得税法 9 条 1 項 6 号は，昭和 40 年の全文改正のおりに設けられた。

たとえば，ある飲食店が店の方針として，厨房係から接客係に至るまで，すべての従業員に制服を着用することを義務づけていたとしよう。この場合，従業員が使用者から支給される制服は，次の規定によって非課税とされるであろう。所得税法 9 条 1 項 6 号は，「給与所得を有する者がその使用者から受ける金銭以外の物（経済的な利益を含む。）でその職務の性質上欠くことのできないものとして政令で定めるもの」に，所得税を課さないことと

している。そして，この委任を受けた政令が，「給与所得を有する者でその職務の性質上制服を着用すべき者がその使用者から支給される制服その他の身回品」と定めている（所税令21条2号）。店の方針で制服の着用を義務づけているという以上，この要件にあたるものと解される。国税庁の通達は，専ら勤務場所のみにおいて着用する事務服，作業服等について，制服に準じて取り扱うとしている（所基通9-8）。

重要なのは，このような非課税規定を置く趣旨である。いくつかの説明が可能である。第1に，勤務に必要な費用を現物で弁償していると考えれば，費用相当額を支給されたにとどまり，従業員にとって所得ではないと考えることができよう。この考え方によると，所得税法9条1項6号は，所得の概念に照らして当然のことを確認した規定ということになろう。しかし，制服を着用することによる個人的消費の要素は，いくばくかは存在するはずである。この制服が，有名デザイナーズ・ブランドのものだったような場合には，とりわけそうであろう。

そこで，第2に，事業主の都合で支給している場合に，本来は所得にあたる部分を含めて，一括して非課税としたという考え方が出てくる。制服の着用が職務の遂行のために必要であるとすれば，その支給は，使用者の便宜によって与えているものである。実際，店内でいかに見栄えのする制服であっても，それを着てデートに出かける人は少ないであろう。このことをいいかえれば，この制服は，従業員が提供する労務の対価として受け取っている性格が希薄であるということでもある。

6-3　帰属所得

6-3-1　帰属所得の意義

(1)市場を介在しない消費

帰属所得（imputed income）とは，通常の市場取引の外において，自己の財産や労働に直接に帰せられる所得のことである。帰属所得の典型として，以下のものがある。

▶資産から生ずるもの（マイホームに居住する場合の家賃相当額の利益など）
▶人的役務から得られるもの（医者が自分の脈をとる場合の診察代相当額など）

いずれも市場における取引を介在させないところに特徴があり，生産と消費が同時になされる。

(2)フリンジ・ベネフィットとの比較

帰属所得は，フリンジ・ベネフィットと同じく，現物の消費である。いず

れも，その市場価値を測定しがたい。従業員フリンジ・ベネフィットが雇用主から従業員に対して与えられるのに対し，帰属所得の場合には自己所有資産や自分自身の労働によって生ずる。

たとえば，よい勤務条件はフリンジ・ベネフィットである。ある人が社長秘書室に勤務している。社長室に飾ってあるピカソの名画を毎日鑑賞する。社長とともに外出するときは，専属リムジンでお出かけする。このような勤務条件自体が，受け取る給与とは別に，その人の勤労満足度を高めるはずである。

所得の概念を包括的に構成すると，雇用主から与えられたこのような無形の満足も，従業員の所得に該当しそうである。しかし，実際に所得として課税しようとすると，人々の納得，金銭評価，納税資金など，種々の実際的な困難がつきまとう。とりわけ，この人がピカソとリムジンを嫌悪していたら，どうであろうか。無形の満足は主観的にしか測定できないから，その金銭価値を課税のためにきちんと見積もることはきわめて困難であろう。

上の例と異なり，帰属所得という場合には，たとえば名画を自宅で保有して鑑賞することから得られる満足や，自家用車という耐久消費財から得られるサービスの自家消費を指す。雇用主から与えられるという外からの流入の要素がなくても，保有しているだけで発生するのである。

帰属所得の例として特に問題になるのは，帰属家賃（→6−3−2）と自家消費（→6−3−3）である。

6−3−2 帰属家賃
⑴持家から生ずる帰属家賃
帰属家賃（imputed rent）は，帰属所得の一種であり，自己所有の土地家屋から生じる家賃相当分の所得である。マイホームに居住することで何らかの効用が生ずることは，直感的にわかりやすい。だが，この直感を帰属所得という概念に結びつけ，所得税との関係を考えるには，いくつかのステップを踏む必要がある。そこで，ある人が自己資金1億円を投資して住宅サービスを確保するという例にそくして，ふたつの投資選択を考える。

⑵借家と持家の間の選択
選択Ⅰ（借家）では，自己資金1億円を社債に投資し，社債の利子によって借家の家賃を払う。ある年にこの社債から利子が300万円生じたとすれば，この300万円は，包括的に構成した所得概念の下で当然に所得にあたるし，現行法の下でも利子所得として課税される（所税23条）。仮に20%の税率を適用するならば，所得税を納付したあとの税引後受取利子は240万円となる。

つまり，借家を選ぶ場合，税引後の240万円が，この人が確保できる住宅サービスの上限となる。

選択Ⅱ（持家）では，自己資金1億円でマイホームを買う。マイホームに住むことで，居住サービスを消費する。この消費の金額の測定は容易ではないが，議論を簡単にするために，300万円相当の消費額があったとしよう。サイモンズの定式に従って所得概念を包括的に構成すると，この300万円相当額は，消費において行使された権利の市場価値Cに該当し，所得に含まれる。これが帰属家賃である。マイホームの価値の減耗や，維持管理に必要な支出があれば，蓄積の変動分ΔAの減少項目となる。しかしながら，現行法の下では，このような帰属家賃に課税していない。その根拠としては，所得税法が所得を収入の形態においてとらえているから（所税36条），経済的価値の外からの流入がなければ課税の対象から除外することにしたと解されている（→**9－3**）。こうして，持家を選ぶ場合，300万円相当額の居住サービスを非課税で消費できることになる。

上の選択Ⅱでは，市場を通じずに，家賃相当額の居住サービスが自己に帰属し，消費されている。このような帰属家賃が存在するにもかかわらず，これを課税の対象に含めないことは，以下の弊害を生む。
▶選択Ⅰ（借家）と選択Ⅱ（持家）の間で，所得税制が投資行動をゆがめてしまう（非中立的である）。
▶借家を選んだ人と持家を選んだ人との間で，同様の経済的状況にあるにもかかわらず，取扱いが異なってしまう（水平的公平に反する）。
▶上の例の条件設定とはやや異なることになるが，持家居住を選べる人が借家住まいの人よりも相対的にみて豊かであるというデータがあるとすれば，豊かな人に非課税という恩典を及ぼすことになる（垂直的公平に反する）。

(3)帰属家賃への課税

そこで，立法論として，帰属家賃を課税の対象に含めることができないかが問題となる。たとえば，所得税法36条1項の特則として，帰属家賃分の金額を収入金額とみなす規定を置くのである。

帰属家賃も所得である以上，そのような立法は理屈のうえでは可能であるし，実際にそのような立法政策をとる国もある。だが，日本を含む多くの国の所得税制では，いくつかの理由により帰属家賃を課税対象から除外している。
▶人々に支持されにくい。
▶現金収入がないから，納税資金のやりくりに困る。
▶居住サービスの金額を正確に見積もることが困難である。

▶持家促進政策（Column 10−3）と整合しない。

　所得税で帰属家賃を課税の対象にできなくても，財産保有にかかる税で代替することが考えられる。日本でも，市町村の固定資産税は，土地と家屋を保有する者に対して，その財産評価額を基準にして毎年課される。

　逆に，借家と持家の間の取扱いの差を縮小する方策として，借家に住む人に支払家賃を課税所得から控除することを認めることも考えられる。ただし，この措置の問題は，より大きな目でみたときの税制の非中立性が残ってしまうことである。すなわち，借家の場合に家賃控除ができ，持家の場合に帰属家賃が依然として非課税であるとなると，居住サービスをその他のサービスよりも課税上優遇してしまうことになる。

6−3−3　自家消費

⑴例外としての所得税法 39 条

　財やサービスの自家消費は，帰属所得であり，現行法の下では原則として課税の対象としていない。

　例外的に帰属所得を課税の対象にするのが，所得税法 39 条である。たとえば，八百屋を営む事業所得者が，店の商品としてリンゴを売っており，1個 100 円で売ろうとしている。あまりにおいしそうなので，このリンゴを 1個，自分で食べたとしよう。

　この人はリンゴを食べているだけで，リンゴを市場で売買しているわけではない。このような場合につき，所得税法 39 条は，「居住者がたな卸資産……を家事のために消費した場合……には，その消費した時におけるこれらの資産の価額に相当する金額は，その者のその消費した日の属する年分の事業所得の金額……の計算上，総収入金額に算入する」と定めている。つまり，この人（「居住者」）が，リンゴ（「たな卸資産」つまり店の商品のこと）を自分で食べた（「家事のために消費した」）場合，事業所得の総収入金額に 100円を計上することを定めているのである。これが，現行法の下で自家消費を課税対象に取り込む例である。

　所得税法 39 条は，事業を営む者が商品を家事のために消費する場合を念頭においており，人が市場を介在しないで消費を行う場合一般をカバーしているわけではない。たとえば役務の提供をカバーしていないから，散髪屋さんが自分の子どもの髪を切る場合には適用がない。

⑵事業領域と家事領域の区別

　所得税法 39 条は，個人の活動領域の中で事業領域から家事領域に流出す

る経済価値（上の例ではリンゴの価値100円）をとらえ，それを事業所得の総収入金額として計上する（図表6-2）。

図表6-2　事業領域と家事領域の区別

　所得税法39条にいう「家事のために消費する」という用語は，サイモンズの定式でいうと，消費Cの部分に相当する。だが，この規定そのものは事業領域と家事領域の区別を前提としており，そこにいう「事業」という観念自体はサイモンズの定式には出てこない。事業の概念を所得税の中核に据える現行法の構造は，より古い分類所得税の系譜をひいている。

　なお，同様にして事業領域から流出した部分を収入金額に計上する規定として，所得税法40条がある。

6-3-4　帰属所得の外延——労働と余暇をめぐって

　帰属所得の範囲は，広げていけば無限定に拡張してしまう。たとえば，余暇を好む「なまけもの」は，働かずして余暇から心理的満足を得ている可能性がある。

　けれども，余暇から生ずる金銭的価値を見積もって，それを帰属所得として課税すべきであると考える人はいないだろう。余暇を課税の対象にするためには，その人のプライベートの時間を記録し，毎日何をしていたか，そこからどのような満足を得たかを，税務職員がいちいち確認しなければならない。国家機関がそのような私事に立ち入ることになると，公と私を分かつ重要な境界を土足でまたぎ，個人の私的領域を侵犯することになってしまう。ジョージ・オーウェルの『1984年』並みのディストピアである。そのよう

な世界を望む人が，いったいどこにいるだろうか。

　このような理由により，余暇を課税の対象としないことは，現実的にみて望ましいことである。ただし，このような所得税制は，労働と余暇の間で非中立的である。

6－4　原資の回復

6－4－1　純所得への課税

⑴ネットの所得

　所得の範囲を包括的に構成する場合であっても，所得を得るための原資は，課税所得の範囲から除外する。いいかえれば，経済活動の「もとで」になるものには課税しない。原資の回復（recovery of capital）に相当する部分は，所得に含めないのである。

　所得の範囲から「もとで」の部分を除外しておくことで，原資に食い込む課税を避けることができる。このことは，資本を投下して拡大再生産を行うために適合的である。ここで，「もとで」に相当する部分を差し引いた純粋な「もうけ」にあたる部分を，「純所得（net income）」という。このような純所得に課税するしくみは，経済活動の展開にとって都合がよい。純所得を課税ベースとする所得税が20世紀に基幹税目となったひとつの理由は，ここにある。

　実際，あれほど包括的な構成を行ったサイモンズの定式も，純所得を計算するようにつくられている。ある期間中に生じた蓄積部分の増減を計測する部分 Δ A が，あくまで「純資産」の増減に着目しているからである。この Δ A の計算において，その期間のはじめに保有していた財産権の価値は除外するし，当該期間中に減少した部分があれば減額要素としてカウントする。

⑵必要経費と取得費

　以上の考え方は，所得税法では，「必要経費」および「取得費」の控除という形をとる。いずれも Chapter 10 でくわしく学ぶことになるが，この段階でまず，両者を統一的な視点から理解しておこう。

　「必要経費」とは所得を得るために必要な経費のことであり，現行規定はいくつかの類型の所得についてこれを条文化している（所税37条）。たとえば，個人でラーメン店を営む事業者が，ある年に，ラーメン店の事業から100の売上金額を得たとする。そしてこの売上をかせぎ出すために，諸々の経費が80かかったとする（内訳は材料費10，人件費30，支払家賃30，光熱費10）。この場合，「必要経費」は80である（同条1項）。そこで，100の「総

収入金額」から80の「必要経費」を控除して（＝差し引いて），20の「事業所得の金額」が得られる（同27条2項）。この20が，必要経費を差し引いたあとの純所得である。

　「取得費」とは，資産の取得に要した金額のことであり，譲渡所得の金額の計算において問題になる（所税38条）。たとえば，ある人が軽井沢の別荘を10年前に40で買っており，今年100で売ったとする。このとき，10年前のこの別荘の取得に要した費用すなわち「取得費」は，40である（同条1項）。そこで，この人には，100の「総収入金額」から40の「取得費」を控除して，60の「譲渡益」があることになる（同33条3項）。その「資産の譲渡に要した費用」の額があれば，さらにその額も控除する。これが，取得費などの原資部分を差し引いたあとの純所得に相当する。

　このように，所得税法には，収入を得るための原資に相当する部分を課税の対象から除外するためのルールがある。留意すべきは，日本の所得税法が10種類の「各種所得」ごとに計算方法を定めていることである。このことを反映して，必要経費が37条，取得費が38条という具合に，別々の規定になっている。しかも，37条は，必要経費の控除が可能な所得類型を，「事業所得」や「雑所得」などいくつかのものに限っている。

　このように，実定法の姿はそれほど単純ではないものの，所得の概念という統一的な物差しを用いて観察すれば，「必要経費」と「取得費」は，ともに，所得を得るための原資を除外するという考え方のあらわれとみることができる。

(3)資産損失

　資産が滅失したり毀損したりする場合のように，「もとで」にあたる部分の価値減少の扱いも大切である。サイモンズの定式では，ある期間内の蓄積部分の減少は，例外なく所得の減額要素になる。

　これに対し，所得税法は，物的資産の価値減少を，あくまで限定的にしか控除の対象としていない。くわしくは後述するが（→**10−5**），一定の資産損失を必要経費として控除するルール（所税51条）と，雑損控除として所得から控除するルール（同72条）があるのみである。これらに当たらない場合，原則としてどこからも控除できない。これが現行法の扱いである点に留意する必要がある。

6−4−2　投下資本の回収

⑴控除の金額とタイミング

　原資に相当する部分は，所得の範囲から除外する。こう一言でいうのは簡単である。だが，そのやり方を実際にどうするかは，かなりの工夫を要する。しかも，どれだけの金額をいつ控除するかによって，課税ルールの経済効果が大きく異なってくる。この点に関する法技術の基本を理解することが，Part 02 を通じた重要な学習目標である。

　ここでは前もってイメージをつかむために，ひとまず実定法の取扱いから離れ，数値例をみておこう。

　いま，ある人が，第１年に保険料を３万円支払い，保険事故の発生により，第２年に 100 万円を一時に受け取ったとしよう。この場合，受け取った 100 万円が全額そのまま所得となるわけではない。なぜなら，原資に相当する部分として，３万円の保険料を支払っているからである。純所得を課税の対象とするためには，この３万円相当額をいずれかのタイミングで控除しなければならない。

　それにはいくつかのやり方がある（図表６−３）。①ひとつの自然な取扱いは，第２年において３万円を控除し，差し引き 97 万円の純所得があったとする。これに対し，②第１年に３万円を控除することも考えられる。そのように取り扱う場合には，第１年には所得算定上すでに原資部分の回収が済んでいるから，第２年に計上すべきは 100 万円全額でよいことになる。

図表６−３　一時金受け取りの場合の純所得

	第１年	第２年
①	0	97
②	−3	100

　この例を一歩進めてみよう。いま，同じ人が第１年に保険料を３万円支払っていたところ，保険事故が発生した。そこで，第２年以降 10 年間にわたり，毎年 10 万円ずつを受け取ったとしよう。この場合，さらにいくつかのやり方がありうる（図表６−４）。

図表6-4　年金受け取りの例

	第1年	第2年	第3年	第4年	……	第10年	第11年
①	0	9.7	9.7	9.7	……	9.7	9.7
②	0	7	10	10	……	10	10
③	-3	10	10	10	……	10	10

　①3万円の原資相当分が10年間にわたって各年10万円ずつのリターンをもたらしたと考えれば，毎年3000円ずつ控除する。その場合，純所得は毎年9万7000円ずつということになる。これに対し，②3万円の原資相当分の全額が第2年のリターンに対応していると考えれば，第2年に3万円の全額を控除する。以上のいずれとも異なり，③第1年に控除する扱いも考えられるところであり，その場合には第2年以降に控除すべき金額はない。

　このように，原資部分を課税所得の対象から除外するには，控除の金額とタイミングに関するルールを定めなければならない。そのための法技術的なしかけを，所得税法で用意する必要がある。それが「取得費」（所税38条）や「減価償却費」（同49条）などに関する諸ルールである。

(2)人的資本の位置付け

　原資部分というとき，ひとつ根本的な問題がある。それは，人的資本（human capital）の位置付けにかかわる。人間の所有する有形の物質的存在を富（wealth）と呼ぶと，その範疇に有形物のみならず自然人も含むという考え方が成立する。人的資本とは，このような考え方にもとづき，人の生産力を資本としてとらえる経済的な概念である。

　たとえば，ある人が，幼少のころから身体能力に恵まれ，フィギュア・スケートのレッスンを受けてきたとする。その結果，今日では，世界の舞台で活躍する身になり，スケート・ショーの出演料収入が何億円にものぼるとしよう。スケートのレッスン料支出は，この人の潜在的稼得能力を高めている。芸術的かつ正確迅速にジャンプしターンするこの人の能力が，人的資本の例である。

　所得税との関係で人的資本をどう位置付けるかは，根本的なカテゴリーに関する問題だけに，専門家の間でも考え方が分かれる。サイモンズの定式はヒトとモノを峻別しており，個人自体の資質や健康などの人的資本について，その原始的取得や経済的価値の増減を対象としていなかった（→6-1-2）。再分配を行うべきは財産についてであり，個人間の才能の分配状況については国が関与すべきでないと考えていたのであろう。

　人的資本の価値増加を課税の対象とするところまではいかなくても，人的資本の形成のために投下した支出は，原資にあたるということができないか。上の例でいえば，過去に支出したレッスン料は，原資相当分として，現在に稼得する所得から控除すべきであるということにならないのだろうか。

　現行所得税法は，物的資産について投下資本の回収のためのルールを置いている。これに対し，上の例のような支出については，「取得費」や「減価償却費」の対象にしていない。人的資本そのものを課税の対象とするわけではないから，取得費の控除をそもそも考えないのである。

　このように，所得税法は，ヒトとモノの区別を前提としたうえで，モノの領域において原資の回復に関するルールを設けている。これに対し，人が健康を害して医療費を支払うような場合については，必要経費・取得費といった原資の回復に関するルールとは別に，医療費控除（所税73条）といった特別の所得控除のしくみを用意している（→8-3-4）。この問題は，労働所得の稼得に必要な経費はどのようなものか，という問題につながっていく。これが，給与所得控除（同28条3項）と特定支出控除（同57条の2）の制度設計にかかわる（→10-1-4）。

6-4-3　損害の回復

⑴問題の所在

　原資に相当する部分を課税の対象から除外するのであれば，原資が毀損した場合に，その損害を補塡する金銭を受け取っても，それを所得とはしないことになる。損をした部分を埋め合わせるのだから，所得にならない。この一般論自体は，理解しやすいであろう。

　だが，精密にみていくと，このロジックには隠れた難問が潜んでいる。とりわけ重要なのが，人損と物損の違いをどう考えるかである。

⑵サイモンズの定式との関係

　サイモンズの定式を分析ツールとして考えてみよう。

　人的損害について，サイモンズの定式はうまくマッチしない。財産権の蓄積について資産の増減を問題にしており，人的資本を考えていないからである。

　物的損害については，サイモンズの定式の下では，ある期間に生じた値上がり益はその全額を所得として計上し，値下がり損はその全額を控除する。たとえば，ある人が時価3億円の別荘を保有していたとする。そして，ある年にこの別荘が火事で滅失し，損害保険契約に基づく保険金を3億円受け

取ったとしよう。この例にサイモンズの定式をあてはめると，この年の所得はゼロである。この人の資産は，期首に3億円でスタートし，別荘の焼失によりゼロになるが，保険金3億円を受け取ることで補塡される。つまり，期首に3億円でスタートして期末に3億円で終わるから，ΔAはゼロとなる。

(3)現行所得税法の態度

　所得税法は，以上とはかなり異なる態度をとっている。現行法の基礎となる考え方を示すのが，昭和36年税制調査会答申である（税制調査会「税制調査会答申及びその審議の内容と経過の説明」〔1961年12月〕）。この答申は，「理論にのみはしらず，常識的に支持されるものでなければならない」というスタンスを示している。つまり常識的な処理を志向し，以下のように場合を分けた。

　人的損害に対する補償の場合について，答申は，仮に事業所得の補償であっても非課税にするのが常識的であるとする。この考え方を受けて，「心身に加えられた損害」は非課税とされた（所税9条1項18号，所税令30条1号）。政令ではさらにはっきりと，給与の補償であっても非課税所得に含むことを明記している（所税令30条1号括弧書き）。

　物的損害に対する補償の場合について，答申は，①不法行為その他突発的な事故によるものと②その他の事由によるものに類型化する。そのうえで，①は基本的に非課税とし，②は課税の対象に含めることとした。①の補償金を非課税とする前提として，所得税法が物損による資産価値の減少を無制限に控除の対象とするわけでない点が重要である。この点でサイモンズの定式と異なっている。所得税法は，3億円の別荘が滅失しても必ず控除するわけではないから，受け取る3億円の保険金を非課税とするのである（所税9条1項18号，所税令30条2号）。

(4)物的資産の値上がり益の扱い

　サイモンズの定式と所得税法とのいまひとつの違いは，物的資産に値上がり益が生じていた場合の扱いである。いま，上の例と同じ人が，別荘をかつて1億円で取得していたとして，その後値上がりした結果，焼失時の時価が3億円になっていた場合を考えてみよう。サイモンズの定式の下では，別荘の値上がり益が発生した年においてすでに所得を構成し（まさにその年のΔAにあたる），課税されていたはずである。

　これに対し，所得税法の下では，資産が値上がりしただけではまだその時点では課税しない（→6−1−2(3)，Chapter 9で学ぶ実現原則）。それゆえ，1

億円で取得した別荘の時価が3億円になっていれば，2億円分の含み益が生じており，それは未だ課税に服していないことになる。この例で損害保険契約に基づく保険金を受け取った場合，所得税法は，含み益2億円分を課税の対象とすることなく，3億円全額を非課税とする。その理由として，上記昭和36年答申は，「もしその損失がなかったら，その評価益には課税されなかったはずだから」と述べている。ただし，これには例外があり，事業を営む者がたな卸資産の補償や休業補償を受けるときは，収入金額に含める扱いをとっている（所税令30条2号第2括弧書き・94条）。

⑸損害の客観的認定

　所得税法9条1項18号の適用にあたり，損害の有無は客観的に認定する。
　ある事件で，マンション建設業者が，反対派住民Xに310万円を支払った。納税者はこれを補償金の趣旨で受け取ったと主張して，非課税取扱いを求めた。これに対し，大阪地判昭和54・5・31行集30巻5号1077頁［マンション建設承諾料事件］は，

「当事者間で損害賠償のためと明確に合意されて支払われた場合であっても，損害が客観的になければその支払金は非課税にならないし，また，損害が客観的にあっても非課税になる支払金の範囲は当事者が合意して支払った金額の全額ではなく，客観的に発生し，または発生が見込まれる損害の限度に限られる」

と判示した。そして，当該事案でXが受ける損害はたかだか30万円以上ではないと認定し，残りは非課税所得にあたらないとした。損害が客観的に発生しているかを認定し，その範囲でのみ非課税としたのである。

キャピタルゲイン（capital gains）とは所有資産の増価益のことであり，その典型例は個人が事業外で保有する土地や株式の値上がり益である。キャピタルゲインと通常所得の区別は，農業社会において土地と土地産出物を区別し，果樹と果実を区別していたことに由来する。独蘭のような欧州大陸の国々では，事業から生ずる所得については所得とキャピタルゲインの区別なく課税対象とするが，事業に関係しないキャピタルゲインはしばしば課税対象外とされる。英などのコモンウェルスの国々では，キャピタルゲインはそもそも源泉を有する所得とは観念されておらず，課税対象に取り込む場合であってもキャピタルゲイン税として優遇税率を設けることが多い。日米はキャピタルゲインを包括的に所得の一部に取り込んでいるが，やはりさまざまな優遇措置を設けている。なお，資産が値下がりした場合のキャピタルロスの扱いについては，各国ともに種々の控除制限を講じている。

📑 この章で学んだこと

▶ 第二次大戦後，所得税法は所得概念を包括的に構成するようになった。

▶ フリンジ・ベネフィットの多くが，課税対象から除外されている。

▶ 帰属所得に例外的に課税する例として，事業所得者の自家消費がある。

▶ 所得を得るための原資は，課税所得の範囲から除外する。

→ 調べてみよう

▶ 所得の概念はどういう経緯で包括的に構成されるようになったか？
　　→金子宏「租税法における所得概念の構成」同『所得概念の研究』（有斐閣，1995年〔初出 1966年〜 1975年〕）1頁

▶ 消費とは何か？
　　→中里実「所得の構成要素としての消費——市場価格の把握できない消費と課税の中立性」金子宏編『所得課税の研究』（有斐閣，1991年）35頁

▶ 損害賠償金の非課税は望ましい立法政策か？
　　→高橋祐介「税は自ら助くる消費者を助く？——投資家の受領した損害賠償課税を中心として」NBL 984号（2012年）90頁

Chapter 7 納税義務者

📑 この章のテーマ

▶ **納税義務者** ▶ **課税単位**

7−1 所得税法の構成

　私たち一人ひとりが，個人として所得税の納税義務を負う。このことは，自明のことと思われるかもしれない。しかし，納税義務者に関する所得税法の定めは，かなり複雑である。

　この章で引用する所得税法の規定の多くは，第1編にある。本論に入る前に，ここで所得税法の構成を説明しておこう。

　所得税法は，6つの編から成る（図表7−1）。このうち，第1編は総則であり，全体にかかわるだけに，抽象度の高い規定が多い。第2編は，個人所得の課税について定める基本的な部分である。本書で取り上げる規定も，この第2編に集中している。これに対し，第3編と第4編は，国際課税や源泉徴収に関係する。第5編は雑則であり，課税情報のやりとりなど，税制の執行に必要なルールを置いている。第6編は罰則であり，経済刑法の領域である。附則は，施行期日や経過措置などを定めている。

　　図表7−1　所得税法の構成

第1編　総則
第2編　居住者の納税義務
第3編　非居住者及び法人の納税義務
第4編　源泉徴収
第5編　雑則
第6編　罰則
附則

7−2 納税義務者と源泉徴収義務者

7−2−1 4種類の納税義務者

⑴所得税法5条

　所得税法5条は，4種類の納税義務者を定めている。これは，所得税法が，

個人居住者の基本的な納税義務だけでなく，国際的側面や源泉徴収を規律している からである。さらに，信託法改正に伴う平成 19 年度税制改正以降，所得税法 5 条には信託に関するルールが加わった。信託に関係する部分をひとまず省略すると，所得税法 5 条の内容は以下のようにまとめることができる。

▶居住者　　すべての所得に課税（ただし非永住者については制限あり）
▶非居住者　国内源泉所得に課税
▶内国法人　内国法人課税所得につき源泉徴収
▶外国法人　外国法人課税所得につき源泉徴収

(2)居住者と非居住者

　居住者は，「国内に住所を有し，又は現在まで引き続いて 1 年以上居所を有する個人」であり（所税 2 条 1 項 3 号），所得税を納める義務がある（同 5 条 1 項）。居住者は，①「非永住者」と，②「非永住者以外の居住者」に分かれる。①は，居住者ではあるものの，日本国籍を有しておらず，かつ，過去 10 年以内において日本国内に住所または居所を有していた期間の合計が 5 年以下の個人であり（同 2 条 1 項 4 号），課税の対象が制限されている（同 7 条 1 項 2 号）。これに対し，②は，「全ての所得」が課税の対象とされる（同項 1 号）。

　非居住者は，居住者以外の個人であり（所税 2 条 1 項 5 号），日本国内に源泉のある所得を有する場合に所得税を納める義務がある（同 5 条 2 項 1 号・7 条 1 項 3 号）。

　このように，非居住者には国内源泉所得に課税し，居住者のうち②には地理的限定を付さず「全ての所得」に課税する（全世界所得課税）。日本国との人的つながりの大小に応じて，課税所得の範囲を調節しているのである。

(3)内国法人と外国法人

　内国法人は，「国内に本店又は主たる事務所を有する法人」であり（所税 2 条 1 項 6 号），国内において「内国法人課税所得」の支払を受けるときは，所得税の納税義務を負う（同 5 条 3 項）。ここに「内国法人課税所得」とは，源泉徴収の対象とされている利子や配当などのことである。法人が所得税の納税義務を負うのは，源泉徴収が所得税法の所管事項とされている中で，法人も源泉徴収の対象となる支払を受けることがあるためである。

　外国法人は，内国法人以外の法人のことであり（所税 2 条 1 項 7 号），「外国法人課税所得」の支払を受けるときは，所得税の納税義務を負う（同 5 条

4項）。ここに「外国法人課税所得」は，日本国内に源泉のある所得のうち源泉徴収の対象とされているものをいう。

(4)「非永住者以外の居住者」への着目

　本書では，この4種類のうち，居住者，しかも「非永住者以外の居住者」を念頭におく。学習上，これが最も基本的な類型である。実際上も，所得税の納税義務者の多くは，このカテゴリーに属する。

　たとえば，日本国籍を有するAさんが，名古屋市に住所を有しているとしよう。Aさんは，日本国内に住所を有するから「居住者」にあたり，しかも，日本国籍を有しているから「非永住者以外の居住者」にあたる。よって，「全ての所得」に所得税がかかる（所税7条1項1号）。海外で講演料をかせいだとしても，日本の所得税との関係で納税義務を負う。いいかえれば，全世界所得が課税の対象とされる。

7-2-2　源泉徴収義務者

(1)源泉徴収の重要性

　令和3年度の統計データによると，所得税収24兆5989億円のうち，源泉所得税分が20兆2466億円，申告所得税分が4兆3522億円ある。所得税のうち何と80％以上が，源泉徴収によって納付されている。このように，所得税法第4編の源泉徴収に関するルールは，徴収メカニズムとして大きな役割を果たしている。この源泉徴収をつかさどる主体が，源泉徴収義務者である。

(2)上位概念としての納税者

　法律上は，次のように概念を整理できる（図表7-2）。国税に関する通則として，国税通則法2条5号が「納税者」を定義している。それには，「国税（源泉徴収による国税を除く。）を納める義務がある者」と，「源泉徴収による国税を徴収して国に納付しなければならない者」がある。これを所得税についていえば，前者が本来の納税義務者であり（所税5条），後者が源泉徴収義務者である（同6条）。

図表7-2　納税義務者と源泉徴収義務者

納税者（税通2条5号）
納税義務者（所税5条） 　源泉徴収義務者（所税6条）

⑶源泉徴収のふたつの意味

源泉徴収には，あとで清算するものと，清算せずに納め切りになるものがある。

▶あとで清算する場合の源泉徴収。たとえば，ある年の8月に，Bさんがテレビに出演してギャラの支払を受けたとする。このとき，報酬を支払うテレビ局が源泉徴収義務者となり，支払に際して所定の金額を源泉徴収して，翌月10日までに国に納付する（所税204条1項5号）。Bさんは，その翌年の2月16日から3月15日の間に確定申告書を提出し（同120条1項），その年の所得税を国に納付する（同128条）。この確定申告にあたって，前年中に源泉徴収された分を，納付すべき所得税額から差し引く（同120条1項4号）。確定申告するさいに過不足を清算するわけである。所得税額から源泉徴収税額を差し引いてマイナスの金額が生ずるときは，差額を国からBさんに還付する（同122条・138条）。

▶納め切りになる場合の源泉徴収。たとえば，Cさんが銀行預金の利子を受け取ったとする。利子を支払うさいに銀行が源泉徴収すると（所税181条1項），これで課税関係が終了する。なぜなら，租税特別措置法3条により，源泉分離課税することとされているからである。源泉分離課税とは，他の所得と区分して，支払のある源泉だけで徴収納付することを意味する。Cさんの受け取る利子を他の所得から分離して課税する結果，あとで過不足を清算することがない。Cさんに本来適用されるべき税率表のいかんにかかわらず，20%の源泉税を納めたままでおしまいになる。

7−2−3 申告納税と源泉徴収

みずからの所得税額を自己申告によって確定し，国に納付するしくみが，申告納税制度である。申告納税制度の下では，納税義務者である個人が痛税感をもつため，政府の肥大化を監視するインセンティブが高まる。その反面，申告納税は，ひとりひとりの納税義務者が税務署とやりとりをする必要があり，税務執行コストがかかる。これに対し，源泉徴収は，比較的少数の源泉徴収義務者が税務署とやりとりをすればよく，制度全体としての執行コストが小さい反面，申告納税のような痛税感が出てこないといわれる。

申告によって所得税を納付する人は，日本の総人口の一部分にとどまる。令和3年分の数字で，所得税の確定申告をした人は2260万7569人であった。このうち，申告納税額のある者は646万7481人であり，総人口1億2550万人の約5%である。申告して納税した人よりも多かったのが，申告して国から所得税の還付を受けた人（還付申告者）であり，1329万6059人で

あった。

Column 7−1	選挙と納税

　　選挙と納税は，民主主義の車の両輪である。日本においては，男性普通選挙の採用（大正 14 年）と，それに続く女性参政権の遅ればせながらの認知（昭和 20 年）によって，選挙と納税の間の直接の制度的関係は切断された。切断には十分な理由があった。ただし，公共財を提供するために国をつくり，統治のあり方を選挙で選んだ代表が決め，国の財源を調達するために納税するということにかわりはない（→ Chapter 1）。

7−3　所得の人的帰属

　個人が所得税を納める義務を負う前提として，所得がその個人に帰属する必要がある。所得と納税義務者のこのような結びつきを，所得の人的帰属という。所得が誰に帰属するかは，個人間，個人と会社の間，信託を設定する場合の委託者・受託者・受益者の間など，多様な主体間で問題となる。特に日常的に生ずるのが，家族構成員相互の関係における所得の人的帰属の問題である。

　所得の人的帰属につき，通常は，形式と実質が一致する。これに対し，名義と実質がくいちがう場合を想定する規定が，所得税法 12 条である。同条は，「資産又は事業から生ずる収益の法律上帰属するとみられる者が単なる名義人であって，その収益を享受せず，その者以外の者がその収益を享受する場合には，その収益は，これを享受する者に帰属するものとして，この法律の規定を適用する」と定める。

　この規定の趣旨について，①法律的帰属説（私法上の法律関係にそくして人的帰属を決める）と，②経済的帰属説（私法上の法律関係から離れ経済実質によって人的帰属を決める）の対立がある。学説上は，法律関係を安定させる観点から，①が支持を得ている。もっとも，私法上の法律関係にそくして「法律上帰属する」者が誰であるかを決定すること自体が簡単ではなく，個別事案に応じ丁寧に検討する必要がある。

　所得税法 12 条は「資産又は事業から生ずる収益」について語っており，労働から生ずる所得については明示していない。しかし，私法上の法律関係をもとに判断すれば，その労働を行った人に所得が帰属すると考えてよい場

合が多いであろう。

　協力して個人自営業を営んでいる夫婦の場合，当該事業から生ずる所得は誰に帰属するのだろうか。この点につき，国税庁による所得税法 12 条の法令解釈通達は，「事業から生ずる収益を享受する者がだれであるかは，その事業を経営していると認められる者（以下……「事業主」という。）がだれであるかにより判定するものとする」としている（所基通 12−2）。裁判例も，親子で歯科医院を経営していた事案で，事業による収入は経営主体に帰属するとするものがある（東京高判平成 3・6・6 訟月 38 巻 5 号 878 頁）。ここからは，家族事業から生ずる所得の人的帰属は，誰か一人の事業主宰者にそろえるという考え方を読み取ることができる。

　家族構成員間の所得の人的帰属の問題は，次に述べる課税単位の設定と密接に関係する。

7−4　課税単位

7−4−1　家族と所得税

　税額を算定する人的単位を「課税単位（tax unit）」という。所得税の課税単位の設定は，家族の実態を反映する必要がある。日本法の方向性を考える上で重要なのは，共働き世帯の増加と世帯構成の変化である。共働き世帯の比率は，1980 年代後半には 4 割程度であったが，年々増加して，2021 年には 7 割を超えている。また，少子化や高齢化，未婚化や晩婚化を背景にして，世帯構成の多様化と小規模化が加速している。いまや，高齢者を含む「一人世帯」が，「夫婦と子ども世帯」を抜いて世帯数の最も多い類型となっている。

7−4−2　ふたつの制度的前提

(1)ライフサイクルとの関係

　論を進めるうえで，ふたつの制度的前提に留意しておきたい。前提その 1 は，所得税法が暦年ベースで所得を算定し，各年分の所得税を納付するしくみをとっていることである。これは自然なことである。季節がめぐることで私たちの社会生活は 1 年ごとに節目をもつ。国の予算サイクルも毎年回転する。

　これに対し，個人と家族のかかわりはより長期的である。ライフサイクルでみると，ほとんどの人の子ども時代は，親世代からの支援によって生活する時期にあたる。成人期に入ると，みずからが労働所得を稼得し貯蓄するようになる。労働年齢を過ぎると，貯蓄を取り崩して消費に充てる。この間に

結婚や離婚といった事態が生ずるかもしれない。死亡時に残った遺産は，相続される。このようなライフサイクルの中で，家族関係が動的に変動していく。

　所得税法は，生涯ベースではなく，暦年ベースでできている。したがって，動的に変化していく家族関係の一コマを，あたかもカメラのシャッターを切るようにして，処理することになる。

⑵累進構造との関係

　前提その2は，所得税の累進構造である。累進構造の下では，所得が2倍に増えると所得税額が2倍超になり，高所得者は低所得者よりも比例的レベルをこえてより多くの所得税を納付する。累進構造をもたらすしくみとして，①所得控除と，②累進税率がある。

　①所得控除がある場合，税率が完全にフラットな比例税率であったとしても，所得税は累進的になる。たとえば，10の所得控除と，20％の比例税率を組み合わせてみよう（図表7−3。貨幣単位は省略）。この場合，所得が30あると，所得控除10を差し引いて，残りの20に20％の比例税率を適用し，税額は4となる。所得が60あると，所得控除10を差し引いて，残りの50に20％の比例税率を適用して，税額は10となる。この数値例では，所得が30から60へと2倍増えると，税額は4から10へと2.5倍増えている。累進的である。

図表7−3　所得控除とフラット税率

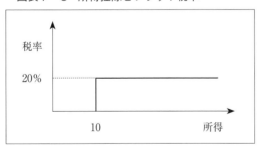

　②累進税率を採用する場合，所得控除が一切なかったとしても，所得税は累進的になる。たとえば，所得が0から50までの場合に10％の税率を適用し，50を超える場合に20％の税率を適用する，という税率表を想定してみよう（図表7−4）。このように，一定金額を超過する部分につきより高い税

率を設けるやり方を，超過累進税率という。この税率表の下では，所得が50 ならば税額は 5 となり（＝ 50 × 10%），所得が 100 ならば税額は 15 となる（＝ 50 × 10% ＋ 50 × 20%）。この数値例では，所得が 2 倍になると，所得税額が 3 倍に増えている。これも累進的である。

図表 7 － 4　超過累進税率の例

所得	税率
0 から 50 まで	10%
50 超	20%

以上，所得税の累進構造を例解した。すぐあとで述べるように，累進構造の下では，夫婦の所得を合算するかしないかで，税額に差が出てくる。課税単位の設定が大きな違いをもたらすのである。

7 － 4 － 3　片稼ぎ世帯と共稼ぎ世帯の比較
⑴比較の対象
　いま，配偶者の一方が給与を稼いで他方が専業で家事労働を行う夫婦（これを「片稼ぎ世帯」という）と，夫婦の両方が給与を稼ぐ夫婦（これを「共稼ぎ世帯」という）を，比較してみよう。
　以下の説明につき，2 点おことわりしておく。
▶夫と妻の表記。「片稼ぎ世帯」の数値例は，性別による役割の固定化を意図するものではない。夫と妻は互換性のあるものとしてお読みいただきたい。
▶帰属所得の存在。家事労働によるサービスは帰属所得であって，現行法上課税の対象とされていない（→ 6 － 3。髙橋祐介「労働法と税法」論究ジュリスト 28 号〔2019 年〕14 頁参照）。ここでは，課税の対象とされる給与に着目して，カップル内の所得分布のあり方を観察する。

⑵現行法の下でのカップル内所得分布

まず，片稼ぎ世帯において，夫が給与100を得たとしよう。この100を使って夫と妻がそれぞれに50ずつ消費する（図表7−5）。この例で，夫は，100の給与を稼得し，50をみずから消費し，50を妻が消費している。現行法の下で，稼得した給与は100がそのまま夫に人的に帰属する所得とされ，妻の所得は0とされる。

図表7−5　片稼ぎ世帯

	夫	妻
給　与	100	0
消　費	50	50
所　得	100	0

次に，共稼ぎ世帯において，夫と妻がそれぞれ50の給与を得て，お互いに50を消費したとしよう（図表7−6）。現行法の下で，夫と妻の所得はそれぞれ50とされる。

図表7−6　共稼ぎ世帯

	夫	妻
給　与	50	50
消　費	50	50
所　得	50	50

この結果は，「給与はそれをかせいだ者の所得になる」ということを叙述しただけのようにもみえる（→ 7−3）。しかし本当は，夫婦間の世帯内移転をどう扱うかという問題を捨象している。ここでは，現行法の下で上のように扱われること（→ Column 7-2）をひとまず与件として，議論を進めよう。

夫婦間の財やサービスの移転

夫婦間の財やサービスの移転にはいろいろなものがある。扶養義務の履行としての金品給付についていえば，所得税法の下で，扶養者は給付した金品の価額を控除できないし，被扶養者の受け取った金品には所得税がかからない（所税9条1項15号）。また，贈与についていえば，贈与者は，贈与財産の価額を所得の計算上控除できないし，受贈者は所得税でなく（同項17号）贈与税の対象になり（相続1条の4），その贈与は扶養義務相互間において生活費に充てるためにした贈与については通常必要と認められる範囲で非課税とされる（同21条の3第1項2号）。

⑶カップル間の不均衡の発生

以上のカップル内所得分布を前提として，個人単位で累進税率を適用すると，夫婦をあわせてみた税額は，片稼ぎ世帯のほうが，共稼ぎ世帯よりも大きくなる。

先ほど図表7－4に記した税率表を思い出してほしい。この超過累進税率を各個人にそのまま適用すると，税額は次のように計算される。

▶片稼ぎ世帯　夫 15　妻 0
▶共稼ぎ世帯　夫 5　妻 5

夫婦をあわせてみたカップル単位での合計税額は，片稼ぎ世帯が 15 となり，共稼ぎ世帯 10（＝5＋5）よりも大きくなる。

⑷個人間の比較かカップル間の比較か

以上の結果をどう評価すべきか。

もし，徹底的に個人単位の視点だけから上の数値例を観察すれば，夫婦単位でみたカップル間の不均衡はそもそも問題にならない。各個人がかせぐ額に違いがあるから，それに累進税率を粛々と適用し，その結果として，片稼ぎ世帯の夫が重く課税されており，共稼ぎ世帯の夫と妻がそれぞれ軽く課税されているだけのことである。

しかし，現実社会における多くの夫婦は共同生活を営んでおり，ばらばらの個人に還元できない面がある。経済的には資産や消費をプールし，精神的には喜びも悲しみも分かち合う。こういう側面を重視すれば，カップル間の比較も意味をもつ。この見方からは，片稼ぎ世帯と共稼ぎ世帯の間で，カップル単位でみた合計所得が等しいにもかかわらず，所得税額に差異が生ずる

のはおかしい，という評価が出てくる。

　つまり，個人間の比較を重視するか，カップル間の比較を重視するか，相容れない見方が拮抗する。

⑸二分二乗制度とその問題点

　カップル間の比較を重視する見方からすれば，カップル間の取扱いを等しくするための制度的手当てとして，夫婦をひとつの課税単位とし，夫婦の所得を合算することが考えられる。合算した所得に対してどのように税率表を適用するかについていくつかのバージョンがあるところ，最も著名なのが合算均等分割方式である。二分二乗制度ともいう。

　二分二乗制度を片稼ぎ世帯の数値例にあてはめてみよう。図表7－5における片稼ぎ世帯の所得を合算すると，夫婦合計の所得は100である（＝100＋0）。この100を均等に分割して累進税率を適用し，その結果得られる所得税額を2倍にする（「二分」して「二乗」する）。よって，夫が50の所得を得たものとして累進税率を適用した所得税額は5であり，これを2倍にすると10になる。このようにして，片稼ぎ世帯の夫婦単位でみた合計税額が，共稼ぎ世帯と等しくなる。カップル間の不均衡が解消されるのである。

　しかし，夫婦単位で二分二乗するやり方には，いくつか問題がある。第1に，独身者が不利になる。この措置は，独身者が100の給料をかせいでいる場合には，もちろん適用されない。それゆえ，独身者との関係で，片稼ぎ世帯の既婚者を優遇してしまう。家族のあり方が多様化している現在，片稼ぎ世帯を標準型として税額算定の基準にすえてよいものであろうか。

　第2に，家事労働の多い片稼ぎ世帯が有利になる。家事労働は帰属所得として非課税であるから，片稼ぎ世帯のほうが有利になりがちである。たとえば，片稼ぎ世帯が衣服を自分たちで洗濯し，共稼ぎ世帯が代金を払ってクリーニング屋に出す場合，片稼ぎ世帯の家事労働は課税されない。

　このように，二分二乗制度は，片稼ぎ世帯という特定の家族形態を有利に扱う点で問題がある。加えて，累進税率構造の下で高額所得者に大きな利益を与えてしまう。

7－4－4　日本法における個人単位主義の採用

⑴立法政策の分岐点

　所得税における課税単位の設定は，一定の政策目標と社会的価値を重視し，他のそれを犠牲にすることを意味する。とりわけ，累進構造をもつ所得税制の下では，①既婚カップル間の等しい取扱いと，②結婚するかどうかに

よって所得税額が変わらないこと（婚姻中立性）を同時に満足することができない。どれを重視するかにつき，各国の立法例は分かれる。

　日本では，明治20年の所得税創設から昭和25年に至るまで，戸主と同居家族の所得を合算し，その総額に税率を適用してきた。所得税の課税単位として家族単位主義をとっていたのである。これに対し，昭和25年改正で，個人単位に切り替えた。この個人単位主義が，現在まで続いている。

　なお，最大判昭和36・9・6民集15巻8号2047頁［「二分二乗」訴訟］では，夫名義で取得される財産の全額が夫にのみ帰属することを納税者が争い，所得税法が憲法24条に反すると主張した。これに応答して最高裁は下のように述べた。

　　「所得税法が，生計を一にする夫婦の所得の計算について，民法762条1
　　項によるいわゆる別産主義に依拠しているものであるとしても，同条項が
　　憲法24条に違反するものといえない……から，所得税法もまた違憲とい
　　うことはできない」。

(2)配偶者控除

　個人単位主義の下で，所得税法は婚姻に配慮するしくみを設けている。そのひとつが，配偶者控除（所税83条）である。

　昭和25年改正で個人単位主義を採用した段階で，配偶者は1人目の扶養親族とされ，扶養控除の対象とされていた。しかし，夫婦は相互扶助の関係にあって，一方的な扶養関係にある親族とは異なる。そこで，昭和36年改正で扶養控除から分離する形で配偶者控除を創設し，一定の配偶者を有する納税義務者に対して法定の金額の控除を認めた。

　その後，家族や働き方をめぐる状況は大きく変化した。1970年代初頭をピークに婚姻件数が急速に減少し，初婚年齢が上昇した。これを背景にして，少子高齢化が急速に進行した。また，1990年代以降，経済のグローバル化に伴って産業・労働市場が構造的に変化し，従来の終身雇用・年功賃金を中核とする雇用システムが機能不全に陥った。男性の雇用者と無職の妻からなる片稼ぎ世帯が減少し，共稼ぎ世帯が増加するなど，女性のライフスタイルが多様化した。

　このような中，配偶者控除については，次の問題点が指摘されてきた。
▶片稼ぎ世帯を一方的に優遇する。
▶納税者本人が配偶者控除の適用を受けるとともに配偶者が基礎控除（所税
　86条）の適用を受けるため，いわゆる「二重の控除」が生ずる。
▶配偶者の収入が103万円を超えると納税義務者本人が配偶者控除を受けら

れなくなる。配偶者の就労を抑制するという意味で,「103万円の壁」と呼ばれる。この点については,配偶者の所得の大きさに応じて控除額を段階的に減少させる配偶者特別控除が設けられており（所税83条の2），配偶者の収入が103万円を超えても世帯の手取りが逆転しないように手当てがなされている。

これらの指摘を踏まえ,税制調査会は,次の選択肢を示した（税制調査会「働き方の選択に対して中立的な税制の構築をはじめとする個人所得課税改革に関する論点整理（第一次レポート）」〔2014年11月〕5頁）。

A 配偶者控除の廃止

B 配偶者控除に代えて,配偶者の所得の計算において控除しきれなかった基礎控除を納税者本人に移転するためのしくみ（いわゆる移転的基礎控除）の導入

C 配偶者控除に代えて,諸控除のあり方を全体として改革する中で,夫婦世帯に対し配偶者の収入にかかわらず適用される新たな控除の創設

これに対し,現実の税制改正は上記ABCのいずれも採用しなかった。平成29年（2017年）の改正は,配偶者控除のしくみを維持しつつ,配偶者控除の適用対象となる配偶者の収入の上限を引き上げた。同時に,納税義務者本人に所得制限を設定し,高所得者には配偶者控除が段階的に減少するようにした。

こうして,居住者が「控除対象配偶者」を有する場合,その居住者の合計所得金額が900万円以下の場合は38万円を所得から控除し,900万円を超えると控除できる金額が逓減していき,1000万円超でゼロになる（所税83条1項，2条1項33号の2）。

所得税法83条にいう「配偶者」の意義について,最判平成9・9・9訟月44巻6号1009頁［事実婚「配偶者」訴訟］は,「納税義務者と法律上の婚姻関係にある者に限られる」と解している。

(3)扶養控除

個人単位主義を採用する日本の所得税法には,親子関係に配慮する措置がある。その典型が扶養控除である（所税84条）。

扶養控除の控除額は,扶養親族の年齢に応じて設定されている。16歳〜18歳および23〜69歳の控除対象扶養親族1人につき38万円というのが基本であり,大学に通う時期の子どもや老親については控除額が増額される（所税84条1項，2条1項34号の2）。かつては15歳以下の扶養親族についても扶養控除を適用していたが,平成22年度改正で,子ども手当の創設に伴

い 15 歳以下の扶養控除を廃止した。

扶養控除の対象となる「親族」の意義につき、最判平成 3・10・17 訟月 38 巻 5 号 911 頁は、民法上の親族をいい、婚姻の届出をしていないが事実上婚姻関係と同様の事情にある者との間の未認知の子またはその者の連れ子はこれに該当しないとしている。

(4)所得分散への対応

個人単位主義の下では、家族構成員間で所得を分散し、累進課税の適用を免れる行動が生じやすい。これに対処するため、所得税法には、事業所得者が家族構成員に支払った対価がある場合、その金額を必要経費に算入することを否定するルールがある（所税 56 条）。もっとも、このルールには重要な例外があり、個人事業者がその配偶者その他の親族でもっぱら事業に専従する者に給与を支払う場合、必要経費算入が可能である（所税 57 条）。

なお、昭和 63 年 12 月改正前は、家族構成員の資産所得を主たる所得者の所得に合算して税額を計算するしくみを用意していた（資産合算制度）。

(5)家族に配慮したその他の規定

他にも家族に配慮した規定は多い。一定の生活用資産の譲渡益を非課税とする規定は、配偶者その他の親族が生活の用に供する資産についても適用がある（所税 9 条 1 項 9 号）。雑損控除（同 72 条）や医療費控除（同 73 条）、社会保険料控除（同 74 条）も、親族のための支出をカバーする。

(6)人的資本形成のための費用の扱い

子育てや教育について家庭が担う役割は大きい。このような人的資本形成のための費用については、実質的には家族単位主義と同様の取扱いになっている。

親が大学生の子どもに仕送りをする場合で考えてみよう。一方で、仕送りをする親は、仕送りした金額を所得算定上控除できない。

他方で、仕送りを受ける子どもは課税されない。すなわち、「学資に充てるため給付される金品」や「扶養義務を履行するため給付される金品」には所得税が課されない（所税 9 条 1 項 15 号）。同様にして、「個人からの贈与により取得するもの」（同項 17 号）には所得税が課されず、贈与税の対象になるが、このうち「扶養義務者相互間において生活費又は教育費に充てるためにした贈与により取得した財産のうち通常必要と認められるもの」（相税 21 条の 3 第 1 項 2 号）は贈与税が課されない。

このように親の側でのみ所得税が課される結果となり，家族を課税単位としたのと実質的に同じ取扱いになる。

Column 7−3　　　**フランスのＮ分Ｎ乗方式**

　　フランスでは，1930 年代に少子化対策が国家的課題となり，出産奨励を目的とした大規模な家族政策が開始された。その一環として 1945 年以来所得税のＮ分Ｎ乗方式が導入されている。そのしくみとしては，まず，家族（夫婦と子）の全員の所得を合算して家族除数（Ｎ）で除し，1 単位当たりの所得を算出する。家族除数（Ｎ）は，単身者は 1 で，夫婦は 2 である。扶養児童がいる場合，第 1 子と第 2 子がそれぞれ 0.5 であるが，第 3 子以降は 1 人当たり 1 として優遇する。次に，1 単位当たりの所得に税率表を適用し，1 単位当たりの税額を算出する。最後に，1 単位当たりの税額に家族除数（Ｎ）を乗じて税額を計算する。このようなＮ分Ｎ乗方式は，出生率にほとんど影響を与えていないといわれる。参照，鎌倉治子＝深澤映司＝田村なつみ「家計への所得移転策と出生率との関係に係る理論と実証──フランスの所得税におけるＮ分Ｎ乗方式を中心に」レファレンス 869 号（2023 年）21 頁。

📄 **この章で学んだこと**
▶ 納税者には，本来の納税義務者と源泉徴収義務者がある。
▶ 日本の所得税法は，個人単位主義を採用している。

→ **調べてみよう**
▶ 源泉徴収義務者は，いかなる役割を果たしているか？
　→渡辺徹也「申告納税・源泉徴収・年末調整と給与所得」日税研論集 57号（2006 年）121 頁
▶ 家族の多様化に，税制はどう対応すべきか？
　→加藤友佳『多様化する家族と租税法』（中央経済社，2021 年）

Chapter 8 所得税法のしくみ

📄 **この章のテーマ**

▶ 総合所得税　▶ 所得区分　▶ 所得控除　▶ 累進税率

8－1　所得税法第2編の構成

⑴所得税法第2編の章だて

この章では，居住者の納税義務に関する所得税法のしくみを概観する。居住者の納税義務について定めるのは，所得税法第2編である（図表8－1）。

図表8－1　所得税法第2編の章だて

第1章	通則
第2章	課税標準及びその計算並びに所得控除
第3章	税額の計算
第4章	税額の計算の特例
第5章	申告，納付及び還付
第6章	期限後申告及び修正申告等の特例
第7章	更正の請求の特例
第8章	更正及び決定

第1章が通則である。第2章から第4章が，その年の所得税額がいくらになるかを定める実体的な部分である。第2章は「課税標準及びその計算並びに所得控除」に関するルールを置いている。「課税標準」とは，課税所得を数量化したものを指す。第3章は「税額の計算」に関するルールであり，第4章に若干の特例がある。以上が，所得税の実体的な税額算定ルールである。これに対し，第5章から第7章は，申告納付や更正の請求など，手続について定めている。

⑵所得税法第2編第1章から第4章の構成

第1章から第4章までの構成を，もうすこしくわしくみてみよう（図表8－2）。

図表 8 − 2　所得税法第 2 編第 1 章から第 4 章の構成

> 第 1 章　通則（21 条）
> 第 2 章　課税標準及びその計算並びに所得控除
> 　第 1 節　課税標準（22 条）
> 　第 2 節　各種所得の金額の計算（23 条〜 68 条）
> 　第 3 節　損益通算及び損失の繰越控除（69 条〜 71 条の 2）
> 　第 4 節　所得控除（72 条〜 88 条）
> 第 3 章　税額の計算
> 　第 1 節　税率（89 条〜 91 条）
> 　第 2 節　税額控除（92 条〜 95 条の 2）
> 第 4 章　税額の計算の特例（96 条〜 103 条）

　第 2 章は，4 つの節に分かれる。第 1 節が「課税標準」の定めである。第 2 節で「各種所得の金額」を計算し，それぞれについて赤字や黒字があった場合に，第 3 節で「損益通算」や「損失の繰越控除」を行う。そのような計算が済んだあとに，第 4 節で「所得控除」を行う。

　このような税額計算過程を要領よく説明しているのが，所得税法 21 条である。この条文を読めば，第 2 章から第 4 章までをどう適用し，いかなるステップで税額を計算していくかを，理解できる（図表 8 − 3）。

図表 8 − 3　所得税法 21 条が示す税額計算のステップ

> ＊所得を各種所得に区分し，各種所得の金額を計算する（1 項 1 号）。
> ＊これを基礎として，「総所得金額」などを計算する（1 項 2 号）。
> ＊「所得控除」を行い，「課税総所得金額」などを計算する（1 項 3 号）。
> ＊これに税率を適用し，所得税の額を計算する（1 項 4 号）。
> ＊そこから「税額控除」を行った金額をもって，所得税の額とする（1 項 5 号）。
> ＊税額の計算の特例に該当するときは，第 4 章に定めるところによる（2 項）。

(3)租税特別措置法と地方税法

　2 点を補足する。

▶所得税法のルールに対して，租税特別措置法が多くの修正を加えている。修正は，所得計算や税額計算の全域に及ぶ。所得税法と異なる課税方式を設けていることも，しばしばである。その結果，租税特別措置法までを含めてはじめて現行法の状態がわかる，といっても過言ではない。とりわけ，個人が金融商品に投資する場合や，土地や家屋を譲渡する場合について，租税特別措置法抜きに正確な課税関係を語ることは，不可能になっている。

▶所得税法の課税標準が，地方公共団体の個人住民税の計算に用いられる。すなわち，都道府県と市町村が課す租税として個人住民税があるところ，

その「所得割」の課税標準は，前年の所得について算定した所得税法の課税標準を用いている（地税 32 条・313 条）。個人住民税所得割に対する標準税率は，都道府県が 4 ％，市町村が 6 ％であり，あわせて 10 ％になる（同35 条・314 条の 3）。ここで標準税率という言葉を用いているのは，地方公共団体が条例によって異なる税率を定める可能性があるからである。

8−2　所得区分

8−2−1　総合所得税と分類所得税

(1)理念型と各国の制度

　所得税の制度のたて方には，2 つの型がある。一方で，総合所得税（global income tax）は，ある人の所得をすべて総合して課税の対象とする。他方で，分類所得税（schedular income tax）は，異なる所得類型に対してそれぞれに課税する。理念型として対比すると，一本の所得税なのか，諸税の集合体なのか，というくらいの違いがある（図表 8−4）。

図表 8−4　総合所得税と分類所得税

	総合所得税	分類所得税
所得算定	所得金額と控除額は，一括して算定	所得金額と控除額は，所得類型ごとに別々に算定
所得概念の構成	包括的構成に親和的	制限的構成に親和的
損益通算	認める	認めない
課税方式	一本の累進税率を適用	所得類型ごとにばらばら

　これはあくまで理念型である。各国の現実の所得税は，総合所得税と分類所得税のそれぞれの要素を，異なるやり方でミックスしている。豪加米は，一般的に総合所得税のアプローチをとりつつ，分類所得税的な規定を設けており，利子や配当を源泉徴収の対象にしたり，土地や株式の譲渡益を軽課したりしている。英仏蘭は，一般的に分類所得税のアプローチをとりつつ，総合所得税の要素を加味しており，ある所得類型から生ずる赤字を別の所得類型の黒字と相殺することを認めている。

シェジュールという言葉

　分類所得税の schedular という形容詞は，schedule という名詞に由来する。英国の 1803 年所得税は，所得を源泉に応じて 5 つの schedule に分離し，それぞれに課税するやり方をとった。すなわち，A 土地家屋賃料，B 借地農利潤，C 公債利子，D 営業収入，E 官職俸給年金である。このうち ACE は源泉徴収とリンクしており，A 土地・家屋については借地農・借地人が，C 公債利子についてはイングランド銀行が，E 俸給については支払者が，それぞれ納税する責を負った。佐藤進『近代税制の成立過程』（東京大学出版会，1965 年）114 頁。

(2)日本の所得税

　日本の所得税法はどうか。昭和 15 年所得税法は，分類所得税と総合所得税を併用した（→**3−3**）。これに対し，昭和 22 年の税制改正は，分類所得税と総合所得税という二本だてをやめ，一本の超過累進税率で課税することにした。総合所得税の方向へと舵を切ったのである（→**3−4−1**）。シャウプ勧告を受けた昭和 25 年法は，雑所得を課税の対象にするなど，課税所得の範囲をさらに包括化した。その後，シャウプ勧告の内容はかなりの修正を受けたものの，一本だての制度は維持された。所得税法は昭和 40 年に全文改正され，その骨格が現行所得税法に引き継がれている。

　このような沿革を経た現行所得税法は，総合所得税のたてまえをとっている。すなわち，居住者の「全ての所得」に課税する（所税 5 条 1 項・7 条 1 項）。その所得を，10 種類の「各種所得」に区分する（同 21 条 1 項 1 号）。「各種所得」とは，利子所得・配当所得・不動産所得・事業所得・給与所得・退職所得・山林所得・譲渡所得・一時所得・雑所得のことである（同 2 条 1 項 21 号）。他のいずれの類型にもあたらない所得は，雑所得として拾いあげる（同 35 条 1 項）。所得を包括的に構成し，個人単位で総合していくわけである。

　課税標準は，3 つにグループ化する（所税 22 条 1 項）。課税標準を計算する過程で，各種所得の計算上赤字が生じたら，別の各種所得の黒字との間で相殺する（同 69 条）。この操作を「損益通算」という。損益通算をしたのちに出てくる課税標準に対して，超過累進税率を適用する（同 89 条）。ここからも，個人の所得を総合して課税の対象とする発想が読み取れる。

　もっとも，現行所得税法には，分類所得税の要素が色濃く残っている。そ

もそも，各種所得ごとに所得の金額を計算するところからして（所税21条1項1号），分類所得税的である。損益通算の対象となる赤字は特定の各種所得から生ずるものに限られており，たとえば雑所得の計算上赤字が生じても他の各種所得との間で損益通算することができない（同69条1項）。退職所得と山林所得に至っては，他の所得から切り離して税率を適用する（同89条1項）。その結果，総合課税の下であれば適用されたはずの累進税率が緩和されるから，退職所得は軽課されることになる。山林所得については，さらに有利な取扱いを用意している。すなわち，所得金額を5で割ったものに対して累進税率を適用し，その結果を5倍にするのである（五分五乗方式）。

　租税特別措置法までを視野に入れると，日本の所得税制は，きわめて多くの項目について，分離課税の措置を講じている。分離課税は総合課税の対語であり，他の所得から分離した課税を意味する。たとえば，預貯金の利子に対しては，課税標準や税率に関する所得税法の規定にかかわらず，他の所得と区分して，国税と地方税あわせて20％の税率を一律に適用する（租特3条，地税71条の6）。課税方法としては，支払者が利子の支払のさいに源泉徴収する（所税181条1項，地税71条の9）。こうして，他の所得とは分離して，支払う利子の金額の20％を源泉徴収することによって，課税関係が終了する（→7－2－2）。これはほんの一例である。分離課税のしくみは，他の金融商品の収益や，土地や株式の譲渡益についても，広く適用されている。

　こうして，所得税法自体が，総合所得税と分類所得税の要素を併有している。租税特別措置法を含めてみた所得税の現実の姿は，むしろ分離課税に彩られているといってよい。

8－2－2　なぜ所得を区分するか

⑴伝統的な考え方

　所得税法が所得を区分する理由は，源泉や性質によって担税力が異なるからだと説明されてきた。典型的には，①資産性所得（資本所得）は担税力が高いから重課すべきであり，②勤労性所得（労働所得）は担税力が低いから軽課すべきであると考えられてきたのである。

　この考え方には，伝統がある。明治39年に大蔵省内部に設置された税法審査委員会は，「資産より生ずる所得と勤労より生ずる所得との間に納税力に差異あるは多言を要せざるところ」であると述べていた（「税法審査委員会審査報告」110頁〔1906年〕）。ここに「納税力」とは，担税力と同義である。同委員会は次のように論ずる。

▶①資産性所得は，「所得者の人的事情の外に独立存在するが故に其の収入

確実にして生存中間断なく所得を生ずる」のであって，資産を保有していればそれだけで入ってくる。のみならず，「死後之を子孫に継承すること」ができるから，担税力が大きい。

▶②勤労性所得は，「所得者の一身に随従するが故に其の収入不確実にして疾病死亡に因り直ちに其の所得を減損若しくは消失する」ものである。身体をこわしたら直ちに収入が絶えてしまうから，担税力が小さいというわけである。しかも，身ひとつで給与をかせぐ者にとって，「勤労所得の外他の所得を享受するの途なし」であるという。これは，資本家は①と②の両方を得られるが，労働者は②だけしか得られないという社会観察であろう。

このときの税法審査委員会の提案自体は，当座の税制改正に結びつかなかった。だが，担税力の大小によって資本所得と労働所得を区分して扱うという考え方が，その後の議論に大きな影響を及ぼした。

(2)所得に色はあるか

このように述べてくると，読者の中には，次の疑問をもつ人が出てくるかもしれない。すなわち，所得概念に関するサイモンズの定式からすれば，いかなる源泉から生ずる所得であれ，同じ1円は1円としてカウントすべきではないか。いいかえると，所得にはもともと色がないのであって，資本所得と労働所得で区別する必要はないのではないか，という疑問である。

この疑問は，素朴であるだけに，深いものである。深すぎて，なかなか答えにくいところがある。ここでは，3つの異なる角度から，所得を区分する意味を根拠づけてみよう。

第1に，伝統的な考え方の枠内で内在的に考えた場合，資本所得と労働所得を区別して扱うことには，以下の説明が可能である。

▶働かなくても預金には利子がつくが，働かなければ給料はもらえない。働いている間は余暇の消費ができないとすれば，資本所得を得る場合にのみ，非課税の余暇を消費できることになってしまう。

▶物的資本については減価償却をはじめ原資の回収ができるのに，人的資本（human capital）の減耗部分は控除できない。その分，労働所得は過大に計測される。

▶労働所得に対する源泉徴収制度が普及している場合，労働所得は税務署による捕捉率が高い。

これらの点を考えあわせると，所得という物差しは，人の担税力を十分に計測できないことがある。その足りないところを補うために，資本所得と労

働所得とを区別し，前者を後者より重課すべきだということになる。

　第2に，最適課税論によれば，上とは全く異なる観点から，所得区分が必要であるという説明が可能である。それによると，資本や労働といった生産要素につき，それぞれの供給の弾力性に応じて最適な課税ルールを置くことが望ましい。一例として，金融資産から生ずる所得は弾力性が大きく，ほんのすこし追加的な課税を加えただけでも，大いに供給が阻害されてしまう（＝「足が早い」）。阻害しないためには，これを軽課すべきだ，ということになる。その場合，伝統的な考え方とは逆に，労働所得よりも金融資産から生ずる資本所得を軽課すべきだと主張することになる点に注意を要する。ただし，ひとしなみに最適課税論といっても，判断枠組を成す社会厚生関数のたて方によっては，異なる帰結が生じうる。たとえば，豊かな社会階層に株式保有が偏っている場合，公正な所得分配の観点からして，株式に係る配当や譲渡益の課税はより重くすべきだという主張が出てくることもありうる。このように，具体的な結論はあくまでモデルとデータ，そしてその解釈によるのであり，必ずしも一意的な政策指針がともなうものではない。

　第3に，より現実的に，税務執行の便宜を重視する考え方からも，所得区分の必要性を説明することができる。

▶源泉徴収により確実に税金を徴収するためには，それぞれの源泉ごとに所得を分類して課税方式を決めておくのが，便宜である。預貯金の利子といった特定の所得類型につき源泉分離課税によって納め切りにするのは，この考えのあらわれである。

▶節税商品の繁茂に歯止めをかけるために，所得を区分して相互の間に壁を設けておく。そうすることで，投資活動から生じた損失を労働所得との間で通算する人為的な企てを，未然に防止できる。

　以上3つの角度からの説明は，税制に対する異なる見方にもとづいており，相互に相容れない面がある。登場した時期や背景も異なっている。結局，異なる説明が併存するまま，昭和15年法以来の所得区分が生き残っている。こう観察するのが，現行法の理解として穏当なところであろう。

8−2−3　所得区分をめぐる立法論

　所得区分について基本的な検討を加えたのが，税制調査会基礎問題小委員会「個人所得課税に関する論点整理（2005年6月）」である。この論点整理は，経済社会の構造変化を踏まえ，所得区分や所得の計算方法のあり方を見直そうとした。税制改正につながらなかった文書であるが，所得税法の構造を学ぶ上で，かなり基本的な点にふれている。次の指摘が興味深い。

▶現行法の下での退職所得の課税は，終身雇用をモデルとしており，退職一時金を優遇している。雇用形態や就労構造が変化する中で，これを改め，多様な就労選択に対して中立的な制度に改革すべきこと。

▶不動産所得は，シャウプ勧告を受けた昭和25年改正で導入された。それは，個人単位主義の下で，累進税率を回避するため家族構成員間に所得を分散することが予想されたため，それを防ぐために利子・配当・不動産といった資産性所得を合算する措置を設けたことによる。ところが，この合算措置は平成元年に廃止された。そこで，独立の所得区分としての不動産所得を廃止し，事業所得または雑所得に整理することを検討すべきであること。

▶一時所得を雑所得に統合すること。

▶公的年金等について独立の所得区分を設けること。

　これに対し，現実に税制改正につながったのが，金融所得課税の一体化である。さきに述べたように，個人が金融商品に投資する場合については，所得税法のたてまえを修正する形で，租税特別措置法がさまざまの金融商品について分離課税を導入している。金融商品や所得の種類ごとに課税方式がばらばらになっており，相互に損益を通算できないことが多かった。これを一体化しようというのが，税制調査会金融委員会「金融所得課税の一体化についての答申（2004年6月）」である。この答申の方向は，「現下の『貯蓄から投資へ』の政策的要請を受け，一般投資家が投資しやすい簡素で中立的な税制を構築する観点から現行の分離課税制度を再構築する」ことである。課税方式を均衡化し，損益通算の範囲を広げることによって，個人投資家のポートフォリオ選択に対して所得税制を中立的にしていこうという構想であった。この答申が出されたあと，株式譲渡損と配当所得の間など，損益通算の範囲が徐々に拡大した。

Column 8−2　二元的所得税

　労働所得と資本所得を分離して両者の間の黒字と赤字の通算を認めず，労働所得を累進税率で課税し，資本所得を比例税率で課税するのが，二元的所得税（dual income tax）である。二元的所得税は，1990年代に北欧諸国ではじまり，オランダ（2001年）やドイツ（2009年）に波及し，日本でも金融所得課税のあり方を検討する際に注目された。参照，森信茂樹『日本の税制　何が問題か』（岩波書店，2010年）43頁，126頁。

8−3 所得控除

8−3−1 所得控除とは

所得税法第2編第2章第4節にいう「所得控除」は，法令用語である。それは，所得からの控除を漠然と意味する言葉ではない。各種所得を計算する過程で必要経費や取得費などの控除を済ませ（第2章第2節），損益通算などが終わったあとの金額から（第2章第3節），さらに所定の金額を差し引くことを意味している。

所得控除は，人的控除とその他の所得控除に大別できる（図表8−5）。

▶人的控除は，納税義務者の人的地位に基づく控除のことであり，基礎的な人的控除（所税83条〜86条）と，特別な人的控除（同79条〜82条）がある。基礎的な人的控除のうち，配偶者控除と扶養控除は，個人単位主義の下で家族関係に配慮する措置としてすでにふれた（→7−4−4）。

▶その他の所得控除は，特別の支出をした場合や特別の損失を被った場合に利用できる（同72条〜78条）。統計データでみると最大の項目が社会保険料控除であり，支払保険料の全額が控除対象となる（同74条）。

図表8−5　所得控除の種類

基礎的な人的控除	基礎控除（86条），配偶者控除（83条），配偶者特別控除（83条の2），扶養控除（84条）
特別な人的控除	障害者控除（79条），寡婦控除（80条），ひとり親控除（81条），勤労学生控除（82条）
その他の所得控除	雑損控除（72条），医療費控除（73条），社会保険料控除（74条），小規模企業共済等掛金控除（75条），生命保険料控除（76条），地震保険料控除（77条），寄附金控除（78条）

8−3−2　基礎控除

基礎控除は，居住者であれば誰であれ適用がある。明治20年の所得税法創設時から第二次大戦までは，免税点の方式（所得が一定額以下の場合に所得税を課さないというルール）をとっていた。これが昭和22年の改正で基礎控除に改められ，所得金額から法定金額を控除することとされた。その後，基礎控除の金額は徐々に増額されたが，所得の大小にかかわらず定額を控除することが続いた。たとえば，平成30年度改正の直前には，38万円の定額を所得金額から控除することとされていた。

累進税率の下で，定額の所得控除は，高所得者に有利である。このことを，税額控除との比較によって示してみよう。いま，10％と20％の税率段

階をもつ超過累進税率を想定する。

　一方で，40万円の所得控除は，20%税率の適用がある人にとって8万円の税額軽減効果をもち，10%税率の適用がある人にとって4万円の税額軽減効果をもつ。つまり，高所得者にとって，低所得者よりもより多くの所得税が軽減されるだけ，有利である（図表8－6）。

図表8－6　所得控除の税額軽減効果

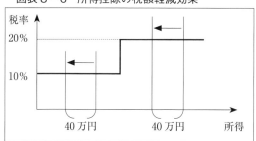

　他方で，6万円の税額控除がもたらす税額軽減効果は，適用税率が10%であろうが20%であろうが，等しく6万円である。その意味で，低所得者と高所得者のそれぞれが得る恩恵は等しい。

　このように，累進税率の下では，定額の所得控除は，定額の税額控除に比べて，高所得者に有利な結果をもたらす。

　この結果を避けるため，外国では，次のような工夫をこらしている。

▶ゼロ税率（独仏）　課税所得の一部にゼロ税率を適用する

▶税額控除（カナダ）　一定の所得金額に最低税率を乗じた金額を税額控除する

▶所得控除の逓減・消失（米英）　所得控除額に上限を設け所得の増加に応じて控除額を逓減・消失させる

　日本では，所得控除の方式を維持しつつ，平成30年度改正で，所得再分配機能を強化するために所得控除額を逓減・消失する方式を加味した（所税86条）。

　このときの改正では，基礎控除を10万円引き上げた。これは，給与所得控除（→10－1－4）のような特定の収入に対する控除から，基礎控除のような人的控除に重点を置き，働き方に中立的な税制にしていくためである。

8−3−3　特別な人的控除

　特別な人的控除のうち，障害者控除や寡婦控除については，「本来人的控除を補って追加的な費用等をしん酌するもの」であると位置づけられ，昭和42年度税制改正で税額控除から所得控除に切り替えられた（「税制調査会昭和41年12月中間答申」第2.2.(2)イ〔1966年〕）。この答申は，「税制の簡素化の趣旨にこたえる意味からも，この際所得控除方式に統一することが望ましい」と述べていた。たしかに，追加的な費用相当額の控除が所得概念に照らして必要なものであると考えれば，所得控除方式の採用にも相応の理由があった。だが，そのような費用が控除不可の消費支出であると考えれば，これらの措置はむしろ社会保障制度の一環として位置付けるべきことになり，税額控除方式のほうがなじむ。

　このように，社会保障プログラムの一部と考える場合，税額控除に長所が認められる。もっとも，税額控除を利用できるのはあくまで所得税を納付する人に限られ，十分な大きさの所得を稼得することのない貧しい人には，恩恵が及ばない。そこで，控除しきれない額を現金で還付する制度に改革することが考えられる。

　なお，寡婦控除は，夫と死別・離婚した後に扶養親族を扶養することに配慮したものであり，昭和56年改正で寡夫を対象に加えた。令和2年度改正で①婚姻歴の有無による不公平と②男性ひとり親と女性ひとり親の間の不公平を同時に解消するため，ひとり親控除（所税81条）を創設し，寡婦控除（所税80条）の範囲からひとり親控除の適用を受けられる者を除外した。

8−3−4　その他の所得控除
(1)雑損控除

　ある人の資産に経済的損害が生じた場合，サイモンズの定式からすると，財産権の価値が減少した分だけ所得が減ると考えるのが自然である。これに対し，現行法は，次の経緯で雑損控除を設けている。

　昭和25年改正前の所得税法には，災害により納税者が著しく資力を喪失して納税困難と認められる場合に，政府が所得税を軽減・免除することができるという一般的な規定があった。シャウプ勧告は，これだと差別待遇のおそれがあり，どういう結果になるかもわからないことを問題視した。そこで，昭和25年改正で，法定の要件を満たしさえすれば，総所得金額の10%を超える損失額を控除することにした。このとき，対象を「災害・盗難・横領」の場合とした。このルールが現行法に至っている（所税72条。佐藤英明「雑損控除制度──その性格づけ」日税研論集47号〔2001年〕29頁参照）。

雑損控除は，生活に通常必要でない資産と被災事業用資産には適用されない（所税72条1項柱書第1括弧書き）。このうち事業用資産の損失については，Chapter 10で取り上げる必要経費控除の問題になる（所税51条）。

⑵医療費控除

同じくシャウプ勧告を受けて導入されたのが，医療費控除である。ある人が怪我をして入院し，高額の医療費を支出したとしよう。卒然とサイモンズの定式をあてはめると，医療費の支出は医療サービスを消費するための支出であり，控除できないはずである。にもかかわらず所得税法は一定の医療費を控除対象とする（所税73条）。

その理由としては，以下のものがある。

▶シャウプ勧告は，「納税者の支払能力（ability to pay）に重大な支障を及ぼす」から，控除を与えるべきだとした。担税力の観念に訴える議論である。

▶米国の租税法学者であるウィリアム・アンドルーズは，1972年の有名な論文「理想的所得税における人的控除」において，医療費はサイモンズの定式にいう消費にはあたらないと論じた（William D. Andrews, Personal Deductions in an Ideal Income Tax, 86 Harvard Law Review 309（1972））。そうなると，所得概念からしても控除が当然ということになる。

▶医療サービスの購入に対する補助金であるという議論もある。その場合，高所得者を有利に扱わないためには，所得控除よりも税額控除が望ましいことになるだろう。

⑶寄附金控除

個人が慈善団体に寄附金を支出すると，その分だけ純資産が減少する。しかし，それはその人が任意に処分したものである。サイモンズの定式では，寄附金支出も消費とみることになるだろう。

日本法は，昭和37年度改正で公益事業に対する寄附の誘因措置として寄附金を税額控除の対象とし，昭和42年度改正でこれを所得控除に切り換えた。現行法はこれを受け継いでおり，居住者が特定寄附金を支出すると寄附金控除を利用できる（所税78条1項）。

寄附金控除の根拠は，公共財提供を促進するための報償ないし誘因とみることができる。望ましい誘因措置になっているかは，実際にどの程度公共財提供を促進できているか，控除による税収減少との兼ね合いはどうか，寄附金控除から恩恵を受けるのはしばしば高所得者であることをどう評価するか，といった点に照らして検証すべきものである。

ふるさと納税

寄附金控除の根拠に関するいまひとつの説明は，多様な価値や多様な選好を反映するための多元的な組織への支払の尊重である（増井良啓「所得税法からみた日本の官と民──寄付金控除を素材として」江頭憲治郎＝増井良啓編『融ける境 超える法(3)市場と組織』〔東京大学出版会，2005 年〕33 頁）。この観点から注目されるのが，いわゆる「ふるさと納税」である。これは，地方公共団体に対する寄附金について個人住民税所得割の 20％を上限とした税額控除であり，納税者が自らの意思で納税先を選択する。もっとも現実には，自治体間で返礼品競争が激化している。この制度の導入時に論点を整理した文書として，「ふるさと納税研究会報告書（平成 19 年 10 月）」参照。

8−3−5　課税最低限

　所得税の課税最低限は，その水準以下では課税されず，その水準を超えると課税が始まる給与収入の水準を示す指標のことである。課税最低限は，各種控除額を積み重ねて決まるから，世帯構成によって異なる金額になる。納税義務者の大半が給与所得者であるため，給与所得を稼得する世帯を念頭において計算するのが通例である。

　所得税における課税最低限には，①税率構造の一部としてゼロ税率段階を設定する機能と，②税務執行上の理由から納税者数を制限する機能がある（岡村忠生「所得税改革と課税最低限」税経通信 54 巻 12 号〔1999 年〕17 頁，24 頁参照）。

8−4　累進税率

8−4−1　累進構造の緩和傾向

　1980 年代半ば以降，OECD 加盟国はこぞって税制改正を進め，所得税の累進税率を緩和した。米国のレーガン政権は，11％から 50％の 14 段階の累進税率を，一挙に 15％と 28％の 2 段階にした。英国のサッチャー政権は，最高税率を 83％から 60％に引き下げた。このように累進税率を緩和し，同時に課税ベースを広げる改革は，各国税制改革の潮流となった。

　日本の所得税も，昭和 62 年と 63 年の抜本的税制改革により，10.5％から 70％までの 15 段階の累進税率を，10％から 50％の 5 段階に変更した（→3−5−1）。最高税率を下げ，税率の刻みの段階を減らした。それだけでなく，税率の適用幅を拡大し，所得の上昇にともなう税率の上昇頻度を減少させ

た。当時，中堅所得者層が，ライフステージに応じて給料が上がるとすぐに
税率段階が上がってしまうため，負担累増感をもっていた。また，所得水準
が大幅に上昇して所得分布が平準化し，大半の納税者がある範囲の所得階層
に集中するようになっていた。そこで，「所得課税に求められる所得再分配
の要請にも十分配慮するとしても，大多数の納税者の集中する所得階層に対
しては，思い切って累進構造を緩和してよい」とされた（税制調査会「税制
の抜本的見直しについての答申〔1986 年 10 月〕」26 頁）。

　さらに，1990 年代には景気対策のための所得税減税を繰り返した。平成 6
年度改正で所得税率 20％が適用される課税所得の範囲の上限を大幅に引き
上げた。平成 9 年度改正で最高税率を 37％にまで下げ，地方住民税 13％と
あわせると 50％になった。その後，地方への税源移譲に伴い，地方住民税
を定率 10％のフラット税率とし，国の所得税は 5％・10％・20％・23％・
33％・40％の 6 段階刻みをもつ超過累進税率になった。平成 25 年度改正で
最高税率を 45％にした（所税 89 条 1 項）。令和 5 年度改正で，きわめて高い
水準の所得に対する負担の適正化措置が導入された（租特 41 条の 19）。

　財務省主税局が令和 4 年度予算ベースで推計したところによると，総合課
税がなされている納税者のうち，約 6 割の人が 5％税率の適用で済んでお
り，約 8 割の人が 10％税率までの適用を受けていた。これに対し，45％税
率の適用があるのは約 0.2％にすぎない。

8−4−2　富の分配との関係

　現代社会における自由と平等について考える人にとって，所得税の累進税
率は，興味と関心をそそってやまない主題である。私たちが自由な経済活動
を行うことを前提としつつ，平和裏に累進的な所得税を納付することで，所
得や富の分配における一定程度の平等を確保できるからである。それだけに，
累進税率に対しては，一方で期待も大きければ，他方で批判も強い。論争喚
起的で，倫理的・哲学的に豊穣な領域である。

　そうであるからこそ，次の点を強調しておきたい。

▶比例税率がベンチマークだというのは，幻想である。私たちは無意識的に，
　比例税率が出発点であると思いこんでいることが多い。だから，累進税率
　はベンチマークからの乖離であって，特有の正当化根拠を必要とすると考
　えがちである。しかし，比例税率がよるべき標準型だということに，美的
　直感以上の根拠はない。人々が資産を保有し，所得をかせぐ。それに対し
　て比例税率で所得税を課すことで，税引後の資産保有状況が生ずる。問題
　は，その分配状況が正義にかなっているかどうかである。所得税が比例税

率を採用すれば，それで論証責任を果たしたことになるわけではない。正義の女神に対する立証責任は，どの税率構造も等しく負うべきものである。

▶ 累進税率は，再分配のための有力な手段であるけれども，唯一の手段であるわけではない。いま，2人の個人から成る社会を想定してみよう。リッチさんは，金融資産を沢山もっている。プアさんは，金融資産を一切もっていない。このとき，金融所得を含む資本所得をフルに課税ベースに入れて課税すれば，比例税率で課税しても再分配に資する。逆に，累進税率であっても，金融所得を非課税とし，労働所得のみに課税していれば，再分配には役立たない。このように，所得税がどの程度再分配効果をもつかは，税率だけを問題にしていては十分ではない。課税ベースがどの程度包括的であるか，その社会における資産保有状態がどうなっているか，課税により人々の行動がどう変わるか，といった点を考える必要がある。

所得税の累進税率は，富の分配に与える諸々の要素の重要な一部分であるが，それ以外の要素との相互関係の下で機能する。税制に限ってみても，所得税だけでなく，遺産に課税するか，ストックの保有に課税するか，という点が決定的である。財政を全体としてみると，社会保障や各種政府支出のあり方が重要である。広い視野からの観察が不可欠である（→2-3-2）。

📑 この章で学んだこと

▶ 日本の所得税は，総合課税のたてまえをとりつつ，あちこちで分離課税を採用している。

▶ 所得税法は，所得を10種類の各種所得に区分している。

▶ 所得控除は，人的控除とその他の控除に大別できる。

▶ 1980年代半ば以降，累進税率構造が緩和されてきた。

→ 調べてみよう

▶ 所得を分類するのは，なぜなのだろうか？
　　→岡村忠生「所得分類論」金子宏編著『二訂版所得税の理論と課題』（税務経理協会，2001年）45頁

▶ 少子・高齢化が進む中，各種控除はどう見直すべきか？
　　→金子宏「所得税制の構造改革――少子・高齢化社会と各種控除の見直し」同『租税法理論の形成と解明(上)』（有斐閣，2010年〔初出2004年〕）570頁

Chapter 9 収入金額

📄 この章のテーマ

▶収入金額 ▶課税繰延 ▶実現原則 ▶債務の扱い ▶発生主義
▶租税支出

9−1 所得金額の計算の通則としての所得税法 36 条

⑴所得税法 36 条

　所得税法は，非永住者以外の居住者の「全ての所得」に所得税を課す（所税 7 条 1 項 1 号）。この所得は包括的に構成されており（→6−1），非課税規定（同 9 条）の適用がない限り，原則としてすべての経済的利得が課税所得となる。

　居住者に対して課す所得税の課税標準は，10 種類の各種所得ごとに計算する（所税 21 条 1 項 1 号）。各種所得の金額の計算にあたっては，収入金額から必要経費などを控除する。この収入金額に関する通則が，所得税法 36 条である。

　所得税法 36 条はそれ自体，読みごたえのある規定である。たとえば，現物所得が課税の対象になるのは（→6−2），同条 1 項の括弧書きが「金銭以外の物又は権利その他経済的な利益」をもって収入する場合を明示している点に根拠規定を求めることができる。

　だが，さらにおもしろいのは，規定の背後にある基本的な考え方である。とりわけ，時間という要素に着目すると，所得税法全体を貫く構造がみえてくる。

⑵収入金額と総収入金額

　本論に入る前に，用語について一言しておこう。所得税法 36 条 1 項は，収入金額と総収入金額を書き分けている。これは，次の各種所得に対応する。

▶「収入金額」を用いるもの：利子所得（所税 23 条 2 項），配当所得（同 24 条 2 項），給与所得（同 28 条 2 項），退職所得（同 30 条 2 項），雑所得（公的

年金等。同 35 条 2 項 1 号）

▶「総収入金額」を用いるもの：不動産所得（所税 26 条 2 項），事業所得（同 27 条 2 項），山林所得（同 32 条 3 項），譲渡所得（同 33 条 3 項），一時所得（同 34 条 2 項），雑所得（同 35 条 2 項 2 号）

　通覧すると，おおむね，必要経費の控除を認めているものについて，総収入金額という用語を用いている。本書の説明では両者を特に区別せず，簡単に収入金額ということにする。

9－2　所得概念と時間

9－2－1　キャッシュ・フロー税と包括的所得税

(1) 1 年後に現金を受け取る権利

　所得税にとって時間は重要な意味をもつ。このことを理解する最初のてがかりとして，次の取引について考えてみよう。たとえば，ある人が，第 1 年末において，「1 年後に現金 110 を受け取る権利」を取得したとする。権利を取得するのは第 1 年末であるが，実際に現金を受け取るのは第 2 年末になる（図表 9－1）。貨幣単位を省略し，利子率を 10％とする。

図表 9－1　キャッシュ・フロー

	第 1 年	第 2 年
現金	0	110

　このとき，所得はいつ，どれだけ生じているだろうか。読者の中には，「現金を受け取るのが 1 年後だから，1 年後に 110 の所得が生じる」と答える人がいるかもしれない。これは現金の動きに忠実な答えである。いま，現金の受取や支払を課税ベースとする租税のことをキャッシュ・フロー税と呼べば，キャッシュ・フロー税の下ではたしかに，現金を受け取る 1 年後において，110 が課税の対象になる。

(2) 包括的所得税の下での所得計上

　ところが，包括的に所得概念を構成する場合，上の答えは根本のところで大きく誤っている。いま，サイモンズの定式に従って包括的に所得概念を定義する租税のことを「包括的所得税」と呼ぼう。包括的所得税の下では，各年分の消費額と蓄積額の和を計測する。この人が消費を行っていないとすれば，財産権の蓄積の価値の変化，すなわち純資産の増減だけをみればよい。

　まず，第 1 年において権利を取得することで，財産権の蓄積はいくら増価

するか。問題は，第2年末に現金110を受け取る権利の価値が，第1年末にいくらであるかということである。この問題に答えるには，将来価値（future value）を現在価値（present value）に換算する必要がある。この例では利子率が10％であるから，当該権利の第1年末における現在価値は100である（＝110/1.1）。よって，この人の財産権の蓄積は100だけ増えたことになり，第1年分の所得は100となる。

次に，第2年において，財産権の蓄積はどう変化するか。この人は，第2年末に現金110を受け取るが，同時に，現金を受け取る権利が消滅する。これを差し引きすると，10だけ増価していることになる（＝110−100）。よって，第2年分の所得は，10となる。同じことを裏からいえば，利子率10％に相当する分だけ，財産権の価値が増えたということである。

こうして，包括的所得税の下では，第1年分に100，第2年分に10，それぞれ所得を計上するのが正しい（図表9−2）。

図表9−2　包括的所得税の下での所得計上

	第1年	第2年
所得	100	10

この結果は，キャッシュ・フロー税の場合と異なる。キャッシュ・フロー税の下で，課税される金額を第1年末における現在価値に換算すると，100である（＝110/1.1）。これに対し，包括的所得税の場合，課税される金額を第1年末における現在価値にひきなおすと，109.0909……である（＝100＋10/1.1）。つまり，包括的所得税は，キャッシュ・フロー税よりも，より大きな金額を課税の対象にするのである。

(3)所得税は運用益を課税の対象にする

以上の数値例からわかるように，包括的所得に課税するということは，キャッシュ・フローに応じて課税することとは異なる。現金の出入りがあった時点においてではなく，権利が発生した時点で，所得として課税するのである。

そしてこのことが，所得税と時間の密接な関係を理解する鍵である。第2年に110を課税の対象とするキャッシュ・フロー税の経済効果は，現在価値に換算してみると，第1年に100を課税の対象とすることと等価である。このことに着目すると，課税ベースの大きさを次のように比較できる（図表9−3）。

図表9－3　キャッシュ・フロー税と包括的所得税の比較

	第1年	第2年
キャッシュ・フロー税（現在価値に換算）	100	0
包括的所得税	100	10

　図表9－3は，所得税の性質をよく表現している。すなわち，包括的所得税は，元本100を運用して，第2年に発生する収益10に相当する部分を，課税の対象にしていることになる。このように，所得税は，元本の運用益に対して課税する。いいかえれば，時間の経過によって産み出される収益を課税の対象にするのが，所得税である（→11－1－2）。

9－2－2　課税を繰り延べることの意味
⑴課税のタイミング

　いつ課税するか。これは，課税のタイミングの問題である。課税のタイミングは，所得税にとって決定的に重要な問題である。

　これに対しては，「いま課税しなくてもあとで課税すれば結局税収は確保できるではないか，何がそんなに大切なのか」，という疑問があり得よう。そこで，課税を繰り延べることがいったい何を意味するかをみておこう。

　課税のタイミングを1年遅くすることは，納税者が国庫から1年分無利息融資を受けたのと同じである。そしてこの点については，次の定理が知られている。すなわち，「課税繰延は，所得を即時に課税し，その所得から生ずる収益を非課税とすることと，経済的に等価である」という定理である。この定理は，収益率一定，税率一定，という条件の下で妥当する。

⑵課税繰延と収益非課税

　たとえば，税引前収益率を10％とし，税率を50％として，簡単な2期モデルを考えてみよう（図表9－4）。

　シナリオ1は，所得税を毎年きちんと課税する場合である。第1年に100の所得を稼ぐと50の租税がかかり，税引後で50となる。第2年にはそれが増殖して55となり，収益分5に対する租税が2.5かかるから，税引後で52.5残る。

　シナリオ2は，課税繰延の場合である。第1年に100の所得をかせぎ，課税を繰り延べると，税引後で100となる。第2年には110に増殖するが，その時点で一気に課税されるため，税額は55となり，税引後で55残る。

　シナリオ3は，所得を即時に課税し，その所得から生ずる収益を非課税と

する場合である。第1年に100の所得を稼ぐと50の租税がかかり，税引後で50となる。これが第2度には55に増殖するが，第2年には収益非課税であるため55がそのまま手元に残る。

図表9−4　課税繰延と収益非課税

	シナリオ1		シナリオ2		シナリオ3	
	第1年	第2年	第1年	第2年	第1年	第2年
税引前	100	55	100	110	100	55
税	50	2.5	0	55	50	0
税引後	50	52.5	100	55	50	55

　この例で，第2年の税引後の結果に着目してほしい。シナリオ2のように課税を繰り延べる場合，55である。シナリオ3のように所得を即時に課税しその所得から生ずる収益を非課税とした場合も，55である。つまり，シナリオ2とシナリオ3は，経済的にみると等価である。そして，この数値例は複数年度にわたって数式の形で一般化することができる。
　以上を要するに，課税を繰り延べることは，一定の条件の下で，収益を非課税にする効果をもつ。時間の経過に応じて産み出される収益を，課税の対象から除外することと同じことになるのである。

(3)制度的な側面
　なお，制度的な側面からしても，いつ所得を計上するかによって，納付税額に違いが生ずる。所得税法は，所得控除や累進税率を設けている（→**8−3と8−4**）。このような制度の下では，他に多額の所得がある年分に追加的に所得を計上するのか，他に所得がない年分に計上するのかによって，その人が納付すべき税額が変わってくる。納税者としては，事業が黒字であって高い税率が適用される年に所得を計上するよりも，事業が赤字である年に計上するほうが，有利である。

9−3　実現原則

9−3−1　実現原則とは

(1)未実現の利得
　保有株式の値上がり益のように，未だ実現していない利得のことを未実現の利得（unrealized gains）という。サイモンズの定式では，未実現の利得であっても，それが発生した年分の所得として課税の対象に含める。逆に，未

実現の損失は，損失が発生した年分において，所得のマイナス要因としてカウントする（→**6−1**）。

　これに対し，実定制度としての所得税法は，所得が実現した時点においてはじめて課税する。実現原則（realization principle）を採用しているのである。たとえば，株式の値上がり益は，株式を譲渡した時点で課税する（所税33条）。これを包括的所得税の下での扱いと比較すると，株式について発生した未実現の利得について，実現時まで課税を繰り延べていることになる。

(2)実現原則を支える実際的な理由

　所得税法が実現原則を採用する理由は，きわめて実際的な，ふたつの理由による。

▶資産の金銭評価が困難である。譲渡して値段がついてみないと，ただ保有しているだけでは，資産の時価はわかりにくい。

▶納税資金を用意することが困難である。資産が現金化されない段階で値上がり益に課税すると，納税者は納税資金を捻出しなければならなくなる。

　これらはいずれも，深遠な哲学にもとづくものというよりは，人々の生活の便宜にもとづく実際的な理由である。このような理由によってできあがったものを原則と呼ぶのは，理論に潔癖な人にとっては，耐え難いことかもしれない。だが，租税法の諸原則には，実際的便宜に根ざしたものも，結構多いものである。ここでも，実現原則という呼称を維持しておく。同じことを，実現主義ということもある。

　日本国憲法には実現原則をうたう規定はない。実現した利得のみを所得税の対象にするか，それとも未実現の利得を所得税の対象にするか否かは，立法政策の問題である。1970年代に日米比較を通じてこのことを論証したのが，金子宏「租税法における所得概念の構成」同『所得概念の研究』〔有斐閣，1995年（初出1975年）〕1頁である。金子論文は，

　　「所得税法……が，未実現の利得を課税の対象から除外しているのは，実際的便宜の考慮，伝統的会計慣行の影響，等によるものであって，実現した利得のみが所得であるというカテゴリカルな考え方によるものではない」

と論じた（同66頁）。

(3)所得税法36条1項の解釈論

　金子論文はさらに，所得税法の解釈論として，「収入」という言葉の通常の意味からして，所得税法が原則として実現した利得のみを課税の対象とし

ていると解した。いわく，

　「所得税法は，いずれの所得についても，その金額を収入金額または総収入金額として規定し（23条ないし35条），いわば所得を『収入』（receipt）の形態においてとらえている。収入という言葉を，通常の用法に従って，経済価値の外からの流入と理解する限り，所得税法は，原則として，収入という形態において実現した利得のみを課税の対象とし，未実現の利得＝保有資産の価値の増加益は課税の対象から除外している」

としたのである（同74頁）。

　このことを，所得金額の通則としての所得税法36条にひきつけていえば，その第1項が「その年において収入すべき金額」が各種所得の収入金額となると定めているから，外部からの経済価値の流入がない時点では未だ収入金額はないと解釈することになる。

⑷補説・現物所得を課税対象に含むこととの相互関係

　実現原則を支える実際的な理由は，⑵でみたように，資産の金銭評価が難しく，納税資金を確保することが困難であることである。実は，この2つの困難は，現物所得の課税（→6-2）についても存在する。たとえば，従業員が雇用主から株式の形で報酬を受け取る場合，その株式をいくらと金銭評価するかが問題になるし，株式を現金化しないと納税できないこともありえよう。しかし，従業員にとって経済的価値が外部から流入している点で，ある人がずっと株式を保有し続ける場合の値上がり益とは，状況が異なる。

9-3-2　実現原則の弊害と対処策
⑴凍結効果とタイミング操作

　所得税法が実現原則を採用する結果，いくつかの弊害が生ずる。

　ひとつの弊害は，凍結効果（lock-in effect）である。納税者は，含み益がある資産を保有し続けることによって，所得が実現しない状態を保ち続けることができる。所得税の課税を考慮に入れなければ誰かに資産を譲渡する取引が成立していたかもしれないのに，実現原則の下では本来望ましいはずの取引が阻害され，資産の有効活用ができなくなる。

　いまひとつの弊害は，納税者が課税のタイミングを操作できることである。

　いま，ある人がA株とB株を保有していたとしよう。A株は値上がりしており，B株は値下がりしている。このとき，譲渡益だけを計上したいと思えば，A株を売って買い戻す。譲渡損だけを計上したいと思えば，B株を売っ

て買い戻す。取引の前後で，この人の経済的ポジションに変化はない。

　もともと，包括的所得税の下であれば，株の売り買いの有無にかかわらず，ある年分のこの人の純資産の増減を測定するから，Ａ株の値上がり分とＢ株の値下がり分は，いずれもカウントしていたはずである。しかし，実現原則を採用する現行所得税法の下では，資産を譲渡するまでは，未実現の利得や未実現の損失を考慮に入れない。そのため，納税者が選択的に譲渡した部分だけが，譲渡益や譲渡損の形で，計上できてしまう。

(2)全面的な対処——実現原則の廃棄

　この問題に対する全面的な対処策は，実現原則を廃棄して，時価を基準に課税ベースを測定するやり方に切り替えることである。実際，法人税の分野では，2000年税制改正以降，売買目的有価証券について，そのようなやり方をとっている（法税61条の3）。所得税が実現原則を採用する実際的理由を**9－3－1**(2)で学んだ読者は，この場合について実現原則から離れることがなぜ可能であったのか，不思議に思うであろう。疑問を解くためには，売買目的で有価証券を売り買いする会社の活動をイメージしてもらえばよい。

▶金銭評価の困難については，多くの場合，上場株式などを対象としているから，マーケットの相場による評価が可能である。

▶納税資金の確保については，有価証券をトレーディングする会社は，いろいろな取引を同時に行っているから，納税資金に困るわけではない。

　これに加え，会計基準が整備されてきたから，法人税法においては，実現原則を採用する実際的理由を覆すだけの条件が，整っていた。これに対し，所得税法にはそのような条件整備がなく，実現原則の枠内にとどまっている。

(3)部分的な対処——所得税法59条1項

　実現原則から生ずる弊害に対処するためのより部分的な対処策が，所得税法59条である。この規定の由来は，無期限の課税延期を防止することを提案したシャウプ勧告にさかのぼる。これを受けて昭和25年に「みなし譲渡」の規定の原型が導入された。その後，適用範囲が徐々に狭められ，現在の所得税法59条1項の適用範囲は昭和25年当初よりも限定されている。

　たとえば，Ｘさんが，自らの所有していた軽井沢の別荘を，株式会社Ｙ社に贈与したとしよう。このとき，所得税法59条1項1号の「贈与（法人に対するものに限る。）」に該当するから，この別荘を時価で譲渡したものとみなして，譲渡所得の金額を計算する。贈与しただけであって全く対価を受け取っていないにもかかわらず，時価で譲渡したものとみなし，別荘に値上

がり益があればそれを課税の対象とするのである。

このルールの趣旨について，最高裁は次のように判示した（最判昭和43・10・31訟月14巻12号1442頁［榎本家事件］）。まず，

「譲渡所得に対する課税は……資産の値上りによりその資産の所有者に帰属する増加益を所得として，その資産が所有者の支配を離れて他に移転するのを機会に，これを清算して課税する趣旨のもの」

であると解する。そして，

「対価を伴わない資産の移転においても，その資産につきすでに生じている増加益は，その移転当時の右資産の時価に照して具体的に把握できるものであるから，……この移転の時期において右増加益を課税の対象とするのを相当と認め，資産の贈与，遺贈のあった場合においても，右資産の増加益は実現されたものとみて，これを前記譲渡所得と同様に取り扱うべきものとした」

というのである。

判旨のロジックは，(α)「すでに生じている増加益」が「移転当時の右資産の時価に照して具体的に把握できる」から，(β)対価を伴う譲渡と同様に取り扱ってよい，という具合に整理できる。αからβを導くにあたっては，無期限繰延を防止すべきであるという立法趣旨を補って読むのがよさそうである。げんに，最高裁は，引用部分に続く箇所で，「無償や低額の対価による譲渡にかこつけて資産の譲渡所得課税を回避しようとする傾向を防止する」ことからしても，この規定が妥当であると判示している。

⑷所得税法59条1項の限定された適用範囲

所得税法59条1項の適用範囲は限定されている。たとえば，Xさんが，同じ別荘を，個人のZさんに贈与した場合には，この規定の適用範囲から外れる。1号の「贈与（法人に対するものに限る。）」という要件は，明確に，個人に対する贈与を除外しているからである。その結果として，Xさんに譲渡損益は生じない。Xの手元で発生した譲渡損益に対する課税は繰り延べられる。

それでは，別荘の贈与を受けたZさんの課税関係はどうなるか。この点について，Zは，この別荘を「引き続き……所有していたものとみな」される（所税60条1項1号）。したがって，Xがかつて1億円でこの別荘を買っており，贈与時の時価が3億円であったとすれば，ZがXの立場に入れ替わり，1億円でこの別荘を買っていたものと「みなす」ことになる。Zがのちにこの別荘を売ると，1億円で取得した別荘を売ったものとして譲渡所得

の金額を計算する（→18−3−2）。

(5)部分的な対処——国外転出時課税

日本の居住者である間に値上がりした株式であっても，外国に移住して日本の非居住者になったあとで譲渡すると，日本では原則として課税されない。移住先の税制がキャピタルゲインに課税しない場合には，日本だけでなく，当該外国でも課税されないことになる（東京高判平成20・2・28判タ1278号163頁［ユニマット事件］の事案）。これに対抗すべく，国外転出時に有価証券等を時価で譲渡があったものとみなす規定が設けられている（所税60条の2，増井良啓「実現原則と国外転出時課税制度」日税研論集74号〔2018年〕81頁参照）。

また，上記(4)でみたように，所得税法59条は，個人間の贈与をみなし譲渡の適用対象から除外している。そのため，居住者が株式を非居住者に贈与すれば，株式の値上がり益は清算されることなく日本の課税権を離脱してしまう。そこで，居住者の有する有価証券等が贈与により非居住者に移転した場合に，贈与時の時価で譲渡があったものとみなすこととしている（所税60条の3）。

Column 9−1　　**相続の場合の立法例**

日本の所得税は，限定承認に係る相続（所税59条1項1号）による資産移転について，時価で譲渡があったものとみなして，被相続人の段階で当該資産の含み益を清算課税する。これに対し，米国連邦所得税では被相続人に清算課税をしないばかりか，相続人は時価で相続財産を取得したものと扱う。英国キャピタルゲイン税の扱いも同様である。米英のこれらの扱いは相続による資産移転を著しく有利にしており，所得税の再分配機能を損ねている。

9−3−3　譲渡所得というカテゴリー

実現原則は，所得区分にも，構造的な影響を及ぼしている。

所得税法上の所得区分には，ふたつの切り分けの軸がある。

▶所得を産み出す原資産に着目した区分。たとえば，社債のリターンは利子所得とされ，株式のリターンは配当所得とされる。

▶実現原則に由来する区分。たとえば，株式の値上がり益や値下がり損は，

譲渡時に譲渡所得として課税の対象に含める。

このふたつの切り分けの軸が交錯する結果，トータル・リターンでみると，ややおかしな結果が生ずる。いま，株式を所有している人がいたとする。その人が，配当を100受け取る。同時に，配当落ちにより，株価が下がる。いくら下がるかは状況によるが，ここでは100だけ下がったとする。このとき，この人の包括的所得はゼロである。100のキャッシュを受け取ったが，株の資産価値が100だけ下がったからである。しかしながら，現行所得税法の下では，100がキャッシュ流入の形で「実現」したとみて配当所得に課税する。他方，株価の値下がり分100については，「未実現」であるため，控除を繰り延べる。つまり，配当というインカムゲインのみを切り出して課税し，未実現のキャピタルロスを繰り延べる。このように，配当所得と譲渡所得は，課税のタイミングによって区分されているのである。

これに対し，いま仮に，実現原則を廃棄し，未実現の利得もその年の所得として課税の対象に含めることにしたとする。すると，譲渡所得という類型を独立にたてておく必要はなくなる。毎年，資産の時価を根洗いして課税に服させるから，時価と簿価のくいちがいが生じない。ゆえに，譲渡した時点で含み益を清算して課税する必要が，原理的には存在しない。そうなると，株式について配当所得と譲渡所得の区別をなくすことが可能になる。一歩進めば，Chapter 12で学ぶように，法人税という税目を消滅させることすら視野に入ってくる。

もっとも，個人所得税において実現原則を全面的に廃棄することは，ありそうにない。時価評価の困難と納税資金の確保という実際的問題があるからである。私たちの現実世界では，実現原則を採用することが必要であり，したがって譲渡所得というカテゴリーも残る。

9-4 債務の扱い

9-4-1 債務免除益

課税のタイミングとの関係で収入金額について考える際に，興味深い問題を提起するのが，債務の扱いである（増井良啓「債務免除益をめぐる所得税法上のいくつかの解釈問題（上）」ジュリ1315号〔2006年〕192頁。異なる見方について，参照，藤間大順『債務免除益の課税理論』〔勁草書房，2020年〕）。

まず，借入金は所得にならない。借入れとともに債務が生ずるからである。ある人が銀行から1億円を借り入れたとすれば，1億円の元本を収受した年分において，将来の返済債務1億円相当額を，1億円という額面金額のまま見越計上する。将来のことを見越して，いま計上しておくのである。そうす

ることによって，入ってきた現金1億円はいま自由に使えるにもかかわらず，純資産（財産権の蓄積部分）の増加がないことになる。

同じことの裏返しとして，元本の返済は控除できない。返済すると同時に債務が同額だけ減少し，純資産に変化が生じないからである。

では，債務の免除を受けたときはどうか。もともと，1億円の借入金が所得から除外されたのは，借主が1億円の元本を弁済する義務を負っていたからである。これに対し，債務が帳消しにされた場合，借主はもはや弁済をしなくてもよいから，この前提がくずれる。借主は，現金1億円を受け取っていながら，しかもそれを所得から除外していたことになる。そこで，債務が免除される機会に，1億円を課税の対象に含めることが論理的である。

こう考えると，債務免除益は，免除を受けた年分において，所得として計上することになる。所得税法36条1項括弧書きは，「経済的な利益をもって収入する場合には，その……経済的な利益の価額」をその年において収入すべき金額としている。よって，上の例でも，免除のあった年分の収入金額に1億円を計上すべきであろう。国税庁の通達も，「買掛金その他の債務の免除を受けた場合におけるその免除を受けた金額又は自己の債務を他人が負担した場合における当該負担した金額に相当する利益」が，所得税法36条1項括弧書き内に規定する経済的利益に含まれると解している（所基通36-15(5)）。

以上が現行課税ルールである。よくよく考えてみると，将来に1億円返済するという債務の現在価値は，1億円よりも小さいはずである。にもかかわらず，1億円をそのまま，借入時における債務項目として見越計上するのが，現行ルールということになる。

ちなみに，立法政策のあり方としては，現行課税ルールと全く異なるやり方もありうる。それは，借入金を収入金額に計上するやり方である。キャッシュが入ってきたら，それだけで収入金額とする。その反面，元本の返済額は，返済する都度，所得から控除する。これが，キャッシュ・フロー型の課税ベースである。この場合には，債務の免除を受けても，債務免除益を課税ベースに入れないことが論理的である。所得税法は，このような発想をとらず，借入時に債務を見越計上し，債務免除時に債務免除益を収入金額としている。

> Column 9−2　　**個人事業の再生と債務免除益**
>
> 　国税庁の通達は，平成26年まで，資力を喪失して債務を弁済することが著しく困難であるときは，収入金額に算入しない取扱いとしてきた（旧所基通36−17）。個人事業の再生が問題となった事案で，この扱いを是認した裁判例もあった（大阪地判平成24・2・28訟月58巻11号3913頁）。平成26年度税制改正で，再生計画認可の決定などにより免除を受けた経済的利益の額を，収入金額に算入しないこととされた（所税44条の2）。参照，佐藤英明「家族の経済的危機と所得税制」金子宏監修『現代租税法講座(2)家族・社会』（日本評論社，2017年）143頁。

9−4−2　違法所得

　違法所得の問題も，債務の扱いと密接に関係する。

　違法所得の課税取扱いは，歴史的に変化した。昭和20年代に争われたのは経済統制法規違反の所得であった。昭和23年および昭和26年の国税庁の通達は，私法上有効に保有しうるかどうかを基準にして，収入金額の計上を判定していた。その後，国税庁の解釈が徐々に変化し，昭和44年には上記の昭和26年通達を削除した。

　そして，最判昭和46・11・9民集25巻8号1120頁［利息制限法違反利息事件］は，利息制限法の制限を超過する利息につき，現実に収受された場合には「収入すべき金額」にあたるものとした。制限超過部分を残存元本に充当するという民事判例との関係で，制限超過利息を受け取っても元本の回収にすぎない（よって所得を構成しない）のではないかという文脈で，以下のように判示している。いわく，

> 「課税の対象となるべき所得を構成するか否かは，必ずしもその法律的性質のいかんによって決せられるものではない。当事者間において約定の利息・損害金として授受され，貸主において当該制限超過部分が元本に充当されたものとして処理することなく，依然として従前どおりの元本が残存するものとして取り扱っている以上，制限超過部分も含めて，現実に収受された約定の利息・損害金の全部が貸主の所得として課税の対象となるものというべきである」。

　同じ判決は，未収利息については，たとえ約定の履行期が到来しても，「収入すべき金額」にあたらないとした。その理由は，制限超過利息は収入実現の蓋然性があるとはいえないというものであった。

この判決は，違法な所得につき，私法上有効に保有しうるか否かにかかわらず，経済的にみて管理・支配していれば所得を構成することを示した。

　この扱いは，銀行から借入れを行う場合の扱いと，似て非なるものといえよう。借入金元本を手にした場合については，債務を見越計上する結果，所得に計上することはなかった。これに対し，利息制限法超過利息を受け取った場合には，収受した年分の収入金額として計上するのである。その反面，のちに超過利息を相手方に返還する場合には，更正の請求によって収受した年分に遡って収入金額がなかったものとして所得を計算しなおすか（所税152条，所税令274条），その年分の必要経費として控除するか（所税37条）の調整が必要になる。このように，違法所得の扱いは，課税のタイミングの側面からは，借入金の扱いと隣接する問題である。

　違法な活動から生ずる利得を収入金額とすると，所得税法が違法行為を是認することになるのではないか。こういう疑問をもつ人がいるかもしれない。しかし，所得税法はモラルとの関係では中立的であり，所得の大きさを淡々と計測しているにすぎない。こう考えないと，手続面でも支障が生ずる。違法所得につき個人に申告義務があるということになると，申告義務の内容によっては，自己に不利益な供述（憲38条）を強いられるという批判を免れない。この批判に対する応答としては，申告書には単に雑収入があった旨を書けばよく，その内容につき税務職員に質問されたときは黙秘できると解すべきである。所得税は，犯罪調査のためにあるのではない。

9-5　発生主義

9-5-1　現金主義と発生主義

　一般に，所得課税のタイミングとしては，現金主義と発生主義がある。現金主義は，現実にキャッシュを取得したときを基準とする。発生主義は，所得が発生したときを基準とする。

　所得税法36条1項は「その年において収入すべき金額」と規定しているから，発生主義が原則である。これに対し，例外として，現金主義を認める例がある。同条3項では，無記名の公社債の利子などにつき，「その年において支払を受けた金額」と規定しており，現金主義をとっている。また，所得税法67条は，小規模事業者等について，現金主義によって収入金額と必要経費を計上することを認めている。

9−5−2　事例で考える

⑴最高裁の態度

　発生主義における収入計上時期の判定基準について，最高裁判所は，ふたつの基準を使い分けている。整理すると，収入の基礎となる権利の確定を基準とする場合と，収入に対する管理支配を基準とする場合がある。概念の相互関係を図式化しておこう（図表9−5）。

図表9−5　概念の相互関係

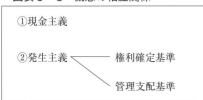

```
①現金主義

②発生主義 ─────── 権利確定基準

                管理支配基準
```

⑵権利確定基準とその限界

　最判昭和49・3・8民集28巻2号186頁［雑所得貸倒分不当利得返還請求事件］は，権利確定の時点を収入計上の基準とする趣旨とその限界を述べた。

　この事件では，昭和28年中に貸付金から46万円余の利息・遅延損害金が発生する約定になっていた。その後，昭和36年に，利息損害金債権を放棄することを内容とした訴訟上の和解が成立した。貸主である納税者は，この46万円余は昭和28年分の課税所得ではないと主張した。最高裁は結論としてこの主張を是認したが，その過程で次のように判示した。

　　「〔所得税〕法は，現実の収入がなくても，その収入の原因たる権利が確定的に発生した場合には，その時点で所得の実現があったものとして，右権利発生の時期の属する年度の課税所得を計算するという建前（いわゆる権利確定主義）を採用している」。

　ここで「いわゆる権利確定主義」というのが，上で説明した権利確定時を基準とする考え方のことである。そして，その趣旨は，

　　「常に現金収入のときまで課税できないとしたのでは，納税者の恣意を許し，課税の公平を期しがたいので，徴税政策上の技術的見地から，収入すべき権利の確定したときをとらえて課税することとしたもの」

であるという。現金主義だと納税者の恣意的なタイミングの操作を許してしまうから権利確定時を基準としたが，それはあくまで「徴税政策上の技術的見地」によるものだというのである。この趣旨理解から，権利確定主義の限

界が導かれる。いわく，

「権利確定主義のもとにおいて金銭債権の確定的発生の時期を基準として所得税を賦課徴収するのは，実質的には，いわば未必所得に対する租税の前納的性格を有するものであるから，その後において右の課税対象とされた債権が貸倒れによって回収不能となるがごとき事態を生じた場合には，先の課税はその前提を失い，結果的に所得なきところに課税したものとして，当然にこれに対するなんらかの是正が要求されるものというべく，それは，所得税の賦課徴収につき権利確定主義をとることの反面としての要請であるといわなければならない。」

このように，最高裁は権利確定基準の趣旨を明らかにし，そこから，納税者の救済を導き出した。現行法には，遡って所得がなかったこととして税額を返還するための規定が設けられている（所税 64 条 1 項・152 条）。

(3)管理支配基準

最判昭和 53・2・24 民集 32 巻 1 号 43 頁［仙台家賃増額請求事件］は，権利確定前であっても，収受した金員に対する現実の管理支配を基準として収入金額を計上することを認めた。

賃料増額をめぐる民事紛争において，昭和 37 年に貸主が控訴審で勝訴し，仮執行宣言にもとづき昭和 37 年に 959 万円余，昭和 38 年に 710 万円余の支払を受けた。その後，昭和 40 年に上告審で貸主勝訴の判決が確定した。税務署長が昭和 37 年と昭和 38 年の貸主の収入金額として更正をし，これが争われた。最高裁は結論として更正が適法であるとした。最高裁はまず，権利確定は昭和 40 年であるという。

「賃料増額請求にかかる増額賃料債権については，それが賃借人により争われた場合には，原則として，右債権の存在を認める裁判が確定した時にその権利が確定する」。

しかし，次のロジックにより，収入金額の計上時期は現実に金員を収受した昭和 37 年と昭和 38 年でかまわないという。

「所得税法がいわゆる権利確定主義を採用したのは，課税にあたって常に現金収入のときまで課税することができないとしたのでは，納税者の恣意を許し，課税の公平を期しがたいので，徴税政策上の技術的見地から，収入の原因となる権利の確定した時期をとらえて課税することとしたものであることにかんがみれば，増額賃料債権又は契約解除後の賃料相当の損害賠償請求権についてなお係争中であっても，これに関しすでに金員を収受し，所得の実現があったとみることのできる状態が生じたときには，その

時期の属する年分の収入金額として所得を計算すべきでものあることは当然であり，この理は，仮執行宣言に基づく給付として金員を取得した場合についてもあてはまるものといわなければならない。」

ここでは，権利確定主義の趣旨理解から，金員を収受し管理支配している時点での収入金額計上を認めている。

Column 9-3　　　　　　　　**隠れた融資**

ある人が土地を10億円で売ったが，現実の代金支払を受けるのは1年後とし，1年後に11億円を受け取ったとしよう。この場合，10億円を1年間融資するという明示的な消費貸借契約はないものの，経済的にみると，代金支払を延期することによって，隠れた融資を行ったことに等しい。この考え方をつきつめると，第2年分において利息相当分の1億円を収入金額に計上すべきではないかという点が問題になる。

9-6　租税支出

所得税法の中には，理論的にみると所得に該当するにもかかわらず，課税していないものがある。その具体例には事欠かない。

▶障害者が少額預金から利子を得る場合，一定の要件を満たすものは非課税とされている（所税10条）。

▶従業員フリンジ・ベネフィットは現物所得であるが，現実には課税されないものが多い（→6-2-2）。

▶未実現の利得は，実現するまで課税を繰り延べる。そして，課税繰延は一定の条件の下で，収益分を非課税にすることと等価である（→9-2-2）。

こうして，包括的所得を真円にたとえるならば，所得税法が課税の対象にしている実定法上の所得は，ところどころ浸食されていることになる。課税ベースの浸食（tax base erosion）である。

所得の概念からすると課税の対象になるはずであるのに，課税の対象から除外している。ということは，その分だけ租税を免除しているということである。税制を通じた補助金支出という意味で，これを「租税支出（tax expenditure）」という。租税歳出ということもある。ここで支出とはいっても，実際に国が補助金を与えることを意味しているわけではなく，本来徴収

すべき租税を徴収しないという意味である。

　もちろん，どの範囲のものが理論上あるべき所得であるかは，簡単には決まらない。障害者少額預金利子非課税は政策上の考慮にもとづく特別措置といえるが，未実現の利得の扱いは特別措置というよりは実際上やむを得ない選択ともいえる。

　だが，次のことははっきりしている。所得の範囲について所得税法が定めていることだけが，荘厳な真理を示しているわけではない。現行法上の課税所得の範囲の妥当性は，理論的なベンチマークに照らして検証しなければならない。制度を評価するための基準は，制度の中から出てくるわけではない。それは，理論から出てくるのである。

📋 **この章で学んだこと**
▶ 課税繰延は一定条件の下で収益非課税と等価である。
▶ 実現原則を支える実際的理由は，金銭評価と納税資金確保の困難である。
▶ 借入金は借り入れた年の所得にならない。
▶ 収入金額を計上すべき時期に関する原則として，現金主義と発生主義がある。

→ **調べてみよう**
▶ 政府の視点と納税者の視点を区別すると，課税のタイミングはどのように解釈できるか？
　　→神山弘行『所得課税における時間軸とリスク──課税のタイミングの理論と法的構造』（有斐閣，2019 年）
▶ 配当と株式譲渡損益は，いかなる関係にあるか？
　　→小塚真啓『税法上の配当概念の展開と課題』（成文堂，2016 年）

Chapter 10 費用控除

 この章のテーマ

▶必要経費　▶控除のタイミング　▶借入金利子　▶損失

10−1　所得税法と費用控除

10−1−1　各種所得との関係で決まってくる費用控除

　所得税法は，10種類の各種所得ごとに，各種所得の金額の計算方法を定めている。そのため，所得を得るための「もとで」に相当する部分を除外できるかどうかについても，どの類型の所得であるかによって，適用すべきルールが異なってくる（→6−4−1）。

　10種類の各種所得について，費用控除の角度から所得金額の計算方法を比較したのが，図表10−1である。ここからわかるように，各種所得の中には，必要経費や取得費の控除をそもそも認めていない類型もある。

図表10−1　各種所得における費用控除

23条	利子所得	控除なし
24条	配当所得	負債利子の控除
26条	不動産所得	必要経費の控除（⇨37条1項）
27条	事業所得	必要経費の控除（⇨37条1項）
28条	給与所得	給与所得控除， 特定支出控除（⇨57条の2）
30条	退職所得	退職所得控除
32条	山林所得	必要経費の控除（⇨37条2項）
33条	譲渡所得	取得費の控除（⇨38条），譲渡費用の控除，特別控除
34条	一時所得	直接必要支出等の控除，特別控除
35条	雑所得：公的年金等	公的年金等控除
35条	雑所得：その他	必要経費の控除（⇨37条1項）

10−1−2　必要経費と取得費を横断的に理解する

(1) 37条と38条

　10種類の各種所得のうち，必要経費を控除できる類型は，不動産所得，

事業所得，山林所得，雑所得である。いずれの類型についても，総収入金額から「必要経費」を控除する（所税26条2項・27条2項・32条3項・35条2項2号）。これらの計算に共通するルールを定めるのが所得税法37条である。

　これに対し，譲渡所得の金額は，総収入金額から「取得費」と譲渡費用を控除して計算する（所税33条3項）。この取得費に関するルールが，所得税法38条である。

(2)　必要経費と取得費の比較

　所得を得るための投下資本を控除するという統一的な視点からみると，①必要経費の控除と②取得費の控除は，主に，控除のタイミングとの関係で区別できる。

▶①必要経費の控除。ある人がラーメン店を営んでおり，事業所得を稼得していたとしよう。この場合，支出した原材料や人件費などの諸費用は，その年分の総収入金額の稼得に対応する範囲で，支出時の属する年分の必要経費として控除できる。

▶②取得費の控除。別の人が10年前に別荘を代金1億円で買い，今年3億円で売って，譲渡所得を得たとしよう。この場合，別荘購入のために1億円を支出したのは10年前である。しかし，これを取得費として控除するのは，あくまで別荘を譲渡する今年の譲渡所得の金額の計算においてである。今年の所得税との関係で，3億円の総収入金額から1億円の取得費を差し引き，さらに譲渡費用などを控除して，譲渡所得の金額を計算することになる。このように，譲渡所得については，譲渡時まで課税を繰り延べるため，取得費の控除時期もそれに平仄をあわせて，譲渡時まで繰り延べている。

　必要経費と取得費が密接に関係することから，相互調整のためのルールが存在する。ラーメン店を営む人が，店舗を自ら保有し，事業に用いていたとしよう。この場合，「減価償却」のメカニズム（→**10−3**）により，店舗の取得費の一部を，毎年の事業所得の計算上，必要経費として控除する。そして，そのようにして控除した金額の分だけ，取得費を減額しておく（所税38条2項）。取得費が小さくなれば，あとで店舗を譲渡するときに，その分だけ譲渡所得の金額が増える。こうして，店舗を購入するのにかかった「もとで」の部分を，事業所得の必要経費と譲渡所得の取得費の間に割り振っていることになる。この調整規定は，必要経費と取得費が根っこのところでつながっていることを示している。

⑶適用のない場合について先に一言

　必要経費と取得費についてみる前に，必要経費控除を一切認めない利子所得（→**10－1－3**）と，法定の概算経費控除を認める給与所得（→**10－1－4**）について，それぞれ一言する。なぜなら，このふたつにおいて，源泉徴収に多くを依存する日本法の特徴が，くっきりと現れているからである。

10－1－3　費用控除をみとめない例：利子所得

⑴利子所得の意義

　利子所得とは，公社債の利子，預貯金の利子，合同運用信託や公社債投資信託などの収益の分配に係る所得をいう（所税23条1項）。その典型が預貯金の利子であり，金融機関が不特定多数の者から金銭の預け入れを受け，定型的・継続的・集団的に利子を支払うところに，その経済的特質がある。

　日本の家計（個人企業を含む）が保有する金融資産は，2023年3月末に2043兆円あった。現金・預金がその半分以上を占めており，OECD加盟国の標準からみてきわめて高い比率である。こうして，利子所得という類型は，日本の家計金融資産のおおもとから生ずるリターンを対象としていることになる。

⑵利子所得の金額の計算方法

　利子所得の金額は「その年中の利子等の収入金額」とされており（所税23条2項），必要経費の控除を一切認めていない。

　必要経費控除を認めない理由は，次のように説明されている（注解所得税法研究会編『注解所得税法〔6訂版〕』〔大蔵財務協会，2019年〕296頁）。

▶利子所得の必要経費は，もしあったとしても通常それほど大きいものではない。

▶他から借金してこれを貯金に回すことは，普通はしない。

▶預貯金等についていえば，貸倒れのリスクもあまりない。

⑶源泉分離課税との関係

　必要経費控除を認めないことは，利子所得の課税方式と不可分に結びついている。預貯金の利子については，収入金額に対して国税・地方税あわせて20％の源泉徴収を行い，しかもそれのみで課税関係を終了する（源泉分離課税。→**7－2－2**）。

　いま仮に，現行法と異なり，利子所得につき必要経費を控除することにしたとすれば，預貯金利子の受領者が一人一人確定申告を行い，いくら経費が

かかったかを申告しなければならなくなる。実額による必要経費控除を認めないのは、このような申告の手間を省くことを意味しているのである。

10−1−4　法定概算控除を原則とする例：給与所得

⑴給与所得の意義

給与所得とは、俸給や給料、賃金、歳費、賞与、これらの性質を有する給与に係る所得をいう（所税28条1項）。典型例がサラリーマンの給料であり、その経済的性質は労働の対価である。

給与所得の源泉徴収税額は、所得税収の最大の部分である。国税庁の統計によると、令和3年分の数字で、11兆7216億円あった。給与所得の源泉徴収税額だけで、すべての源泉徴収税合計額の6割近くになる。

⑵給与所得の金額の計算方法

給与所得の金額は、その年中の給与等の収入金額から給与所得控除額を控除した残額である（所税28条2項）。

給与所得控除額は法定されており、給与等の収入金額の大きさに応じて定まる（所税28条3項）。収入金額が大きくなるにつれ、収入に対する割合が逓減していき、収入金額850万円で上限に至る。

⑶給与所得控除と特定支出控除

明治20年に所得税を創設したとき、給与所得には何らの控除もなく、「直ニ其金額ヲ以テ」所得としていた。給与所得控除の原型は、大正2年の税制改正で、俸給・給料・手当・歳費について、収入予算年額の10％を控除したことにはじまる。当時、控除の趣旨は、主として他の所得との負担力の相違に基づくものとされており、必要経費控除の必要性は付随的なものでしかなかった。

これに対し、勤務にともなう必要経費を概算的に控除するという趣旨を前面におしだしたのは、昭和24年のシャウプ勧告である。シャウプ勧告は、当時の勤労控除の根拠として、次の4点をあげた。

▶個人の勤労年数の消耗に対する一種の減価償却の承認であること

▶勤労による努力および余暇の犠牲に対する表彰であること

▶勤労に伴う経費に対し行政上の理由から特別な控除を認めることは、それが多くの場合、普通の生活費とほとんど区別がつかないから、不可能であるため、勤労控除は余分にかかる経費に対する概算的な控除であること

▶給与所得は、その他の所得に比して相対的により正確な税法の適用を受け

るのであるが，勤労控除は，それを相殺する作用を有すること

このうち，第3点が，勤務費用の概算控除という趣旨に他ならない。シャウプ勧告は，第4点を強く排斥するとともに，第1点と第2点については所得の大部分が個人の努力によって得られる範囲において農業所得や中小商業所得についても同様であるとした。

給与所得控除のあり方について，大きな社会的影響力をもった事件が，昭和40年から昭和60年にかけて争われたサラリーマン税金訴訟である（最大判昭和60・3・27民集39巻2号247頁［大嶋訴訟］）。同志社大学商学部の教授であった大嶋正氏は，かねてより，給与所得者（サラリーマン）への所得税の公平さに疑問をもっていた。主要な疑問は，サラリーマンが，事業所得を稼得する自営業者や農家と異なり，必要経費の実額を控除できない点にあった。そこで，サラリーマンに対する所得税の不公平さを広く一般に訴えるため，訴訟の提起を決意し，所得税法が憲法14条の平等原則に違反する旨を主張して，最高裁まで争ったのである。なお，訴訟提起後，昭和40年代前半には給与所得控除が引き上げられ，さらに昭和49年の田中角栄内閣による「2兆円減税」により給与所得控除は大幅に拡充された。

最高裁は，結論としては，憲法14条違反の主張を退けた。その過程で，「給与所得控除には，給与所得者の勤務に伴う必要経費を概算的に控除するとの趣旨が含まれていることが明らかである」と述べたうえで，給与所得控除の立法目的とその合理性についてくわしく検討した。そして，給与所得に係る必要経費につき概算控除の制度を設けた立法目的として次のように判示し，この立法目的は正当であるとした。

「給与所得者は，事業所得者等と異なり，自己の計算と危険とにおいて業務を遂行するものではなく，使用者の定めるところに従って役務を提供し，提供した役務の対価として使用者から受ける給付をもってその収入とするものであるところ，右の給付の額はあらかじめ定めるところによりおおむね一定額に確定しており，職場における勤務上必要な施設，器具，備品等に係る費用のたぐいは使用者において負担するのが通例であり，給与所得者が勤務に関連して費用の支出をする場合であっても，各自の性格その他の主観的事情を反映して支出形態，金額を異にし，収入金額との関連性が間接的かつ不明確とならざるを得ず，必要経費と家事上の経費又はこれに関連する経費との明瞭な区分が困難であるのが一般である。その上，給与所得者はその数が膨大であるため，各自の申告に基づき必要経費の額を個別的に認定して実額控除を行うこと，あるいは概算控除と選択的に右の実額控除を行うことは，技術的及び量的に相当の困難を招来し，ひいて租税

徴収費用の増加を免れず，税務執行上少なからざる混乱を生ずることが懸念される。また，各自の主観的事情や立証技術の巧拙によってかえって租税負担の不公平をもたらすおそれもなしとしない。」

この事件をひとつのきっかけとして，昭和62年9月の税制改正は，特定支出控除を創設した。これによって，サラリーマンにとっても実額で必要経費を控除する途がひらかれた。サラリーマンの特定支出が給与所得控除額の半額を超える場合，その超過額の控除を実額で認めている（所税57条の2）。特定支出控除の範囲は，その後徐々に拡充されている。

(4)源泉徴収と年末調整

給与所得控除は，精密な源泉徴収および年末調整とくみあわさり，日本税制の特徴となっている。すなわち，給与等の収入金額さえ決まれば，必要経費の実額データなしに給与所得の金額を計算できる。給与所得者は，みずからの人的状況に応じ，配偶者や扶養親族の存否とか，社会保険料の納付額とかいった事実について，給与の支払者を経由して，所轄の税務署長に情報を提供する（所税194条以下）。これに応じ，毎月に源泉徴収すべき金額は，給与所得者の人的状況を正確に反映する金額に設定される（同183条以下）。1年を通じて計算した場合に本来の所得税額との間で過不足を生ずる場合には，年末調整により，源泉徴収方式の枠内で本来の所得税額にあわせる（同190条以下）。

こうして，法定概算控除・精密な源泉徴収・年末調整のくみあわせにより，給与所得者のほとんどは，自分で確定申告しなくても課税関係が終了する（所税121条1項）。いうなれば，世界に冠たる申告不要税制になっているのである（→7−2−3）。

10−2　必要経費

10−2−1　所得税法37条1項を読む

⑴条文の構造

　所得税法37条1項は，必要経費に算入すべき金額について，次のように定める。

　「その年分の不動産所得の金額，事業所得の金額又は雑所得の金額〔中略〕の計算上必要経費に算入すべき金額は，別段の定めがあるものを除き，これらの所得の総収入金額に係る売上原価その他当該総収入金額を得るため直接に要した費用の額及びその年における販売費，一般管理費その他これらの所得を生ずべき業務について生じた費用（償却費以外の費用でその年において債務の確定しないものを除く。）の額とする。」

　3点ほど注釈しておこう。

▶　「その年分の」とか「その年における」とかいった文言から読み取れるように，この規定は，ある特定の年分の所得金額を算定するうえで，必要経費に算入すべき金額を定めている。つまり，この規定は，①そもそも控除可能な経費に該当するかという問題と，②いつの年分に控除できるかという問題（タイミングの問題）との両方について，ルールを示していることになる。

▶ 37条1項のこの規定は,「不動産所得の金額,事業所得の金額又は雑所得の金額」の計算上,適用される。上の引用で「〔中略〕」とした部分は,次の2つのものについて37条1項の適用を除外している。その1は,「事業所得の金額及び雑所得の金額のうち山林の伐採又は譲渡に係るもの」である。山林の伐採や譲渡に係るこれらの所得については,山林所得に係る必要経費(所税32条3項)についてと同じルールが用意されている(同37条2項)。適用除外されるその2は,「雑所得の金額のうち第35条第3項(公的年金等の定義)に規定する公的年金等に係るもの」である。公的年金等については,収入金額から法定の公的年金等控除額を控除することとされており(同35条2項1号),必要経費の控除を認めていない。

▶ 37条1項の通則に対する「別段の定め」として,多くの規定がある。所得税法第2編の中では,第2章第2節第4款に重要な規定が集中している。37条1項の内容を裏から確認したようなものも含まれているが,一覧に便利なように,所得税法の目次を利用して関連条文をまとめてかかげておく(図表10-2)。

図表10-2　必要経費に関する「別段の定め」の例

必要経費の通則	「別段の定め」の例(第2編第2章第2節第4款の中で)
37条1項	第1目　家事関連費,租税公課等(45条・46条)
	第2目　資産の評価及び償却費(47条~50条)
	第3目　資産損失(51条)
	第4目　引当金(52条~54条)
	第5目　親族が事業から受ける対価(56条・57条)

(2)ルールの沿革

所得税法37条1項が現行の形をとったのは,昭和40年全文改正による。昭和62年に公的年金等に係る雑所得を除外する規定が括弧書きに追加されたほかは,規定の本体部分に変更はない。原型をたどれば明治20年の所得税法創設時にいきつく。明治32年所得税法は,「第三種ノ所得ハ総収入金額ヨリ必要ノ経費ヲ控除シタル予算年額ニ依リ」と定めた(4条1項3号)。これを受けて,「所得税法第4条第1項第3号ニ依リ総収入金額ヨリ控除スヘキモノハ種苗蚕種肥料ノ購買費,家畜其ノ他飼養料,仕入品ノ原価,原料品ノ代価,場所物件ノ修繕費,其ノ借入料,場所物件又ハ業務ニ係ル公課,雇人ノ給料其ノ他収入ヲ得ルニ必要ナル経費ニ限ル」とされた(所得税法施行規則〔明治32年3月30日勅令78号〕1条)。収入を得るために必要な経費に

限るとして，制限的に控除の範囲を定めていたのである。この定めに続けて，但書は，「家事上ノ費用及之ト関連スルモノハ之ヲ控除セス」としていた（同規則 1 条但書）。

その後，必要経費として控除が可能な範囲は，拡大の歴史をたどった。まず，昭和の初期に行政取扱いが整備されていく。昭和 15 年所得税法は，「収入ヲ得ルニ必要ナル負債ノ利子」を必要経費の例示に付け加えた（12 条）。第二次大戦後，事業を行う人の間で記帳慣行が普及し，正確な利益計算を行う環境ができてくるにつれ，控除の範囲が拡大した。シャウプ勧告をうけた昭和 25 年の税制改正は，減価償却の方法やたな卸資産の評価などに関するルールを整備した。それ以降も，事業専従者控除や各種引当金を認めるなど，必要経費の範囲は徐々に広がっていった。昭和 37 年の改正では，事業用固定資産の損失を必要経費に含めることとし，さらに，事業を廃止した後に生じた必要経費を事業廃止の年分またはその前年分の必要経費に算入することを認めた。これらを全文改正によって法律に取り込んだのが，昭和 40 年法である。

⑶税引後のコスト

ある支出につき必要経費控除を認めると，その支出に関する税引後のコストに影響する。たとえば，ある個人事業者が出張のため 10 万円を支出したとする。この 10 万円という数字は，所得税を考慮しない数字である。そして，10 万円を必要経費に算入すると，事業所得の金額の計算上，10 万円だけ所得の金額が減る。適用税率が 30％ であったとすれば，所得税額は 3 万円だけ減ることになる。そこで，この所得税額減少分を勘案した場合，出張にかかる税引後のコストは 7 万円という勘定になる。

このように，必要経費控除が可能である分だけ税効果が働くため，その人の正味の持ち出し分となるコストが安くなる。税額減少効果の大きさは，適用税率によって変わってくる。適用税率が 10％ であれば 1 万円しか減らないが，適用税率が 40％ であれば 4 万円も減ることになる（図表10−3）。

図表10−3　税引後のコスト

支出額	所得の減少額	適用税率	税効果	税引後のコスト
10 万円	△ 10 万円	10%	△ 1 万円	9 万円
		40%	△ 4 万円	6 万円

10－2－2　控除可能な経費と控除不能な支出との区別

(1)業務との関連性

　所得税法37条1項は，必要経費に算入すべき額を，別段の定めがあるものを除き，「総収入金額を得るため直接に要した費用の額」および「所得を生ずべき業務について生じた費用の額」としている。後者の文言から，必要経費に該当するには，業務との関連性が必要である。

(2)家事費

　このことの裏として，家事上の経費（家事費）は，必要経費に算入しない（所税45条1項1号）。

　必要経費と家事費を区別することは，明治32年法の段階から明らかにされてきたルールである。個人事業者は，事業による所得稼得活動を行うとともに，家庭生活を営み消費活動を行っている。その人が交通費を支出したような場合，得意先へのセールス活動のためにかかったタクシー代など，それが「業務について生じた」ものであれば，事業所得の計算上，必要経費として控除してよい。しかし，休日に子どもを遊びにつれていくためのタクシー代などは，「業務について生じた」ものではなく，あくまで「家事上の経費」であるから，必要経費として控除してはならない。家事費に該当するものは，所得を稼得するための投下資本ではなく，稼得した所得の消費であるから，控除しないのである。

　必要経費と家事費の区別は，人の生活に事業領域と家事領域の区別を設ける発想に基づいている（→6－3－3）。

(3)家事関連費

　人の経済生活は，必ずしも常に，事業領域と家事領域のいずれかにはっきりと区分されるわけではない。そのため，両方に関係する支出を行う場合の扱いが問題になる。この点につき，所得税法45条1項1号は，家事費に「関連する支出で経費で定めるもの」（家事関連費）は必要経費に算入しない旨を定めている。

　これを受けて，政令は，①「家事上の経費に関連する経費の主たる部分が不動産所得，事業所得，山林所得又は雑所得を生ずべき業務の遂行上必要であり」，かつ，②「その必要である部分を明らかに区分することができる場合」における当該部分に相当する経費は，必要経費に算入してよいこととしている（所税令96条1号）。文理上，①と②は「かつ」でつながれており，必要経費として控除する要件としては，両方を満たすことが必要である。

もっとも，国税庁の通達は，①の判断基準は当該支出金額が業務の遂行上必要な部分の50％を超えるか否かにより判定することとしており，50％以下であっても②が満たされる部分は必要経費に算入して差し支えないとしている（所基通45−2）。

　なお，青色申告書を提出する場合には，①の要件は不要であり，「取引の記録等に基づいて……業務の遂行上直接必要であったことが明らかにされる部分」の金額に相当する経費を，必要経費に算入できる（所税令96条2号）。

10−2−3　必要経費控除の制限

⑴所得税法45条

　所得税法45条は，一定の支出につき，それを必要経費に算入しない旨を定めている。

▶第1項　上でみた家事費・家事関連費をはじめとして，各号を列挙する。これらは限定列挙であると考えられている。

▶第2項　国連腐敗防止条約を受けて，平成18年度改正で付加された。

▶第3項　令和4年度改正で，納税者が事実の隠蔽仮装がある年分または無申告の年分において主張する簿外経費の存在が帳簿書類等から明らかでなく，課税当局による反面調査等によってもその簿外経費の基因となる取引が行われたと認められない場合には，その簿外経費は必要経費に算入しないこととした。

▶第4項　これは，正確にいえば必要経費の不算入規定ではなく，一時所得の金額の計算上「支出した金額」（所税34条2項）に算入しない項目である。

⑵所得税の額を必要経費に算入しない理由

　所得税法45条1項2号が所得税を列挙しているのは，課税標準の定義のやり方に伴う約束事である。同号は，現行所得税法が課税標準を「税込み」で定義していることを反映している。例解しよう。

　課税標準を定義するやり方には，「税込み（tax inclusive）」方式と，「税抜き（tax exclusive）」方式がある。いま，ある人が100万円の給与を稼得するとする。税込み方式で課税標準を定義し，それに対して50％の税率を適用すると，手取りの給与は50万円となる。これに対し，税抜き方式で課税標準を定義して同じ結果を得ようとすると，手取りの50万円が課税標準となり，これに対応する税率は100％となる。

図表10−4　課税標準を定義するやり方

給　与	100万円→	「税込み」の定義→	対応する税率は50％
税　額	50万円		
手取り	50万円→	「税抜き」の定義→	対応する税率は100％

　いずれの方式によっても所得税額は同じである。しかし，見かけ上の税率は，税込み方式であれば50％であるが，税抜き方式であると100％である。所得税法は，所得税額を含めた「税込み」の形で課税標準と税率を定義している。だから，必要経費として控除することはしないのである。

　2号は限定列挙である。たとえば事業所得者が事業用店舗について納付する固定資産税はここに列挙されておらず，必要経費にあたる。

　所得税を納付しても，必要経費に算入しない（所税45条1項2号）。逆に，所得税の還付を受けた場合も，収入金額に計上しない。つまり，所得税の納税や還付は，課税標準の計算に関係させないのである。所得税法には還付金に関する明文の規定がないが，法人税法は還付と納付の両方についてこの扱いを明記する（法税26条・38条）。なお，還付加算金（税通58条）は収入金額に算入する。

(3)罰金・科料・過料の額を必要経費に算入しない理由

　所得税法45条1項7号は，「罰金及び科料……並びに過料」を必要経費不算入としている。たとえば，個人事業者が配達中に交通事故を起こし，罰金を納付したとする。ここで，37条1項の業務関連性の基準だけからすると，この罰金は業務の遂行に関連する支出であり，必要経費に該当しそうにもみえる。しかし，必要経費控除を認めると，その分だけ税額が軽減されるため，制裁効果が小さくなる。そこで，明文をもって必要経費控除を否定し，税引後のコストが減らないようにしたのである。同じ考え方は，8号の損害賠償金（故意または重過失によるもの）や，2項の賄賂にもあてはまる。

(4)違法支出

　解釈論上，必要経費該当性が争われてきた項目として，違法支出がある。違法支出という言葉は多義的で，いろいろな態様のものを含むが，ここでは，違法な行為に関連する支出を広く指すものとしておこう。

　比較法的には，罰金などの制裁金とならんで，賄賂などの違法支出について控除を否定する制定法上の規定を置く例が多い。米国の裁判所は，公序（public policy）に反する支出の控除を認めない旨の判例法理を発展させた。

日本の所得税法上も，37条の解釈によって公序に反する違法支出の控除
を否定すべきであるという学説が唱えられた。違法支出の態様に応じて類型
化する考え方もある。

　所得税法37条との関係における違法支出の必要経費該当性について，最
高裁の判断は未だ下されていない（法人税については**16-2-3**を参照）。下
級審のものとして，高松地判昭和48・6・28行集24巻6・7号511頁［高松
市塩田宅地分譲事件］は，宅建業法の定める額を超える支出について次のよ
うに判示し，必要経費として控除を認めた。いわく，

> 「〔宅建業法の〕規定の趣旨は，不動産仲介業者が不動産取引における代理
> ないしは仲介行為によって不当の利益を収めることを禁止するところにあ
> ると解され，したがって，右法律〔宅建業法〕に違反する報酬契約の私法
> 上の効力いかんは問題であるとしても，現実に右法律所定の報酬額以上の
> ものが支払われた場合には，所得税法上は右現実に支払われた金額を経費
> （右報酬の支払いを受けた不動産仲介業者については所得）として認定す
> べきものである」

というのである。

　一般に，37条1項の解釈論として違法支出を必要経費の範囲から放逐す
ることには，問題が多い。第1に，公序に反するものを除外するという文言
上のてがかりに乏しい。第2に，45条1項7号が罰金・科料を列挙して必
要経費不算入とし，賄賂についてはわざわざ45条2項を新設した。その反
対解釈として，45条に列挙されたもの以外は，37条の要件を充足していれ
ば必要経費にあたるとみるのが自然である。第3に，必要経費にあたるかど
うかは所得金額の測定の問題であって，制裁の問題ではない。違法所得を収
入に計上することを是認するのであれば（→**9-4-2**），違法支出も事業に
必要な経費である限り控除するのが整合的であろう。

　このように述べると，正義感の強い読者の中には，違法な行為を目前にし
て手をこまねいていてよいのかと反論する人が出てくるかもしれない。その
意気はよい。だが，冷静に全体像を把握する必要がある。上に引用した高松
地判の事案では，宅建業法の報酬規制に違反する支出である点が問題であっ
た。ここで問うべきは，宅建業法の立法目的を達成するために，所得税法上
の必要経費不算入という手段をとることが有効かつ適切であるかどうかであ
る。この点，必要経費不算入とすることの税効果は，適用税率によってばら
つきがある。事業が赤字続きの人にとっては，全く痛くないことすらありう
る。必要経費への不算入が合理的な手段であるとはいいがたい。法制度全体
の均衡と行政過程の現実をみすえると，必要経費不算入という手段はあまり

賢明なやり方ではない（増井良啓「社会工学的観点からみた違法支出論」税研
137 号〔2008 年〕15 頁）。

Column 10 − 2　　違法支出と債務確定

谷口勢津夫「違法支出論における債務確定主義の意義と機能」立命館法学
352 号（2013 年）265 頁は，違法支出のうち無効な支出については，「債
務の確定」（所税 37 条 1 項第 2 括弧書き）という法定要件に該当する事実の
認定を通じてその必要経費性を否定することができると論ずる。

10−2−4　税務執行との関係

　法令の解釈論から，現場の実態論に話題を転じよう。所得税法 37 条 1 項
の必要経費控除は，実際にかかった諸経費を実額でもって控除することを意
味する。このような課税ルールを円滑に執行するためには，個人事業者が会
計帳簿を継続的にきちんとつけており，収入に対応する支出の正確なデータ
が検証可能であることが前提となる。

　青色申告制度は，記帳状況を整えるための環境整備の意味をもってきた
（所税 143 条以下）。さらに，昭和 59 年度改正で，青色申告の承認を受けない
場合にも記帳義務を拡大し，平成 23 年 12 月の改正で，所得金額を問わず，
すべての個人事業者に対して記帳義務を拡大した（同 232 条 1 項。雑所得を生
ずべき業務を行う居住者については前々年分の収入金額が 300 万円を超える場合
に請求書や領収書の保存義務。同条 2 項）。

　納税環境の整備にもかかわらず，税務署がすべての確定申告の内容を子細
にチェックすることは，事実上不可能である。そこから，事業所得者の必要
経費控除の実態が甘すぎるのではないかという疑問が生まれる。この疑問が，
サラリーマン税金訴訟の原動力となっていた（→10−1−4）。

　必要経費控除の妥当性を帳簿書類によって検証できない場合，税務署長
は，各種所得の金額を推計して，更正や決定をすることができる（所税 156
条）。これが推計課税である。青色申告書に係る年分の所得については，帳
簿書類を調査し，調査により金額の計算に誤りがあると認められる場合に限
り，更正することができ（同 155 条），推計課税は認められていない（同 156
条括弧書き）。

　これらが手続法的な対処であるとすると，令和 4 年度改正による所得税法
45 条 3 項の追加は，納税環境整備の一環として必要経費不算入という実体

法的な対処を行った例である。

10−3　費用控除のタイミング

10−3−1　費用と収益の対応
⑴控除のタイミング
　どの年分に費用控除が可能か。これが，費用控除のタイミングの問題である。

　収入計上のタイミング（→9−5）と，費用控除のタイミングは，いわば表と裏の関係にある。そのため，両者を通じて妥当する原理が存在する。一方で，①収入計上を遅らせると，課税が繰り延べられ，金銭の時間的価値の分だけ納税者が有利である。他方で，②費用控除が早くなると，その分だけ早い年分の所得金額が小さくなるから，課税が繰り延べられる。この関係を理解することが学習上の鍵である（図表10−5）。

図表10−5　収入計上を遅らせることと費用控除を早めること

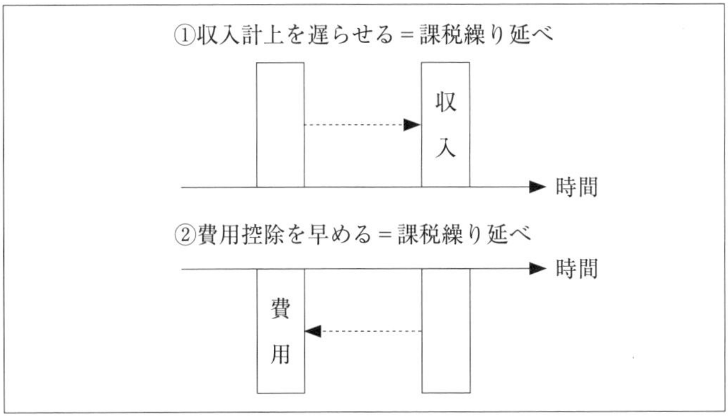

①収入計上を遅らせる＝課税繰り延べ

収入

時間

②費用控除を早める＝課税繰り延べ

時間

費用

⑵所得税法37条1項を再読する
　ある年分の収入に対応する範囲で，その年分の費用として計上する。この考え方を費用収益対応の原則という。

　所得税法37条1項の規定は，費用収益対応の原則を次のように表現している。

　一方で，収入との間で個別対応（直接対応）する費用が，「総収入金額に係る売上原価その他当該総収入金額を得るため直接に要した費用の額」である。たとえば，個人の八百屋さんが野菜を仕入れて売る場合，野菜の仕入原価は売上金額に直接に対応する。

他方で，一般対応（間接対応）の関係にある費用が，「その年における販売費，一般管理費その他これらの所得を生ずべき業務について生じた費用（……）の額」である。八百屋さんの広告宣伝費や運搬費などは「販売費」にあたるし，従業員給与や光熱費などは「一般管理費」にあたる。これらは，その年分の収入金額との間で個別的な対応関係はないものの，継続的に業務を行うために必要な経費であり，一般的な形で収入獲得に寄与する。

なお，タイミングとの関係で重要なのが，「（償却費以外の費用でその年において債務の確定しないものを除く。）」という括弧書きである。この括弧書きは，原則として，その年において債務が確定しなければ，必要経費に計上しないことを意味している。例外が「償却費」であり，減価償却資産の償却費（所税 49 条）や繰延資産の償却費（同 50 条）は，債務の確定を待たずして，法定の計算方法に従って必要経費に算入する。

(3)資本的支出

費用と収益を対応させるという考え方からは，複数年にわたって収益を産み出す支出については，支出した年分に全額を控除するのではなく，時間の経過に応じて徐々に費用控除していくことになる。

このように，複数年分の収益に対応する支出のことを，資本的支出（capital expenditure）という。ここに「資本的」という意味は，支出した年に全額を必要経費として計上するのでなく，何年かにわたって費用控除していくという意味である。日本の現行法では，所得税法施行令 181 条が資本的支出について定めている。すなわち，資産の使用可能期間を延長させる場合（同条 1 号），および，資産の価額を増加させる場合（同条 2 号）である。これらの支出は，支出した年分の必要経費に全額は算入しない。すぐに全額を控除するかわりに，資産の取得価額に含めておき（所税令 127 条），何年かにまたがって償却していく。

10-3-2 減価償却資産の償却費
(1)所得税法上の減価償却の方法

複数年に分けて費用控除を行う代表例として，減価償却資産の償却費（所税 49 条）を見てみよう。事業所得を念頭に考える。

減価償却資産は，業務の用に供される建物や機械などの資産で償却すべきものとして政令で定めるもののことである（所税 2 条 1 項 19 号）。事業所得者が保有する資産の一種であるが，棚卸資産（同項 16 号）や有価証券（同項 17 号）とは区別される。また，固定資産（同項 18 号）の中でも，土地は減価

償却資産ではない。

　減価償却の方法は，政令に委任されている（所税49条2項，所税令120条以下）。ある事業所得者が，1000万円で鉄筋コンクリート造の建物を購入し，それを事務所の用に供したとしよう。この建物に係る減価償却費を求めるためには，①償却方法，②取得価額，③耐用年数を知る必要がある。平成19年4月1日以後に取得したという前提で関係法令をあてはめると，①建物の償却方法は定額法であり（所税令120条の2第1項1号ロ），②この建物の取得価額は1000万円であり（同126条1項1号），③耐用年数は50年である（同129条，耐用年数省令別表第1）。よって，耐用年数の50年にわたり，毎年，定額の20万円ずつを償却費として必要経費に算入する（所税37条1項）。その分だけ資産の取得費を減額していく（同38条2項）。

(2)真の経済的減価償却

　投資活動に対して中立的な減価償却の方法として，真の経済的減価償却と取得時全額控除が知られている。

　まず，真の経済的減価償却（true economic depreciation）を例示しよう。

　いま，3年間にわたって，各年に1000ずつのキャッシュ・フローをもたらす資産Sがあるとしよう（図表10-6）。次の仮定をおく。

　＊税引前の利子率は10％。

　＊資産Sの価値はキャッシュ・フローのみによって決定される。

　＊資産Sを第1年初に取得し，所得が発生するのは各年末である。

図表10-6　資産Sの現在価値の推移

	第1年	第2年	第3年	合計
キャッシュ・フロー	1000	1000	1000	
第1年初における現在価値	909	826	751	2486
第2年初における現在価値		909	826	1735
第3年初における現在価値			909	909

　このとき，資産Sの現在価値は，第1年初に2486，第2年初に1735，第3年初に909，第3年末にゼロとなる。したがって，資産Sの価値は，第1年の間に751（＝2486-1735），第2年の間に826（＝1735-909），第3年の間に909（＝909-0），それぞれ減少することになる。この減価分を正確に反映した金額を各年分の必要経費として控除するのが，真の経済的減価償却である。

真の経済的減価償却を，定額法による場合と比較してみよう。定額法は，毎年同じ金額を控除する（2486／3＝829）。これに対し，経済的減価償却では，第1年に費用控除できる金額が相対的に小さくなっている。つまり，費用控除が遅くなっており，その分だけ納税者に不利である。逆にいうと，この例について定額法を適用することは，真の経済的減価償却と比較すると納税者に有利なのである（図表10−7）。

図表10−7　経済的減価償却と定額法の比較

	第1年	第2年	第3年
経済的減価償却	751	826	909
定額法	829	829	829

　経済的減価償却は，現実の世界では，実施することができない。なぜなら，すべての資産につき現在価値を計測するには，莫大なコストがかかるからである。そこで，実務の工夫によって会計基準を発達させ，一定の合理的なフィクションにもとづいてルールを決めた。それが，耐用年数を決めて定額法や定率法で償却するというやり方であり，現行法に採用されている。

(3)取得時全額控除

　取得時全額控除（expensing）は，資本を投下して資産を取得した年において，その全額を費用控除するやり方である。
　ある事業者が，100の代金で機械を購入したとしよう。このとき，税引前の投資コストは100である。この機械を事業活動に利用することにより，税引前のリターンを400得たとすると，利益は300，利益率は300％である（図表10−8）。

図表10−8　取得時全額控除

	投資コスト	リターン	利　益	利益率
税引前	100	400	300	300％
税	△40	160	120	
税引後	60	240	180	300％

　ここで税率40％の所得税を導入する。しかも，投資に充てた金額を初年度に全額償却し，必要経費として控除できるものとする。このとき，100の投資額すべてを必要経費として控除するから，他に十分な所得があれば100

だけ所得が減る。よって，所得税額は40だけ減少する。この税額減少効果を反映し，税引後の投資コストは，60（＝100−40）となる。リターン400を得ると，400全体が所得として課税される。これは，すでに投資コストの回収が済んでいるからである。よってリターン400に対して160の所得税がかかる（＝400×40％）。税引後のリターンは240，利益は180（＝240−60），利益率は300％である。

このように，取得時全額控除の場合，税引前の利益率と税引後の利益率はともに300％で等しくなる。租税があってもなくても利益率に変わりがない。

ここには，大切な教訓が含まれている。いつ控除するかによって，所得税を課すことの経済効果が全く異なってくるのである。投資の時点ですぐに全額控除すれば，その投資から生ずるリターンにあとでフルに課税したとしても，はじめから課税していない場合と同じ利益率になる。これはつまり，経済的にみた実効税率がゼロになることを意味する。

もちろん，政府と納税者の間で，還付したり徴収したりするキャッシュの動きはある。だが，この投資について，政府は，納税者のイコール・パートナーになっている。だから，課税が投資行動に対して中立的になるのである。

なお，以上のことが成り立つには，いくつもの厳格な条件が満たされる必要がある。税率が一定でなく，税率を引き下げる場合には，実効税率はマイナスになる。逆に，税率を引き上げる場合，実効税率はプラスになる。他にも，政府の割引率と納税者の割引率が異なる場合に，取得時全額控除と投資収益非課税は等価ではなくなることが指摘されている。

⑷控除を早めることの経済効果

以上をおさらいする意味で，費用収益対応の原則にのっとった通常の費用控除のやり方を対比させておこう。取得時全額控除の数値例では，第1年の間に全額，費用控除を全部済ませてしまっていた（図表10−8）。しかし，収益を計上する年分に費用控除を対応させるという考え方からすると，これでは控除のタイミングが早すぎる。同じ例で，投資の時点が第1年であり，リターンを得るのが第2年であるとすれば，発生した収益に対応させて費用を控除すべき適切なタイミングは，あくまで第2年である（図表10−9）。

図表10−9 収益発生時に対応させた費用控除

	投資コスト	リターン	利 益	利益率
税引前	100	400	300	300%
税	0	120		
税引後	100	280	180	180%

　図表10−9の場合，投資をした第1年には費用控除を行わないから，税額減少効果は生じない。第2年には，リターン400が生ずる。100の投下資本を用いて400を稼得しているため，課税すべき所得は300（＝400−100）であり，40%の税率を適用すると納付税額は120である。よって，税引後リターンは280となる。税引後でみると，100の投資コストをかけて180の利益を得ているから，利益率は180%となる。

　この図表10−9を，図表10−8と比較してみよう。注目すべきは，両者における税引後の利益率である。

　図表10−9　180%
　図表10−8　300%
　この比率を求めると，
　180%／300%＝0.6

となる。これはつまり，費用収益対応の原則に従って費用控除を行うと，取得時全額控除のやり方をとる場合に比べ，税引後の利益率が6割に減るということを意味する。すなわち，40%で課税されているということに他ならない。控除を遅らせることによって，その年に発生した所得に課税するという結果になるのである。

10−3−3　費用収益対応と時価主義

⑴繰延資産と引当金

　現行所得税法は，費用控除のタイミングの基本的考え方として，費用収益対応の原則をとっている。減価償却資産の償却費に関するルール（所税49条）は，それを具体化したものである。他にも，次のようなルールがある。

▶繰延資産の償却費（所税50条）。繰延資産とは，業務に関し個人が支出する費用のうち，支出の効果がその支出の日以後1年以上にわたって及ぶもので（同2条1項20号），開業費や開発費などのことである（所税令7条）。たとえば，開業費を支出したら，支出した年に全額を必要経費にすることはせず，5年間にわたって均等に償却する（同137条1項1号）。

▶貸倒引当金（所税52条）。事業の取引先から売掛代金を回収できないと，

債権の貸倒損失にあたる（→**10−5**）。貸倒れになるのはあくまで将来の事象である。ところが，経験則上，代金の何割かは回収できないことが事前にわかる。そこで，貸倒れになるのは将来であっても，信用取引に伴う現在の事業経費とみて，合理的な見積り金額を現在の引当金として必要経費に算入する。注意しておきたいのは，いわゆる洗替方式をとっており，ある年に引当金として必要経費に算入したら，翌年に同額を総収入金額に計上することである（同52条3項）。

⑵時価主義の観点

費用収益対応の原則に対しては，次の批判がある。サイモンズの定式がめざしていたように，資産の時価を反映するような控除のやり方が正しいとすれば，伝統的な費用収益対応の原則は時価をとらえ損ねることがあるからである。

たとえば，貸倒引当金は，将来損失に対応して現在における資産減少を正確に反映しているのであれば，包括的所得をうまく測定できる。しかし，現実には，現在の資産減少を伴わないにもかかわらず，引当金が設定されることが知られている（中里実『金融取引と課税——金融革命下の租税法』〔有斐閣，1998年（初出1995年）〕72頁）。

たとえば，金融業を営む個人事業者がいたとしよう。この人は，ある年のはじめに，10万円のローンを，10本行う。利子率を10％とする。このとき，少なくとも1年後に全部で110万円受け取れば，取引としてひきあう。ここで，貸倒れの確率が10％だったらどうか。9本のローンから回収される元本と利息の合計額で，110万円を得られるように，利子率を決定する。よって，利子率は最低で22.22％となる（正確には110÷9−100だが端数を省略する）。これ以下ならば，取引としてひきあわない。つまり，貸倒れのリスクを織り込んで利子率を決定するのでなければ，そもそも取引が成立しない。

これが経済実態であるとすると，貸し付ける現在の時点で，貸倒れリスクを織り込んで利子率を決定する。ゆえに，現在の時点での資産減少はない。にもかかわらず，ローンを行った時点で引当金の計上を認めるのは，不合理である。1年後に10万円分の貸倒れが確定した時点で，必要経費として控除すれば足りる。1年後の所得計算は，利息2.222万円×9−元本貸倒れ分10万円＝9.999万円となる。

このような理由により，米国では1986年改正で貸倒引当金が廃止された。日本では税制調査会の「法人課税小委員会報告」（1996年11月）を受けて，法人税法とともに所得税法についても平成10年度の税制改正で引当金の諸

制度が大幅に整理・縮小され，貸倒引当金が現在の姿になった（所税52条1項・2項）。こうして，伝統的な費用収益対応原則にもとづく課税ルールが，変化してきた。

10-4 借入金利子

10-4-1 負の所得としての借入金利子

　借入金について生ずる利子費用は，マイナスの所得である。次の例で考えてみよう。ある人がヒマラヤ登山に出かけようとしている。これは個人的消費である。この人がこの消費をまかなうやり方として，2つのシナリオを考える。

▶自己資金シナリオ。銀行口座から100万円を取り崩す。つまり自己資金を用いて，消費に充てる。このとき，所得はゼロである。

▶借入金シナリオ。銀行預金はそのままにして，それとは別に，銀行から100万円を借りる。この借入金を用いて消費に充てる。第1年末に借りたとすれば，第2年末までのこの人の資産状況は，**図表10-10**のようになる（△はマイナスを意味する）。利子率は10％とし，貸しても借りても等しいものと仮定する。

図表10-10　借入金シナリオ

	第1年	第2年
銀行預金	100	110
借入金	△100	△110

　借入金シナリオにおいて，銀行預金というプラスの資産について，第2年に10万円の利子収入が発生する。同時に，第2年には，借入金というマイナスの資産について利子を支払う義務が発生し，その利子費用が10万円である。第2年分の所得を計算するうえで，利子収入と利子費用を相殺してはじめて，所得の金額がゼロとなる。

　この例は，次のことを含意する。すなわち，借入金に係る利子費用を全額控除してはじめて，借入金シナリオを自己資金シナリオと等しく取り扱うことができる。換言すると，自己資金で消費をまかなう場合と同じ扱いにするには，この人の所得算定上，借入金に係る利子費用を控除する必要があるのである。

　ここで，読者の中には，「この人は借入金を用いて個人的消費に充てている。この借入金に係る利子費用は，消費に伴うものであって，控除してはい

けないのではないか」と反論する人がいるかもしれない。しかしながら，所得概念を包括的に構成する場合，利子費用の無制限の控除は，当然の帰結である。負債について利子が生ずることは，消費ではなく，新たに債務が発生する分だけ純資産の減少を意味するからである（中里実『金融取引と課税——金融革命下の租税法』〔有斐閣，1998 年（初出 1987 年）〕147 頁）。

10−4−2　借入金を用いた租税裁定

⑴租税裁定

　ところが，現実の所得税制は不完全であるから，支払利子を無制限に控除してしまうと，租税裁定（tax arbitrage）が可能になる。租税裁定とは，課税の重いほうから軽いほうに乗り換えてさやとりをすることである。そのやり方にはいろいろなものがあり，典型例が，借入金を用いた非課税資産への投資である。こうすることで，一方で非課税の所得を得つつ，他方で利子費用を控除することが可能になる。

　非課税所得をもたらす投資機会は，ほとんど無数にある（→9−6）。このような現実の所得税制において，借入金に係る利子費用を無制限に控除することを認めると，税収に大きな穴があく。また，借金して非課税所得を得る行動を誘発しかねないし，控除を利用できた一部の人だけが得をする。そのため，各国の所得税制は，利子費用の控除の範囲を慎重に設定している。借入金を用いた租税裁定に対しては，対抗措置を設けるのが所得税制のいわば鉄則である。

⑵どこに問題があるか

　もっとも，理屈をつきつめると，問題があるとすればそれは非課税扱いのほうであって，利子費用の控除そのものではない。

　たとえば，ある人に，100 の銀行預金があったとしよう（以下，貨幣単位は省略）。この預金を取り崩すことなく，第 1 年末に 100 を借り入れ，その 100 を使って非課税資産を購入したとする。第 2 年の間に当該非課税資産は 10 の所得を産み出すが，非課税とされる。このとき，この人の所得計算上，借入金に係る利子費用 10 を控除することの，どこがいけないのだろうか。

　いま，利子率が 10％であると仮定すれば，第 2 年末までの間に，この人の資産状況は図表10−11のようになっている。

図表10−11　借入金で非課税資産に投資する

	第1年	第2年
①銀行預金	100	110
②借入金	△100	△110
③非課税資産	100	110

　この人には，①銀行預金に預けた100につき，利子収入が10生ずる。②借入金について生ずる利子費用は，10である。③非課税資産から生ずる所得は10であり，非課税である。ここで，②の負債利子控除を認めると，所得はゼロとなる（＝10−10＋0）。この結果は，銀行預金を取り崩して非課税資産を購入する場合と等しい。借入金に係る利子費用を控除してはじめて，銀行預金を取り崩した場合と同じ扱いになるのである。

　この例の含意を一般化しよう。借入金に係る利子費用の控除は，非課税所得をもたらす資産に対する投資機会を，自己資金をもつ人から，借入能力のある人に拡大するにすぎない。自己資金を取り崩して非課税資産を買えば，同じように非課税所得が得られる。借入金で非課税資産を買った場合に利子費用控除を認めても，自己資金を用いた人と同じ取扱いをもたらすだけである。つまり，利子費用控除が悪いのではなく，特定の資産に非課税措置を認めたところに問題がある。

(3)借入金を用いた租税裁定への立法的対応

　以上の分析から，借入金を用いた租税裁定への立法的対応について，次のような大まかな指針が得られる。

　一方で，非課税措置を，借入金を用いて利用する人に対して広く及ぼすべき正当な理由がある場合がある。たとえば，特定の政策目的のための誘導措置で，自己資金を持つ人だけに限定しておく理由のないものである。この場合には，利子費用の控除を認めてよい。

　他方で，その非課税措置自体が望ましくない場合がある。その場合，第一次的には，その非課税措置を廃止すべきである。しかし，何らかの理由により廃止が困難であるならば，次善の策として，その措置を利用するための借入金について利子控除を否定することが考えられる。これは部分的な解決でしかない。自己資金による範囲では，依然として，この措置を利用できるからである。

　これは，一種の類型論である。利子費用にとどまらず，非課税所得に対応する費用控除についてより広く応用できる。そしてその先に，タックス・シェ

ルターに対する規制をどう考えるべきか，という課題が控えている。

⑷「てこ」の効果

借入金に固有の問題としては，「てこ（leverage）」の効果がある。同じ例で，借入金を一挙に10倍にふくらませて，10倍の数量の非課税資産に投資したとしよう。すると，非課税所得が10倍になり，利子費用も10倍になる。控除がふくらむ分だけ税務上の赤字を人為的につくり出し，所得税の軽減効果を大きくできる（図表10-12）。借入金をあたかも「てこ」のように用いることで10倍の力を発揮することから，これを「てこ」の効果という。

図表10-12　借入金を10倍に増やす

	Y1	Y2
①銀行預金	100	110
②借入金	△1000	△1100
③非課税資産	1000	1100

この数値例において，利子費用の控除を無制限に認めると，この人の所得はマイナス90になる。なぜなら，①銀行預金に発生する利子収入が10，②借入金に係る利子費用がマイナス100，③非課税所得が100であるからである（10−100＋0＝△90）。つまり，「てこ」のテクニックを用いると，人為的に赤字をつくり出すことが可能になってしまう。これは，借入金を用いた租税裁定について，最も警戒すべき点である。

しかし，ここでも，事態は冷静に分析する必要がある。よくみてみると，このような事態が生じた原因は，特定の資産を非課税措置としたところにある。もとはといえば，税制に穴をあけているからこそ，「てこ」を使ってまでして，そこにつけこむ行動が生ずるのである。

10-4-3　所得税法とのつきあわせ
⑴各種所得ごとの算定

以上が理論的考察である。実定制度としての所得税制は，もうすこし複雑である。各国の税制は，所得稼得活動に関連する利子費用の控除を原則として認めつつも，投資や家事の領域に関する利子の控除については種々の制限を設ける例が多い。日本法も例外ではない。

現行所得税法は，10種類の各種所得ごとに所得金額を算定する。そのため，どの各種所得が問題になるかによって，借入金に係る利子費用の控除の可否

とタイミングは異なってくる。

　たとえば，給与所得との関係では，借入金の利子を支払ったとしても，それは控除できない。給与所得の金額の算定にあたっては，法定概算控除としての給与所得控除を利用するのみである（所税28条2項）。例外的に実額控除ができる特定支出控除も，利子費用を含んでいない（同57条の2）。よって，給与所得者が借金をしてヒマラヤ登山に出かけても，現行所得税法上は，この負債について支払う利子を控除することはない。

　これに対し，不動産所得や事業所得，雑所得との関係では，業務に関連する借入金について生ずる利子費用は，原則として，それが発生した年分の必要経費として控除可能である（所税37条1項）。ただし，家事費（同45条1項1号）にあたる場合は必要経費に算入しない。それゆえ，個人事業者が銀行から融資を受けて事業の運転資金に充て，ある年に生じた負債利子を支払ったら，事業所得の計算上，必要経費として控除できる。だが，この融資が子どもの教育資金のためのものであれば，利子費用は家事費であり，控除できない。つまり，必要経費として控除できる類型の各種所得の計算にあたっては，業務との関連性（裏からいえば家事費該当性）を判断する必要があるのである。

⑵借入金利子の取得費算入

　譲渡所得との関係では，取得費への算入が問題になる（所税33条3項）。所得税法は実現原則を採用しているから，譲渡時にはじめて総収入金額を計上し，資産を取得するための支出も支出時ではなく譲渡時に取得費として控除する。各年に計上できる必要経費と比較すると，もともと控除のタイミングが遅い（→**10-1-2**⑵）。

　最判平成4・7・14民集46巻5号492頁［三輪田事件］では，借入金利子を取得費に算入できるかが争われた。原告のXさんは，自己の居住の用に供するために，昭和46年4月16日に本件土地建物を買い受けて取得し，同年6月6日にこれを自己の居住の用に供した。Xは，同年4月17日に，本件土地建物を取得するために，3500万円を年利率9.2％で借り入れ，昭和54年8月16日に全額を完済した。この借入金のうち本件土地建物の取得のために使用したのは3000万円であり，この3000万円に対する借入れ後本件土地建物を自己の居住の用に供した日までの期間（51日間）に対応する利子の額は38万5643円であった。

　争点は，Xがのちに本件土地建物を譲渡した際，譲渡所得の取得費に，借入金の利子が含まれるか否かである。最高裁は，不動産の使用開始の日以前の期間に対応する借入金利子の額38万5643円だけが取得費に含まれると

した。そのロジックは2段がまえである。まず，原則として，

「個人がその居住の用に供するために不動産を取得するに際しては，代金の全部又は一部の借入れを必要とする場合があり，その場合には借入金の利子の支払が必要となるところ，一般に，右の借入金の利子は，当該不動産の客観的価格を構成する金額に該当せず，また，当該不動産を取得するための付随費用に当たるということもできないのであって，むしろ，個人が他の種々の家事上の必要から資金を借り入れる場合の当該借入金の利子と同様，当該個人の日常的な生活費ないし家事費にすぎないものというべきである。そうすると，右の借入金の利子は，原則として，居住の用に供される不動産の譲渡による譲渡所得の金額の計算上，所得税法38条1項にいう『資産の取得に要した金額』に該当しないものというほかはない」

とする。つづけて，例外として，次のように判示する。

「しかしながら，右借入れの後，個人が当該不動産をその居住の用に供するに至るまでにはある程度の期間を要するのが通常であり，したがって，当該個人は右期間中当該不動産を使用することなく利子の支払を余儀なくされるものであることを勘案すれば，右の借入金の利子のうち，居住のため当該不動産の使用を開始するまでの期間に対応するものは，当該不動産をその取得に係る用途に供する上で必要な準備費用ということができ，当該個人の単なる日常的な生活費ないし家事費として譲渡所得の金額の計算のうち外のものとするのは相当でなく，当該不動産を取得するための付随費用に当たるものとして，右にいう『資産の取得に要した金額』に含まれると解するのが相当である。」

最高裁は，居住用不動産取得のための借入金利子は，原則として取得費不算入であるとしている。その上で，例外として，使用開始までの期間に対応するものは付随費用として取得費に含まれるとしたのである。

これに対し，さきに述べた理論的考察によると，結論は同じであるが，原則と例外が逆になる。すなわち，理論的には負債利子は原則としてすべて控除すべきものである。だが，居住用不動産から生ずる帰属所得は非課税であり，借入金利子の控除を認めると租税裁定が可能になる。そこで，使用開始後に生ずる借入金利子の取得費算入を否定することによって，部分的に課税の対象に取り込む，というわけである（金子宏「譲渡所得における『取得費』の意義——若干の裁判例を素材として」同『課税単位及び譲渡所得の研究』〔有斐閣，1996年（初出1981年）〕250頁）。

(3)各種所得との対応関係など

　どの各種所得について利子費用が生じているかを決めるには，いくつかのやり方がある。

▶トレーシング（tracing）法。借入金の使途を諸般の事情に照らして追跡し，使途に関連する各種所得に対応させる。借入金を用いて事業の用に供する建物を購入すればその借入金の利子は事業所得に対応し，居住用家屋を購入すれば非課税の帰属所得や譲渡所得に対応するとみる。いわば，資金にヒモがついていると想定する。

▶配賦法。借入金を一定の定式で各種所得に割り付け，その各種所得について借入金利子を対応させる。これには，資産や負債などの比率で按分するやり方と，法定の順番で優先的に割り付けていくやり方がある。いずれのやり方についても，金銭が代替的である（fungible）と想定している。ひらたくいえば「カネに色はない」から，一定の定式で配賦するしかないと考えるのである。

　現行所得税法は，利子費用の各種所得への対応関係をどう決定するかについて，明示的な定めを置いていない。暗黙のうちに，トレーシング法で負債利子控除の可否を考えることが多いように思われる。上に引用した最高裁も，借入金を用いて居住用不動産を取得したという事実関係に着目し，譲渡所得に対応するものとみている。

Column 10−3　　　　**住宅ローン控除**

　住宅ローンを組んで居住用家屋を取得する場合を念頭において，特別の税額控除が設けられている（租特 41 条〜 41 条の 3 の 2）。これによる税収減は，令和 3 年分の数字で 544 億円にのぼった（国税庁第 147 回統計年報 182 頁）。住宅から生ずる帰属所得が非課税であることに照らしても，さらにふみこんだ持家優遇策であるといえよう。昭和 47 年に創設されてから長期間にわたって存続している結果，この租税優遇措置を織り込んで地価や利率が形成されている可能性が高い。

10−5　損失

10−5−1　損失の扱いに関する前置き

　本論に入る前に，次の点に留意しておきたい。

まず，所得税法は，文脈によって「損失」という同一の用語に異なる意味をもたせている。

▶資産損失（所税51条）における「損失」。資産に生ずる経済的価値の減少であって所得稼得に貢献しないものを指す。

▶損益通算（所税69条）における「損失」。事業所得などの計算上，総収入金額から必要経費を差し引いた結果生ずるマイナスの金額（赤字）のことを指す。

　次に，所得税法は，上記いずれの意味の損失についても，制限的な態度を保持している。サイモンズの定式からいえば，資産の滅失や毀損は，ある期間内の蓄積部分の減少であるから，例外なく所得の減額要素になり，所得のマイナス項目として控除すべきものである。これに対し，実定制度としての所得税法は，必要経費の範囲を歴史的に拡大してくる中で，おずおずと損失を控除や通算の対象に取り込んできた（→**10－2－1**）。

10－5－2　損失に関する2つの系譜

⑴必要経費の系譜と所得控除の系譜

　損失に関する所得税法の取扱いには，2つの系譜がある（**図表10－13**）。

図表10－13　損失に関する2つの系譜

	根拠規定	計算の基礎
必要経費	51条（＝37条の「別段の定め」）	取得費ベース（所税令142条）
所得控除	72条（雑損控除）	原則として時価ベース（所税令206条3項）

⑵資産損失

　第1の系譜が，必要経費として損失を控除するものであり，原資の回収部分を課税対象から除外してネットの所得を計測する。その典型が，資産損失の必要経費控除である（所税51条）。所得税法51条は，必要経費に関する37条の「別段の定め」である。

　51条の適用対象は，事業用固定資産（1項），事業の遂行上生じた債権の貸倒れ（2項），山林（3項），業務用資産（4項）という具合に，いずれも必要経費控除が可能な所得類型に関係している。なお，店頭にある商品のように，個人事業者のたな卸資産について損失が生じたら，原価として必要経費に計上できる（所税37条1項）。

　ここで，51条の1項と4項を比較しておこう。両者を分かつキーワードは，

「事業」と「業務」である。

▶ 1項は，事業の用に供される固定資産，すなわち事業用固定資産を念頭においた規定である。事業用固定資産につき，取りこわし・除却・滅失・損壊その他の事由により生じた損失の金額を，不動産所得・事業所得・山林所得の必要経費に算入する。限度額は定めていない。

▶ 4項は，不動産所得や雑所得を生ずべき業務の用に供され，または，これらの所得の基因となる資産の損失の金額を，その年分の不動産所得または雑所得の金額の計算上，必要経費に算入する。ここに業務とは，事業とまではいえない規模の営みを意味する。限度額があり，その年分の不動産所得または雑所得の金額を限度としている。そのため，4項の適用によりこれらの各種所得に赤字が生ずることはない。

1項と4項の対比からわかるように，所得区分が資産損失の扱いに影響している。事業領域で生じた損失は，限度額なしに必要経費控除を認める。しかし，事業とまではいえない規模の不動産貸付けなどについては，限度額を設けて赤字の発生を防いでいるのである。

51条の適用効果として必要経費に算入できる金額は，取得費ベースで算定する（所税令142条）。たとえば，取得費30，時価100の事業用店舗が滅失した場合，必要経費として控除できるのは30である。時価100ではなく，取得費30を控除の対象にすることは，51条が原資を回収するための規定であるからである。

(3)雑損控除

次に，第2の系譜をみよう。その中心にあるのが，雑損控除である（所税72条）。雑損控除は災害時の租税減免に沿革があり，現行法上は，総所得金額などを算定したあとの段階において所得控除のひとつと位置付けられている（→8−3−4(1)）。必要経費控除や損益通算がおわったあとの段階の話である。

適用要件としては，本人のみならず，生計を一にする配偶者や親族の有する資産についても適用可能である。その反面，「災害又は盗難若しくは横領による損失」に限って認められる。生活に通常必要でない資産や，たな卸資産，資産損失の対象となる事業用資産は，雑損控除の対象から除かれる。

雑損控除における損失の金額は，原則として時価ベースで算定する（所税令206条3項）。たとえば，取得費30，時価100の自宅が火事で全焼した場合，100が雑損控除における損失の金額となる。平成26年度の改正で，災害直前の時価の算出が困難なケースがあることをふまえ，一定の場合につき

取得費ベースの算定を選択できることとされた（同項柱書の括弧書きの「又は」という文言）。損失の金額のうち控除できるのは，災害関連支出が5万円以下である場合についていえば，その年分の総所得金額・退職所得金額・山林所得金額の合計額の10分の1に相当する金額を超える部分である。これを法令用語で「雑損失の金額」という（所税2条1項26号）。なお，これと区別すべきは，雑所得の計算上，総収入金額から必要経費を控除した金額が赤字になる場合である（同35条2項）。

　所得税法72条から派生して，いくつかのルールがある。災害による損失はしばしば多額にのぼり，しかもその年の所得も減少することが多いから，その年分だけでは控除しきれないことがある。そのような場合，3年間にわたって雑損失の金額を繰り越して控除できる（所税71条）。また，雑損控除の対象にならない「生活に通常必要でない資産」の損失は，その年か翌年の譲渡所得の金額の計算上，控除すべき金額とみなす（同62条）。

(4)損失計上のタイミング

　どの年分の損失として計上するかは，貸倒損失（所税51条2項）についてしばしば争いになる。ここでは，損失が生じた場合の調整のやり方として，過去の年分に遡るか否かをみておこう。この点について，所得税法は，①譲渡所得など1回限りで課税関係が終了する状況と，②事業所得をはじめとする継続的・経常的な状況を，区別している（図表10－14）。

図表10－14　遡及的調整と現年調整

①64条	遡及的調整→152条で更正の請求
②51条	現年調整

　①遡及的調整は，所得の発生が経常的でない場合に適している。たとえば，所得税法64条1項は，「その年分の各種所得の金額」の計算の基礎となる収入金額を回収できなくなった場合，回収できなくなった部分に対応する金額をなかったものとみなす。つまり，「その年分の」所得金額そのものが，遡ってなかったものとみなすのである。いったん申告によって確定した税額を遡って減額するための手続としては，更正の請求を行う（同条3項）。

　これに対し，②損失の生じたその年分に必要経費に算入するのが，所得税法51条1項である。個人が事業所得を稼得する場合，その態様は継続的である。そこで，過去の年分に遡らずに，現年において必要経費に算入する。例外的に，事業を廃止してしまったあとになって損失が生じた場合，そのま

までは控除ができないから，事業廃止の日の属する年分またはその前年分の必要経費に算入する（所税63条）。

このように，所得税法は，経常的に発生する所得類型であるか否かを基準にして，①遡及的調整と②現年調整を使い分けている。①の根拠規定である所得税法64条1項が「事業所得の金額を除く」と明記するのは（同項括弧書き），この考え方にもとづく。

10−5−3　損失計上に対する制限措置

(1)赤字に対する警戒

やや視野を広げ，所得計算上生ずるマイナスの金額（赤字）についてみてみよう。適正な費用控除を行うことによって純所得を課税の対象にすることは，所得税法の基本的な特質である。しかし，現実の社会は甘くない。過大に費用控除を行ったり，ルールの穴を衝いたりする例が生ずる。そのため，法制度のあり方として，赤字に対して警戒的な態度をとることになる。

(2)不動産所得の赤字

たとえば，不動産所得の金額は，総収入金額から必要経費を控除して計算する。その結果として赤字が生ずることがあり，しかもその赤字は他の各種所得と損益通算できる。そこで，このルールを使った商品を組成する事例が生じた（名古屋高判平成17・10・27税資255号順号10180〔航空機リース〕，名古屋高判平成19・3・8税資257号順号10647〔船舶リース〕）。

からくりをごく簡単に例解すれば，船舶や航空機などの減価償却資産を買い込んで，それらを貸し付ける。すると，「船舶又は航空機」の貸付けによる所得は不動産所得にあたるから，不動産所得の計算上，減価償却費を必要経費として控除できる。借入金を用いれば，「てこ」の効果も利用しつつ，負債利子費用も控除できる。こうして赤字を発生させ，損益通算を利用する。しかも，組合の法形式をとることで，複数の出資者が赤字を計上できる。

これを封ずるため，平成17年度改正で立法的に対応した。すなわち，組合事業に対して受動的にしか関与していない個人組合員（「特定組合員」）が，平成18年以後の各年において，組合事業から生ずる不動産所得に係る損失の金額を有する場合には，その損失の金額に相当する金額は，不動産所得，損益通算，その他の所得税に関する法令の適用について，生じなかったものとみなされた（租特41条の4の2）。つまり，赤字が生じなかったものとみなすことで，節税メリットを奪ったのである（→5−3−2）。

⑶損益通算の範囲

赤字に対する警戒は，損益通算のルールにもあらわれている。

所得税法69条1項は，不動産所得・事業所得・山林所得・譲渡所得について のみ，そこから赤字が生じた場合に，他の各種所得との通算を認めている。この4つの各種所得は，「富士山上（ふじさんじょう＝不・事・山・譲）」の愛称をもって呼ばれる。これに対し，配当所得・一時所得・雑所得については，仮にマイナスになったとしても，他の各種所得と通算することができない（図表10−15）。

図表10−15　赤字を損益通算できる各種所得

69条	不動産・事業・山林・譲渡（＝「富士山上（ふじさんじょう）」）
対象外	配当・一時・雑

損益通算の範囲には，ルールを設けた当時には合理的であったが，その後の法状態の変化により，見直してもよさそうなものもある。

たとえば，昭和36年に配当所得の計算上生ずる赤字を損益通算の範囲から除外した当時，株式譲渡益は原則として非課税であった。借入金で株式を買うと，そこから生ずる負債利子は，課税される配当所得と非課税の株式譲渡益の両方に対応するはずである。にもかかわらず，負債利子の全額を配当所得の計算上控除したうえで，他の各種所得との間で損益通算を認めるのは，いかにもバランスが悪かった。これに対し，現在は株式譲渡益が課税の対象とされている。金融所得課税一体化の中で，損益通算の範囲に含める余地がある。

また，雑所得には性格の異なるものが混在しているから，画一的にその赤字を損益通算の範囲から除外することには問題がある。

なお，所得税法は，譲渡所得の金額の計算上生ずる赤字を，短期・長期の別を問わず全額損益通算の対象としている。これは，長期譲渡所得の黒字が1/2のみ総所得金額に算入されることと対比して，「論理的に首尾一貫しない取扱いである」と批判されてきた（金子宏「キャピタル・ゲイン課税の改革──問題点の原理的検討」同『課税単位及び譲渡所得の研究』〔有斐閣，1996年（初出1986年）〕288頁，311頁）。黒字と赤字をより対称的（シンメトリカル）に扱うことを検討すべきであろう。

⑷所得税法における赤字の合理的な統制

費用控除に関する学習をしめくくるにあたり，所得税法についてこれまで

学んできたことを，思い出してみよう。現行法は，所得の概念をかなりの程度包括的に構成している。そして，収入金額については，入ってくる経済価値を測定するための規定を有していた（所税36条）。これに対し，費用控除については，必要経費（同37条），取得費（同38条），資産損失（同51条）といった具合に異なる規定がある。このような規定ぶりは，各種所得ごとに所得の金額を算定するしくみを反映していた。ある各種所得につき赤字が生じても，損益通算の範囲でのみ，他の各種所得との通算が可能であった（同69条）。

収入側では広く課税の対象に含めているのに，なぜ費用側では個別にルールを置き，しかも損益通算を制限するのだろうか。端的な答えは，所得税が公共財の財源調達目的で税収を確保するために存在するというものである。より分析的な答えとしては，収入側で非課税や課税繰延の扱いがされている場合，控除側を無制限にゆるめると，取引コストの許す限りいくらでも租税裁定が可能になってしまうということがあげられる。つまり，租税裁定を規制するツールとして，所得税法69条やその前提とする所得区分が機能する，というわけである。

このような機能的観点を理解すれば，租税裁定を防止する手法として現行法のやり方が適切か，より合理的なルールがあるのではないか，という一歩先の検討課題がみえてくる。

この章で学んだこと

- ▶ 各種所得の中には，必要経費控除を認めないものがある。
- ▶ 必要経費として控除可能な費用と，控除不可能な支出とは，区別しなければならない。
- ▶ 費用控除のタイミングは，収益計上時期に対応させる。
- ▶ 借入金利子の控除を無制限に認めると，租税裁定につながる。
- ▶ 所得税法は，損失の計上に警戒している。

調べてみよう

- ▶ 必要経費の控除は，日本法でどのように展開してきたか？
  - →碓井光明「所得税における必要経費」租税法研究3号（1975年）63頁，碓井光明「所得税における必要経費をめぐる若干の問題——立法および裁判例・裁決例の動向に着目して」金子宏編『租税法の基本問題』（有斐閣，2007年）329頁
- ▶ 所得概念と時間は，どのような関係にあるか？

→中里実「所得概念と時間——課税のタイミングの観点から」金子宏編
『所得課税の研究』（有斐閣，1991 年）129 頁

▶ 所得税の下で，節税商品の規制は成功するのだろうか？

→岡村忠生「タックス・シェルターの構造とその規制」法学論叢 136 巻
4・5・6 号（1995 年）269 頁

この章のテーマ
▶支出税　▶リスクに対する報酬　▶リスク・テイキング　▶完全還付

11−1　所得税と支出税の課税ベース

11−1−1　支出税の構想

(1)用語の整理

　サイモンズの定式は，個人所得を，「消費において行使された権利の市場価値（C）」と，「その期間のはじめとおわりの間における財産権の蓄積の価値の変化（ΔA）」の和として算定していた（→**6−1−2**）。略していうと，消費（C）と純資産の増減（ΔA）の和が，その期間の所得の金額になる。

　ここで，純資産の増減を課税ベースから除外すれば，残るのは消費だけである。この個人消費を課税ベースとして，個人に対して累進税率で課税するのが，消費型所得概念にもとづく支出税（expenditure tax）の構想である。

　支出税は，消費を行う個人を納税義務者とする。そのため，ある年分の個人消費の大きさに応じて，累進税率や人的控除を設けることができる。いわゆる直接税である。これと区別すべきが，消費税法上の消費税である。消費税の納税義務者はあくまで事業者であって，消費者ではない。それゆえ，消費者の経済状況や人的状況を勘案して制度設計することに，消費税法は適していない。

　なお，文献によっては，上の意味における直接税としての支出税のことを消費税と呼ぶ例もある。ここでは，消費税法上の消費税と区別する意味で，支出税と呼んでおく。

(2)支出税構想の背景

　望ましい課税ベースとして消費を支持する考え方は，かなり昔から存在する。だが，支出税構想が税制改革の有力な指針として注目を集めるようになったのは，20世紀後半のことである。経済先進国を中心に所得税の比重が大きくなり，所得税の抱える問題点が実感されるにつれ，所得税に対する

代替案として，支出税の構想に関心が高まった。

　所得税の下で，純資産の増減を毎年きちんと計測して課税の対象に含めることはなかなか難しく，未実現の利得や減価償却などの扱いについて，複雑な課税ルールが必要とされる。さらに，純資産の増加に課税するのは，資本蓄積に対して悪影響があると批判された。とりわけ高インフレの時期には，名目価値でみた純資産の増加分が実質価値でみる場合よりも大きく計測され，結果として原資に食い込む課税が生じがちである。そこで，所得ではなく消費を課税ベースとすることによって，純資産の増減への課税に関する問題点を解消することが真剣に検討されるようになった。

　支出税への注目には，人口動態への対応という側面もある。いま，人の通例のライフサイクルを考えると，未成年期に扶養を受け，現役世代に働いて所得を稼得し，引退後に貯蓄をとりくずして消費する。その意味で，所得を課税ベースとすると，現役世代の負担が相対的に重くなる。これに対し，消費を課税ベースとすると，生涯を通じて負担が平準化される。そこで，少子高齢化が急速に進む社会では，所得税を支出税に切り替えることで，引退世代が相対的により多くを負担するやり方に変更できる。所得税から支出税への移行（transition）は，切り替え時に保有している富に対する課税（正確にはその富を取り崩して消費することに対する課税）を意味するのである。

11−1−2　支出税の設計

(1)キャッシュ・フロー型

　支出税のデザインには2つのやり方がある。いま，遺産と贈与が存在せず，ある人の生涯稼得所得が生涯消費に等しいという前提を置いて，支出税の設計を例解してみよう。

　第1は，古典的なキャッシュ・フロー型であり，資金流入合計額から非消費的資金流出合計額を控除した残額を課税ベースとする。たとえば，銀行預金に100万円を預けると，課税ベースを100万円分だけ減額する。銀行預金から100万円を引き出すと，課税ベースを100万円分だけ増額する。銀行預金を株式投資に振り向けても，資産の蓄積先が変わっただけで消費はされていないから，課税ベースに変動はない。借入金も資金流入としてプラスにカウントし，その弁済は資金流出としてマイナスにカウントする。このやり方を包括的所得との関係でみると，財産権の蓄積に充てた部分を除外し，消費に充てた金額が残ることになる（C＝Y−ΔA）。

　キャッシュ・フロー型支出税の下では，蓄積部分に課税が及ばない。次の例で考えてみよう。ある人が第1年に100万円をかせぎ，全額を預金したと

する。利子率が10％であり，第2年に預金口座に利子が10万円生じた。第2年に，元本100万円と利子10万円をあわせて110万円取り崩し，全額を消費に充てた。

このとき，各年の課税ベースはどうなるか（図表11-1）。第1年には，かせいだ100万円の資金が流入するが，同額を預金して資金が流出しているから，第1年に課税の対象とする金額はゼロである。第2年には，元本と利子とを区別せず，110万円の資金流入がある。この110万円は消費支出に充てており，控除できない。ゆえに，第2年に課税の対象となる金額は110万円である。

図表11-1 キャッシュ・フロー型

第1年	第2年
0円	110万円

この例では，第1年に100万円をかせいでいるが，消費せずに預金したため，課税を繰り延べる。消費を行った第2年において，預金から引き出した110万円を全額課税する。このように，納税者としては，給与を稼得した年からみてあとの年において，つまり後払（post-payment）方式によって，消費を課税ベースとする税を納税することになる（→9-2-1）。

キャッシュ・フロー型支出税を実施するには，多くの執行上の問題があった。何よりも，個々人の資産状況（貯蓄や借入れ）に関する情報を納税者と税務署が管理する必要がある。そのためには，金融機関などが完全に取引記録を管理して情報を税務署に提供しなければならない。また，納税者は申告納税方式によってある年の資金流入と非消費的資金流出をもとに課税ベースを計算しなければならない。つまり，給与や利子の支払者が源泉徴収をしていれば足りる，といった状況に比べて，適正な執行のために必要なことがらがはるかに多いのである。さらに，耐久消費財の購入のように，何年にもわたって消費が継続する場合の扱いも問題であった。

(2)収益非課税型

このような問題点の改善を可能にするやり方が，第2の収益非課税型である。これは，はじめに課税しておき，資産から生ずる収益を非課税扱いとする。一定の条件の下で収益非課税が課税繰延べと経済的に等値となるという性質を利用したものである。消費を行う年よりも前に納税することから，前納式あるいは先払（pre-payment）方式の消費課税ともいう。

たとえば，ある人が第1年に100万円の給与を受け取ったとしよう。税率を50％とし，税引前利子率10％とする。この人は，第1年には100万円の給与全額に対して課税され，税引後の手取りが50万円残る。これを銀行口座に預けると，第2年には利子5万円が発生して，元本と利子をあわせて55万円になる。この利子5万円を非課税扱いとすることによって，第2年には税引後でみて55万円が残る。

　この場合，各年の課税ベースは，第1年に100万円，第2年に0円となる（図表11－2）。くどいようであるが，ここで第2年に0円となるのは，利子5万円が非課税であり課税の対象にならないからである。

図表11－2　収益非課税型

第1年	第2年
100万円	0円

　ここで，この収益非課税型を，(1)でみたキャッシュ・フロー型と比較すると，両者は経済的に等価である。利子率を10％と仮定しているため，第1年の100万円は第2年における将来価値に換算すると110万円に等しい。逆に，第2年の110万円は第1年における現在価値に換算すると，100万円に等しい。ゆえに，キャッシュ・フロー型の代わりに，収益非課税型によって，支出税の課税ベースを設計できることになる（図表11－3）。

図表11－3　キャッシュ・フロー型と収益非課税型

	第1年	第2年
キャッシュ・フロー型	0	110万円
収益非課税型	100万円	0

　この点を明らかにしたのが，ハーバード大学のアンドリューズ教授による1974年の論文であった（William D. Andrews, A Consumption-Type or Cash Flow Personal Income Tax, 87 Harvard Law Review 1113 (1974)）。この論文まで，支出税は長い間，現実には執行不可能であると考えられてきた。これに対し，収益非課税型であれば，貯蓄や借入れに関する管理が不要になり，納税協力コストがおおいに節減される。通常の所得税を若干修正して，非課税口座を設けることで，支出税と同じ結果を得ることが可能になる。こうして，この論文は，学説上，支出税構想のルネッサンスをもたらした。

11−1−3 ハイブリッドとしての現実の所得税制

(1)両極としての包括的所得税と支出税

　包括的に構成した所得は，ある期間内の消費（C）と純資産の増減（ΔA）の和として計測される。これに対し，支出税の課税ベースは，ある期間内の個人消費のみをとらえる。

　このように，包括的所得税と支出税は，課税ベースのあり方に関する両極を示している。本書では，包括的に構成した所得の概念を，所得税制を検討するための分析ツール（知的な意味での「物差し」）として用いてきた。支出税の課税ベースは，消費に着目することで，もうひとつのベンチマークになる。

(2)現行所得税制をハイブリッドと評価する理由

　それでは，包括的所得と個人消費という理論的な両極からすると，現行の所得税制はどのように位置づけられるのであろうか。一言で表現すると，それは，包括的所得税と支出税のハイブリッドということになる。包括的所得から乖離し，支出税との「あいのこ」になっているからである（→**6−1**）。

　これまで所得税について学んできたことを復習しよう。実現原則の下で，未実現の利得に対しては課税を繰り延べる。銀行預金の利子には，一定の要件の下に非課税であるものがある。減価償却が加速され，経済的減価償却よりも早く控除を認めることもある。これらは，いずれも包括的所得という尺度から外れている例である。租税特別措置を含めた所得税制の下で，蓄積部分が虫食い的に非課税になっているため，ハイブリッドであると位置付けられるのである。

(3)企業年金の例

　包括的所得からの乖離はほぼ無数に存在する。これまでふれなかった中で比較的に重要な例が，企業年金の扱いである。企業年金にはいくつものしくみがあるところ，確定給付企業年金の例で考えてみよう。

　一般に，企業年金について所得課税が問題となるポイントは，①拠出時，②運用時，③給付時である。そして，日本の所得税制の現状は，このいずれの段階においても，実質的にみて非課税扱いに近い状態になっている。

　いま，ある会社が確定給付企業年金を実施しており，事業主として掛金を支出したとする。この場合，①会社が従業員のために支出した掛金は，従業員の給与所得の収入金額に算入しない（所税令64条1項2号）。従業員の立場からすれば，給与所得の収入金額となる経済的利益（所税36条1項）を得

ているとみることができるかもしれないが，明示的に規定を置いて課税しないことにしているのである。

②掛金をプールして国債や株式などに投資して運用する段階で，「退職年金等積立金に対する法人税」が用意されているものの（法税83条以下），課さないこととされている（租特68条の5）。また，企業年金基金が支払を受ける利子や配当について，源泉所得税はかからない（所税11条）。つまり，運用段階も非課税である。

③従業金が給付を受ける場合には，一時金払か年金払かを選択できる。一方で，一時金で受け取ると，退職所得に区分され（所税31条3号），かなり高額の退職所得控除を利用できる（同30条3項）。退職所得控除額を控除した残額の半額のみが課税され（同条2項），しかも他の各種所得から分離して累進税率の適用を緩和している（同22条3項・89条1項）。他方で，年金払で受け取ると，公的年金等にかかる雑所得として（同35条3項3号），公的年金等控除（同条4項）を利用できる。これらの結果，一時金払であれ年金払であれ，課税される金額がかなりの程度減少するか，あるいは全く課税されない結果になる。

この例示から読み取れることとして，①拠出，②運用，③給付のいずれの段階においても，実質的には非課税（exempt）に近くなっている。これが，企業年金に関する日本の所得税制の姿である。3つの段階の頭文字をとると，EEEである。

これに対し，包括的所得税に忠実な課税モデルであれば，①拠出時か③給付時かのいずれかの段階で課税し，しかも②運用時に毎年課税を行う。課税（taxable）の頭文字を組みあわせると，TTEかETTになる。これと比較すると，Tがどこにもないという点で，日本の企業年金課税は，包括的所得税から乖離しているのである（図表11−4）。

図表11−4　企業年金の課税モデル

	①拠出時	②運用時	③給付時
包括的所得税（先払）	Taxable	Taxable	Exempt
包括的所得税（後払）	Exempt	Taxable	Taxable
現行法の実質的な姿	Exempt	Exempt	ほぼExempt

⑷若干の付言

3 点を付言しておこう。

▶相続と贈与の扱い。生涯所得は生涯消費と等しくなるとは限らない。貯蓄の一部は生前に消費されることなく，相続や贈与の形で別の個人に移転する。そのため，相続や贈与によって資産が移転する場合に，移転元と移転先の両方でどう扱うかが問題になる。この点，現行法では移転元の個人の側で控除を認めず，移転先の個人の側で所得税ではなく相続税・贈与税の対象としている（所税 9 条 1 項 17 号。→ Column 7－2）。

▶帰属所得。所得税法は，帰属所得に対して原則として課税しない（→6－3）。これは，消費の測定の問題である。よって，包括的所得税と支出税のいずれの下でも問題となる。

▶所得区分。所得税法は，10 種類の各種所得ごとに所得の金額を計算し，損益通算を部分的に認めている。分類所得税の要素が残存しているため，包括的所得や支出税が個人につき一本の課税ベースを念頭においていることからすると，やや異質である（→8－2）。

11－1－4　ポートフォリオのくみかえ

⑴資本所得の中身

物的資産から生ずる所得が，資本所得である。資本所得の例は，銀行預金の利子や土地の値上がり益などである。包括的所得税は，このような資本所得を課税ベースに含める。

資本所得には，いくつかの要素がある。

▶金銭の時間的価値（time value of money）。これは，リスク・フリーの利子であり，金銭の時間的価値に相当するものである。現在の消費を将来に繰り延べることに対して支払われる。

▶リスクに対する報酬（return to risk, risk premium）。これは，リスクをと

ることに対するリターンである。ある事業に投資する場合，成功すれば儲けが大きいが，失敗すれば損を被るとしよう。この場合，投資リターンの中には，金銭の時間的価値だけでなく，リスク・テイキングへの報酬部分が含まれる。

▶その他の超過収益（infra-marginal return, economic rent）。これは，稀少な無形資産や人的資本から生ずる超過リターンである。天才的な野球選手やカリスマ的指揮者が稼得する所得には，この部分がかなりある。人的資本から生ずる場合であっても，ここでは資本所得の一部とみておく。

これらに対し，資本所得を名目価値で計測すると，インフレ利得が含まれてしまう。ここでは議論を簡単にするために，インフレ調整をしたあとの実質ベースで資本所得の内容を考え，その構成要素として上の3つがあるとみておこう。

Column 11 − 2　　バンクマン教授らの発見

スタンフォード大学のバンクマン教授らは，米国の利子率を歴史的に分析した結果，インフレ利得が多くの部分を占めており，純粋な金銭の時間的価値の部分はきわめて小さいことを示した（Joseph Bankman and Thomas Griffith, Is the Debate Between an Income Tax and a Consumption Tax a Debate About Risk? Does It Matter?, 47 Tax Law Review 377（1992））。日本でも，公社債の名目利回りが10％といった時期もあったが，インフレ調整を行えば数字はより小さくなる。

---

(2)リスクに対する報酬

納税者がポートフォリオをくみかえることができる場合，所得税の下でも，リスクへの報酬部分に対して，課税が及ばない。次の数値例で考えてみよう（David Weisbach, The（Non）Taxation of Risk, 58 Tax Law Review 1（2004）at 8-11）。貨幣単位は省略する。

まず，課税のない世界を想定する。Aさんが，コインを投げて，100を賭ける。表なら100の得，裏なら100の損である。なぜ賭けをするかの理由は問わない。Aさんは，この特定のパターンのリスクとリターンの関係を欲しているものとする。

ここで，税率50％の包括的所得税を導入する。しかも，この所得税は「完全還付」（→11−2−1）のしくみをとっており，赤字が出た年に赤字の

金額に対応する税額を還付するものとする。この場合，コインが表なら，100のうち50％が政府の税収となり，Aさんには税引後で50が手取りとして残る。コインが裏なら，Aさんは100を失うが，所得が100だけ減ることで所得税が50還付される。ゆえに，コインが裏の場合，Aさんは税引後で50の損，政府も50の損となる。

このとき，Aさんは賭け金を増やして倍にすることで，課税のない世界におけると全く同じポジションを得ることができる。つまり，Aさんの取り分は，税引後でみて，コインが表ならば100を得て，コインが裏ならば100を失う。政府の取り分も，コインが表ならば100を得て，コインが裏ならば100を失う。

この場合，政府はリスクを抱える。政府は，このリスクをなくすことができる。そのためには，Aさんと逆の側に賭ければよい。つまり，コインの裏が出れば100を受け取り，表が出れば100を支払う賭けをすればよい。では，この賭けの相手方になるのは誰だろうか。それは，Aさんである。なぜなら，課税されることによって，Aさんは，賭け金を倍にする必要があったからである。こうして，Aさんが表に賭けて，賭け金を100だけ増やし，この増額部分は，政府が裏に賭ける100とぴったり相殺することになる。

以上の結果として，何が起きているか。たしかに課税は行っており，Aさんと政府の間で納税と還付が生じている。しかし，納税者がポートフォリオをくみかえることにより，税引後でみて，Aさんは課税のない世界における場合と同じ手取り金額を確保できている。つまり，ポートフォリオの組み替えによって，課税しなかったのと同じ経済的結果になっているのである。この数値例を一覧にしたのが図表11−5である。

図表11−5　Aさんと政府の利得表

	課税なし	50％の所得税（完全還付）		
Aさん				
表	100	200	−100（税）	＝　100
裏	−100	−200	＋100（節税分）	＝−100
政　府				
表	0	100（税）	−100（賭けに負けた分）＝　0	
裏	0	−100（還付）＋100（賭けに勝った分）＝　0		

この例では税率が50％であるが，同じことは税率が30％であっても成り

立つし，40％であっても成り立つ。Ａさんが賭ける金額を調整すればよい
だけだからである。

　上のシナリオは，期待収益率がゼロである場合であった。しかし，期待収
益率をプラスの値にしても，成り立つ。また，賭けのペイオフ構造を変えて
も，成り立つ。要するに，一般化することができる。

(3)所得税と支出税の対比

　この直感的な数値例からうかがわれることは，次の点である。すなわち，
リスクに対する報酬部分については，当事者がポートフォリオをくみかえる
ことにより，所得税の課税が及ばなくなる。これに対し，超過収益部分に
は，課税が及ぶ。なぜなら，ポートフォリオをくみかえて投資を増やそうと
しても，同じだけの高い収益率をもたらす資産を追加的に増やすことができ
ないからである。

　以上の結果をまとめたのが図表11−6である。このような関係が成立す
る場合，所得税と支出税は，表面上は全く異なる課税ベースを採用している
ようでいて，その実際の経済効果はあまり違わないことになる。さきに(1)で
述べたように，金銭の時間的価値を意味するリスク・フリーの利子は，それ
ほど大きくないからである。このように，課税によって人々の行動が変わる
ことを考慮に入れると，課税ルールの意味は見かけとはかなり違ってくる。

図表11−6　包括的所得税と支出税の対比

	労働所得	リスク・フリーの利子	リスクへの報酬	超過収益
包括的所得税	課税	課　税	非課税	課税
支出税	課税	非課税	非課税	課税

11−2　赤字とリスク・テイキング

11−2−1　完全還付の下での赤字の扱い

(1)完全還付の意義

　投資や事業には，リスクが伴う。こういったリスクを織り込んで，人々は
行動する。このリスク・テイキングに，所得税は大きく影響する。

　ここで鍵になるのが，赤字の扱いである。所得税は，プラスの所得が生じ
たときに課税する。所得が100あれば，税率20％で所得税20を納付する。
それでは，マイナスの所得，つまり赤字が出たらどうすべきか。黒字と赤字
を対称的（シンメトリカル）に扱うには，マイナス100の所得が生じたら，

その赤字の発生した年に，所得税20を還付することが考えられる。このような扱いのことを，完全還付という。

(2)完全還付とリスク・テイキング

完全還付は，一定の条件の下で，リスク・テイキングに対して中立的な結果をもたらす。このことを例示しよう。いま，あるプロジェクトが，半々の確率で成功するか失敗するものとする。税引前のリターンとして，100の黒字をもたらすか，あるいは，60の赤字をもたらすか，のいずれかであったとする。ここでも貨幣単位は省略する（図表11-7）。

図表11-7　税引前のリターン

成　功	失　敗
＋100	-60

このとき，このプロジェクトから生ずるリターンの期待値は，20である。

$$100 \times 1／2 - 60 \times 1／2 = 20$$

このプロジェクトは，プラスのリターンをもたらす。ゆえに，行ったほうが望ましい。

ここで，税率50％の所得税を導入する。この所得税が赤字をどう扱うかに応じて，2つのシナリオを想定しよう。

▶シナリオ1：所得税が赤字を一切考慮に入れない場合
▶シナリオ2：所得税が赤字の生じた年に完全還付を行う場合

(3)シナリオ1

赤字が発生しても所得の計算上無視し，切り捨ててしまう。この場合，税引後のリターンは，成功すると50，失敗すると-60となる（図表11-8）。

図表11-8　赤字を無視する所得税の下でのリターン

	成　功	失　敗
税引前	＋100	-60
所得税	50	0
税引後	50	-60

このそれぞれが半々の確率で生ずるから，このプロジェクトの税引後リターンの期待値は，-5となる。

$$50 \times 1／2 - 60 \times 1／2 = -5$$

　期待値がマイナスの値をとるということは，プロジェクトに投資する人が損をすることを意味する。よって，このプロジェクトは，行わないほうがよくなる。所得税の下で赤字を切り捨ててしまうと，税引前の期待値計算の上では行うべきであった事業を，行わないほうがよくなってしまう。つまり，所得税がリスク・テイキングを抑圧するのである。

⑷シナリオ2

　赤字が発生した年に所得税が完全還付を行う。この場合，税引後の利得計算は大きく異なってくる。事業が失敗した場合には，政府から30の税金が還付され，税引後のリターンが−30になるのである（図表11−9）。

図表11−9　完全還付を行う所得税の下でのリターン

	成　功	失　敗
税引前	＋100	−60
所得税	50	−30
税引後	50	−30

　このそれぞれが半々の確率で生ずるから，このプロジェクトの税引後リターンの期待値は，10となる。

$$50 \times 1／2 - 30 \times 1／2 = 10$$

　このとき，期待値はプラスの値をとっている。ゆえに，納税者としては，このプロジェクトを行ったほうがよいことになる。

　注意すべき点として，政府にとっての税収の期待値も，10になっている。つまり，税引前で20のリターンを，納税者と政府がそれぞれ10ずつ，分かち合っているのである。成功したときの取り分も半々であるし，失敗したときの負担割合も半々である。このように，赤字が出た年に完全に税額を還付すると，所得税はリスク・テイキングに対して中立的になる。

　現実には，個人は最適な選択を実行できないし（限定合理性），将来の事象にリスクがあるときに期待効用を最大化する意思決定をするわけでもない。このような点をおりこんだ租税法の分析が進みつつある。参照，神山弘行「租税法と『法の経済分析』——行動経済学による新たな理解の可能性」金子宏編『租税法の発展』（有斐閣，2010年）315頁，同「租税法と行動経済学——法政策形成への応用とその課題」金子宏監修『現代租税法講座(1)理論・歴史』（日本評論社，2017年）269頁。

11-2-2　所得税法上の赤字の扱い

(1)完全還付を採用できない実際的な理由

　所得税法は，完全還付をみとめていない。黒字と赤字で非対称的な取扱いをとっている。これにはいくつかの理由が考えられる。

　第1に，実現原則との関係である。実現原則の下では，課税のタイミングをかなりの程度，納税者が操作できる。ゆえに，完全還付を認めると，早めに損出しをして赤字を出す行動を誘発してしまう。

　第2は，累進税率の存在である。上の例は比例税率を前提としていたため，60の赤字に対して30の税金を還付した。しかし累進税率の下では，赤字がでたときに何％の税率を適用するかの問題がある。そのやり方によっては，完全還付はリスク・テイキングに対して必ずしも中立的な結果をもたらさないことがある。

　第3に，所得の捕捉が不完全である可能性である。赤字の中には，必要経費の過大計上とか，収入金額の把握漏れによる部分が，混じってしまっている可能性がある。そのような場合に無制限に還付をみとめれば，所得税は納税者にとってのキャッシュ・マシーンになってしまう。

　このような理由により，制度論として完全還付を認めることは，現実的ではない（増井良啓「所得税法上の純損失に関する一考察」日税研論集47号〔2001年〕65頁，86頁）。

(2)純損失の繰越控除および純損失の繰戻しによる還付請求

　この点，所得税法は，純損失について，繰越しと繰戻しという対処を講じている。繰越しや繰戻しを行う趣旨としては，複数期間を通じた課税の平準化と説明されている。つまり，所得事業の成果を測定するには，単年度だけ

でみるのでなく，前後の年度との関係で平準化すべきであるという考え方である。とりわけ累進税率との関係で，平準化することに実益がある。

　繰越しや繰戻しの制度を所得税法に導入するきっかけとなったのは，昭和24年のシャウプ勧告である。シャウプ勧告は，「個人については，所得額の変動のもたらす不合理は，一時所得又は一時損失の次年度以降への平均を認めることによって，ある程度緩和される」と述べ，無期限の繰越控除と2年分の繰戻しを勧告していた（7章c）。実際に導入されたのは，3年分の繰越しと1年分の繰戻しであり，その後，手続要件を緩和したり，被災事業用資産を対象にしたり，といった修正がされて，現行法に至っている。

　現行法上，純損失の繰越控除の根拠規定は，所得税法70条である。純損失の金額は，3年間にわたってあとの年に繰り越し，あとの年の総所得金額・退職所得金額・山林所得金額から控除する（所税70条1項）。ここにいう純損失の金額とは，各種所得の金額を算定し，所得税法69条の損益通算ルールを適用した結果として生ずる赤字金額のことである（同2条1項25号）。手続要件があり，純損失が生じた年分の所得税について青色申告書を提出していることが必要である（同70条1項第1括弧書き）。帳簿書類を要求することで純損失の金額の正確性を確保しているのである。これに対し，たな卸資産や事業用資産が災害により損失を被った場合には，青色申告書の提出を要件とせずに，3年間の繰越しが認められる（同条2項2号）。いずれの場合も，確定申告書を連続して提出している場合に限って，純損失の繰越控除が可能である（同条4項）。

　これに対し，純損失の繰戻しによる還付請求の根拠規定は，所得税法140条から142条の規定である。純損失の生じた前の年においていったん納税した所得税額を還付するため，要件がより厳しくなっている。青色申告書を提出する必要があるのは，純損失が生じて還付請求を行う年（所税140条1項）と，すでに納税した前年（同条4項）の両方についてである。なお，純損失の繰戻還付の計算の基礎となった純損失の金額は，繰越控除の対象から除外されるから，重ねて利用することはできない（同70条1項第2括弧書き）。

　純損失の繰越控除や，純損失の繰戻しによる還付請求は，前後の年にプラスの総所得金額などがあってはじめて，効果がある。その意味で，プラスの所得がなくても還付するという理論上の完全還付とは異なる。

この章で学んだこと

▶ 現実の所得税制は，包括的所得税と支出税のハイブリッドである。

▶ 純損失の繰越し・繰戻しは，平準化措置と位置付けられる。

→ **調べてみよう**

▶ 所得税は，公平性の観点から擁護できるか？

　→藤谷武史「所得税の理論的根拠の再検討」金子宏編『租税法の基本問題』（有斐閣，2007年）272頁

▶ インフレという「尺度のブレ」に，所得税はどう対応すべきか？

　→神山弘行「物価変動と租税に関する一考察——インフレ・インデックスの観点から」金子宏編『租税法の基本問題』（有斐閣，2007年）296頁

▶ 平準化措置は，必要か？

　→増井良啓「累進所得税の平準化」税研144号（2009年）68頁

法 人 税

Part

03

　Part 03 では，会社の事業運営を中心にして，法人税の基礎を学ぶ。閉鎖的同族会社に特有の問題から，上場会社の活動に伴って生ずる問題まで，日本の経済社会で起きていることに法人税の角度から接近することになる。

　まず Chapter 12 では，所得税の補完として法人税が必要になることをおさえる。Chapter 13 では，法人税の納税義務者を概観する。そして Chapter 14 で，法人所得が，株主の眼からみて生ずるリターンとして定義されていることをつかむ。現行法上，法人の課税所得は，益金の額から損金の額を控除して計算する。そこで，Chapter 15 では益金の額について，Chapter 16 では損金の額について，それぞれ主要な点を説明する。最後に Chapter 17 で，同族会社に関する特例を学ぶ。

法人税の基礎

12−1　法人税の性質

12−1−1　なぜ法人所得に課税するか

⑴法人税の大きな地位

　現在の日本において，法人税は，政府にとっての主要な税収源であり，基幹税となっている。企業にとっても，取引に際して日常的に問題となるし，場合によっては死活問題となる。しかも，第二次大戦後，かなり長期間にわたってこの状態が続いてきた。

　これだけ法人税の存在が大きいにもかかわらず，法人所得に課税する理由については，意見が分かれている。そこでまず，法人税の性質を検討しよう。なお，本章で法人というとき，株式会社を念頭におく。

⑵法人には独自の「担税力」があるのか

　なぜ法人所得に課税するか。この論題を大学の教室で議論するとき，よく耳にする意見は，法人に独自の「担税力」があるというものである。

　正直にいって，この意見には，かなりの問題がある。まず，ここにいう「担税力」の意味からして問題である。もし，そこに資金のたまりがある，というくらいの軽い気持ちで用いているのだとすれば，銀行口座にすら「担税力」があることになってしまう。でも，銀行口座に「担税力」があるから銀行口座税を設けようという人はいないだろう。

　あるいは，上の意見は，個人所得に関する議論を法人に平行移動させて，法人の「担税力」を所得の大きさによって測定しようとしているのかもしれない。しかし，法人の「担税力」という言葉で，消費する能力を表現しようとしているのだとすれば，それは明らかな誤りである。法人には，効用や消費を観念できないからである。バナナを食べ，ゴルフに行くのは，生身の個人である。法人は，食べることも，歩くこともない。

⑶会社の所得に対して累進税率を適用すると……

　人々が会社を設立すれば，法人格が付与される。会社自体に権利能力があるとすることで，法律関係の処理が簡明になる。けれども，法人格が付与されているからといって，会社を自然人と全く同視してしまうと，おかしな結果が生ずる。

　一例として，会社の所得に対して累進税率（→**8−4**）を適用することの帰結を考えてみよう。この措置は，人々の間で富を再分配するために，果たして，意味のあることであろうか。

　次の例で考える（図表12−1）。A社は大もうけしている会社である。A社の個人株主は貧しく，従業員はつつましい境遇の中から優秀な人材を採用している。これに対し，B社はあまりもうかっていない会社である。B社の個人株主は豊かであり，従業員は資産家ばかりである。この状況において，会社のかせぐ所得の大きさに応じて累進税率を適用することは，人々の間で富を再分配することに，役立つだろうか。各社の利害関係者の資産状況をみれば，役に立たないと判断するのが自然であろう。

図表12−1　もうかっている会社とそうでない会社

利害関係者 Poor	利害関係者 Rich
A 社	B 社

　教室でこの例を出すと，ほぼきまって，次の反論が寄せられる。たしかに図表12−1のような状況もあるかもしれない。でも，逆に，A社の利害関係者が豊かであり，B社の利害関係者が貧しいという状況もありうるではないか。そういった状況では，会社の所得の大きさに応じて累進税率を適用することにも，なにがしか再分配の役に立つところがあるはずだ，というのである。

　この反論にみるべきところが全くない，というわけではない。富の分配状況に対する法人税のインパクトは，実証的に検討しなければならないからである。

　だが，上のように反論する人は，次の可能性についてはどう考えるのであろうか。会社は，合併したり分割したりすることができる。A社の所得がB社の所得の2倍だというとき，B社規模の事業部門が2個あわさった結果，2倍の所得を計上しているだけかもしれない。逆に，A社を事業部門ごとに分割し，2つの単体法人をつくれば，小さい所得をもつB社が2つできる，

というだけかもしれない。つまり，いくら「担税力」があると言い張ったところで，会社は，人為的につくり出すことのできる存在である。この点で，生身の個人とは全く異なる。

より重要なこととして，この反論自体が，会社の利害関係者に着目しており，会社自体に着目していない。法人税を国に納付するのは会社であっても，その経済的効果がどのような利害関係者に及ぶかを問題にしている。これは，すでに，法人に固有の「担税力」があるという考え方から離れている。

会社は事業遂行のための法的装置であって，それ自体に「担税力」があるわけではない。だから，会社の所得に累進税率を適用することは，人々の間で富を再分配するために，効果的な手法ではない。個人の間における財産の分布状況の不平等が問題なのだとすれば，累進税率は個人に対して適用するのでなければ，「かゆいところに手が届かない」ことになってしまう。

(4)方法論的個人主義

上の議論に含まれる考え方を一般化しよう。法人税に限らず，おしなべて，租税を「負担」するのは個人である。たしかに，法人税は，法人が国に納付する。だが，法人企業の価格設定や，賃金・利潤の分配，さらには生産活動に影響を与えることによって，取引先や労働者，株主などに転嫁する。最終的に「負担」が帰着する先は，効用を有する主体，すなわち個人でしかあり得ない。

12−1−2 補完税としての法人税
(1)個人所得税の補完

法人の所得に課税するより説得的な理由は，個人所得税の補完税とみる考え方である。

この考え方は，個人所得税の存在から出発する。個人所得の概念を包括的に構成すると，未実現の利得も所得に含まれる（→**6−1**）。この構成の下では，個人株主は，株式の値上がり分だけ純資産が増加しているから，本来は値上がりのあった年に課税すべきものである。しかし，現行制度は，実現原則を採用しており，未実現の利得は実現するまで課税しない（→**9−3**）。株式を譲渡したり，配当を受け取ったりするときまで，個人株主に対する課税を繰り延べている。

個人株主に対する所得税が実現原則を採用する中で，会社に対する課税が存在しないと，「法人成り」が有利になってしまう（図表12−2）。「法人成

り」とは，あたかも将棋の歩が金に「成る」ようにして，個人事業が会社形態をとることをいう。

図表12−2　法人成りと個人段階の課税

個人企業形態	個人レベルの所得税が毎年かかる
会社企業形態	個人株主レベルの所得税は繰り延べられる

たとえば，ある人がパン屋を営むとしよう。

▶個人企業形態をとれば，パン屋の事業から生ずる事業所得に対して，毎年所得税がかかる。

▶パン屋事業を現物出資して「法人成り」し，会社企業形態で同じ事業を営めば，事業から生ずる損益は，会社のものである。つまり，損益が会社に人的に帰属する（→7−3）のであって，個人株主の損益ではない。よって，個人株主には，株式を譲渡したり，配当を受け取ったりする時点まで，所得税がかからない。いいかえれば，この会社が稼得した利益を内部留保している限り，個人株主に対する課税が繰り延べられる。

こうして，会社段階での課税がない状態では，個人企業形態よりも会社企業形態が有利になる。皆が会社形態をとって個人段階の課税を繰り延べると，所得税に巨大な抜け穴（loophole）ができてしまう。これをふさぐために，会社の稼得する所得に課税する。それが法人税だ，と考えるのである。

歴史には，この説明と符合する点がある。明治32年に，商法が準則主義を採用し，会社の設立が容易になった。これと同時に，会社の所得に対する課税がはじまった（→3−2）。時代がくだり，昭和24年には，シャウプ勧告が次のように述べ，個人事業と法人事業の中立的扱いが必要であるとした。いわく，

「根本的には法人は，与えられた事業を遂行するために作られた個人の集合である。法人が不当に大きくならないこと，また法人が法令に適当な注意を払いつつ運営されるということを前提とすれば，元来，個人を奨励して法人形態を利用させる理由もなければ，また個人を脅かして法人形態を利用せしめない理由もないわけである。従って，普通には，個人企業形態による事業よりも甚だ重い税を法人形態による事業に課すことは適当でない。また，その逆も適当ではないのである。」

このように，個人所得税の存在を前提とすれば，それを補完するために会社の所得に課税することが必要になる。会社の段階で課税する意義は，個人所得税をバックアップするための，一種の徴収メカニズムであることになる。

なお，上の例は，会社と個人株主との間の関係を念頭においていた。これに対し，会社に法人株主が存在する場合には，その法人株主に個人株主が存在する限りで，同じことがあてはまる。

(2) 3つのバイアス

　所得税を補完するために，会社段階で法人税を課す。そうすることで，抜け穴をふさぐことはできる。ところが，会社に法人税を課し，さらに個人株主に所得税を課すというやり方は，いくつかのバイアスをもたらす(図表12-3)。

　　図表12-3　法人税のもたらすバイアス

> ①事業形態に対するバイアス（個人か法人か）
> ②配当政策に対するバイアス（配当するか内部留保するか）
> ③資金調達に対するバイアス（新株発行か借入金か）

▶個人事業と法人事業の間で有利不利が出てくる。個人事業の場合，所得をかせぐ時点で所得税の適用税率で課税される。法人成りすると，所得をかせぐ時点で法人税の適用税率で課税されるが，個人株主は配当を受け取るまで課税が繰り延べられる。個人株主が課税されるのは，配当を受け取る時点であり，しかもその適用税率は所得税のそれである。このような関係があるため，適用税率と利子率に応じて税引後の手取りの利益の大きさが異なってくる。そのため，個人事業と法人事業のいずれかが有利になったり不利になったりするのである。さらに，株式の譲渡損益に対する個人株主段階の課税を考慮に入れると，有利不利の関係はより複雑になる。

▶会社の配当政策にバイアスがかかる。会社が利益をかせぐとその時点で法人税がかかる。法人税相当分を差し引いた金額のうちどれだけを株主に分配するかが，配当政策の問題である。この配当政策に，税制が影響する。一方で，法人税引後の資金を内部留保すると，その時点では個人株主に所得税はかからない。他方で，内部留保せず個人株主に配当を支払うと，すぐさま株主に所得税がかかる。両者のちがいは多くの場合，株主段階の課税のタイミングの差である。だが，前者の場合，個人株主は，配当を受け取る代わりに，値上がりした株式を譲渡し，より有利な課税取扱いを受ける可能性がある。会社が現金で配当する代わりに，株主から自己株式を取得して対価を支払うこともできる。これらの扱いが不均一であるため，株主への配当政策に，税制がバイアスを与えるのである。

▶会社の資金調達のやり方にゆがみが生ずる。いま，会社の経営陣が新規投

資を行うために資金を調達するものとしよう。経営陣にはいくつかの選択肢がある。たとえば，新株発行によって個人株主から資金を調達するやり方を選択したとしよう。この場合，投資がうまくいって収益が生ずると，会社段階で法人税がかかり，株主に配当した時点でまた所得税がかかる。これに対し，個人貸主からの借入金によって資金を調達するやり方を選択したらどうか。会社は，貸主に対して支払う利子を，費用として自らの所得から控除でき，会社の段階では課税されないことになる。個人貸主は，貸付金の受取利子に所得税が課税される。このように，新株発行の場合と借入金の場合とで納税義務者や税目が異なり，税引後の手取額にちがいが出てくる。税制のために，有利不利が生ずるのである。なお，同様のバラツキは，内部留保による資金調達との関係でも存在する。

(3)所得税と法人税の統合

　このようなバイアスをなくすために，所得税と法人税の関係を相互に調整することが，各国の政策課題となった。これが，所得税と法人税の統合（integration）である。統合の方式には，完全統合と部分統合がある。

▶完全統合。会社の所得を，配当に充てるか内部留保するかを問わず，すべて株主に帰属するものとして取り扱う。株主は，持分割合に応じて，みずからに帰属する損益について課税を受ける。民法上の組合の課税方式と同様であるため，これを組合方式という。損益が会社を通り抜けるという意味で，パス・スルー（pass through）と形容することもある。完全統合を行う場合，原理的に法人税は不要になり，存置するとしても，個人株主の所得税を会社段階で源泉徴収するためのしかけになる。組合方式は，株主構成が多数で変動する場合や，複層的な投資構造をとっている場合，株主相互間の優先劣後関係が複雑である場合などに，必ずしもうまく対応できない。

▶部分統合。部分統合方式は，会社のかせいだ所得のうち，配当にあてた部分だけについて所得税との相互調整を行う。これには，①会社の段階で調整するもの，②株主の段階で調整するもの，①と②を組み合わせるものがある。

　①会社の段階で調整する典型例が，支払配当損金算入方式である。会社が配当として支払った金額を，会社の所得の算定上，損金に算入する（控除する）。その結果，配当として支払った部分が，会社段階の課税対象から除外され，株主段階で課税される。支払額に限って会社でなく株主段階で課税されるという意味で，ペイ・スルー（pay through）と形容す

る。

②株主の段階で調整する例として，受取配当税額控除方式やインピュテーション方式がある。受取配当税額控除方式は，日本の所得税法が採用している方式である（→12-1-3）。インピュテーション方式は，より精巧なやり方である。

(4)インピュテーション方式

インピュテーション方式を，数値例によって紹介しよう（図表12-4）。

図表12-4　インピュテーション方式の数値例

法人所得	100
法人税	30
支払配当	70
個人株主の所得税	$(70+30) \times 40\% - 30 = 10$
手取り	60

いま，法人所得に適用する税率が30％であり，個人所得に適用する税率が40％であるとする。ある会社が100の所得を稼得すると，法人税が30かかる。この法人税を納付した後で，個人株主に配当できる最大の金額は70である。ここで，この会社が70を配当として個人株主に支払ったとしよう。このとき，個人株主の段階で所得税を計算するにあたり，次の調整を行う。

すなわち，受け取った配当の金額70に，会社が納付した法人税の金額30を加算（gross-up）し，100に対して税率40％を適用する。ここから，会社の納付した法人税額30を税額控除する。これによって，個人株主が納付すべき所得税額は10になる。

読者の中には，どうしていったん加算したうえで税額控除を行うのか，いぶかしく思う方がいるかもしれない。実は，ここに，この方式の鍵がある。インピュテーション（imputation）という言葉には，本来は会社のものなのだけれど，制度上，株主に帰属するものとみなすという意味がある。この例でいうと，100の所得をかせぐのも，30の法人税を納付するのも，会社である。これを，個人株主のものとみなして計算するのである。だから，個人株主の所得税を計算するうえで，実際に受け取った配当金額70に法人税額30を加算し，100をベースにして税率を適用する。しかも，30はすでに納付済の税額であるから，税額控除する。このように，いったん加算したうえで税額控除することで，個人株主自身が所得を稼得する場合に近似するようにし

ている。

　この例でも，会社の納付する法人税額が30，個人株主の納付する所得税額が10である。合計すると40になる。この結果は，同じ事業を個人事業形態で営み，100の所得に個人税率40％を適用する場合と同じである。こうして，インピュテーション方式は，配当に充てた部分について，所得税と法人税を統合することができる。

　なお，インピュテーション方式は，1970年代以降，英独仏などで次々と採用され，税制改革の潮流となった。しかし，外国法人や外国株主の扱いについてバイアスをなくすことができなかった。そのため，1990年代後半以降，欧州司法裁判所がそれらをEU条約違反であるとした。これを受けて，EU各国は精密なインピュテーション方式を廃止し，粗雑で簡素な方式にきりかえた。

(5)配当への追加的課税

　所得税と法人税を完全に統合し尽くす国はない。実際には，特に統合のための特別の制度を置かない例や，配当について部分統合をするがその程度が不十分な例（後述する日本など）がある。そのような税制の下で会社が個人株主に配当を支払うと，追加的な課税が生ずる。

Column 12－1　　配当パズル

　租税面で損になることがわかっているのに，会社はなぜ配当を支払うのだろうか。このパズルについてファイナンス理論がいくつもの説明を提供してきた。森直哉『配当政策のパズル──投資家の消費選好と利害対立』（中央経済社，2017年）などを参照。

12－1－3　日本の制度
(1)受取配当税額控除方式としての配当控除

　それでは，日本の制度はどうなっているか。明治32年に法人の所得に課税を開始してから，個人株主課税との調整のやり方は変遷してきた。昭和63年に個人株主の段階で調整する方法がとられ，現行法になっている。個人株主の段階で受取配当につき税額控除を行うやり方である（所税92条）。これを配当控除という。

　配当控除の算定方式は，いくつかの場合に分けて法定されている。課税総

所得金額が1000万円以下である個人株主が会社から剰余金の配当を受け取る場合についていえば，配当所得の金額の10%である（所税92条1項1号イ）。この金額を，その個人株主の所得税額から税額控除する（同項柱書）。控除額はその年分の所得税額を上限とする（同条2項第2文）。なお，この10%という水準は，「昭和31年12月臨時税制調査会答申」（臨時税制調査会，1956年）の当時に検討したときのもの（第2部各論86頁）が踏襲されている。

(2)配当控除の数値例

配当控除のしくみを，数値例で例解しよう（図表12-5）。

図表12-5　配当控除の数値例

法人所得	100
法人税	30
支払配当	70
株主の所得税	70×40%－7＝21
手取り	49

いま，法人税率が30%で，個人株主に適用される税率が40%であるとする。株式会社が100の利益をかせいで30の法人税を納付し，残りの70を個人株主に配当する。個人株主の段階で，この70が配当所得（所税24条1項）として所得税の対象となり，40%の税率を適用すると28となる。そこから，配当控除を行う。配当控除の金額は，配当金額70の10%，すなわち7である。よって，配当控除を行うと，個人株主の所得税額は21となる。

この例では，法人税額が30，所得税額が21であるから，あわせると51である。同じ事業を個人事業形式で営んでいれば，100の個人所得に40%の税率が適用され，所得税額40だけで済んでいたはずである。法人形態をとることで，納税額が増えていることになる。このことは，所得税と法人税の統合の程度が不十分であることを意味している。

(3)租税特別措置法による修正

以上の数値例は，所得税法上の配当控除がそのまま適用される場合の話である。所得税法は，配当所得を他の各種所得と総合して，累進税率を適用し，その結果算定される所得税額から配当控除を行うこととしている。しかし，租税特別措置法が次の場合につき配当控除の適用を排除している。

▶大口株主（株式の総数のうち3%以上を有する者）に対する配当以外の，上

場株式の配当については，個人株主は，これを他の所得から分離して申告し，15％の税率を適用することを選択できる（租特8条の4第1項，地方税をあわせると20％，地税71条の28）。

▶ 1回に支払を受けるべき配当が少額であるなどいくつかの場合について，個人株主は申告が不要とされており（租特8条の5），配当を支払う際の源泉徴収だけで，課税関係が終了する（同9条の3の2，地税71条の31）。

　これらの措置によって，高所得者である個人株主が受け取る配当に適用される税率は，所得税の累進税率の下で適用されるはずであった税率よりも低くなる。

12−2　法人税法の構成

12−2−1　5編から構成される法人税法

　法人税法は，5編構成である（図表12−6）。第2編「内国法人の法人税」が，本書の学習の中心である。第3編「外国法人の法人税」は，外国金融機関が日本支店を置いて活動する場合のように，国際課税を学ぶうえで重要である。

図表12−6　法人税法の構成

第1編　総則
第2編　内国法人の法人税
第3編　外国法人の法人税
第4編　雑則
第5編　罰則

12−2−2　3つの「法人税」

　法人税法第2編には，5つの章がある（図表12−7）。

図表12−7　法人税法第2編の構成

第1章	各事業年度の所得に対する法人税
第2章	各対象会計年度の国際最低課税額に対する法人税
第3章	退職年金等積立金に対する法人税
第4章	青色申告
第5章	更正及び決定

　第1章から第3章の表題から読み取れるように，現行法人税法上，「法人税」には，3つのものがある。このうち「各事業年度の所得に対する法人税」が，私たちが通常「法人税」と呼んでいるものであり，本書の対象である。

　これに対し，「各対象会計年度の国際最低課税額に対する法人税」は，グ

ローバル最低税率15%を実施する国際合意につき，その一部を令和5年度改正で導入したものである。「退職年金等積立金に対する法人税」は，企業年金の運用時の課税であり，凍結されている（租特68条の5）。

　なお，平成22年度改正までは「清算所得に対する法人税」があった。また，令和2年度改正までは「各連結事業年度の連結所得に対する法人税」があった。

12−2−3　各事業年度の所得に対する法人税
(1)課税標準，税額，申告納付
　法人税法第2編第1章「各事業年度の所得に対する法人税」には，3つの節がある（図表12−8）。課税標準を計算し（第1節），税額を計算したうえで（第2節），申告・納付・還付を行う（第3節），というつくりになっている。

図表12−8　法人税法第2編第1章の構成

第1節　課税標準及びその計算
第1款　課税標準（21条）
第2款　各事業年度の所得の金額の計算の通則（22条）
第3款　益金の額の計算（22条の2〜28条）
第4款　損金の額の計算（29条〜60条の3）
第5款　利益の額又は損失の額の計算（61条〜61条の11）
第6款　組織再編成に係る所得の金額の計算（62条〜62条の9）
第7款　収益及び費用の帰属事業年度の特例（63条・64条）
第8款　リース取引（64条の2）
第9款　法人課税信託に係る所得の金額の計算（64条の3）
第10款　公益法人等が普通法人に移行する場合の所得の金額の計算（64条の4）
第11款　完全支配関係がある法人の間の損益通算及び欠損金の通算（64条の5〜64条の14）
第12款　各事業年度の所得の金額の計算の細目（65条）
第2節　税額の計算
第1款　税率（66条・67条）
第2款　税額控除（68条〜70条の2）
第3節　申告，納付及び還付等（71条〜81条）

(2)学習対象のしぼりこみ
　課税標準とは，課税ベースを数量化したもののことであり，「各事業年度の所得の金額」がそれにあたる（法税21条）。各事業年度の所得の金額は，「益金の額」から「損金の額」を控除した金額である（同22条1項）。ゆえに，益金の額と損金の額をどう計算するかが，法人税を学ぶうえで最も基本的な点となる。

　本書では扱わないが，21世紀になって急速に規定が整備されたのが，第1節第5款に含まれる金融商品の課税ルールと，第1節第6款に含まれる組織

再編成の課税ルールである。また，第1節第11款は，令和2年度改正によるもので，従来の連結納税制度に代えてグループ通算制度を取り入れている。

(3)税額の計算——基本税率と軽減税率

　図表12−8に戻って，第2編第1章第2節「税額の計算」のところをみてほしい。法人税額は，各事業年度の所得の金額に税率を適用し，そこからいくつかの税額控除を行うことによって，計算する。

　法人税の税率をどの水準に設定するかは，企業活動に大きなインパクトを与える。それだけに，その時々の経済状況や国際的な動向を踏まえた総合的な判断を要する。各国の法人税率は引下げの傾向にある。日本でも，法人税の基本税率は，1980年代半ばには43.3％であったが，1980年代末から徐々に引き下げられ，1990年代には30％台とされ，2011年に25.5％になった。2018年度以降の法人税の基本税率は23.2％である（法税66条1項）。地方税をあわせたところで，30％を下回っている。

　中小法人のための軽減税率が設けられている（法税66条2項，租特42条の3の2）。たとえば，株式会社の資本金の額が1億円以下であれば，中小法人に該当し，各事業年度の所得の金額のうち年800万円以下の金額について，15％の軽減税率を適用する。その趣旨としては，中小企業の事務負担や，資金調達上の不利な立場などを政策的に考慮したものと考えられる。しかし，先に述べたように（→12−1−1），累進税率は法人課税にはなじまない。一定金額までの所得を軽課することで，企業の成長を阻害する誘因すら与えかねない。かつては基本税率と軽減税率の格差を縮小することが提案されたこともあった（税制調査会「法人課税小委員会報告」〔1996年11月〕第1章一2(2)）。

　所得税と法人税の税率に格差があると，事業形態の選択に影響する。たとえば，所得税の最高税率は45％であり（所税89条），法人税の基本税率は23.2％である。最高税率の適用のある個人事業者形態と比較して，法人形態で事業を営み，稼得した所得を配当することなく内部留保していけば，20％ポイントもの税率格差の恩恵を享受できる。もちろん，地方税を考慮に入れる必要があるし，いずれは生ずるであろう株主段階の課税も考慮しないと話は完結しない。しかし，この例からだけでも，法人税の税率設定において所得税率との関係が重要な考慮要素であることがおわかりいただけよう。

⑷税額の計算——税額控除

法人税額の計算の最終段階が，税額控除である。法人税法には，所得税額控除（法税68条）や外国税額控除（同69条）などがある。租税特別措置法は，租税誘因措置として，研究開発を促すなど様々な目的でいくつもの特別の税額控除を設けている。

このうち，所得税額を法人税額から控除するメカニズムを例示する。たとえば，日本国内に本店のあるA株式会社が，銀行預金の利子の支払を受けたとしよう（図表12−9）。

図表12−9　所得税額の控除

この場合，利子を支払う銀行が，利子の支払に際して所得税の源泉徴収を行う。注意すべき点として，源泉徴収について規律しているのは所得税法である。そのため，源泉徴収との関係で，会社も所得税の納税義務を負っている。この例でいうと，内国法人（A社）が国内において支払を受ける預金利子の額が所得税の課税標準になり（所税174条），税率は15％である（同175条）。源泉徴収の手続として，国内で支払をする銀行が所得税を徴収し（同212条3項），その税率も15％である（同213条）。

こうして課された所得税の額を，A社の法人税額から控除する（法税68条1項）。これが所得税額控除であり，さきに源泉徴収の形で納付した金額を，A社が法人税額から差し引くことで，精算するのである。もし控除しきれなかった金額が生じたら，その金額を申告書に記入し（同74条1項3号），税務署長から還付を受ける（同78条1項）。

Column 12 - 2　　　　　　　　**地方法人二税**

　　法人住民税と法人事業税は地方公共団体の税収源であり，あわせて地方法人二税という。大都市圏に税収が偏在しているため，偏在是正のために種々の措置がとられてきた。

▶平成 20 年度改正。地方法人特別税（国税）を設けて地方公共団体への譲与税とした。

▶平成 26 年度改正。地方法人税（国税）を設けて地方交付税の原資とし，財政力の弱い地方公共団体に交付することとした。

▶令和元年度改正。地方法人特別税（国税）の廃止に伴い，法人事業税（地方税）の一部を分離して特別法人事業税（国税）を設け，その全額を都道府県に対して人口を基準として譲与することとした。

この章で学んだこと

▶ 法人税は，個人所得税の補完として必要である。

▶ 1990 年代以降，法人税率は引き下げられてきた。

調べてみよう

▶ 法人税には，独立した課税根拠があるのだろうか？
　　→岡村忠生「法人課税の意味」同編『新しい法人税法』（有斐閣，2007 年）1 頁

▶ シャウプ勧告に至るまで，法人所得課税はどう歩んできたか？
　　→高橋祐介「法人所得課税の勃興と隆盛」法時 90 巻 2 号（2018 年）9 頁

📑 この章のテーマ
▶内国法人と外国法人　▶多様な事業組織

13−1　歴史的展開

13−1−1　会社の所得に課税する

　日本の所得税制の歩みをたどると，100年以上継続して，さまざまな事業組織をどう扱うべきかという課題が存在してきた。

　明治23年に旧商法を制定するまでは，個別に法律をつくるか，官庁や地方長官が個別に特許を与えるかして，会社を設立していた。旧商法は，免許主義を採用し，合名会社・合資会社・株式会社の3つを設けた。明治32年に新商法を制定し，準則主義の下で，一定の要件を満たしていれば会社として設立できることになった。

　会社の設立が容易になると同時に，会社の所得に対する課税がはじまった（→3−2）。すなわち，明治32年所得税法が，法人の所得に対して2.5％の課税を開始した。現在と異なり，所得税法に「第一種所得税」があり，法人の所得に課税していた。当時は個人株主の受取配当が非課税であった。

　大正2年の改正で，甲（合名会社，合資会社，株主20人以下の株式会社）と乙（株主21人以上の株式会社）を区別し，甲に対して超過累進税率を，乙に対して比例税率を課した。このルールが適用された時期は比較的短く，すでに大正9年には，配当「二重課税」（→12−1−2）が開始するとともに，法人の超過所得や留保所得に対して累進税率で課税する方式にきりかわった。その後，昭和13年に有限会社法ができ，有限会社が法人所得税の納税義務者に追加された。

　昭和15年に，法人税法が所得税法から独立する（→3−3）。これによって，個人に対しては所得税を，法人に対しては法人税を，という二分法が確立した。この法典体系が，現在まで引き継がれている。

13−1−2　会社以外の組織形態に関する課税ルールの展開

　個人＝所得税，法人＝法人税という二分法の下で，多様な組織形態に関する課税ルールが展開した。公益法人等や人格のない社団等については，20世紀の後半になって，収益事業を行う場合に限り，法人税の課税対象に取り込まれた。信託や組合についての立法は，それよりもさらに時期が遅れた。

▶公益法人等。公益法人等については，第二次大戦後に至るまで非課税の時代がつづいた。昭和20年に，収益事業を営む宗教法人に対する課税がはじまる。そして，昭和25年には，公益法人等に対し一般的に収益事業課税が開始した。この扱いが現行法につづいている。

▶組合。昭和25年から28年にかけての時期，保全経済会という匿名組合形態でのヤミ金融がはびこり，利益の分配に対して立法で源泉徴収義務を負わせた。しかし，匿名組合や任意組合について正面から課税ルールを立法化することはなく，現在に至るまで，所得算定の一般規定を若干の通達によって運用している。

▶人格のない社団等。昭和32年に「人格のない社団等」を法人税の納税義務者に取り込み，その収益事業所得に課税することがはじまった。

▶信託。大正11年に信託法が導入され，対応して税制が改正された。これに対し，信託の所得に法人税を課税するのは，時代をはるかに下り，平成11年のことである。その後，信託法の全面改正を受け，平成19年に信託税制を整備したおりに，法人課税信託の引き受けを行う者に法人税を課すこととした。

13−2　現行法人税法上の納税義務者

13−2−1　統計データ

⑴法人数と所得金額

　図表13−1は，最新の国税庁統計年報から，日本における法人数と所得金額を引用したものである。数字は，令和3年4月1日から同4年3月31日までの間に終了した事業年度分である。

　図表13−1の左の欄は，大きく，内国法人と外国法人に分かれる。

▶内国法人とは，国内に本店または主たる事務所を有する法人のことである（法税2条3号）。内国法人は，所得の源泉が国内にあるか国外にあるかを問わず，全世界所得に課税される（同4条1項・5条）。

▶外国法人は，内国法人以外の法人である（法税2条4号→Column 5−1）。国内源泉所得について納税義務を負う（同4条3項・8条）。

　このように，内国法人にあたるか外国法人にあたるかで，課税関係が大き

図表13－1　法人数等の状況

区分	申告法人数	事業年度数	利益 事業年度数	所得 金額	欠 事業年度数	損 金額
	社			百万円		百万円
内国法人 Domestic corporation　普通法人 Ordinary corporation　会社等	2,816,969	2,844,227	994,720	56,845,133	1,849,507	13,776,190
うち　特定目的会社	1,239	1,550	726	3,616	824	89,249
企業組合	1,291	1,303	436	2,940	867	2,051
医療法人	55,648	56,013	28,430	1,233,398	27,583	276,170
小計	2,873,908	2,901,543	1,023,586	58,081,471	1,877,957	14,054,410
人格のない社団等	23,644	23,816	15,907	23,878	7,909	11,569
協同組合等 Cooperative association, etc.　農業協同組合及び同連合会	2,788	2,810	1,779	534,185	1,031	8,791
消費生活協同組合及び同連合会	587	594	276	168,979	318	3,121
中小企業等協同組合（企業組合を除く）	12,772	12,837	7,684	87,620	5,153	16,564
漁業生産組合，漁業協同組合及び同連合会	1,789	1,795	857	14,464	938	6,308
森林組合及び同連合会	2,637	2,650	1,294	14,039	1,356	1,027
その他	21,606	21,740	12,565	631,234	9,175	39,959
小計	42,179	42,426	24,455	1,450,520	17,971	75,769
公益法人等	57,715	58,038	24,516	293,050	33,522	223,509
外国法人	5,296	5,389	3,302	401,055	2,087	133,539
小計	3,002,742	3,031,212	1,091,766	60,249,975	1,939,446	14,498,796
連結法人	1,917	1,946	1,194	18,684,933	752	2,438,549
合計	3,004,659	3,033,158	1,092,960	78,934,908	1,940,198	16,937,345

調査対象等：「(1)現事業年度分の課税状況」のうち、法定事業年度分について示した。

(注)　1　「申告法人数」には、確定申告のあった事業年度数を法人単位に集約した件数を示している。なお、連結申告を行った法人は1グループを1社として集計している。

2　「事業年度数合計」には、清算確定分を除いた法定事業年度分に係る確定申告の件数を示している。なお、清算確定分をも含めた事業年度数合計は306万5000件である。

く異なってくる。以下では，内国法人についてみていく。

⑵代表選手としての普通法人

　図表13−1からわかることとして，普通法人が圧倒的多数を占める。その中でも「会社等」が，法人数と所得金額のいずれからみても，他を圧している。会社こそが，法人税にとって，最も重要な納税義務者である。会社に比べると数は少ないが，医療法人が普通法人に含まれることも読み取っておこう。

　内国法人には，普通法人の他に，人格のない社団等，協同組合等，公益法人等，公共法人がある。公共法人は法人税の納税義務を負わないから（法税4条2項），ここには載っていない。公共法人の例は，地方公共団体や独立行政法人，国立大学法人などである（同2条5号・別表第1）。

⑶組織別・資本金階級別法人数

　内訳をもうすこし詳しく見てみよう。図表13−2は，令和3年度分の国税庁会社標本調査からの引用である。

図表13−2　組織別・資本金階級別法人数

区　　　分	組　織　区　分					計
	株式会社	合名会社	合資会社	合同会社	その他	
（資本金階級）	社	社	社	社	社	社
100 万円　以下	393,018	2,207	7,306	118,347	25,521	546,399
100 万円　超	66,216	324	1,516	10,503	2,454	81,013
200 万円　〃	1,108,096	412	2,167	23,555	11,078	1,145,308
500 万円　〃	683,564	248	1,053	6,343	17,778	708,986
1,000 万円　〃	135,183	67	229	338	8,397	144,214
2,000 万円　〃	142,178	54	185	339	7,727	150,483
5,000 万円　〃	51,571	12	23	228	1,662	53,496
1 億円　〃	10,041	1	1	84	473	10,600
5 億円　〃	1,427	−	−	17	82	1,526
10 億円　〃	2,610	−	1	10	296	2,917
50 億円　〃	625	−	−	2	95	722
100 億円　〃	833	−	−	7	178	1,018
計	2,595,362	3,325	12,481	159,773	75,741	2,846,682
構成比　　　%	%	%	%	%	%	%
計	91.2	0.1	0.4	5.6	2.7	100.0

　図表13−2が示すように，法人数の9割が株式会社である。資本金の大きなものはほとんどが株式会社である。したがって，法人税を学ぶ場合に

は，株式会社を念頭におくのが実際的である。

(4)企業組織のグループ化への対応

　法人税の納税義務者は個別の単体法人であり，法人税額の算定は個別法人単位で行うのが原則である。これに対し，企業組織のグループ化に対応する立法措置が次のように講じられてきた。

　①平成14年7月に連結納税制度が創設され，100％の持株関係にある法人グループをひとつの課税単位として扱った（納税者による選択制）。

　②平成22年度改正で，完全支配関係（法税2条12号の7の6）にある内国法人間の取引について，課税の繰延べ（法税61条の11）や，寄附金の全額を損益計算に反映させない（法税37条2項，25条の2）などの措置が導入された。ほかにも，税率の適用や，各種の限度額の算定などについて，特別の規律を設けた。これらの措置を総称して「グループ法人税制」という。

　③令和2年度改正で，従来の連結納税制度に代えてグループ通算制度が導入され，完全支配関係のある企業グループ内における損益通算を維持しつつ，個別申告方式に切り替えた（納税者による選択制）。その背景には，連結納税制度を選択する企業グループが令和元年（2019年）には1721グループ，12983社まで増加する中で，複雑な課税ルールを運用する官民の事務負担が増加していたことがある。この改正に先立って，税制調査会の連結納税制度に関する専門家会合「連結納税制度の見直しについて」（2019年8月）は，「事務負担の軽減を図るための簡素化やグループ経営の多様化に対応した中立性・公平性の観点」から連結納税制度の見直しを提案していた。

　こうして，完全支配関係のある企業グループに関する現行法は，②が自動的に適用される1階部分，③が納税者の選択による2階部分，という2階建て構造になっている（増井良啓「結合企業課税の20年——2001-2021」税大ジャーナル34号〔2022年〕71頁）。

(5)法人所得の帰属

　なお，所得税法と同様（→7−3），法人税法にも所得の人的帰属に関する通則がある（法税11条）。最判平成19・9・28民集61巻6号2486頁［双輝汽船事件］の補足意見は，「法人は，法律により，損益の帰属すべき主体として設立が認められるものであり，その事業として行われた活動に係る損益は，特殊な事情がない限り，法律上その法人に帰属するものと認めるべきものであ」ると述べている。

13-2-2 課税ルールの基本

(1)課税ベースと基本税率の横断的比較

　図表13-3は，普通法人，人格のない社団等，協同組合等，公益法人等のそれぞれについて，課税ベースと基本税率を一覧にしたものである。

図表13-3　内国法人に関する課税ルールの基本

	普通法人	人格のない社団等	協同組合等	公益法人等
課税ベース	全所得	収益事業所得	全所得	収益事業所得
基本税率	23.2%	23.2%	19%	19%（一般社団法人等を除く）
備考			事業分量配当等の損金算入	みなし寄附金

▶普通法人の課税ベースについては，株式会社を念頭において，Chapter 13以下で学ぶ。

▶人格のない社団等と公益法人等は，いずれも，収益事業から生ずる所得にのみ課税する。

▶協同組合等は，生協や農協などのことである（法税2条7号・別表第3）。課税ベースについて特則があり，事業を利用した分量に応じて組合員に分配する金額を損金に算入する（同60条の2）。

(2)人格のない社団等

　人格のない社団等とは，法人でない社団または財団で，代表者または管理人の定めのあるものをいう（法税2条8号）。その意義につき，裁判例は，民事実体法における権利能力なき社団と同義と解している（東京地判平成30・3・13訟月65巻8号1228頁［マンション管理組合事件］）。

　人格のない社団等は，これを法人とみなしてその収益事業に対して法人税を課す（同3条・4条1項）。基本税率は普通法人と同じであり（同66条1項），年800万円以下の金額については軽減税率が適用される（同条2項）。

　なお，人格のない社団等に該当すると，法人税法以外の法律との関係でもちがいが出てくる。たとえば，所得税法上，人格のない社団等は法人とみなされる（所税4条）。したがって，支払を行うと源泉徴収義務を負う（→7-2）。

(3)公益法人等

　法人税法上，公益法人等は別表に列挙されており（法税2条6号・別表第

2），宗教法人や学校法人を含む。公益法人等は，収益事業を営む場合に限り納税義務を負う（同4条1項但書）。また，一般社団法人等を除き，税率が軽減されている（同66条3項）。さらに，収益事業に属する資産のうちから収益事業以外の事業のために支出した金額を，寄附金とみなすルールがある（同37条5項。→16－4－3）。

収益事業は，「販売業，製造業その他の政令で定める事業で，継続して事業場を設けて行われるもの」（法税2条13号）と定義されている。法律の委任を受け，政令が34種の事業を列挙している（法税令5条1項）。最判平成20・9・12訟月55巻7号2681頁［ペット葬祭業事件］は，収益事業課税の趣旨を，「同種の事業を行うその他の内国法人との競争条件の平等を図り，課税の公平を確保する」点に求めている。

明治29年以来，公益法人の設立は主務大臣の許可を条件としていた（民法旧34条）。これを改め，平成18年に，営利を目的としない一般社団法人・一般財団法人は，準則主義によって設立できるようにした（一般法人22条・163条）。さらに，公益目的事業を行う一般社団法人・一般財団法人は，公益認定を受けることによって，公益社団法人・公益財団法人になるものとした（公益法人4条）。

これを受けて，平成20年度改正は，一般社団法人・一般財団法人のうち非営利型法人（法税2条9号の2）に該当するものを公益法人等とし（別表第2），公益社団法人・公益財団法人について以下の課税ルールを設けた。公益目的事業を増進するとともに，公益目的事業以外の収益事業については民間営利事業と等しい扱いにするためである。

▶収益事業の範囲から一定の公益目的事業を除外（法税2条13号，法税令5条2項）。これにより，公益目的事業を営んでも法人税がかからない。

▶公益社団法人・公益財団法人が収益事業に属する資産のうちから公益目的事業のために支出した金額は，50％まで損金に算入（法税37条5項，法税令73条1項3号）。50％相当額を超える場合であっても公益目的事業の実施のために必要な金額までは損金に算入する（法税令73条の2）。

▶公益社団法人・公益財団法人の収益事業に対して，普通法人と同じ税率で課税（法税66条1項2号）。よって，公益目的事業以外の収益事業を営むと，民間営利事業と等しい税率が適用される。

```
┌─────────────────────────────────────────────────────────────────┐
│ Column 13−1          多様な事業組織と所得課税                        │
├─────────────────────────────────────────────────────────────────┤
│   多様な事業組織を所得課税上どう扱うかは，組織法と租税法の接点にある    │
│ 興味深い問題である。21世紀の初頭，佐藤英明「新しい組織体と税制」       │
│ フィナンシャル・レビュー65号〔2002年〕93頁が個人か法人かの単純な      │
│ 二分法からの離脱を唱え，租税法学会編『組織形態の多様化と所得課税』租    │
│ 税法研究30号〔2002年〕で組合・投資媒体・金融仲介機関に関して研究       │
│ 報告がされた。                                                     │
└─────────────────────────────────────────────────────────────────┘
```

13−3　立法論の展望

13−3−1　法人税の納税義務者に取り込む範囲

　立法政策論として，法人税の納税義務者の範囲はどう構成すべきか。この問題を考えるさい，「法人だから法人税を課す」という形式論理には，限界がある。日本の法人税法は，すでにして，「法人」以外のものを課税の対象に取り込んでいるからである。人格のない社団等は法人とみなして課税するし，法人課税信託の受託者は法人税の納税義務を負うのである。

　もちろん，法人以外のものを取り込んでいるからといって，法人に着目して法人税の納税義務者を構成しているという事実はゆるがない。じっさい，日本の現行法は，原則としてもれなく，法人格のある主体を法人税の納税義務者に取り込んでいる。たとえば，合名会社は，普通法人として法人税の納税義務者とされている。

　しかし，合名会社は，法人格という衣を一皮むけば，民法上の任意組合と同様の構造である。会社法の制定により若干の規定を整備したものの，それ以前，合名会社の内部関係は民法上の任意組合のルールを準用していた（旧商68条）。現在も，社員の損益分配の割合に関する定めは，任意組合のそれとうりふたつである（会社622条，民674条）。合名会社の社員は会社の債権者に対して無限責任を負うのであり（会社580条），組合員の無限責任とほとんど変わらない。同様の類似性は，合資会社と匿名組合の関係についても存在する。となると，法人税法は，単に衣に着目して合名会社や合資会社を法人税の対象に取り込んでいるにすぎない。

　比較法的にみると，日本のやり方は自明のことでは全くない。独仏ではもともと，合名会社や合資会社に相当する事業組織は，法人税の納税義務者にしていない。これだけでは法人格に着目しない例にはならないが，税制が私

法上の構成を離れて一歩をすすめた国もある。米国である。米国連邦所得税では，長年の試行錯誤の結果，一定の場合を除き，法人所得税の対象にするか個人所得税の対象にするかを，納税者の選択にゆだねた（いわゆるチェック・ザ・ボックス規則）。独も，人的商事会社とパートナーシャフト組合について，同様の選択を認めている。

法人税の納税義務者を制度上どう構成するかという具合に問題を設定すると，法人格の形式的な有無を基準にすることが自明のことのようにみえてしまう。しかし，本来問われているのは，個人所得税を補完するしくみとして，いかなる事業体を納税義務者とするのが立法論として適切か，ということである。

この問題については，課税ルールの執行可能性をにらみつつ，組織と構成員の間の経済的関係や，他の類似の機能を有する組織とのバランスをふまえて考えるべきであろう。税務執行との関係では，租税債権を徴収する名宛人が納税義務者からズレると，執行コストが高まる。そのことが，法人格を有する主体に着目して納税義務者としてきたことの背景にあるのかもしれない。しかし，仮にそうであったとしても，国税徴収法の工夫によって補うべきであって，法人税の納税義務者の範囲で調節するのは筋がちがう。

以上は，法人税を個人所得税の補完税とみる場合の立論である。法人税の性質についてこれと異なる理論仮説を採用すれば，さらに別の立論が可能になる（渕圭吾「法人税の納税義務者」金子宏編『租税法の基本問題』〔有斐閣，2007年〕418頁）。課税システムを機能させるための情報集積の場として法人をとらえ，そこから法人税の存在理由を論ずる見解もある（渡辺智之「『法人実在説』の再構成——取引費用と法人税」ジュリ1349号〔2008年〕118頁）。ひらたくいえば，会計帳簿があるところを課税ポイントとするのである。こうして，法人税の納税義務者をどう構成するかは，法人税の性質論につながっていく。

13−3−2　構成員の権利義務関係に即した課税ルールの整備

株式会社については，出資・分配・清算・組織再編成といった株主＝会社間取引の諸局面に対応して，精密なルールが用意されている。これと対比すると，持分会社や公益法人等に関する課税ルールは，必ずしも十分に精緻なものではない。ましてや，組合課税に関する日本法の規律は，驚くほど未発達である。いくつかの租税特別措置はあるものの，根幹部分については通達が若干の解釈指針を示しているにとどまる（所基通36・37共−19以下，法基通14−1−1以下）。

その結果，組合損益が組合員に人的に帰属する法的根拠や，損益組合契約で自由に決められる損益負担割合の扱い，現物出資・労務出資・現物分配・残余財産分配の扱いなど，組合課税の基礎的な論点についてすら，一般規定の解釈論で処理しなければならない状態になっている。また，組合が別の組合の組合員になって何重にも投資を重ねる場合や，組合員相互の権利義務関係が契約上より複雑に取り決められている場合など，応用的な問題の解決はかなり困難である。多くの識者が指摘してきたように，立法的対応が必要である。

組合のみならず，持分会社や医療法人といった多様な事業組織について，同様の問題が山積している（たとえば合同会社の税務上の論点について安部慶彦『詳解合同会社の法務と税務』〔中央経済社，2023 年〕）。平成 19 年度に大きく改正された信託税制についても残された課題が多い（佐藤英明『新版信託と課税』〔弘文堂，2020 年〕）。

対処の基本的方針としては，それぞれの事業組織について，利害関係者（stakeholders）がどのような権利義務を有しているかを精査し，その構造に照らして税制を構築していくことが望ましい（増井良啓「多様な事業組織をめぐる税制上の問題点」フィナンシャル・レビュー 69 号〔2003 年〕95 頁）。

Column 13 − 2　　マーク・ジョンソンの奮闘

米国の 1954 年内国歳入法典でパートナーシップ課税ルールが立法化された前夜には，立法の合理化に精力を傾けた個人の熱意と努力があった。マーク・ジョンソン氏は，1935 年にニューヨーク大学ロー・スクールを卒業し，法律実務に携わるかたわら，執筆活動を続けた。1949 年にはアメリカ法曹協会（American Bar Association）に，1951 年にはアメリカ法律協会（American Law Institute）に，パートナーシップ税制の提案を行った。そして，1954 年内国歳入法典の立案に尽力したのである。

📄 **この章で学んだこと**

▶ 普通法人の他にも，人格のない社団等，協同組合等，公益法人等が法人税の納税義務者とされている。

▶ 多様な事業組織の課税が重要性を増している。

→ **調べてみよう**

▶ 事業体課税はどうあるべきか？

　→高橋祐介「事業体課税論」岡村忠生編『新しい法人税法』（有斐閣，2007
　　年）61頁

▶ パス・スルー課税の未来はどう構想すべきか？

　→田中啓之「パススルー課税の現状と未来」租税法研究51号（2023年）
　　42頁

Chapter 14 法人所得の意義

📄 この章のテーマ

▶株主の眼からみて生ずるリターン　▶公正処理基準　▶資本等取引

14−1　法人所得とは

14−1−1　各事業年度の所得の金額

　法人税法は，法人税の課税標準を，「各事業年度の所得の金額」と呼んでいる（法税21条）。事業年度とは，法人の財産・損益の計算単位となる期間で，法令または定款等で定めるものをいう（同13条1項）。たとえば，ある会社が4月1日から翌年3月31日までを事業年度としている場合，その期間に生じた所得の金額が「各事業年度の所得の金額」となる。

　内国法人の各事業年度の所得の金額は，その事業年度の益金の額から損金の額を控除した金額である（法税22条1項）。益金の額について定めるのが法人税法22条2項であり，損金の額について定めるのが同条3項である。益金や損金の額は，一般に公正妥当と認められる会計基準に従って計算する（同条4項）。この損益計算と区別されるのが，資本等取引（同条5項）から生ずる資金のやりとりである。

14−1−2　株主の眼からみて生ずるリターン

⑴損益取引と資本等取引の峻別

　現行法人税の課税標準は，株主の眼からみて生ずるリターンとして構成されている。以下では，このことを具体的に説明しよう。

　会社は利害関係者（stakeholders）の結節点である。会社の利害関係者は，株主（shareholders）だけでなく，会社に資金を融資する銀行や社債権者，その会社で働く従業員，会社に土地を貸す地主，会社に商品やサービスを提供したりされたりする取引先など，多様である。

　いま，ある会社が事業活動を行って100の収益をかせぎ，銀行に利子10を支払い，従業員に賃金20を支払い，地主に地代10を支払い，取引先に仕入代金30を支払うものとする（図表14−1）。

図表14-1 会社と利害関係者の取引

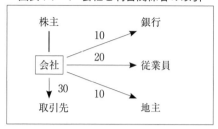

　このとき，会社がかせぐ収益100から，諸々の利害関係者に支払う利子・賃金・地代・仕入代金の合計70（＝10＋20＋10＋30）を差し引いた残りの利益30が，法人所得の基礎とされる。ここで，収益に相当するものが益金であり，支払利子や賃金をはじめとして，費用などに相当するものが損金である。このような益金の額から損金の額を控除した金額を法人の所得とし，法人税の課税ベースとしている。

　ここで重要なのが，株主と会社の関係を特別のものとみている点である。すなわち，法人税法は，①株主と，②株主以外の利害関係者を区別している。そのうえで，①株主と会社の間の取引と，②株主以外の利害関係者と会社の間の取引を，峻別する。前者を資本等取引と呼び，後者を損益取引と呼んだうえで，全く異なった取扱いを設けているのである。法人税法22条2項と3項3号が「資本等取引以外の取引に係るもの」と定めているのは，この峻別にもとづく。

⑵「もとで」と「もうけ」

　この点はきわめて重要であるので，同じことを繰り返して説明しておく。出発点は会社が株主のものだという見方であり，会社にとっては株主こそが自分のオーナーであり自己資本の拠出者であるという前提がある。いま，株主が1000を出資し，会社の事業活動の結果それが1030に増殖したとする。このとき，株主の眼からみて「もうけ」に相当するのは30である。すると，上の前提から導かれることとして，30が法人税の課税ベースになる。

　この例で，会社が株主から1000の出資を受けた時点では，この1000はあくまでオーナーが拠出した「もとで」に相当するから，損益取引から区別し，法人税の課税ベースから除外する。また，会社が30の「もうけ」の部分に対する法人税を納付し，残余を株主に配当しても，すでに会社段階で課税済の利益を自己資本の拠出者に返還したにとどまるから，法人税の課税

ベースから支払配当を控除することはない。すなわち，株主からの出資の受入れや，法人税納付後の配当の支払は，資本等取引として扱われ，会社の損益計算には影響しないのである。

Column 14-1　法人企業における人件費の比重

財政金融統計月報 846 号の法人企業統計年報特集（令和 3 年度）によると，全産業の法人企業の付加価値 300 兆円余のうち，役員や従業員の給与・賞与・福利厚生費などの人件費が 206 兆円余を占めた。人件費は原則として損金に算入されるから，人件費だけでほぼ 3 分の 2，マクロの統計でみて法人税の課税ベースが小さくなっていることになる。

14-1-3　所得税法との比較

(1)総収入金額と益金の額

法人税法の課税標準に関する規定を，所得税法の課税標準に関する規定と比較してみよう。

所得税法 36 条 1 項は，「総収入金額」に算入すべき金額を，「その年において収入すべき金額……とする」と規定していた。これに相当する規定が法人税法 22 条 2 項であり，「益金の額」に算入すべき金額を「資産の販売，有償又は無償による資産の譲渡又は役務の提供，無償による資産の譲受けその他の取引……に係る収益の額」としている。

ここで，無償取引に関する規定ぶりのちがいに注意してほしい。所得税法 36 条 1 項は，「収入すべき金額」つまり入ってくるものをとらえている。とすると，ある人が無償で資産を譲渡すると，収入すべき金額はゼロとなるはずである。これに対する別段の定めとして，一定の相続・贈与・低額譲渡につき，所得税法 59 条のみなし譲渡の規定を用意している（→9-3-2）。これに対し，法人税法 22 条 2 項は，無償による資産の譲渡や，無償による役務の提供を，益金の額を生じさせる取引として明示している。

(2)必要経費と損金の額

所得税法 37 条 1 項は，「必要経費」に算入すべき金額を，「総収入金額に係る売上原価その他……総収入金額を得るため直接に要した費用の額及びこれらの所得を生ずべき業務について生じた費用……の額」と規定していた。これに対し，法人税法 22 条 3 項は，「損金の額」に算入すべき金額を，①

「売上原価，完成工事原価その他これらに準ずる原価の額」，②「販売費，一般管理費その他の費用……の額」，③「損失の額で資本等取引以外の取引に係るもの」と定めている。

　両者を比較すると，損失に関する規定ぶりがかなり異なる。所得税法37条1項は損失について明記せず，「別段の定め」として所得税法51条がある（→10−5）。これに対し，法人税法22条3項3号は「損失の額」を損金の一項目として明示している。

(3)主要な相違点

　図表14−2は，個人所得と法人所得に関する法律の規定ぶりのちがいを，主要点について比較したものである。

図表14−2　個人所得と法人所得のおおまかな比較

	個人所得	法人所得
所得区分	10種類の区分あり	区分なし
家事費	必要経費不算入の規定あり	家事費に関する規定なし
資本等取引	なし	あり

▶所得区分。所得税法では，10種類の各種所得ごとに所得の金額を計算する（→8−2）。法人税法では，原則として一本の所得を計算する。

▶家事費。個人は事業主体と消費主体のふたつの顔をもつから，所得税法には家事費の必要経費不算入の規定がある（所税45条1項1号。→10−2−3）。会社は消費主体ではなく，法人税法上，損金不算入とする諸規定に家事費という項目はない。

▶資本等取引。個人にとって自分は自分であって，会社における株主のような存在は観念できない。ゆえに，所得税法上，個人所得を算定するうえで，資本等取引を損益取引と峻別するといった規定はおかれていない。これに対し，法人税の課税ベースは，損益取引と資本等取引の峻別を前提としている。

14−2　企業会計との関係

14−2−1　法人税法22条4項を読む

　法人税の課税標準を測定するためには，会社が正確な会計データに基づき，帳簿に記録を残していることが必要である。記帳技術については簿記実務の積み重ねがあり，会社の経理に携わる人々が習熟した企業会計原則がある。企業会計原則が損益計算によって明らかにしようとする企業の経営成績

が当期純利益であり，それはおおまかにいえば，株主の眼からみたリターンに近似する。

これを背景として，法人税法22条4項は，「一般に公正妥当と認められる会計処理の基準」に従って損益を算定する旨を定める。この基準のことを「公正処理基準」という。

この規定は昭和42年（1967年）に法人税法の簡素化の一環として導入された。その背景には，「可能な限り課税所得の計算を，継続性を重視した企業の自主的判断に基づく適正な会計処理にゆだねる」という考え方があった（大蔵省企業会計審議会中間報告「税法と企業会計との調整に関する意見書」〔1966年10月〕）。ちなみに，会社法上も，株式会社の会計は，「一般に公正妥当と認められる企業会計の慣行に従う」ものとされている（会社431条）から，法人税法と会社法はともに企業会計に依存していることになる。

法人税法22条4項にいう公正処理基準には，企業会計原則・同注解，企業会計基準委員会が策定する企業会計基準，中小企業の会計に関する指針，収益認識に関する会計基準，会社法や金融商品取引法の計算規定などのように明文化されたものだけでなく，確立した会計慣行が含まれる。これらの会計基準は時代とともに変化するものであり，必ずしも常に公正妥当であるとは限らない。「一般に公正妥当と認められる」か否かは，法人税法の解釈問題として，吟味する必要がある。

なお，平成30年度改正で，法人税法22条4項には「別段の定めがあるものを除き」という語句が挿入された。法人税の確定申告は確定した決算にもとづいて行う（法税74条）。

14−2−2 「別段の定め」の集合体としての法人税法の規定

このような計算構造を採用する結果，法人税法は課税所得に関して自足的な定めを用意しているのではなく，企業会計に準拠しつつ，必要に応じて「別段の定め」を設けるつくりになっている。益金と損金に関する法人税法の規定は，必ずしも網羅的ではない。むしろ，企業会計の土台のうえにたち，それを修正したり確認したりする規定が点在している。申告手続のうえでも，実務上，企業会計上の当期利益から出発し，法人税法上必要な項目につき加算ないし減算を加えることによって所得金額を導出する，というやり方をとっている（法税規別表4）。

それでは，法人税法はどうして，課税所得の算定について自足的・網羅的な規定を置くのではなく，企業会計に準拠することにしたのだろうか。それは，そうすることで，企業にとって二度手間を省くことができ，会計処理の

煩雑さを解消することができるからである。

　課税所得の算定上，企業会計との調和をどこまで図るべきかは，立法政策の問題である。一方で，課税所得と企業利益には類似性があるし，企業の内部取引に経理基準を課すことによって恣意性が排除でき，二度手間を省くことで会計処理の煩雑さを解消できる。他方で，法人税法・会社法・企業会計原則はそれぞれ固有の目的と機能をもつため，法人税法に固有の取扱いも必要になる。

　この両者のバランスを勘案しつつ，税制調査会法人課税小委員会報告（1996 年 11 月）は，

　　「法人税の課税所得は，今後とも，商法・企業会計原則に則った会計処理に基づいて算定することを基本としつつも，適正な課税を行う観点から，必要に応じ，商法・企業会計原則における会計処理と異なった取扱いとすることが適切と考える」

とした。その後，平成 10 年（1998 年）度の税制改正で法人税の課税ベースに関する法人税法の規定が大幅に改正されるなど，企業会計からの乖離が進んだ。

14−2−3　経営者のインセンティブ

　企業会計と課税所得の関係をめぐる立法政策を考えるうえで重要な点が，経営者のインセンティブに与える影響である。

　次の例で考えてみよう。A 社は東証プライム上場会社であり，投資家に情報を開示するとともに，税務署に対して法人税の確定申告をしなければならない。このとき，企業会計上の利益の算定方式と法人税法上の課税所得の算定方式をそろえることは，A 社の経営者に対して，以下の影響を及ぼす（図表14−3）。

図表14−3　A 社からの情報開示

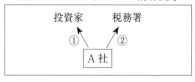

▶一方で，A 社は，金融商品取引法にもとづき，①投資家に対して企業業績の情報を開示しなければならない。ここで用いるのが企業会計である。この場面で，経営者としては，事業成績が良好で利益が大きく出ていると

表示できたほうがありがたい。

▶他方で，A社は，法人税法にもとづき，②税務署に対して法人税の確定申告をしなければならない。課税所得の算定が問題になるのはこの場面である。経営者としては，課税所得を少なめに申告し，法人税額を減らしたいと考えるはずである。

このように，①と②とで逆方向のインセンティブが働く。ゆえに，両者をそろえておくことで，経営者の行動に一定のしばりがかかることになる。

14−2−4　逆基準現象

企業会計と課税ルールをそろえることには，副作用もある。課税ルールが企業会計にしたがうはずであるのに，逆に，課税ルールが企業会計上の取扱いに影響するのである。

たとえば，法人税法上，減価償却費を損金の額に算入するためには，損金経理をしなければならない（法税31条1項）。損金経理とは，確定した決算で費用または損失として経理することをいう（同2条1項25号）。企業会計上も費用として経理してはじめて，法人税法上減価償却費を損金の額に算入することができる。こうして，企業会計に準拠しているといっても，現実にはむしろ課税ルールが企業会計に影響する現象が生ずる。これがいわゆる「逆基準現象」である。

14−3　課税のタイミング

14−3−1　損益の計上時期

(1)公正処理基準と別段の定め

各事業年度の収益・原価・費用・損失の額は，公正処理基準に従って計算する（法税22条4項）。ここに「各事業年度の」と明記しているように，当該事業年度に計上すべきかどうかは公正処理基準による。ただし，別段の定めがあるものは除く。重要な別段の定めとして，平成30年度改正で資産の販売等に係る収益の益金算入時期につき規定を設けた（法税22条の2。→**15−1−3**）。

(2)権利確定基準

最高裁は，所得税の収入計上時期と同様に（→**9−5**），法人税の収益計上時期についても，権利確定基準を採用している。最判平成5・11・25民集47巻9号5278頁［大竹貿易事件］は，法人税法22条の2の制定前の事件であるが，同法22条4項の解釈として，次の一般論を述べた。

「収益は，その実現があった時，すなわち，その収入すべき権利が確定し
たときの属する年度の益金に計上すべきものと考えられる」

そして，

「権利の実現が未確定であるにもかかわらずこれを収益に計上したり，既
に確定した収入すべき権利を現金の回収を待って収益に計上するなどの会
計処理は，一般に公正妥当と認められる会計処理の基準に適合するものと
は認め難いものというべきである」

と判示した。具体的には，輸出取引に係る収益の計上時期について，為替手
形の取組日（銀行に買い取ってもらう日）を基準として収益を計上すること
は，債権の現金化まで収益計上を繰り延べるものであり，収益計上時期を人
為的に操作する余地を生じさせる点において公正処理基準に適合しないとし
た。

(3)前期損益修正

過去の事業年度の収益等に関する変動事由が生じた場合に，これに基づい
て生じた損益を当該事由が生じた日の属する事業年度に計上する処理を，前
期損益修正という。最判令和2・7・2民集74巻4号1030頁［クラヴィス事
件］は次のように述べて，当該事案において前期損益修正が公正処理基準に
合致するとした。

「法人税の課税においては，事業年度ごとに収益等の額を計算することが
原則であるといえるから，貸金業を営む法人が受領し，申告時に収益計上
された制限超過利息等につき，後にこれが利息制限法所定の制限利率を超
えていることを理由に不当利得として返還すべきことが確定した場合にお
いても，これに伴う事由に基づく会計処理としては，当該事由の生じた日
の属する事業年度の損失とする処理，すなわち前期損益修正によることが
公正処理基準に合致する」。

この事件の会社は，変動事由が生じた時点ではすでに破産していた。最高
裁は，破産会社であるからといって前期損益修正の例外とすることを許容せ
ず，制限超過利息等の受領の日が属する事業年度の益金の額を減額すること
は公正処理基準に従ったものといえないと判断している（この問題について
は，参照，倉見智亮『課税所得計算調整制度の研究』〔成文堂，2021年〕）。

14-3-2　時価主義
(1)未実現の利得に対する課税としての時価主義

法人税法22条2項と3項3号の「取引に係る」という規定ぶりからもわ

かるように，法人税法は，実現した利益を課税の対象とし（実現原則），未実現の利得を課税の対象から除外している。

　この原則に対する例外として，平成12年度改正で，一定の金融資産について時価主義により未実現の利得に課税することとした。それまで，金融派生商品（デリバティブ）について決済時まで損益を認識しないことを利用して，会社は課税のタイミングを調整できた。このような問題の発生を防止するため，企業会計における金融商品時価評価の導入にあわせて，時価法を導入したのである。なお，このときの改正で，有価証券の譲渡損益に関する規定を整備し，ヘッジ取引の対象と手段について損益の計上時期を合わせるルール（ヘッジ処理）も導入した。

⑵売買目的有価証券と売買目的外有価証券

　時価主義の下では，対象資産の保有期間中に値上がり・値下がりがあった時点で，その事業年度の益金・損金として計上する。これは実現原則の例外であり，あくまで限定的な範囲でのみ認められている。

　その適例が，売買目的有価証券である（法税61条の3第1項1号）。売買目的有価証券のように，短期的な価格の変動を利用して利益を得る目的で取得した有価証券であれば，価格の変動により生じた評価益や評価損を所得算定に反映するのが実態にあっている。証券取引所の相場などから金銭評価できることが多いし，専担者をかかえるほどの会社であれば納税資金のやりくりもつきやすいだろう。そこで，時価により，評価益や評価損を計上することとしている（同条2項）。ある事業年度に評価益（評価損）を計上したら，次の事業年度に同額を損金（益金）に算入する（同条4項，法税令119条の15）。

　これに対し，売買目的外有価証券は時価評価の対象とせず（法税61条の3第1項2号），あくまで譲渡した時点で益金・損金に算入する（同61条の2第1項）。同様にして，他のほとんどの資産については，評価益を益金に計上することもないし（同25条1項），評価損を損金に計上することもない（同33条1項）。未実現の評価損益は，課税所得の計算に反映させないのである。もし，子会社株式や土地などについて時価主義課税の対象を拡大しようとしたならば，それほどひんぱんに売買するものではないだけに，どのように金銭評価するか，納税資金をどう確保するか，といった点が解決困難な問題となり，皆が困ってしまうであろう。であるから，実現原則を維持するほかはない。

⑶時価主義の対象の拡大

　それでも，時価主義の対象は徐々に拡大している。

▶平成 19 年度改正で，短期売買商品（短期的な価格の変動を利用して利益を得る目的で取得した金・銀・白銀その他の資産）を保有する場合につき，時価法を採用した（法税 61 条）。

▶令和元年度改正で，活発な市場が存在する仮想通貨（暗号資産）を時価法の対象に加えた。その理由としては，売買や換金について事業上の制約がないこと，時価法を適用しなければ課税所得が多額となると見込まれる事業年度に含み損のある暗号資産だけを譲渡するといった行為が想定されること，企業会計において時価法が導入されていることがあげられる。

　もっとも，令和 5 年度改正で自己発行の継続保有・譲渡制限付きの暗号資産を時価法の対象外としたように，対象を縮小することもある。

⑷補説・有価証券の空売り

　金融商品のポジションには興味深いものが多く，実現原則の限界を考える上でよい素材である。有価証券の空売り（short sale）について簡単にみておこう。有価証券の典型例は株式であるので，株式を念頭において記述する。

　株式の空売りは，株式を有しないでその売り付けをし，そののちにその株式と銘柄を同じくする株式の買戻しをして決済する取引である（法税 61 条の 2 第 20 項）。先に売って後で買い戻すから，株式の値下がり局面で譲渡利益が生じ，値上がり局面で譲渡損失額が生ずる。

　株式の空売りについては，事業年度終了時に未決済であっても時価評価額で取引を決済したものとみなして損益計上する（法税 61 条の 4 第 1 項）。ポジションを時価で値洗いすることになり，実現原則の下でのひずみが解消する（→**22－4**）。

　空売りは有価証券の価格変動リスクをヘッジするためにも用いることができる。ある株式を保有している場合において，その株式を保有し続けたまま，同じ銘柄の株を空売りする。保有株が値下がりすれば，空売りのポジションからは利益が生ずる。保有株が値上がりすれば，空売りからは損失が生ずる。こうして利益と損失が相殺するから，価格変動リスクをヘッジできることになる。

　このような取引の出現とそれに対する課税ルールの対応は，所得課税における課税の契機が何かを考え直すことを要請する（参照，住永佳奈『課税の契機としての財産移転』〔成文堂，2019 年〕）。

14−4　資本等取引

14−4−1　法人税法22条5項を読む

　会社が株主から出資を受けたり，会社が法人税納付済の利益を株主に分配したりしても，その会社の損益計算に反映させない。このように資本等取引を損益取引から峻別するのは，法人税の課税ベースが，株主の眼からみたリターンとして構成されているからである。

　法人税法22条5項によると，資本等取引とは，①「法人の資本金等の額の増加又は減少を生ずる取引」，②「法人が行う利益又は剰余金の分配」，および，③「残余財産の分配又は引渡し」をいう。①の「資本金等の額」とは，「法人が株主等から出資を受けた金額として政令で定める金額」のことである（法税2条16号）。

　これらの規定における「資本金」や「剰余金」の概念は，会社法上の概念を借用している（会社445条・446条。→5−2）。「利益の分配」にいう「利益」は，持分会社の利益の配当（同621条）を念頭においた用語である。

14−4−2　純資産の部

　資本等取引を考えるうえで重要な項目が，「資本金等の額」（法税2条16号）と「利益積立金額」（同条18号）である。会社法制定に伴う税制改正前には，両者をあわせて「資本の部」と通称していた。会社法制定後，企業会計ではこれらを「純資産の部」として表示することになった。平成18年度改正は，「資本金等の額」と「利益積立金額」の大枠のみを法人税法の定義規定に置き，その内容を政令に委任した（法税令8条・9条）。

▶「資本金等の額」は，株主から拠出された「もとで」の部分に相当する。そして，会社と株主との取引からは損益を生じさせないという立法政策上の基本決定にもとづき，この部分の増減は，会社の損益計算に反映させない。

▶「利益積立金額」は，法人税を納付したのち会社の内部に留保してある金額に相当する。換言すると，会社段階では法人税が課税済であるが，未だ株主段階で配当として課税されていない部分のことである。

14−4−3　資本等取引の例示

　以上のことをA株式会社とその株主Bとの間の取引で例示しよう。以下の例はいずれもA社の法人税との関係で資本等取引に該当するが，法人税法施行令8条と9条が活躍する点がポイントである。これらの規定は，出資

や減資，自己株式の取得や譲渡，合併や分割など，会社と株主の間の種々の取引を包摂する長大なものである。全体としては次の構成になっている。

▶ 8条1項　会社の資本金の額を基礎とし，1号から12号が加算事由，13号以下が減算事由
▶ 9条1項　1号から7号が加算事由，8号以下が減算事由

［例1］　金銭出資。BがA社に対し，A社株式の発行の対価として1億円の金銭出資を払い込む。

　　この金銭出資はA社にとって資本等取引であるから，1億円の金銭を受け取ってもA社の益金に算入することはない。A社の「資本金等の額」が1億円だけ増加する。1億円のうち，「資本金」に組み入れた部分は「資本金」に直入され（法税令8条1項柱書），それ以外の部分は「株式……の発行……をした場合……に払い込まれた金銭の額……からその発行により増加した資本金の額……を減算した金額」として加算される（同項1号）。

［例2］　剰余金の配当。A社がBに剰余金の配当の額として1億円の金銭を交付する。

　　この取引もA社にとって資本等取引であって損金には算入されない。「利益積立金額」の減算要因である。すなわち，この100万円のうち，「剰余金の配当（……資本剰余金の額の減少に伴うもの……を除く。）」に該当する部分が，利益積立金額を減少させる（法税令9条1項8号）。この規定の括弧書きで利益積立金額の減算項目から除外されている「資本剰余金の額の減少に伴うもの」は，「資本金等の額」と「利益積立金額」の減算要因となる（同8条1項18号・9条12号）。なお，この場合の株主Bの課税についてはやや複雑であり，Chapter 20で展開する。

［例3］　自己株式の譲渡。A社がBに対して自己の株式を譲渡し，対価として1000万円の金銭を受け取る。

　　A社にとってこの取引は資本等取引として扱われ，資本金等の額が1000万円増加する。その内訳は，資本金に直入する部分（法税令8条1項柱書）と，払い込まれた金銭の額から資本金の増加額を減算した金額（同1号柱書）である。会社にとって自己株式は資産性を失っており，自己株式の譲渡からは損益が生じない。

［例4］　自己株式の取得。A社がBから自己の株式を取得し，対価として1000万円の金銭を支払う。

　　これもA社の法人税の計算上資本等取引であって，損益計算には関係しない。A社はBに支払う金銭と引き換えに株式を取得しているが，自己株

式はA社の手元では紙切れにすぎない。出て行った1000万円は，A社の「資本金等の額」を減算する部分（法税令8条1項20号）と「利益積立金額」を減算する部分（同9条14号）に分けて記録する。みなし配当について学ぶ箇所の先取りになるが（→**20-3**），A社の利益積立金額を減算する部分は，株主Bにおいて配当とみなされる金額を反映するものである。

このように，会社の損益計算に関係しないところで，資本等取引に関係して条文の適用が必要になる。各事業年度の所得計算がオモテの世界だとすると，そのウラの世界が「純資産の部」の計算である。いわば，コンピュータのオペレーティング・システムが私たちの意識しないところで常に作動しているように，株主との関係で取引があるたびに「資本金等の額」や「利益積立金額」を加算減算して記録していくのである。

14-4-4　立法政策論

利益積立金額として，会社段階で法人税を課税済の金額を記録しておくことには，立法政策論上，どのような意味があるか。ひとつの意味は，利益積立金額を原資としてのちに個人株主に対して配当した場合，株主段階で配当所得として課税し配当控除を与えるというものである（→**12-1-2**）。つまり，会社段階の法人税と個人株主段階の所得税との関係をつなぐ役割をもたせるのである。剰余金の配当や「みなし配当」の計算が利益積立金額の計算と連動するのは，このような見方と整合的である。

この話こそが，本格的な意味における会社の課税，つまり株主＝会社間取引の課税への入口である。こういう勘定処理をしておくことで，のちに会社が合併したり分割したりしたような場合に，損益計算に反映させなかった資金のやりとりを正確に承継することができる。

14-5　統計からみた法人税の課税ベース

ここまで，法律の規定に即して法人所得の意義をみてきた。ここで視野を広げ，マクロの統計で法人税の課税ベースがどうなっているかをイメージしておこう。

国税庁の令和3年度の会社標本調査は，次の数値を示している。
①営業収入金額は1478兆4551億円で，このうち利益計上法人の営業収入金額は，1142兆7539億円，所得金額は75兆5808億円で，営業収入金額に対する所得金額の割合（所得率）は6.6％。
②利益計上法人における益金処分の内訳を構成比でみると，社内留保

44.4％，支払配当 31.9％，法人税額等 15.9％，その他の社外流出 7.8％。

③法人税額は 13 兆 2464 億円。所得税額控除は 4 兆 1516 億円。外国税額控除は 5739 億円。

④繰越欠損金の当期控除額は 10 兆 917 億円で，翌期繰越額は 73 兆 5399 億円。

⑤交際費等の支出額は 2 兆 8507 億円で，営業収入金額 10 万円当たりの交際費等は 193 円。

⑥寄附金の支出額は 1 兆 225 億円で，営業収入金額 10 万円当たりの寄附金は 69 円。

⑦貸倒引当金の期末残高は 1 兆 44 億円。

⑧当期発生分の減価償却費の損金算入額は 40 兆 2063 億円で，損金算入限度額に対する損金算入の割合は 94.9％。

　このうち②は，法人税を納付したのち，会社が内部留保する分と配当支払に充てる分の割合が実際にどうなっているかを示す数字である。③からは，所得税額控除がかなりの金額になることがわかる。④から⑧までは，損金の主要項目の大きさを示すので，Chapter16 で各項目について学んだのちに，もう一度この数字をみてほしい。

Column 14－2	賃上げ税制

　企業の労働分配を促す措置として，平成 25 年度改正で，企業が給与等支給額を増加した場合に増加額の一定割合を税額控除する制度を導入した。その後，制度の見直しと拡充が繰り返されている。その効果については肯定と否定の両論がある。田村なつみ「賃上げ税制の効果をめぐる論点整理」調査と情報―ISSUE BRIEF―1192 号（2022 年）参照。

📝 **この章で学んだこと**

▶ 法人所得は，株主の眼からみて生ずるリターンとして構成されている。

▶ 損益は，公正処理基準に従って計算する。

▶ 資本等取引が，会社の課税にとって重要である。

→ **調べてみよう**

▶ 現行法の法人所得の構成は，どのような立法政策にもとづいているか？

　→増井良啓「法人税の課税ベース」金子宏編『租税法の基本問題』（有斐

閣, 2007 年) 476 頁

▶ 法人税の課税ベースの構成には, どのような選択肢があるか?
→神山弘行「法人課税とリスク——法人課税改革案における課税ベースを
題材に」金子宏ほか編『租税法と市場』(有斐閣, 2014 年) 321 頁

益金の額

📑 この章のテーマ

▶法人税法 22 条 2 項　▶無償取引と法人税　▶受取配当の益金不算入

15-1　法人税法 22 条 2 項を読む

15-1-1　益金と収益

　法人税法 22 条 2 項は，益金の額に算入すべき金額に関する基本規定である。「益金」という法令用語は，昭和 40 年の法人税法全文改正時から不変である。それ以前は，明治 32 年の法人所得に対する課税の開始時からずっと，「総益金」といっていた。

　同項の「収益」は企業会計の用語である。損益計算書での表示は，売上高，営業外収益（受取利息，有価証券利息，受取配当金，有価証券売却益，仕入割引その他の項目），特別利益（固定資産売却益，負ののれん発生益その他の項目）に分類される（財務規第 3 章）。

　法人税法 22 条の適用関係を例解しよう。ある会社が，かつて，土地を 1 億円で買った。この土地の取得価額（簿価）は 1 億円である。その後，土地が値上がりし，ある事業年度に，3 億円で売却したとする。この場合，土地（固定資産）を有償で譲渡しているから，当該譲渡によって生じた譲渡価額の総額 3 億円を売却収益とし，当該事業年度の益金の額として計上することになる（法税 22 条 2 項）。

　注意すべき点として，益金計上に対応して，損金も計上する。すなわち，収益に係る原価として，土地の取得価額（簿価）1 億円を，益金計上と同じ事業年度の損金の額に算入する（法税 22 条 3 項 1 号）。こうして，益金の額 3 億円から損金の額 1 億円を差し引きすると，当該事業年度の所得の金額として，2 億円が課税の対象になる（同条 1 項）。損金の意義については Chapter 16 で学ぶが，益金と損金の両面をあわせて考えるくせをつけておくとよい。

　なお，上の計算過程で問題になる各事業年度の収益の額や原価の額は，別段の定めがあるものを除き，公正処理基準に従って計算する（法税 22 条 4 項。→**14-2**）。

15−1−2　規定の構造

法人税法 22 条 2 項を精読すると，次のことがわかる。

▶「資本等取引」からは，益金が生じない。「資本等取引以外のものに係る」
と明示している。

▶「取引」に係る収益の額を，益金の額に算入する。このような「取引」の
典型例が，「資産の販売」である。

▶「有償又は無償による資産の譲渡又は役務の提供」に係る収益の額を，益
金の額に算入する。接続詞「又は」があるため，この部分の規定は合計で
4 通りの場合を定めていることになる。

▶「無償による資産の譲受け」に係る収益の額を，益金の額に算入する。こ
れがいわゆる受贈益である。

▶「別段の定め」がある場合にはそれによる（→**15−3**）。

以下では，「無償による資産の譲渡又は役務の提供」と「無償による資産
の譲受け」を，あわせて無償取引という。

15−1−3　法人税法 22 条の 2

企業会計基準委員会による「収益認識に関する会計基準」（企業会計基準第
29 号）の公表を受け，平成 30 年度改正で，法人税法 22 条の 2 が設けられ
た。同条は，「資産の販売若しくは譲渡又は役務の提供」を「資産の販売等」
と呼び，「資産の販売等」に係る収益の額について，22 条 2 項を補充する規
定を置いている。資産の販売等にかかる収益を益金に算入するかどうかにつ
いては引き続き 22 条 2 項の規定によることとした上で，その時期と金額に
ついて 22 条の 2 の規定で規律することとした。

▶資産の販売等に係る収益計上のタイミングにつき，原則として目的物の引
渡しまたは役務提供の日の属する事業年度の益金とする（法税 22 条の 2 第
1 項）。これにかかわらず，公正処理基準に従ってこれに近接する日の属
する事業年度の確定した決算において収益として経理した場合には，その
事業年度の益金とする（同条 2 項）。

▶資産の販売等に係る収益の額として益金の額に計上する金額は，「販売若
しくは譲渡をした資産の引渡しの時における価額」または「提供をした役
務につき通常得べき対価の額」に相当する金額とする（同条 4 項）。この
場合において，引渡しの時における価額または通常得べき対価の額は，貸
倒れまたは買戻しの可能性がある場合においても，その可能性がないもの
とした場合における金額とする（同条 5 項）。

法人税法 22 条の 2 のこれらの規定は，従来の扱いを法令上明確化するも

のである。これらの規定が明定される前から，最高裁は22条2項の解釈として無償取引について判断を示してきた（→15−2−1, 15−2−2）。22条の2第4項は，無償取引のうち「無償による資産の譲渡又は役務の提供」について，資産の引渡時の価額または役務の通常対価を益金の額に算入することを明示することで，従来の最高裁の解釈を確認している。

15−2　無償取引に関する規定

15−2−1　無償による資産の譲渡

⑴未実現のキャピタル・ゲインを清算する

　法人税法22条2項は，無償による資産の譲渡からも収益の額が生ずる旨を定める。この規定が立法化される前から，最判昭和41・6・24民集20巻5号1146頁［相互タクシー事件］は，「未計上の資産の社外流出は，その流出の限度において隠れていた資産価値を実現することである」と述べ，反対給付の有無にかかわらず適正な価額での総益金計上が必要であるとしていた。

　現行法の上記規定の趣旨について，最判平成7・12・19民集49巻10号3121頁［南西通商事件］は，

　　「この規定は，法人が資産を他に譲渡する場合には，その譲渡が代金の受入れその他資産の増加を来すべき反対給付を伴わないものであっても，譲渡時における資産の適正な価額に相当する収益があると認識すべきものであることを明らかにしたものと解される」

と判示している。ここからは，会社から社外に資産が流出する段階で，未実現のキャピタル・ゲインを清算して課税するという考え方を読み取ることができる。

　ただし，南西通商事件において，最高裁は，法人税法22条2項の「有償……による資産の譲渡」の規定を適用したのであって，無償取引に関する規定を適用したのではない。事案は，ある会社がその代表取締役に対して取引先銀行の株式を低額譲渡したというものであった。この会社は，株式の帳簿価額と同額の対価を得ており，株式譲渡に係る譲渡価額から譲渡原価を差し引くと課税所得が出てこないものとして申告していた。これに対し，最高裁は，資産の低額譲渡は有償による資産の譲渡にあたると位置づけたうえで，反対給付が資産の時価に照らして低額である場合であっても，譲渡時の適正価額を益金に計上すべきであると判断した。そうしないと，「無償譲渡の場合との間の公平を欠く」ことになるというのである。すなわち，無償譲渡についての規定から出発し，規定の趣旨を根拠に，低額譲渡について同じ

扱いを拡張した。そうすることで，

　「資産の低額譲渡が行われた場合には，譲渡時における当該資産の適正な価額をもって法人税法22条2項にいう資産の譲渡に係る収益の額に当たると解するのが相当である」

という結論を導いている。

　平成30年度改正で新設された法人税法22条の2第4項は，収益計上額を「資産の引渡しの時における価額」と明記し，引き渡し時の時価を収益として益金計上する明文上の根拠を示した。

(2)適正価額の認定，損金処理との関係，相手方の課税

　会社が無償による資産の譲渡を行うと，多くの課税問題が発生する。注意すべき点を，3点指摘しておこう。

▶資産の適正な価額がいくらであるかは，同種の資産が公開市場で流通しているような場合を除き，認定が難しい。

▶損金側の処理が必要である。たとえば，A株式会社がかつて1億円で土地を買い，この土地が時価3億円に値上がりしている。A社がこの土地を役員であるBさんに無償で譲渡したとしよう。会社法上の問題は度外視する。このとき，A社の所得の算定上，益金の額として適正時価3億円を計上し，原価1億円を損金に計上するところまでは，3億円を対価とする有償譲渡の場合と同じである。無償譲渡の場合には，これに加えて，3億円の価値のある資産が出ていくので，その分を損金に算入できるのではないかという点が問題になる。これについては，役員給与の損金不算入規定（法税34条）が適用され，損金に算入できない。こうして，益金側と損金側をあわせてみると，差し引き2億円の所得が課税の対象とされる。この点は，Chapter 16で学ぶことを先取りしているので，後で復習してほしい。

▶無償取引の相手方の課税関係はどうなるか。上の例で，役員のBさんは，土地という現物をもって収入している（所税36条1項）。事実関係にもよるが，役員給与として給与所得に該当する可能性があり（同28条），そうなると源泉徴収が必要である。

(3)現物分配

　A株式会社が，株主総会の特別決議を経て（会社454条4項・309条2項10号），その株主に対し，金銭以外の財産を分配したとする。法人税法の適用上，この取引には，損益取引の側面と資本等取引の側面が混合している。

この点につき，法人税法22条の2第6項は，金銭以外の資産による剰余金の分配としての資産の譲渡に係る収益の額を「無償による資産の譲渡に係る収益の額」に含むものと定める。それゆえ，A社は，当該資産の引渡しの時における価額を収益の額として益金の額に算入する。資産の含み損益を分配時に会社段階で清算課税するわけである。

これに対する別段の定めとして，法人税法62条の5第3項は，適格現物分配（法税2条12号の15）または適格株式分配（同条12号の15の3）による資産の移転については，帳簿価額による譲渡をしたものとしてA社の所得金額を算定することとしている。この場合，移転時には課税所得は生じず，課税が繰り延べられることになる（→**18−5**）。

15−2−2　無償による役務の提供
⑴益金計上の根拠付け

法人税法22条2項は，無償による役務の提供からも収益の額が生ずると定める。そして，法人税法22条の2第4項は，収益計上額を「その提供をした役務につき通常得べき対価の額」としている。ここにいう役務の提供は，人的役務の提供に限らず，資金の融資などを含む。たとえば，会社が無利息で融資をしたら，適正な利息相当額を益金の額に算入する。

それでは，なぜ，無償で役務を提供する場合に，益金を計上するのであろうか。大阪高判昭和53・3・30高民集31巻1号63頁［清水惣事件］は，次のように説明する。

▶二段階説。「資産の無償譲渡，役務の無償提供は，実質的にみた場合，資産の有償譲渡，役務の有償提供によって得た代償を無償で給付したのと同じである」として，これを収益発生事由として規定したという説明である。

▶同一価値移転説。無利息融資の場合に通常の利息相当額が貸主から借主に移転することをもって，貸主側の収益発生の根拠とする説明である。

なお，大阪高判は，利息相当額の「利益を手離すことを首肯するに足る何らかの合理的な経済目的等」が認められる場合には益金計上をしないとも述べている。

役務の提供については，資産の譲渡と異なり，未実現キャピタル・ゲインの清算という考え方をあてはめにくい。大阪高判の上記の説明はこの点を工夫しており，資産譲渡と役務提供の両方に通用する。もっとも，読者の中には，なぜ2段階の取引を擬制するのか，どうして経済的価値を失った側の法人に益金を計上するのか，ふたつの説の相互関係はどうなっているのか，といった疑問をもつ人がいてもおかしくない。説明自体は一応理解できたとし

ても，そもそも何のためにそういう説明をするのかが，根本の問題である。

⑵機能からみた考察

そこで，具体的な事案にそくして，益金の計上がどのような機能をはたすかを観察してみよう。上の清水惣事件では，親会社が子会社に無利息で融資していた。その結果，利息相当額の経済的価値が親会社から子会社に移転し，関連会社間で所得が振り替えられていた。

より一般的には，黒字会社から赤字会社に対して所得を振り替えると，グループ全体でみた法人税額が減少する。これを野放しにしておくと，関連会社間で人為的に無償取引を行うことにより，いともたやすく法人税を減少できることになってしまう。無利息融資を行った側の会社に益金を計上することは，このような所得振替を防止し，税額減少を抑止する機能を果たす。

この機能に着目すると，無償で役務を提供する場合に適正対価相当額を益金に計上すべき理由は，所得振替の防止にあるということができる。この説明は法人税法22条2項が対象としているすべての場合をカバーしているわけではないものの，関連会社間取引という局面における根拠付けになる。会社が役員や支配株主に無償で役務提供する場合など，他の局面についても，どのような機能があるかを観察し，不備がある場合にどのような立法的対応が必要かを考えていくべきであろう。

関連会社間の所得振替への対処として，現行法には不徹底な面がある。無利息融資を行うと，貸手側の法人所得の算定上，利息相当額を益金に計上し，失った利息相当額を「寄附金」という損金項目とする。法人税法上，寄附金の概念はきわめて広く，経済的利益の無償の供与を含むからである（法税37条7項）。寄附金に該当すれば原則として損金不算入となるのであるが，損金算入限度額が機械的に定まるため（同条1項），所得振替に伴う法人税額減少に対して必ずしも有効に対処できない。また，適正な利息相当額の金銭評価のやり方を明示する規定が欠けているし，借手側の課税との整合性の確保にも課題がある。これらの点については，のちに寄附金について学ぶ際に言及する（→16-4-3）。

15-2-3　無償による資産の譲受け
⑴資産と役務の対比

法人税法22条2項は，無償による資産の譲受けに係る収益の額を益金の額に算入すべき金額としている。たとえば，ある会社が，篤志家から時価1億円の土地の贈与を受けたとすれば，1億円を益金の額として計上する。

これに対し，無償による役務の受入れについては，規定されていない。その理由としては，かねてより，支出すべき費用が減少しその分だけ課税所得が増加するから，益金の額として計上する必要がないと説明されてきた。これに対し，無償による役務の受入れからも受贈益が発生すると論じ，同一事業年度に益金と損金が同額で生ずるため課税所得に影響が生じない場合と，益金と損金の計上時期が異なるなどの理由から各事業年度の課税所得に影響を及ぼす場合を区別する見解がある（戸塚裕輔「益金が生ずる無償取引について——無償による役務の享受の取扱いに関する理論的検討」税務大学校論叢 97 号〔2019 年〕93 頁）。

以上が基本規定である。これに対する別段の定めとして，完全支配関係（法税 2 条 12 号の 7 の 6）がある他の内国法人から受けた受贈益の額は，益金の額に算入しない（同 25 条の 2 第 1 項）。会社グループ内では，受け手の側で課税せず，贈り手の側で控除しない（同 37 条 2 項）ことにしたのである。

(2)有償による資産の譲受け

やや紛らわしい場合につき，補足しておこう。

会社が，時価 3 億円の土地を，現金 3 億円の対価を支払って取得しても，益金が生ずるわけではない。適正対価による売買契約にもとづき，手元にあった現金が土地に替わっただけである。この土地の取得価額（簿価）は 3 億円となり，のちにこの土地を売却する事業年度に原価 3 億円が損金に算入される。

これに対し，同じ例で，会社が現金 1 億円の対価を支払った場合には，時価よりも低額の対価で譲り受けたことになり，2 億円分だけ得をしている。そこで，受贈益が 2 億円計上される。そのための条文操作として，土地の価額のうち 2 億円分に相当する部分を無償で譲り受けたという構成には難点がある。売買契約は有償で行っているし，上述の南西通商事件で最高裁は低額譲渡を有償取引と位置付けていたからである。むしろ，その他の「取引」に係る収益の額を受贈益 2 億円とする処理が公正処理基準（法税 22 条 4 項）の内容として導かれる，と解すべきであろう。

15−2−4　その他の取引

法人税法 22 条 2 項は，有償取引，無償取引その他の「取引」に係る収益の額を益金の額としている。

最判平成 18・1・24 訟月 53 巻 10 号 2946 頁［オウブンシャホールディング事件］では，ここにいう「取引」に該当するか否かが問題になった。

内国法人である X 社が，100％出資の子会社 A 社をオランダにおいて設

立していた。A社が，その発行済株式総数の15倍の新株をX社の関連会社であるB社に著しく有利な価額で発行した。これによって，X社のA社に対する持株割合は100％から6.25％に減少し，B社の持株割合は93.75％となった。こうして，A社株式に表章されていたA社の資産価値の相当部分が，X社からB社に移転した。この新株発行は，X社，A社，B社，E財団（X社とB社の共通株主）の各役員が，意思を相通じて行っていた。X社とB社の間に合意があったという事実認定は，控訴審の段階で確定している。

　この事実関係の下で，最高裁は，X社の保有するA社株式に表章された資産価値の移転は，法人税法22条2項にいう「取引」にあたると判断した。このような資産価値が，B社との合意にもとづいてB社に移転したものであり，「X社の支配の及ばない外的要因によって生じたものではなく，X社において意図し，かつ，B社において了解したところが実現したものということができる」というのである。

　この判決の射程が新株の有利発行一般に及ぶと考えたとすれば，法人株主の持分が希釈化する場合について広く益金計上が求められることになり，課税がビジネスに対する制約になりかねない。射程はより狭く，株主間の合意が認定できる限界的な事例にとどまると読んでおくのが穏当であろう。

15－3　別段の定め

15－3－1　益金の額の計算に関する「別段の定め」

　法人税法22条2項は益金の額に関する基本規定であり，これに優先する多くの「別段の定め」がある。

　法人税法第2編第1章第1節第3款に属する「別段の定め」として，次のものがある。

▶収益の額（法税22条の2）
▶受取配当等の益金不算入（法税23条）
▶外国子会社から受ける配当等の益金不算入（法税23条の2）
▶配当等の額とみなす金額（法税24条）
▶資産の評価益の益金不算入等（法税25条）
▶完全支配関係がある他の内国法人から受けた受贈益の益金不算入（法税25条の2）
▶還付金等の益金不算入（法税26条）
▶中間申告における繰戻しによる還付に係る災害損失欠損金額の益金算入（法税27条）

これらに加え，益金と損金の両方にまたがる「別段の定め」は多い。いくつか例示しよう。

▶有価証券の譲渡損益に関する規定。有価証券の譲渡に係る対価の額と原価の額の差額をとらえ，譲渡利益額があれば益金の額に算入し，譲渡損失額があれば損金の額に算入する（法税61条の2第1項）。

▶組織再編成に伴う資産・負債の移転に関する規定。合併や分割により資産・負債を移転した場合，原則として時価で譲渡したものとして，譲渡利益額を益金の額に算入し譲渡損失額を損金の額に算入する（法税62条）。例外として，一定の適格要件を満たす合併や分割により資産・負債を移転した場合，帳簿価額により引継ぎや譲渡をしたものとして所得の金額を計算する（同62条の2・62条の3）。

▶リース譲渡に係る収益・費用の帰属事業年度（法税63条）

▶工事の請負に係る収益・費用の帰属事業年度（法税64条）

▶完全支配関係がある法人の間の損益通算（法税64条の5）

▶移転価格税制（租特66条の4）。国外関連者との取引につき，それが独立企業間価格で行われたものとみなして法人税法の規定を適用する。

　なお，租税特別措置法は，所得税法や法人税法の「特例」（租特1条）として，法技術的に自足的な規定を設けている。そのため，益金や損金に関する租税特別措置法の規定は法人税法22条の「別段の定め」ではないとするのが，伝統的な理解である。しかし，「特例」であれ「別段の定め」であれ，法人税法の所得算定ルールを修正していることは同じである。そこで本書では，租税特別措置法の規定も「別段の定め」に含めて叙述する。

15−3−2　受取配当の益金不算入

(1)法人税法23条の趣旨

　益金の額の計算に関する「別段の定め」の例として，法人税法23条をみてみよう。これは，法人税の性格を理解する上でも，株式保有のあり方に影響を及ぼす点でも，きわめて重要な規定である。各国の法人税制でも，法人間配当につき法人部門での多重課税を避けるための措置が設けられており，日本のやり方が23条に体現されている。

　法人税法23条の趣旨につき，最判令和3・3・11民集75巻3号418頁［国際興業管理株式会社事件］は，次のように判示している。

　「株主等である法人が受け取る配当は，企業会計上は収益であるから，本来は課税の対象となるべきものであるが，二重課税の防止等の見地から，上記〔法人税法22条2項〕の別段の定めである同法23条又は23条の2の

規定により，その全部又は一部が益金の額に算入されないこととされている。」

　つまり，企業会計との関係では収益を構成するが，法人税法との関係では「別段の定め」を置いて益金不算入としたのである。「二重課税の防止等の見地」というのが，最高裁の趣旨理解である。なお，引用されている 23 条の 2 は，外国子会社から受ける配当の額を益金不算入にする規定であり，やはり 22 条 2 項の「別段の定め」である。

(2)沿革

　この規定の前身は，昭和 25 年のシャウプ税制ではじめて設けられた。その趣旨として，シャウプ勧告は次のように述べた（シャウプ使節団編・総司令部民間情報教育局訳『日本税制報告書 巻 1』〔1949 年〕第 1 編第 6 章 E 節）。

　「一般に子会社または持株会社を使用すること，もしくは法人が他の法人の株式を所有することに対して差別待遇をする理由は存しない。むしろ，このような仕組は，多くの場合，企業を運営するのには最も合理的且つ効果的な組織形態である。……このような仕組に対する懲罰的課税は望ましくない。……従って，われわれは，法人の株式所有および法人相互間の配当の支払に対する特別の負担をできるだけ除去すべきことを勧告する。」

　これを受けた昭和 25 年法は，株式保有割合を問わず，受取配当の全額を益金不算入とした。

　これに対し，昭和 63 年 12 月の抜本税制改革で，保有基準による区別を導入した。その趣旨については，税制調査会「税制の抜本的見直しに関する答申」（1986 年 10 月）が次のように述べて，親子会社間配当とそれ以外の配当の差異を強調している。

　「親子会社間の配当のように，企業支配的な関係に基づくいわば同一企業の内部取引と考えられるものについては，仮にこれに課税すると，事業を子会社形態で営むよりも事業部門の拡張や支店の設置等による方が税制上有利となり，企業の垂直的統合を促すこととなる等，企業の経営形態の選択等に対して法人税制が非中立的な効果を持つという弊害が生じるおそれがある。これに対し，このような関係を有しない法人の株式は一種の投資物件という性格があり，また，企業の資産選択の実態等を踏まえると，法人が投資対象として保有する株式にかかる配当についてまで益金不算入としなくてもよいのではないかと考えられる。」

　つまり，「企業支配的な関係」にある場合と「一種の投資物件」として保有する場合とを区別するという考え方である。これを受けた改正で，所有割

合25%未満の株式に係る受取配当の益金不算入割合を80%に縮減した。その後，連結納税制度を導入した平成14年7月の改正で，益金不算入割合を50%に引き下げた。

　平成27年度改正で税率引下げのための財源確保のため区分を4つにした上で，益金不算入とする範囲をさらに縮減した。令和2年度改正で，連結納税制度を見直してグループ通算制度に組み替えた際に，株式の区分判定を見直すなどの修正を加えた。これが現行法である。

⑶株式保有割合に応じた益金不算入割合

　法人税法23条1項は，株式保有割合に応じて益金不算入割合を次のように変化させている。

▶完全子法人株式等に係る配当　100%
▶関連法人株式等に係る配当　原則96%
▶いずれにも該当しない株式等に係る配当　50%
▶非支配目的株式等に係る配当　20%

　具体例で説明しよう（図表15-1）。以下の例において，C社とD社はいずれも株式会社であり，日本国内に本店のある内国法人であるとする。また，剰余金の配当は，利益剰余金を原資とするものであり，資本剰余金の減少に伴うものではないものとする（→**20-2**）。

図表15-1　法人間配当の例

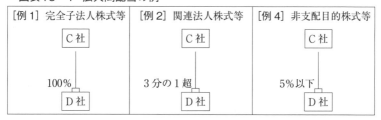

［例1］C社は，3年前から継続して，D社の発行済株式の総数の100%を有している。C社がD社から受ける剰余金の配当は，C社の益金に算入されるか。

　全額が益金不算入となる（法税23条1項）。規定の適用関係は次の通りである。C社の有するD株は，完全子法人株式等にあたる（同条5項）。よって，法人税法23条1項柱書の第2括弧書きは適用されず，柱書本文が定める通り全額が益金に算入されない。

　この例では，Ｄ社はＣ社の完全子会社であり，会社グループの一員である。Ｄ社は，自らが稼得した所得に対して法人税を納付し，法人税納付済の利益から剰余金を配当する。これを受けたＣ社の段階でさらに法人税を課すと，同一グループの中で，法人税の課税が重複する。このような重複課税を排除している。

［例2］同じ例で，Ｃ社がＤ社の発行済株式の総数の35％を有している場合，違いが出てくるか。

　全額ではなく，原則として96％が益金不算入となる。これは，35％保有の場合，関連法人株式等にあたるからである（法税23条4項）。関連法人株式等を画する3分の1超という基準は，会社の定款変更等に必要な特別決議の成立を単独で阻止できる会社法の基準を参考にしている。

　この例でも，Ｄ社はＣ社の支配下にあり，会社グループを構成する。しかし益金不算入額は全額ではなく，法人税法23条1項柱書の第2括弧書きにより，「配当等の額から当該配当等の額に係る利子の額に相当するものとして政令で定めるところにより計算した金額を控除した金額」になる。ここに「政令で定めるところにより計算した金額」は，原則として配当等の額の4％相当額であり（法税令19条1項），これを控除した96％が益金不算入となるわけである。4％分だけ益金不算入額を減額する理由は(4)で後述する。

［例3］同じ例で，発行済株式の総数の10％を有している場合はどうか。

　10％保有の場合，法人税法23条1項柱書の第2括弧書きにいう「いずれにも該当しない株式等」にあたる。同じ第2括弧書きにより，剰余金の配当の額のうち50％のみが益金不算入となる。

［例4］同じ例で，Ｃ社がＤ社の発行済株式の総数の5％を有している場合はどうか。

　5％保有の場合，非支配目的株式等にあたる（法税23条6項）。法人税法23条1項柱書の第2括弧書きにより20％のみが益金不算入となる。

　以上の例からわかるように，保有割合に応じて益金不算入割合が決まってくる。

　なお，法人税法23条1項の規定を適用するには，確定申告書，修正申告書または更正請求書への記載が必要である（法税23条7項）。

⑷負債の利子との関係

　［例2］の関連法人株式等の場合，受取配当の全額ではなく原則としてその96％が益金不算入となる。会社が借金をして他社の株式を買う局面を念頭においたルールが徐々に簡素化されて，現行法のような形になった。

昭和 25 年のシャウプ税制で受取配当が益金不算入とされた当時，次の点が懸念された。一方で受取配当を益金に算入せず，他方で負債利子費用を損金に算入すると，益金側と損金側のミスマッチが生ずる。そうなると，租税裁定（→**10−4**）が可能になり，借入金を用いた株式取得を促進してしまう。これに対処するために，負債利子の分だけ，受取配当益金不算入の対象を減額することとした。負債利子の損金算入を制限する代わりに，益金不算入の額を減額していたのである。

　その後，株式保有割合に応じて異なる益金不算入割合を適用するようになる過程で，負債の利子の扱いが徐々に簡素化されてきた。

▶平成 22 年度改正。完全支配関係がある法人間の配当について，負債の利子について従来存在した益金不算入対象からの除外措置を廃止した。その趣旨としては，資本に関係する取引等に係る税制についての勉強会「論点とりまとめ」（2009 年 7 月）が，「グループ子法人からの受取配当にかかる負債利子控除については，グループ内の資金調達に対する中立性を確保する観点や，100％支配関係にある子法人からの配当は間接的に行われる事業からの資金移転と考えられることなどから，これを不要とする」と述べていた。完全親会社が借金をして自分で事業を行うのも，自分が借金をして完全子会社株を買いその完全子会社に事業をさせるのも同じだ，ならば後者の場合に制限は不要だ，というロジックである。

▶平成 27 年度改正。関連法人株式等に係る控除を除き，従来の益金不算入額の減額措置を廃止した。その理由として，立案担当者は，益金不算入割合の縮減により負債利子額が損金となることによる影響が低減したことや，制度の簡素化の必要性等を挙げていた（『平成 27 年版改正税法のすべて』〔大蔵財務協会，2015 年〕344 頁）。

▶令和 2 年度改正。関連法人株式等に係る配当等の額から負債利子相当額を減額する措置を廃止し，益金不算入額の減額割合を一律に 4％とした（法税令 19 条 1 項）。ただし，負債利子が少ない法人があることを踏まえ，負債利子の額の 10％を上限とする（同 2 項）。この改正は，連結納税制度の見直しに伴うものである。これに先立って，税制調査会の連結納税制度に関する専門家会合「連結納税制度の見直しについて」（2019 年 8 月）が，「制度の簡素化及び負債利子の適正な控除の双方の観点から……負債利子の概算値として一律に適用される一定の割合を設定し，関連法人株式等に係る受取配当等の益金不算入割合を所定の割合で引き下げる」という案を提示していた。

　こうして，現行法は，関連法人株式等に限り，しかも概算値によって受取

配当益金不算入額を減額する。負債を用いた租税裁定に精密に対処することよりも，企業の事務負担に配慮した制度設計といえよう。

(5)配当とキャピタル・ゲインの異なる扱い

　法人税法は，受取配当を益金不算入としつつ，株式譲渡損益をフルに課税ベースに算入する。配当というインカム・ゲインと，株式譲渡損益というキャピタル・ゲインとで，異なる扱いをしているのである。そのため，法人株主は，非課税で配当を受け取り，配当落ちした株式を譲渡することで譲渡損を実現できることになる。

　これに対し，いくつかの立法的対応が講じられている。

▶法人税法23条2項。配当直前に株を買い，配当直後に売り抜く企業行動を対象として，益金不算入措置を不適用とする。このルールの原型は昭和28年に導入された。このような行動は「配当のはぎとり（dividend stripping）」と呼ばれ，各国で問題とされている。

▶法人税法23条3項。東京高判平成27・3・25訟月61巻11号1995頁〔IBM事件〕では，自己株式の取得を利用して人為的な損失を作出するスキームが問題となった。事件が生じたのち，このようなスキームを念頭に，平成22年度改正で，配当とみなされる金額を益金不算入の対象から除外した。

▶法人税法施行令119条の3第10項。受取配当を益金不算入とすると同時に，配当の基因となった保有株式の帳簿価額を益金不算入額だけ減額する（→**18−2**〔課税繰延の技術としての圧縮型〕）。ソフトバンク・グループのある取引が明らかになったことをきっかけにして，令和2年度改正で局所的な対応として導入された。

　このような問題が生ずる根本の理由は，配当とキャピタル・ゲインの異なる扱いにある。両者の扱いを揃えるやり方として，一定の保有割合以上の子会社株式につき株式譲渡損益を課税ベースから除外することが考えられる。これを資本参加免税（participation exemption）といい，独仏蘭などに例がある。

(6)一歩先へ

　読者の皆さんは，本章で紹介した法人税法の規定について，まず現行法の内容を理解したら，一歩進んでその立法政策としての当否を批判的に考えてみてほしい。法人部門での多重課税を避けるという趣旨からすると，株式保有割合に応じて益金不算入割合を縮減することに十分な理由はあるか。租税

裁定に対する構えとして，現行法は十分に頑健か。配当のみに着目しキャピタル・ゲインについては益金不算入措置を講じない課税ルールが，いかなる企業行動を引き起こすか。

　改正が相次いできたことからも明らかなように，現在のルールが最適解であるという保障はどこにもない。このような中で，現行法の問題点を認識し，改善を試みていくという心構えが重要である。

Column 15 − 1　　グループ内配当への源泉徴収

　会計検査院の令和元年度決算検査報告（2020 年 11 月）は，完全子法人株式等と関連法人株式等に係る配当につき源泉徴収を行う従来の扱いの再検討を求めた。企業グループ内において納税に係る一時的な資金負担が生じ，源泉徴収された所得税額の税額控除による還付事務が生ずるだけだったからである。令和 4 年度改正で，そのような場合に源泉徴収をしないこととした（所税 177 条）。

📑　**この章で学んだこと**

▶ 益金の額に関する基本規定が，法人税法 22 条 2 項である。

▶ 法人税法 22 条 2 項は，無償取引からも益金の額が生ずる旨を規定している。

▶「別段の定め」の一例として，受取配当益金不算入の規定がある。

→　**調べてみよう**

▶ 法人税法 22 条 2 項の無償取引に関する規定は，会社グループの取引の課税にあたり，どのような役割を果たすか？
　　→増井良啓『結合企業課税の理論』（東京大学出版会，2002 年）

▶ 収益認識会計基準は，法人税法といかなる関係にあるか？
　　→岡村忠生「収益認識の諸相──法人税法からの問いかけ」日本租税研究協会『第 73 回租税研究大会記録』（2021 年）3 頁

Chapter 16　損金の額

この章のテーマ

▶ **法人税法 22 条 3 項**　▶ **利益分配との区別**　▶ **原価・費用・損失**
▶ **役員給与**　▶ **寄附金**　▶ **交際費等**　▶ **繰越欠損金**

16−1　法人税法 22 条 3 項を読む

16−1−1　規定の構造

　法人税法 22 条 3 項は，損金に関する基本規定である。これを精読すると，次のことがわかる。

▶ 「資本等取引」からは損金が生じない。3 号が「資本等取引以外の取引に係るもの」と明記している。

▶ 3 項の各号をみてほしい。

　＊ 1 号が原価であり，その事業年度の収益に対応する「売上原価，完成工事原価その他これらに準ずる原価の額」が損金の額に算入される。

　＊ 2 号が費用であり，その事業年度の「販売費，一般管理費その他の費用の額」が損金の額に算入される。ただし，償却費以外の費用で当該事業年度終了の日までに債務の確定しないものを除く。

　＊ 3 号が損失であり，その事業年度の「損失の額」が損金の額に算入される。

　＊これら各号に掲げる額は，別段の定めがあるものを除き，公正処理基準に従って計算する（法税 22 条 4 項）。

▶ 「別段の定め」がある場合にはそれによる（→**16−4**）。

16−1−2　立法政策論上の意義

⑴株主の眼からみて生ずるリターン

　損金算入をもたらす取引の範囲は，法人税の課税ベースをどう構成するかという立法政策と，密接に関係する。すなわち，現行法人税の課税ベースは，株主の眼からみたリターンとして構成されている（→**14−1−2**）。このことを実定法上表現するのが法人税法 22 条であり，株主と会社の間の一定

の資金のやりとりを資本等取引としてくくり出し，損益取引から区別している。それゆえに，株主に対する利益の分配は，資本等取引とされ，損金に算入できないのである。

　このことの意味を，いくつかの角度から説明する。

(2)負債と株式の区別

　まず，負債（debt）と株式（equity）の区別という角度からみてみよう。株式会社が事業に必要な資金を調達するに際し，負債による場合と株式による場合を比較する（図表16−1）。

図表16−1　負債と株式

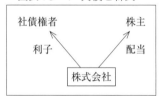

▶負債による場合，社債発行や銀行融資などによって他人から資金を借りる。この場合，会社が資金の貸主に対して支払う負債利子は，法人所得の算定上，費用として損金に算入できる。利子費用相当額は，損金算入によって法人税の課税ベースから除外されるから，会社の段階で法人税がかからないことになる。

▶株式による場合，株主になる者から払込みを受けて資金を確保する。会社が事業活動を行って利益を稼得し，株主に対し剰余金を配当する場合，法人税を納付したのちの税引後利益から配当を行う。支払配当は損金に算入しないのであって，損金に算入できる支出から区別される。

　このように，負債の利子は損金に算入できるが，株式に係る配当は損金に算入できない。これも，法人税の課税ベースを株主の眼からみたリターンとして構成しているからである。基本的な立法政策を忠実に反映しており，理屈がとおっている。だが，その帰結として，会社の資金調達のやり方に，法人税がバイアスをかけてしまう（→12−1−2）。

　法人税の改革論の中には，立法政策のこのような基礎を修正し，負債と株式の取扱いを揃えようとするものがある。

▶包括的事業所得税（Comprehensive Business Income Tax：CBIT）。米国財務省は1992年，配当の取扱いにあわせて負債利子について損金算入を否

定する青写真を描いた。

▶株式に係る一定額の損金算入（Allowance for Corporate Equity：ACE）。法人の自己資本について市場金利相当分までの損金算入を与えることで，株式資金調達による投資リターンから市場金利相当分の通常収益を課税除外し，超過利益のみに課税する。EU 加盟国のいくつかで導入されており，欧州委員会が指令案を公表している（辻美枝「関連会社間の国際的資金移転と法人所得課税」税研 227 号〔2023 年〕15 頁）。

　これに対し，より個別的に負債利子費用控除による課税ベース減少に対処するルールを設ける立法例は多い。2016 年の EU 指令（Anti-Tax Avoidance Directive: ATAD）は，原則として，会社の利子・税・減価償却前利益（Earnings Before Interest, Taxes, Depreciation, and Amortization: EBITDA）の30％を負債利子控除の上限とした。日本の過大支払利子税制は，関連者純支払利子等の額が調整所得金額の 50％を超える部分を損金不算入とする（租特 66 条の 5 の 2）。

Column 16 − 1　　　　**金融工学と負債・株式**

　金融工学の発展により，金銭の時間的価値と賭けに対するリターンの各要素を統合したり分解したりして，任意の組み合わせを組成できるようになった。この中で，負債と株式の区別が相対化する。米国連邦所得税では，判例法と個別立法による区別の試みが継続してきた。参照，吉村政穂「出資者課税──『法人税』という課税方式(2)(3)」法協 120 巻 3 号 508 頁，5 号 877 頁（2003 年），橋本慎一朗「OID ルールのデリバティブへの拡張」国家 118 巻 5 ＝ 6 号（2005 年）600 頁。

⑶会社の利害関係者との関係

　次に，株主とそれ以外の利害関係者（stakeholders）の区別という角度からみてみよう。会社の利害関係者には，株主や社債権者の他にも，従業員や地主，取引先といったさまざまな主体が存在する（図表16−2）。

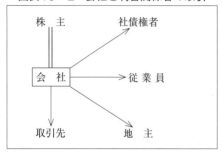

図表16-2　会社と利害関係者の取引

　会社は，さまざまな利害関係者に対して支払を行う。そして，負債の利子費用のみならず，従業員に対する報酬や地主に対する賃料などが，損益取引として，損金に算入される。これに対し，株主との間の取引は資本等取引としてくくり出され，他とは異なって取り扱われる。繰り返しになるが，この点も，現行法が株主の眼からみたリターンとして法人税の課税ベースを構成していることのあらわれである。

　なお，法人税の課税ベースと対比する意味で，法人所得以外の課税ベースをもつ例を紹介しておこう。

▶都道府県の法人事業税における付加価値割。その課税ベースは，単年度の損益に加え，報酬給与額・純支払利子・純支払賃料を含む（地税72条の14）。法人企業の付加価値のうち人件費の占める割合はきわめて大きいから（→ Column 14-1），報酬給与額を取り込むことで課税ベースは大幅に拡大する。ただし，その適用対象は，資本金が1億円を超える法人に限られる（同72条の2第1項1号イ）。

▶消費型付加価値税としての消費税。一方で事業上の設備投資を課税仕入れの対象とすることで課税ベースから除外し（消税30条），他方で支払給与を課税仕入れの対象から除外することで労働のリターンを課税ベースに取り込む（→ Column 19-1）。ただし，この立法政策を実施する法技術としては，課税標準算定の段階で加算減算するのではなく，税額算定の段階で売上税額から仕入税額を控除する。

(4)会社段階の課税と利害関係者段階の課税

　会社の段階で支払を損金不算入とし，会社から支払を受ける利害関係の段階で課税の対象に含めると，会社で1回，支払を受ける者で1回という意味で，両段階をあわせて「二重課税」が生ずる。たとえば，会社の法人税との

関係で社債の支払利子を損金不算入とし，しかも社債権者に課税する場合である。あるいは，会社役員に支給する給与を損金不算入とし，しかも役員に課税する場合である。これらの「二重課税」は，会社が個人株主に剰余金を配当する場合に，会社段階で法人税がかかり，個人株主段階で所得税がかかる場合（→12−1−2）と，同様の現象である。

16−2　資本等取引との区別

16−2−1　法人税法22条3項と5項の守備範囲

　資本等取引（法税22条5項）からは損金が生じない（同条3項3号）。よって，資本金等の額の減少を生ずる取引や，利益または剰余金の分配，残余財産の分配を行っても，損金の額に算入しない。

　国税庁の通達は，ここにいう利益または剰余金の分配には，法人が剰余金または利益の処分により配当または分配をしたものだけでなく，「株主等に対しその出資者たる地位に基づいて供与した一切の経済的利益を含む」ものと解釈している（法基通1−5−4）。これは，「出資者たる地位に基づいて供与」するという定式のあてはめ具合によっては，かなり広い範囲のものをカバーしうる。

　たとえば，ある会社の個人株主が，従業員としての立場で労務を提供し，その対価として会社から給与を受け取ったとしよう。これは，従業員としての地位にもとづいて会社が給与を支払ったものであって，出資者たる地位にもとづいて供与したものではないから，資本等取引にはあたらず，会社の法人税の算定上損金に算入できるであろう。

　これに対し，会社の支配権を握る個人株主が，実際には労務を提供していないにもかかわらず，給与という名目で会社から多額の資金を受け取っていたとしよう。この場合，出資者たる地位にもとづいて供与したものとして，資本等取引に該当する可能性が出てくる。実際，この通達に関するある解説は，

> 「正規の配当決議を経ないで簿外で剰余金の配当を行うとか，特定の株主に対してのみ特別の利益を与えるような行為は，いわゆる『隠れたる剰余金の処分』であるが，ここでいう利益又は剰余金の分配には，このようなものも含まれるのである」

と述べている（松尾公二編著『11訂版 法人税基本通達逐条解説』〔税務研究会出版局，2023年〕83頁）。つまり，「隠れたる」剰余金の分配であっても「出資者たる地位に基づいて供与」されている限り資本等取引に該当すると解釈することで，当該取引から損金が生じないという帰結をもたらすのである。こ

の解釈は，法人税の課税ベースの浸食を防ぐものであり，その反面として納税者にとっては不利に働く。

16−2−2　株主優待金の扱い

⑴ふたつの理由付け

「株主等に対しその出資者たる地位に基づいて供与した一切の経済的利益」という定式の原型は，最大判昭和43・11・13民集22巻12号2449頁［東光商事事件］にある。事案は昭和40年全文改正前の法人税法が関係するものであり，いわゆる株主相互金融の株主優待金を損金に算入できるか否かが争われた。

株主相互金融とは，融資のためのしくみである。株式を買い受けて株主になった人は，持株の額面金額の3倍までの金額の融資を受けることができた。融資を希望しない株主に対しては，あらかじめ約定された一定の利率によって算出した金額を，X株式会社が支払った。これが株主優待金であり，X社の法人所得の算定上，株主優待金を損金として扱うことができるかどうかが問題とされた。

最高裁大法廷は，この株主優待金を損金不算入とした。理由として，ふたつの理由をあげている。

▶配当であるという理由。次の判示部分である。

「本件株主優待金は，実質的には，株主が払い込んだ株金に対して支払われるものにほかならないということができる。そして，会社から株主たる地位にある者に対し株主たる地位に基づいてなされる金銭的給付は，たとえ，Xに利益がなく，かつ，株主総会の決議を経ていない違法があるとしても，法人税法上，その性質は配当以外のものではあり得ず，これをXの損金に算入することは許されない」というのである。

▶支出が法律上禁止されているという理由。すなわち，

「事業経費の支出自体が法律上禁止されているような場合には，少なくとも法人税法上の取扱いのうえでは，損金に算入することは許されない」という一般論を受けて，「会社の決算期における利益の有無に関係なく，約定の利率により算出した金員を定期に支払う」ことは，「法律上許されないのであるから……損金に算入することは許されない」というのである。

最高裁大法廷は，「以上，いずれの見地からいっても」本件株主優待金を損金不算入とした原審判決は結論において正当である，と述べた。そのため，ふたつの理由のうちどちらが結論を導くうえで決め手となっているかは，法廷意見の判旨だけからは，はっきりしない。

⑵意見の分布状況

　東光商事事件の大法廷判決には，奥野健一裁判官の反対意見と，松田二郎裁判官の意見が付されている。

　奥野反対意見の核心は，株主優待金は「銀行等の金融機関が預金者に対して支払う利息と同様の性質を有する」という認識にある。利息を支払っているのであれば損金算入は当たり前であり，法廷意見の第1の理由が，株主優待金が「配当以外のものではあり得ず」と判示したところと全く認識を異にしている。奥野反対意見は，さらに，法廷意見の第2の理由にも反対している。

　これに対し，松田意見は，結論としては法廷意見と同様に，株主優待金の損金算入をみとめない。しかしその理由は，法廷意見の第1の理由に依拠するものであって，この点において奥野反対意見に賛成できないと述べている。注目すべき点として，法廷意見の第2の理由に対しては，奥野反対意見と同様，疑問を表明している。

　以上の意見分布を一覧にしておこう（図表16−3）。

図表16−3　東光商事事件における意見分布

法廷意見	第1の理由：配当だから損金不算入	第2の理由：法律上禁止されているから損金不算入
奥野反対意見	反対	反対
松田意見	賛成	疑問

⑶株主優待金の性質決定

　このように意見が分かれたひとつの理由は，株主優待金の性質決定が難しいことにあった。

　かねて，株主相互金融が問題になった別の事件において，最判昭和35・10・7民集14巻12号2420頁［鈴や金融株式会社事件］は，株主優待金が所得税法上の利益配当にあたらないと判断していた。その事件では，株主優待金を受け取った個人株主の側の所得税の問題を扱っていた。それゆえ，形式的にいえば，昭和35年判決が，株主優待金を支払う会社側の法人税の問題を扱った昭和43年大法廷判決と矛盾する，とまではいえないだろう。税目や納税者が異なるからである。もっとも，大法廷判決の第1の理由は，株主優待金は「配当以外のものではあり得ず」といいきっており，個人株主にとって利益配当でないという昭和35年判決とは必ずしもうまく整合しない。

　ならば，昭和43年大法廷判決は，株主優待金の一部分が利益配当であり，

一部分が利子費用である，という二元的構成を採用することはできなかったのだろうか。理屈としては可能であっただろうが，現実に支払われた金額のうちどの部分が配当でどの部分が利子かの判定は困難である。そして，損金不算入が納税者に不利な結果に帰することからすると，具体的にいくらの金額が利益処分であり，いくらの金額が利子費用であったかの区別がつかなければ，結局のところ，その全部について損金算入をみとめなければならなくなるであろう。この点，大法廷判決の第1の理由は，株主優待金の性質が配当であると割りきっており，二元的構成をとっていない。

⑷その後の裁判例

その後，同じ納税者が別の事業年度について同様の訴訟を提起し，最判昭和45・7・16判時602号47頁は再度，株主優待金の損金算入を否定した。その理由付けは，昭和43年大法廷判決の第1の理由に依拠しており，「その性質は配当以外のものではあり得ず，これをXの損金に算入することは許されない」と判示している。つまり，先行する昭和43年大法廷判決がふたつの理由を並列していたところ，2年後の小法廷判決は第1の理由だけを選択的に援用したわけである。この後続判決は，松田二郎裁判官の属する小法廷によるものであった。

16－2－3　隠蔽仮装行為に要する費用
⑴損金不算入にする理由

上にみたように，株主優待金が損金不算入になるという結論を導くにあたって，最高裁大法廷は，配当であるという理由と，支出が法律上禁止されているという理由をあげていた。

これに対し，最決平成6・9・16刑集48巻6号357頁［株式会社エス・ブイ・シー事件］は，法人税法22条4項の公正処理基準を理由として損金不算入とした。

この事件では，不動産売買を目的とする株式会社Xは，所得を秘匿する手段として，社外の協力者に架空の土地造成工事に関する見積書および請求書を提出させ，これらの書面を利用して2事業年度で総額2億8464万円余の架空の造成費を計上して原価を計算し，損金の額に算入して法人税の確定申告をし，上記協力者に対して合計1900万円を支払った（「本件手数料」）。Xが所得を秘匿したとして，法人税法違反の罪により起訴された。Xが，本件手数料は損金として所得から控除すべきであるとして争った。

損金算入の可否が問題となったのはあくまで本件手数料についてであっ

て，架空造成費についてではない。本件の架空造成費が損金に算入できないことは，疑いがない。Xは造成費の名目で小切手によって支払い，手数料を差し引いた残額を現金で返戻させており，支出していないものをあたかも支出したかのように工作しているにすぎない。よって，造成費であるかのように見せかけて土地の仕入価格を水増ししようと企てた部分については，端的に支出の事実がなかったと認定すれば，損金算入が否定されることになる。

　問題は，実際に支払った1900万円の本件手数料についてである。最高裁は，次のように判示して，損金算入を否定した。

　「右手数料は，架空の経費を計上するという会計処理に協力したことに対する対価として支出されたものであって，公正処理基準に反する処理により法人税を免れるための費用というべきであるから，このような支出を費用又は損失として損金の額に算入する会計処理もまた，公正処理基準に従ったものであるということはできない。」

　ここで最高裁は，公正処理基準に言及している。架空の造成費の計上が公正処理基準に反するから，そのための協力対価である本件手数料の損金算入もまた公正処理基準に反するというのである。もっとも，昭和42年に同項を導入したのは法人税法の簡素化の一環であり，あくまで企業の自主的判断にもとづく適正な会計処理にゆだねるというのがもともとの立法趣旨であった（→**14－2**）。

(2)原審判決との比較

　これに対し，原審は，いくつか他の理由付けをまじえつつ，損金不算入の結論を導いていた（東京高判昭和63・11・28判時1309号148頁）。すなわち，本件手数料が法人税法22条3項の各号にいう原価・費用・損失のいずれにもあたらない旨を論証したうえで，本件手数料は「実質的には同法〔法人税法〕違反の共犯者間における利益分配に相当する」と述べて，本件手数料を損金に算入するのは公正な会計慣行とはいえないとしていた。

　このうち，「実質的には共犯者間における利益分配に相当する」という部分は，最高裁の判旨にはない理由付けである。最高裁は法人税法22条4項の公正処理基準から結論を導いており，このような説示は不要であったのであろう。だが，もし本当に「共犯者間における利益分配」にあたることが証拠によって裏付けられたとすれば，法人税法上は資本等取引に該当し，損金不算入となりそうである。

　これを裏からいえば，エス・ブイ・シー事件を処理するにあたり，最高裁は，「隠れたる利益分配」であるから損金不算入であるという理由を採用し

なかったことになる。東光商事事件最高裁大法廷の第1の理由（配当であるという理由）の流れを展開する道筋は，選択しなかったのである。

(3)先例との関係

さきにみたように，東光商事事件最高裁大法廷の理由中には，「事業経費の支出自体が法律上禁止されているような場合には……損金に算入することは許されない」というくだりがあった（第2の理由）。それでは，このくだりは，本件手数料の損金算入の可否を決するにあたり，適切な先例として援用することができただろうか。

おそらく，できなかったものと思われる。なぜなら，第1に，本件手数料はいくら脱税工作のための費用であるとはいえ，その支出自体を禁止する法律上の規定は存在していなかったからである。また，第2に，大法廷のふたつの理由付けのうち，いずれが決め手となっていたかがはっきりしないのみならず，後続の小法廷判決は第1の理由（配当であるという理由付け）によって結論を導いていたからである。

(4)法人税法55条1項の制定

エス・ブイ・シー事件最高裁決定から10年以上経過したのち，立法的対応がなされた。すなわち，国連腐敗防止条約の国内法制の担保措置として，平成18年度改正で賄賂等の損金不算入を定めた。これにあわせて，隠蔽仮装行為に要する費用，および，隠蔽仮装行為により生ずる損失について，これらを損金不算入とする規定を設けた（法税55条1項）。もしエス・ブイ・シー事件と同様の事件が現在生じたとすれば，この規定が適用され，本件手数料のような支出は損金に算入されないことになる。

しかし，隠蔽仮装行為に要する費用以外の違法支出一般に視野を広げれば，それらの損金算入の可否というより大きな問題について，法人税法55条1項は明示的な規定を置いていない。違法支出にさまざまな態様のものがあるとすると，エス・ブイ・シー事件に関する最高裁決定の射程は隠蔽仮装行為に要する費用にのみ及んでおり，それ以外の違法支出には及ばないと解することが可能である（→10−2−3）。

これに対し，法人税法55条1項の規定の性質について，立案担当者は既存のルールを明確化するための確認的規定と解し，「違法支出の一形態である賄賂の損金不算入を明確にする場合，反射的にそれ以外の違法支出，とりわけ隠ぺい仮装行為に要する費用等の損金算入が許容されるという解釈につながりかねないことも懸念されたことから，特に法人税法自らを否定する支

出である隠ぺい仮装行為に要する費用等については，……損金不算入となることを明確化する整備を行うこととされました」と述べている（『平成18年版改正税法のすべて』〔大蔵財務協会，2006年〕351頁）。

法人税法55条の仮装隠蔽行為に関する定めにつき，3点を補足する。

▶隠蔽仮装行為により納付すべき法人税以外の租税の負担を減少させる場合に，第1項の規定を準用する（法税55条2項）。「準用する」の意味はわかりにくいが，たとえば，隠蔽仮装行為により印紙税を免れる場合，その行為に要する費用の額を法人所得の算定上損金不算入とするような例が考えられよう。

▶隠蔽仮装行為に基づく確定申告・無申告の場合に，一定の原価・費用・損失の額を損金不算入とする（法税55条3項柱書本文）。ただし，帳簿書類等により取引と額が明らかである場合や，取引の相手方に対する税務調査（反面調査）により取引と額が認められる場合には，この限りでない（同項柱書但書）。これは，税務調査時に簿外経費を主張する納税者への対応策として令和4年度改正で導入された規定である。

▶法人税に限らず，隠蔽仮装行為に基づく申告や無申告は重加算税の対象とされている（税通68条）。

(5)補説・各種制裁金や賄賂の扱い

法人税法55条は，延滞税や加算税，重加算税，罰金，課徴金を損金不算入とする（法税55条4項・5項）。その趣旨は所得税法45条と同様であり（→**10-2-3**），金銭的制裁の効果を高めることにある。法人税額については，損金不算入とする別の規定がある（法税38条）。

賄賂は刑事政策上の考慮により損金不算入とする（法税55条6項）。対象となる賄賂について「当たるべき」金銭の額と定めるのは，刑事手続において実際に賄賂として認定されることを必要としない趣旨である。

16-3　法人税法22条3項の各号

16-3-1　損金算入のタイミング

法人税法22条3項の規定は，当該事業年度との関係で，損金の額を定めている。条文の文言を照らしあわせると，同項柱書は，各事業年度の所得の金額の計算上，当該事業年度の損金の額を，次に掲げる額としている。

▶1号は「当該事業年度の収益に係る」原価の額と規定している。収益との間で個別対応（直接対応）する類型である。

▶2号は「当該事業年度の」費用の額と定めている。販売費や一般管理費の

ように，収益との間で一般対応（間接対応）する類型である。

▶3号も「当該事業年度の」損失の額と規定している。

　このように，22条3項各号が問題にしているのは，当該事業年度の損金に算入できるか否かである。そのため，各号の適用にあたっては，損金算入のタイミングを意識することが必要になる。当該事業年度の損金に算入できなくても，別の事業年度の損金に算入できることは多い（いわゆる「期ズレ」）。

　1号と2号の基礎には，費用収益対応の原則がある。ある事業年度の収益に対応する範囲で，その事業年度の費用を計上する。この原則については，所得税法の必要経費について学んだおりにふれた（→10-3-1）。

16-3-2　原価
(1)売上原価，完成工事原価その他これらに準ずる原価の額

　法人税法22条3項1号は，当該事業年度の収益に係る「売上原価，完成工事原価その他これらに準ずる原価の額」と定める。「売上原価」は，当該事業年度における売上高に直接対応する費用である。建設業では売上高の代わりに完成工事高ということから，これに対応する費用を「完成工事原価」という。「これらに準ずる原価」は，売上原価・完成工事原価と同様の性格を有するものをいい，たとえば固定資産を譲渡する場合の譲渡原価がその例である。

(2)棚卸資産の評価

　ある事業年度の収益に係る売上原価を算定するには，当該事業年度においてどれだけの棚卸資産が売れたかを決める必要がある。そのためには，期首にどれだけ在庫があり，期末にどれだけ在庫が残っているかがわかればよい。そこで，当該事業年度終了の時において有する棚卸資産（「期末棚卸資産」）の価額を評価する。棚卸資産の評価方法は政令に委任されている（法税29条）。

　棚卸資産の評価方法は，原価法と低価法に分かれる（法税令28条1項）。原価法は，棚卸資産の取得価額をもとに期末棚卸資産の評価を行う方法である。たとえば，先入先出法は，期末棚卸資産をその種類・品質・型の異なるごとに区別し，それぞれについて，さきに取得したものがさきに売れたという仮定の下に，後に取得したものが在庫として残っているとみなして，そのみなされた棚卸資産の取得価額をもって期末棚卸資産の評価額とする方法である（同項1号ロ）。

　棚卸資産の評価方法は，内国法人の行う事業の種類ごとに，かつ，商品・製品・半製品・仕掛品・主要原材料・補助原材料その他の棚卸資産の区分ごとに選定しなければならない（法税令29条1項）。

　棚卸資産の取得価額は，たとえば購入した棚卸資産の場合，当該資産の購入の代価と，当該資産を消費しまたは販売の用に供するために直接要した費用の額の合計額である（法税令32条1項1号）。

(3)原価の見積もり

　法人税法22条3項1号は，原価の額が確定することを明文では要求していない。そこで，原価となるべき費用の額が未確定である場合に，金額を見積もって損金に算入できるか否かが解釈論上問題となる。

　この点，最判平成16・10・29刑集58巻7号697頁［牛久市売上原価見積事件］は，適正な見積金額を1号の売上原価として損金に算入することを許容している。すなわち，当該事実関係について，納税義務者である会社が

「近い将来に上記費用を支出することが相当程度の確実性をもって見込まれており，かつ，同日〔当該事業年度終了の日〕の現況によりその金額を適正に見積もることが可能であった」

とする。そして，

「このような事情がある場合には，当該事業年度終了の日までに当該費用に係る債務が確定していないときであっても，上記の見積金額を法人税法22条3項1号にいう『当該事業年度の収益に係る売上原価』の額として当該事業年度の損金の額に算入することができる」

と判示した。

　本件は法人税法違反の刑事事件であった。だが，同じ争点が課税処分取消訴訟で争われていたとしても，当該事業年度における売上原価として損金算入ができるか否かの争点について，同じ判断になったであろう。国税庁の通達も，原価となるべき費用の額の全部または一部が事業年度終了の日までに確定していない場合には，同日の現況によりその金額を適正に見積もるものとしている（法基通2-2-1）。

16-3-3　費用

(1)販売費，一般管理費その他の費用の額

　法人税法22条3項2号は，「当該事業年度の販売費，一般管理費その他の費用（……）の額」と定める。ここにいう「販売費，一般管理費」は，費用の例示である（→10-3-1）。企業会計上，販売費・一般管理費の範囲は広

く，会社の販売および一般管理業務に関して発生したすべての費用を指す（財務規84条）。たとえば，**図表16－4**にあげたものである（同ガイドライン84）。

図表16－4　販売費・一般管理費の例

> ▶販売手数料，荷造費，運搬費，広告宣伝費，見本費，保管費，納入試験費
> ▶販売および一般管理業務に従事する役員，従業員の給料，賃金，手当,賞与,福利厚生費
> ▶販売および一般管理部門関係の交際費，旅費，交通費，通信費，光熱費および消耗品費
> ▶租税公課，減価償却費，修繕費，保険料，不動産賃借料，のれんの償却額

　これらの費用は，公正処理基準に従い（法税22条4項），原則として損金に算入する。ただし，法人税法には多くの「別段の定め」がある。その中には，損金算入のタイミングを規律するもの（例：減価償却費に関する規定〔同31条〕）や，損金算入を制限するもの（例：役員給与の損金不算入規定〔同34条〕）などがある。租税特別措置法にも，交際費に関する規定（租特61条の4）のように，損金算入を制限する規定がある。

(2)債務の確定
　法人税法22条3項2号括弧書きは，「（償却費以外の費用で当該事業年度終了の日までに債務の確定しないものを除く。）」と定める。販売費・一般管理費については，特定の収益と個別的・客観的に対応が困難で，費用の発生可能性の評価や費用の金額の算定に納税者の恣意が働きやすい。そこで，債務の確定を要求することで，恣意性を排除しようとしたのである。
　債務の確定があるといえるためには，①債務が成立していること，②当該債務にもとづいて具体的な給付をすべき原因となる事実が発生していること，③金額を合理的に算定できるものであること，という3要件を充足する必要がある。この3要件は，裁判例によって確認され（山口地判昭和56・11・5行集32巻11号1916頁［株式会社ケーエム事件］，東京地判令和元・10・24税資269号順号13329），国税庁の通達もこれを踏襲している（法基通2-2-12）。

(3)償却費
　法人税法22条3項2号括弧書きは「償却費以外の費用で」と規定しているから，償却費については債務の確定を待たず損金算入が認められる。
　法人税法は，減価償却資産と繰延資産について，償却費の計算および償却の方法を定める（法税31条・32条）。いずれも，複数の事業年度にわたって

生ずる収益に対応させて，費用控除を割り振っている（→10−3−2）。

　減価償却資産については，損金経理（法税2条25号）した範囲内で，政令で定める償却方法の中から内国法人が当該資産について選定した償却の方法にもとづく償却限度額に達するまでの金額を，償却費として損金に算入する（同31条1項）。減価償却資産とは，「建物，構築物，機械及び装置，船舶，車両及び運搬具，工具，器具及び備品，鉱業権その他の資産で償却をすべきものとして政令で定めるもの」をいう（同2条23号，法税令13条）。たとえば，ある会社が建物を取得して事業の用に供したとする。この場合，平成19年4月1日以後に取得をされた建物については，定額法によって償却限度額を計算する（法税令48条の2第1項1号ロ）。別の例として，ある会社が別の会社の事業部門を買収し，営業権（のれん）を計上したとする。この場合，営業権は無形固定資産として減価償却資産にあたり（同13条8号ワ），定額法により5年間で均等償却する（同48条の2第1項4号）。何年間で償却するかについては，「減価償却資産の耐用年数等に関する省令」が，減価償却資産の種類ごとに定めている。

　繰延資産については，損金経理をした金額のうち，その繰延資産に係る支出の効果の及ぶ期間を基礎として政令で定めるところにより計算した償却限度額に達するまでの金額を，償却費として損金に算入する（法税32条1項）。繰延資産とは，「法人が支出する費用のうち支出の効果がその支出の日以後1年以上に及ぶもので政令で定めるもの」をいう（同2条24号，法税令14条）。創立費，開業費，開発費，株式交付費，社債等発行費については，その全額が償却限度額となる（法税令64条1項1号）。それ以外の繰延資産については支出の効果の及ぶ期間の月数で除して計算した金額に当該事業年度の月数を乗じて計算した金額が償却限度額となる（同項2号）。

(4)少額減価償却資産

　企業の事務負担に配慮し，減価償却制度を簡素合理化する趣旨で，少額減価償却資産について，即時損金算入が可能とされている。すなわち，内国法人がその事業の用に供した減価償却資産で，使用可能期間が1年未満であるもの，または，取得価額が10万円未満であるものを有する場合において，損金経理した金額を損金に算入する（法税令133条）。

　取得価額が10万円未満であるかは，減価償却資産ごとに判定する。最判平成20・9・16民集62巻8号2089頁［NTTドコモ事件］は，PHS事業のエントランス回線利用権につき，1回線に係る権利ひとつを1単位として取引されており，1回線に係る権利ひとつでもって用途に応じた本来の機能を

発揮できる，という事実関係の下で，1回線に係る権利ひとつをもってひとつの減価償却資産とみるのが相当であると判断した。

　取得価額が20万円未満の減価償却資産については，一括して3年間で償却できる方法を選択できる（法税令133条の2）。

(5)加速償却

　租税特別措置として，本来の耐用年数よりも短い期間で償却を終了させる減価償却の特例が多用される（租特42条の6など）。これらを加速償却（accelerated depreciation）といい，損金算入時期が早まる分だけ納税者に有利である（→10−3−2）。そのため，特定の投資を促すための誘因措置として利用されるのである。

16−3−4　損失
(1)損失の額

　法人税法22条3項3号は，「当該事業年度の損失の額で資本等取引以外の取引に係るもの」と定める。損失とは，収益稼得に貢献しない資産の減少のことである。たとえば，会社の工場が火事となり，機械設備が滅失したような場合である。損失は，費用とは異なる。費用は収益の稼得に必要な支出だからである。もっとも，2号の費用と3号の損失のいずれに該当しても，当該事業年度の損金に算入されることにちがいはない。

　法人税法22条3項3号と密接に関連するのが，資産の評価損に関する33条の規定である。法人が資産の評価替えをしてその帳簿価額を減額しても，原則として，その事業年度の所得の金額の計算上損金には算入できない（法税33条1項）。例外として，①災害による著しい損傷により資産の時価が帳簿価額を下回ることになった場合（同条2項）や，②会社更生法による更生計画認可の決定による場合（同条3項），③民事再生法による再生計画認可の決定による場合（同条4項）などには，損金算入が可能である。

(2)貸倒損失

　損失計上の可否がしばしば争われるのが，債権の貸倒れに伴う貸倒損失についてである。その判定基準を，最判平成16・12・24民集58巻9号2637頁［興銀事件］は，次のように定式化している。

　「法人の各事業年度の所得の金額の計算において，金銭債権の貸倒損失を法人税法22条3項3号にいう『当該事業年度の損失の額』として当該事業年度の損金の額に算入するためには，当該金銭債権の全額が回収不能で

あることを要すると解される。そして，その全額が回収不能であることは客観的に明らかでなければならないが，そのことは，債務者の資産状況，支払能力等の債務者側の事情のみならず，債権回収に必要な労力，債権額と取立費用との比較衡量，債権回収を強行することによって生ずる他の債権者とのあつれきなどによる経営的損失等といった債権者側の事情，経済的環境等も踏まえ，社会通念に従って総合的に判断されるべきものである。」3点コメントする。

▶最高裁が損金算入のために「全額が回収不能であることを要する」と述べた理由は，法人税法33条との整合性に求めることができよう。すなわち，33条1項は資産の評価損を原則として損金不算入としており，2項で例外的に災害による著しい損傷などの場合に損金算入を可能としている。そして，当時の2項は，「預金，貸付金，売掛金その他の債権」を明文で除外していた。この中で，債権額のうち一部分について回収不能による損金算入を許容すると，評価損の損金算入を認めたのと結果的に同じことになってしまい，33条の趣旨に反してしまう。それゆえ，全額の回収不能を要するのである。

▶全額が回収不能であることが「客観的に明らかでなければならない」とする理由は，認定の確実性であろう。全額が回収不能であることが客観的に明らかであるかどうかを判断するにあたり，最高裁は，①債務者側の事情（例示として，債務者の資産状況，支払能力等），②債権者側の事情（例示として，債権回収に必要な労力，債権額と取立費用との比較衡量，債権回収を強行することによって生ずる他の債権者とのあつれきなどによる経営的損失等），③経済的環境等，といった考慮要素をあげている。ここで，②債権者側の事情として，「債権回収に必要な労力，債権額と取立費用との比較衡量」を考慮要素に入れることは，従来の課税実務でもなされてきた（法基通9-6-3⑵）。また，「債権回収を強行することによって生ずる他の債権者とのあつれきなどによる経営的損失等」を考慮要素に入れることも，従来の課税実務のとってきた線の延長といえる（同9-4-1）。

▶最高裁の判断基準は，「社会通念に従って総合的に判断」するというものである。これと対照的なのが，控訴審判決の判断基準であった。控訴審は，債権者である銀行（納税者）が「母体行として社会的，道義的にみて本件債権を行使し難い状況が生じつつあったといえても，本件債権が法的に非母体金融機関の債権に劣後するものとなっていたとはいえない」として，損金算入を否定していた。

興銀事件の最高裁判決が下された後，平成21年度税制改正により，評価

損の計上対象から除外されていた「預金，貸付金，売掛金その他の債権」が，計上対象に追加された（法税33条2項）。貸倒損失の計上のために全額の回収不能を要求する理由が法人税法33条との整合性にあるとすれば，この改正によって最高裁判例の先例的意義に変化が生じ，部分貸倒れによる損金算入が解釈論上可能になったのではないかという点が問題となる。部分貸倒れとは，たとえば3億円の債権のうち，2億円部分が貸倒れになったとして，2億円分の損金算入を認めるべきだという解釈論である。

　しかし，立案担当者は，「企業会計上基本的に評価損として損金経理の対象とならない金銭債権などについてまで今回の改正により税務上の評価損の計上対象となる資産の範囲が拡充されたわけではない」と解説している（『平成21年版改正税法のすべて』〔大蔵財務協会，2009年〕207頁）。国税庁の通達も，「法人の有する金銭債権は，法第33条第2項（資産の評価換えによる評価損の損金算入）の評価換えの対象とならないことに留意する」としている（法基通9-1-3の2）。

(3)他の場合との比較

　貸倒損失と比較する意味で，関連する2つの点にふれておこう。

▶貸倒引当金。現実に貸倒れになる以前の段階において，貸倒損失の見込額を引当金として損金算入することが認められてきた（法税52条）。平成23年12月の改正は，貸倒引当金繰入額の損金算入を，中小法人，銀行・保険会社等および一定の金銭債権を有する法人に限定した。貸倒引当金の計上を認める趣旨は，費用収益対応の原則にある。将来の損失であっても，当年度の収益に対応しており，発生が確実に見込まれ，金額を正確に見積もることができる場合，当年度の損金に算入するのである。具体的には，①更生計画認可の決定などの事由により，貸倒損失が見込まれる個別評価金銭債権につき，取立てや弁済の見込みがないと認められる金額を損金に算入する（同条1項，法税令96条1項）。②個別評価金銭債権以外の一括評価金銭債権につき，過去3年間の貸倒実績率を基礎として算定した貸倒見込額を損金に算入する（法税52条2項，法税令96条6項）。ある事業年度に貸倒引当金として損金に算入した場合，翌事業年度に同額を益金に算入する（洗替方式）。洗替方式をとる点で，貸倒引当金の計上は，部分貸倒れの損金算入を認めることと，効果を異にする。

▶金銭債権の譲渡による譲渡損の損金算入。たとえば，ある会社が3億円の金銭債権を有していたところ，借主の資産状況が悪化して回収が危ぶまれるようになったため，第三者にこの債権を譲渡して1億円の対価を得たと

しよう。譲渡時における金銭債権の適正な時価が1億円であったとすれば，この場合，会社の法人所得の算定上，益金として1億円，金銭債権の原価として3億円が計上される。つまり，当該事業年度において2億円分の譲渡損を計上できることになる。それでは，この取扱いは，部分貸倒れを認めることとどこが異なるのだろうか。一方で，第三者に金銭債権を譲渡することによって，債権者はその債権を手放す。そこでその機会に，損失を計上する。他方で，部分貸倒れの計上が問題となる場合，債権者は依然として金銭債権を保有したままである。現時点で適正時価を金銭評価すると1億円にまで下落しているとはいえ，将来において借主が再起し，3億円をまるまる弁済できる可能性が残っている。このような差異がある。

以上をまとめると，金銭債権の回収が困難になった場合，損金算入の代表的な手だてとして，図表16−5に示したやり方があることになる。

図表16−5　金銭債権の回収困難と損金算入のための代表的な手だて

貸倒引当金の設定	法人税法52条
貸倒損失の計上	法人税法22条3項3号
金銭債権の譲渡による譲渡損の計上	法人税法22条2項・3項1号

16−3−5　損失と損害賠償請求権の両だて

⑴益金側と損金側の両面をあわせて考える

具体的な取引に対して法人税法を適用するにあたっては，益金と損金の両面をあわせて考えることが有益である（→**15−1**）。これが鮮明に問題になるのが，会社の資産が横領や詐欺によって失われる場合である。

この場合，会社の法人所得算定上，①損失の損金計上タイミングと，②加害者に対する損害賠償請求権の益金計上タイミングが，問題になる。さらに，いったん損害賠償請求権が計上されたとしても，加害者が無資力であることも多いから，③全額が回収不能であるとして貸倒損失を計上することがありうる。つまり，益金と損金の計上時期が，複合的な形で問題となるのである。

⑵大栄プラスチックス株式会社事件

かつて，最判昭和43・10・17訟月14巻12号1437頁［大栄プラスチックス株式会社事件］は，横領による被害が問題となった事案において，損失と損害賠償請求権の同時両建てをみとめた。この事件では，会社の会計担当役員であり代表取締役でもあった者が，係争の3事業年度にわたり業務上の保

管金をしばしば着服しながら，これを経費に仮装して計上していた。課税庁は，仮装した会社の経費の損金算入を否定するとともに，これと同額を当該役員に対する仮払金として，更正をした。仮払金という処理は，着服された保管金と同額の債権を，会社が当該役員に対して有している，という構成である。

　この事案について，最高裁は，①横領行為により被った損害を損金に計上し，②これに対応する損害賠償請求権を益金に計上したのと同じ結果となるとして，更正を適法とした。一般論の部分で，次のように判示している。

　「横領行為によって法人の被った損害が，その法人の資産を減少せしめたものとして，右損害を生じた事業年度における損金を構成することは明らかであり，他面，横領者に対して法人がその被った損害に相当する金額の損害賠償請求権を取得するものである以上，それが法人の資産を増加させたものとして，同じ事業年度における益金を構成するものであることも疑ない。」

　こうして，①損失を損金計上し，②損害賠償請求権を益金計上すると，当該事業年度における課税所得の変動はないことになる。そのため，仮装された経費を損金算入対象から除外し，着服額を仮払金と処理した課税庁の更正と，同じ結果になったのである。この判決は，損害賠償請求権の益金計上時期について，一般的な判定基準を積極的に定立しているわけではない。また，横領による損失計上に連動して，いわばひも付きで必ず損害賠償請求権の益金計上を要するという一般論を宣明したものと読むべきか，それとも，当該事案に関する判断であるにとどまるか，厳密にいえば，読み方が分かれる余地があった。

(3)日本総合物産事件

　実際，その後の裁判例には，①詐欺による損失の損金計上時期と，②損害賠償請求権の益金計上時期を，それぞれ独立に判断するものがあらわれた。東京高判昭和54・10・30判タ407号114頁［日本総合物産事件］である。宅地造成分譲などを業とする会社Xが，昭和48年7月31日，土地の売主Bに手付金として4000万円の小切手1通を交付したが，これは訴外Cの詐欺にのせられたものであった。Cは詐欺罪として公訴を提起され，のちに有罪とされた。BとCは無資力であった。Xは，詐欺被害の事実が明確になったと考えて，昭和48年4月1日から昭和49年3月31日までの本件係争事業年度に係る法人税の確定申告に際し，4000万円を損金に計上した。

　東京高裁は，①損失計上の判定基準として権利確定主義が妥当する旨を述

べたのち，「権利の発生，義務の確定が具体的になり，かつ，それが社会通念に照らして明確であるとされれば足り，これをもって十分である」と判示し，詐欺被害の事実および被害額が，本件係争事業年度の最終日までに具体的に確定し，社会通念に照らして明確になっていたと判断した。課税庁は刑事判決または民事判決が確定することを必要とすると主張していたが，それをしりぞけたのである。

さらに，①と②の同時両建ての要否については，以下のように述べて，それぞれの計上時期を独立に判定するとした。

「益金，損金のそれぞれの項目につき金額を明らかにして計上すべきものとしている制度本来の趣旨からすれば，収益及び損失はそれが同一原因によって生ずるものであっても，各個独立に確定すべきことを原則とし，従って，両者互に他方の確定を待たなければ当該事業年度における確定をさまたげるという関係に立つものではない」。

そして，本件において，②Xの加害者らに対する損害賠償請求権が本件係争事業年度中に益金として確定しなかったとして，本件係争事業年度における益金計上を不要とした。ちなみに，Xは，昭和51年の和解により800万円を，昭和52年の債権譲渡により1400万円を，それぞれ受領している。東京高裁は，それらについては，「その時の属する事業年度において，益金計上すれば足りる」ものと指摘している。損害賠償請求権は漠然とした形で発生していたが，和解や債権譲渡によりその数額が確定した，という趣旨であろう。

その後，従業員による横領の事案について，大栄プラスチックス事件に関する上記昭和43年最高裁判決を参照しつつ，①損失計上と同じ事業年度に②損害賠償請求権を益金に計上すべきであるとした裁判例がある（大阪高判平成13・7・26判タ1072号136頁）。

(4)日本美装株式会社事件

東京高判平成21・2・18訟月56巻5号1644頁［日本美装株式会社事件］は，従業員の詐欺の事案について，②益金計上の基準について一般論を提示し，③貸倒損失の可能性について一歩を進めた判示を行った。この事件では，経理部長が会社の金員1億8815万円余を詐取し，これを隠蔽するため外注費が生じたように装ったため，会社の法人税の確定申告上，架空外注費が損金として計上されていた。税務署長による更正に対し，会社は，架空外注費の額はこれを計上した事業年度の損金の額から控除され，①詐取された架空外注費に相当する損害の額は同事業年度の損金に算入されるが，②加害

者に対する損害賠償請求権の額は益金に算入する必要がない，と主張して争った。これに対し，国は，②損害賠償請求権の額は，損害を損金算入する事業年度と同じ事業年度の益金に算入すべきであると主張した。

東京高裁は，通常は①と②の同時両建てが原則であるとしつつ，①不法行為による損失を計上するが②損害賠償請求権を計上しない扱いも許されることがあり，②益金計上の判定基準として「通常人を基準として，権利（損害賠償請求権）の存在・内容等を把握し得ず，権利行使が期待できないといえるような客観的状況にあったかどうか」という一般的基準を提示する。やや長くなるが，重要な判示部分であるので，そのまま引用しよう。

「本件のような不法行為による損害賠償請求権については，通常，損失が発生した時には損害賠償請求権も発生，確定しているから，これらを同時に損金と益金とに計上するのが原則であると考えられる（不法行為による損失の発生と損害賠償請求権の発生，確定はいわば表裏の関係にあるといえるのである。）。」

「もっとも，本件のような不法行為による損害賠償請求権については，例えば加害者を知ることが困難であるとか，権利内容を把握することが困難なため，直ちには権利行使（権利の実現）を期待することができないような場合があり得るところである。このような場合には，権利（損害賠償請求権）が法的には発生しているといえるが，未だ権利実現の可能性を客観的に認識することができるとはいえないといえるから，当該事業年度の益金に計上すべきであるとはいえないというべきである……。このような場合には，当該事業年度に，損失については損金計上するが，損害賠償請求権は益金に計上しない取扱いをすることが許されるのである……。

ただし，この判断は，税負担の公平や法的安定性の観点からして客観的にされるべきものであるから，通常人を基準にして，権利（損害賠償請求権）の存在・内容等を把握し得ず，権利行使が期待できないといえるような客観的状況にあったかどうかという観点から判断していくべきである。不法行為が行われた時点が属する事業年度当時ないし納税申告時に納税者がどういう認識でいたか（納税者の主観）は問題とすべきでない。」

この一般論にもとづき，東京高裁は，当該事案において，「通常人を基準にして，権利（損害賠償請求権）の存在・内容等を把握できず，権利行使を期待できないような客観的状況にあった」とはいえないとして，②損害賠償請求権の当該事業年度における益金計上を肯定した。

さらに，東京高裁は一歩を進め，③損害賠償請求権が全額回収不能として貸倒損失にあたる可能性について，次のように判示している。

「ただし，損害賠償請求権がその取得当初から全額回収不能であることが客観的に明らかであるとすると，これを貸倒損失として扱い，法人税法22条3項3号にいう当該事業年度の損失の額として損金に算入することが許されるというべきである（前掲最高裁昭和43年10月17日判決〔大栄プラスチックス事件〕。なお，最高裁平成16年12月24日第二小法廷判決・民集58巻9号2637頁〔興銀事件〕参照）。また，取得当初はそういえなかったとしても，その後そうなったという場合は，その時点の属する事業年度の損金に算入することが許されるというべきである。

　もっとも，上記のように，貸倒損失として損金に算入するためには全額回収不能であることが客観的に明らかである必要がある（前掲最高裁平成16年12月24日判決）ところ，この全額回収不能であることが客観的に明らかであるといえるかどうかは，債務者の資産・負債の状況，支払能力，信用の状況，当該債権の額，債権者の採用した取立手段・方法，取立てに対する債務者の態度・対応等諸般の事情を総合して判断していくべきものである。」

東京高裁は，この一般論を本件にあてはめ，損害賠償請求権が全額回収不能であることが客観的に明らかであったとはいえないと判断して，貸倒損失として損金算入することを否定した。

⑸まとめ

　このように，会社の資産が横領や詐欺によって失われる場合，①損失の損金計上時期と，②損害賠償請求権の益金計上時期，③損害賠償請求権に係る貸倒損失の損金計上時期，を検討する必要がある。

　裁判例の事案には，加害者が第三者である場合と，会社の役員や従業員である場合があった。第三者から支払を受ける損害賠償金については，国税庁の通達が，②の益金計上時期につき，実際に支払を受けた日の属する事業年度の益金計上を許容している（法基通2−1−43）。

16−4　別段の定め

16−4−1　損金の額の計算に関する「別段の定め」

　法人税法22条3項は損金の額に関する基本規定であり，これに対しては多くの「別段の定め」がある。

　法人税法第2編第1章第1節第4款に属する「別段の定め」は，次の通りである。

▶資産の評価及び償却費（29条〜32条）

▶資産の評価損（33条）

▶役員の給与等（34条〜36条）

▶寄附金（37条）

▶租税公課等（38条〜41条の2）

▶圧縮記帳（42条〜51条）

▶貸倒引当金（52条・53条）

▶譲渡制限付株式を対価とする費用等（54条・54条の2）

▶不正行為等に係る費用等（55条・56条）

▶繰越欠損金（57条〜59条）

▶契約者配当等（60条・60条の2）

▶特定株主等によって支配された欠損等法人の資産の譲渡等損失額（60条の3）

　これらの中には積極的に損金算入を認めるものもあるが，その多くは損金算入を制限したり，損金算入時期を遅くしたりするものである。つまり，損金面での「別段の定め」が集積して法人税の課税ベースを形作り，浸食から防御している。

　以下では，代表的な損金項目として，次の4つをみていこう。

▶役員給与（法税34条）

▶寄附金（法税37条）

▶交際費等（租特61条の4）

▶繰越欠損金（法税57条）

16−4−2　役員給与

(1)平成18年度税制改正

　法人税法には，昭和40年全文改正から平成18年度改正まで，役員賞与を損金不算入とする規定があった。その背景にあったのが，「役員賞与は会社にとって費用を控除した後に残る利益を処分するものである」という考え方であった。利益の処分は資本等取引に該当し，損金に算入できないから，この考え方の下では，役員賞与はその全額を損金不算入とすべきことになる。そして，役員の報酬や退職金についても，不相当に高額な部分につき損金算入を制限するなどの規定が置かれていた。会社の利益を役員報酬などの形に付け替えて支給すると，いわゆる「隠れた利益処分」について損金算入が可能になってしまう。これに対抗し，法人税の課税ベースを防御していた。

　役員賞与の損金不算入規定を中核とするこれらのルールの趣旨は，「役員給与の支給の恣意性を排除することが適正な課税を実現する観点から不可

欠」であることから，「法人段階において損金算入される役員給与の範囲を職務執行の対価として相当とされる範囲内に限定すること」にあった（『平成18年版改正税法のすべて』〔大蔵財務協会，2006年〕323頁）。

　会社法の制定に伴い，役員賞与は職務執行の対価の性質を有する限り報酬と同じ規制に服することとされ，取締役の報酬を定款または株主総会の決議で定める（会社361条）など恣意的な支給を防止するためのルールが設けられた。企業会計上も，役員賞与は発生した期間の費用として処理することとされた。この機会をとらえ，平成18年度税制改正は，上記の趣旨を踏襲しつつ，従来の法人税の規定を一新した。改正後の法人税法34条は，従来の役員賞与や役員報酬，役員退職金などを一括して「役員給与」と呼び，損金算入の可否をルール化した。

(2)法人税法34条の概要

　法人税法34条は，一定の役員給与を損金不算入としている。ここに「役員」とは，「法人の取締役，執行役，会計参与，監査役，理事，監事及び清算人並びにこれら以外の者で法人の経営に従事している者のうち政令で定めるもの」をいう（法税2条15号，法税令7条）。役員「給与」の概念は広く，賞与や退職給与はもちろん，債務の免除による利益その他の経済的利益を含む（法税34条4項）。

　法人税法34条は，22条3項に対する「別段の定め」である。ゆえに，34条1項から3項までの損金不算入規定が適用されない場合，役員給与は，22条3項2号の費用として，それが発生した事業年度の損金に算入される。

　法人税法34条1項から3項の概要は，**図表16－6**のとおりである。

図表16－6　法人税法34条1項～3項の概要

1項	①定期同額給与，②事前確定届出給与，③業績連動給与，以外は損金不算入
2項	不相当に高額な部分の損金不算入
3項	隠蔽仮装経理により支給する役員給与の損金不算入

　各項の優先劣後関係に留意してほしい。1項柱書の括弧書きから，1項にいう「給与」から3項の適用のあるものが除外される。つまり，3項が1項に優先して適用される。また，2項の括弧書きは，1項または3項の適用があるものを除外しているから，2項は，1項と3項のいずれにも劣後して適用される。こうして，3項→1項→2項の順番で適用されることになる。

　同じことをいいかえると，まず，隠蔽仮装経理により役員に支給する給与

は，1項や2項におかまいなしに，3項によって全額が損金不算入とされる。次に，隠蔽仮装のない場合も，1項によって原則として損金不算入とされるが，それには1項各号の例外が定められている。最後に，3項や1項の適用による損金不算入は免れたとしても，2項によって不相当に高額な部分が損金不算入とされる。こうして，3項→1項→2項という具合に，三重に損金算入がガードされている。

(3)法人税法34条1項を読む

　法人税法34条1項の規定振りは，やや複雑である。まず，1項柱書の括弧書きは，次の給与を1項の適用から除外する。

▶退職給与で業績連動給与（法税34条5項）に該当しないもの

▶使用人としての職務を有する役員（同条6項，使用人兼務役員）に対して支給する当該職務に対する給与

▶第3項（隠蔽仮装経理により支給する役員給与）の適用がある給与

　これらを除いた役員給与が，1項柱書により，原則として損金不算入とされる。そして，これに対する例外として，定期同額給与（1項1号），事前確定届出給与（1項2号），業績連動給与（1項3号）が列挙されている。そのため，損金算入を欲する納税者としては，各号のうちいずれかに該当するよう努力することになる。

　1項各号の骨子は次の通りである。

▶定期同額給与（1項1号）。支給時期が1月以下の一定期間ごとである給与（定期給与）で各支給時期における支給額が同額であるものである。平成18年度改正前から，外形的な支給形態に着目して，定期に定額を支給する給与については，臨時的に支給する役員賞与から区別して，損金算入を許容してきた。これを引き継いだのが定期同額給与であり，34条1項との関係で損金不算入規定の例外とされる。

▶事前届出給与（1項2号イ）。役員の職務につき所定の時期に確定額の金銭を支給する旨の定めにもとづいて支給する給与（定期同額給与や利益連動給与に該当しないもの）で，届出期限までに所定の事項を記載した書類を税務署長に届け出ている場合の給与である。事前届出を要求する趣旨は，役員給与の支給時期や支給額に対する恣意性を排除することにある。非同族会社の金銭給与で非常勤役員に支給するものは，恣意的な所得操作の危険が小さいので，届出が不要である。なお，株式・新株予約権を交付する場合についても，所定の要件の下で損金不算入からの例外とされている（1項2号ロハ）。

▶業績連動給与（1項3号）。内国法人が業務執行役員に対して支給する業績連動給与（法税34条5項）で，所定の要件を満たすものである。平成18年度改正前は，会社の利益に連動して役員給与の支給額を事後的に定めることを許容すると，会社の課税所得を安易に操作する余地を与えかねないという理由で，役員に対する業績連動型報酬の損金算入は一切許容していなかった。平成18年度改正で，支給の透明性・適正性を確保するための所定の要件をみたすものに限って，1項の損金不算入ルールからの例外とした。平成29年度改正で，所定の要件がさらに柔軟化されている。

(4)法人税法34条2項を読む

法人税法34条2項は，不相当に高額な部分を損金不算入とする。「不相当に高額な部分の金額」の算定方法は，政令に委任されている。

たとえば，退職給与以外の給与については，次の基準の超過額のうちいずれか多い金額が「不相当に高額」とされる（法税令70条1号）。

▶実質基準。当該役員の職務の内容，その内国法人の収益およびその使用人に対する給与の支給の状況，その内国法人と同種の事業を営む類似規模法人の役員給与の支給状況などに照らし，当該役員の職務対価として相当と認められる額

▶形式基準。定款規定または株主総会決議による支給限度額

この実質基準の具体的事実関係へのあてはめはしばしば紛争になり，いくつもの下級審裁判例を生んでいる。

(5)条文の読み取り練習

法人税法34条の規定の読み取り練習をしてみよう。いずれの例も，隠蔽仮装の経理による支給（同条3項）ではないものとする。

［例1］事業年度の半ばで役員に対する定期給与の額を改定する場合，定期同額給与に該当するか。

次の場合について，改定前の各支給時期における支給額および改定後の各支給時期における支給額がそれぞれ同額であれば，「その他これに準ずるものとして政令で定める給与」として定期同額給与にあたる（法税34条1項1号，法税令69条1項1号）。すなわち，会計期間開始日から3月を経過する日までの定期給与の額の改定（法税令69条1項1号イ），役員の職制上の地位の変更や職務の内容の重大な変更による臨時改定事由による定期給与の額の改定（同号ロ），業績悪化改定事由による定期給与の減額（同号ハ），である。

［例2］　事前確定届出給与の届出はいつまでにする必要があるか。

　届出期限は，株主総会で役員の職務につき所定の時期に確定額を支給する旨の定めをした決議日から1月を経過する日である（法税令69条4項1号）。臨時改定事由が生じた場合は，その事由が生じた日から1月を経過する日である（同項2号）。

［例3］　会社がその役員に対して冬季賞与500万円，夏季賞与500万円の支給を予定して事前届出をした。冬季賞与は届出のとおり500万円を支給したが，夏季賞与は業績悪化により臨時株主総会決議で250万円に減額して支給した。事前確定届出給与（法税34条1項2号）に該当せず損金不算入となるのは，夏季賞与250万円だけか。

　東京地判平成24・10・9訟月59巻12号3182頁［三和クリエーション株式会社事件］は，冬季賞与と夏季賞与の全額が損金不算入になるとした。すなわち，一の職務執行期間中に複数回にわたる支給がされた場合に，「当該役員給与の支給が所轄税務署長に届出がされた事前の定めのとおりにされたか否かは，特別の事情がない限り，個々の支給ごとに判定すべきものではなく，当該職務執行期間の全期間を1個の単位として判定すべきものである」り，この事例の夏季賞与のように1回でも事前の定めのとおりにされていない場合には，役員賞与の支給は全体として事前の定めのとおりにされなかったことになるとした。

［例4］　会社がその役員に対して不相当に高額な退職給与を支給した場合，損金に算入できるか。

　退職給与は給与に含まれるが，34条1項は適用されない（同項柱書の括弧書き）。同条2項が適用され，「不相当に高額な部分の金額」が損金不算入となる（法税令70条）。訴訟になった場合に，不相当に高額な部分の金額が具体的にいくらになるかについての主張立証は，損金算入を否定する課税処分をした税務署長の側でこれを行う責任がある。

［例5］　使用人としての職務を有する役員（使用人兼務役員）に，当該職務に対する給与を過大に支給した場合，損金に算入できるか。

　使用人兼務役員に対する給与には，役員としての職務に対する部分と，使用人としての職務に対する部分がある。後者の使用人分給与は，34条1項の適用対象から除外されている（同項柱書の括弧書き）。適用があるのは同条2項であり，「不相当に高額な部分の金額」が損金不算入とされる（同項，法税令70条）。なお，使用人兼務役員とは，役員のうち，部長，課長その他法人の使用人としての職制上の地位を有し，かつ，常時使用人としての職務に従事するものをいう（法税34条6項）。ただし，社長，理事長，その他政令

で定めるもの（代表取締役や副社長など。法税令71条）を除く。

⑹役員の所得税との関係

　法人税法34条1項から3項の適用は，会社の法人税について損金不算入の効果をもたらすものである。役員給与の支給を受けた役員の所得税の課税は，これとは独立に，所得税法の適用の問題である。

　たとえば，会社がその役員に対して定期同額給与を支給すると，役員の給与所得とされ（所税28条），これに連動して給与の支払をする会社が源泉徴収を行う（同183条）。会社が役員に対する支払を給与として扱っていなかったところ，実際にはその支払が給与であったと認定される場合にも，源泉徴収が必要になる。そのため，役員給与をめぐる裁判例では，会社の法人税の損金算入に加えて，給与所得の源泉徴収が，しばしば問題になる。

　役員給与については，給与を支給する法人段階で費用計上して損金算入し，給与を受け取る役員個人段階で給与所得控除を利用できる。とりわけ，オーナー役員による支配の度合いが強い一人会社では，オーナー役員が事実上自らの役員給与の決定権を有しており，容易に課税所得を操作できる。そこで，平成18年度改正では，そのような一人会社がオーナー役員に支給する給与について，役員にとっての給与所得控除に相当する部分を，会社の段階で損金不算入とした（旧法税35条）。しかし，中小企業を中心に批判が強まり，平成22年度改正でこのルールを廃止した。なお，平成24年度改正以降，その年中の給与等の収入金額が一定額を超える場合の給与所得控除額に，上限が設けられている（所税28条3項5号。→10−1−4）。

⑺過大な使用人給与の損金不算入

　役員給与の損金不算入措置のみが存在する状態では，役員がその親族などを会社の使用人とし，会社から給与を支給すれば，会社の課税所得を圧縮できる。しかも，親族間に個人所得を分散することになるから，各人が給与所得控除や人的控除を利用し，累進税率構造の下で比較的低い税率の適用で済んでしまう。

　これに対抗するために，過大な使用人給与を損金不算入にする規定がある。すなわち，役員と「特殊の関係のある使用人」に対して支給する給与の額のうち，「不相当に高額な部分の金額」は，損金に算入しない（法税36条）。文理から明らかなように，役員と特殊の関係のない使用人に対する給与は，この規定の対象外である。ここに「特殊の関係のある使用人」とは，親族や事実上の配偶者，これらの者と生計を一にする者などをいう（法税令

72条）。「不相当に高額な部分の金額」は，職務の内容，会社の収益や他の使用人に対する給与支給状況，類似会社の使用人給与支給状況などに照らし，職務に対する対価として相当であるとみとめられる金額を超える場合におけるその超過額をいう（同72条の2）。

たとえば，株式会社C（内国法人）が，その役員Dの夫Eに対して，使用人給与3億円を支給したとする。このうち2億円がEの職務対価として不相当に高額であったとしよう。この場合，C社の法人税の課税所得の計算上，2億円が損金不算入となる（法税36条）。この場合，Eは，給与所得を得ているわけであるが（所税28条），その収入金額はあくまで3億円である。不相当に高額な部分を損金不算入とする規定は，C社の法人税の課税所得の計算との関係で効果を有するだけであり，Eの所得税の収入金額の算定に影響しないからである。給与を支払うC社は源泉徴収を行う必要があるところ，源泉徴収の対象となる金額も3億円である。

(8)株式ベースの報酬

経営者の長期インセンティブを高めるために，株式を用いた報酬を用いる例が増えている。法人税の損金の扱いとしては，譲渡制限付株式を対価とする役務提供の費用（法税54条）や，新株予約権（ストック・オプション）を対価とする役務提供の費用（法税54条の2）などが問題となる（参照，佐藤修二「人的資本の拠出者に対する課税」金子宏監修『現代租税法講座(3)企業・市場』〔日本評論社，2017年〕71頁）。

16−4−3　寄附金
(1)法人税法37条の概要

寄附金に関する法人税法の課税ルールには，優しい顔と厳しい顔がある。優しい顔は，公益目的のための慈善寄附の扱いに代表される。寄附金を損金算入することによって，企業の社会貢献活動をあと押しするのである。寄附金に関する法人税法の規定は，企業フィランソロピー税制の重要な一要素となっている（増井良啓「法人による公益活動支援と税制——企業フィランソロピーをめぐって」租税法研究35号〔2007年〕52頁）。こちらの顔は，所得税における特定寄附金の所得控除と共通する（→8−3−4(3)）。

厳しい顔は，損金算入を制限する側面である。納税者に不利な結果をもたらすからくりは，損金算入制限の対象となる寄附金の概念がきわめて広いことにある。寄附金，拠出金，見舞金その他いずれの名義をもってするかを問わず，内国法人による金銭その他の資産の贈与，あるいは経済的な利益の無

償の供与が，対象となる（法税37条7項）。いわば会社から無償で出ていくものが広義で寄附金と呼ばれ，損金算入規制に服するのである。そのため，会社が一定の支出を費用であるとして損金に算入して申告している場合に，税務職員による調査の結果，その支出が寄附金であると認定されると，損金不算入となって会社の課税所得が増加することが多い。寄附金課税などと呼ばれるゆえんである。

　優しい顔と厳しい顔は，法人税法37条のつくりに反映している。図表16－7は，同条1項から6項の概略である。大きくいって，1項と2項が広義の寄附金について定め（厳しい顔），3項から6項が公益目的のための寄附金について定めている（優しい顔）。ちなみに，現行法人税法37条は「寄附金」と表記しているところ，平成10年改正前には「寄付金」と表記していた時期があった。

図表16－7　法人税法37条1項～6項

1項	一般寄附金：限度額を超える部分の金額の損金不算入
2項	完全支配関係のある内国法人に対する寄附金：全額が損金不算入
3項	国・地方公共団体への寄附金，指定寄附金：全額が損金算入
4項	特定公益増進法人への寄附金：一般寄附金と別枠の限度額
5項	公益法人等のみなし寄附金
6項	特定公益信託の信託財産とするために支出した金銭

⑵公益目的のための寄附金

　条文の規定とは順序を逆にして，先に，公益目的のための寄附金をみておこう。

▶国・地方公共団体に対する寄附金は，全額が損金に算入される（法税37条3項1号）。たとえば，被災地の地方公共団体に設置された災害対策本部に対して支払った義援金である。

▶財務大臣の指定による指定寄附金も，全額損金算入である（法税37条3項2号）。指定は告示される（同条11項）。

▶特定公益増進法人に対する寄附金については，一般の寄附金とは別枠で損金算入限度額が設けられており，その分だけ，損金に算入できる余地が大きい（法税37条4項）。たとえば，公益認定を受けた公益財団法人に対する寄附金が，これに当たる。

▶公益法人等は，収益事業から生ずる所得に対してのみ課税される（→13－2－2）。公益法人等がその収益事業に属する資産のうちから収益事業以外

の事業のために支出した金額は，寄附金とみなされる（「みなし寄附金」。法税37条5項）。たとえば，公益財団法人の場合，当該事業年度の所得金額のうち50%が損金算入限度額となる（法税令73条1項3号イ）。

▶ 特定公益信託の信託財産とするために支出した金銭の額は，寄附金の額とみなして，特定公益増進法人に対する寄附金と同様の損金算入限度額を適用する（法税37条6項）。

▶ 認定NPO法人に対する寄附金について特定公益増進法人に対する寄附金と同様の限度額を設けており，認定NPO法人のみなし寄附金についても定めがある（租特66条の11の3）。

(3)法人税法37条1項と2項

寄附金が法人の収益を産み出すために必要な費用といえるものであるかどうかは，判定が難しい。この点，法人税法37条1項は，資本金の額と資本準備金の額の合計額または所得の金額を基礎として機械的に計算した金額をもって損金算入限度額とし，その限度額を超える額を損金不算入としている。たとえば，1月1日から12月31日までを事業年度とする株式会社について，寄附金を支出した当該事業年度末における資本金の額と資本準備金の額の合計額が1億円であり，当該事業年度の所得の金額が1000万円である場合，損金算入限度額は，次の計算によって12万5000円となる（法税令73条1項1号）。

$$（1億円×0.0025＋1000万円×0.025）÷4＝12.5万円$$

これに対し，完全支配関係（法税2条12号の7の6）にある他の内国法人に対して支出した寄附金の額は，その全額が損金不算入とされる（同37条2項）。これは，寄附金を受けた側の内国法人において受贈益が益金不算入となること（同25条の2）に対応するものであり，100%グループ内の法人間の寄附について，グループ全体として課税関係を生じさせないという考え方に基づく（→13−2−1）。

(4)寄附金と隣接費用の区別

寄附金の額からは，「広告宣伝及び見本品の費用その他これらに類する費用並びに交際費，接待費及び福利厚生費とされるべきもの」が除外される（法税37条7項括弧書き）。広告宣伝費や福利厚生費とされれば，法人税法22条3項2号の費用として，損金算入が可能である。交際費とされれば，損金算入が制限される（16−4−4）。

寄附金と隣接費用を区別するためには，詳細な事実認定を必要とする。東

京高判平成4・9・24行集43巻8＝9号1181頁［太洋物産売上値引事件］は，関連会社に対する売上値引きについて，その関連会社の欠損金を塡補するためになされたことを請求書の目的記載および金額から認定し，寄附金にあたると判断した。

しばしば問題になるのは，債権放棄の扱いである。国税庁の通達は，子会社を整理するためにする債権放棄について，その債権放棄をしなければ今後より大きな損失を被ることになることが社会通念上明らかであるためやむを得ず債権放棄するに至ったような場合，寄附金にあたらないとする（法基通9－4－1）。このようにして放棄した債権の全額が回収不能であることが客観的に明らかである場合，その債権の額は貸倒損失として損金に算入できるであろう（最判平成16・12・24民集58巻9号2637頁［興銀事件］。→**16－3－4**）。

⑸関連規定の読みあわせ

関連する規定を読みあわせておこう。次のいずれの例についても，広告宣伝費などの隣接費用や損失に当たらないことを前提とする。

［例1］内国法人が時価3億円の資産を譲渡した場合，その譲渡の対価が1億円であるとき，寄附金の額はいくらになるか。

経済的にみると，3億円相当の資産が出ていっているのに，1億円の対価しか手元に入ってきておらず，差額分を相手方に与えている。そこで，時価と対価の差額2億円のうち「実質的に贈与……をしたと認められる金額」が，寄附金の額に含まれる（法税37条8項）。なお，この例では資産の時価を3億円であることを与件として簡単に話を進めているが，現実の取引では資産の時価の金銭評価に困難が伴う。資産の含み損益の扱いについては，⑹で述べる。

［例2］内国法人が1億円の金銭の贈与をした場合，寄附金の額を認定するルールは37条の何項に書いてあるか。

資産の低額譲渡について定める8項ではなく，7項に書いてある。すなわち，寄附金の額は，「金銭……の贈与……をした場合における当該金銭の額」とされている。この例では1億円の金銭の贈与をしているから，寄附金の額は1億円となる。

［例3］内国法人が時価2億円の資産を購入し，その購入対価として3億円の金銭を支払った場合，37条7項の規定はどのように適用できるか。購入時の資産の適正時価が2億円であることには，疑問の余地がないものとする。

この取引を経済的に観察すると，2億円相当の資産が入ってきて，3億円の金銭が出ていくから，1億円の差額分の経済的価値が相手方に移転している。このような場合，37条7項の文理との関係で，相互にやや異なる解釈を示す裁判例がある。東京地判平成21・7・29判時2055号47頁［F1オートレース事件］は，37条7項にいう寄附金とは，「民法上の贈与に限らず，経済的にみて贈与と同視し得る金銭その他の資産の譲渡又は経済的利益の供与をいう」と解し，それは，対価なく他に移転する場合であって，「その行為について通常の経済取引として是認することができる合理的理由が存在しないものを指す」とした。これに対し，棚卸資産の高額譲受けの事案において，東京高判令和2・12・2訟月67巻9号1354頁［キタノ産業株式会社事件］は，差額分が「経済的利益」の「供与」にあたるとした。その際，「売買契約という当事者の選択した法形式を否認して時価による売買と差額分の金銭の贈与という二つの法律行為があったとみなすものでも，当該法律行為を売買と贈与の混合契約であるとみなすものでもなく，当該法律行為は私法上の性質としては売買契約であることを前提に，その売買代金額の一部を法人税法の適用上『寄附金の額』と評価しているものにすぎず，当該法律行為の私法上の性質を変更するものではない」と判示している。

(6)法人税法22条2項との関係

法人税法37条の損金算入制限規定は，同法22条2項の無償取引に関する規定と同時に適用されることがある。以下で紹介する裁判例はいずれも同法22条の2の制定前のものであるが，同条4項の適用上も同じことがあてはまる。

たとえば，内国法人であるS株式会社が，親会社であるP社に対して，時価3億円の土地を贈与したとしよう。S社とP社の間には，完全支配関係がないものとする。この場合，資本等取引としての現物分配や，広告宣伝費などの隣接費用に当たらなければ，寄附金の額は3億円とされ（法税37条7項），Sの課税所得の算定上，限度額を超える部分が損金不算入とされる（同条1項）。ここまでは，現金3億円を贈与する場合と同じである。

ところが，土地を贈与した場合，現金の贈与と異なり，さらに進んで，土地の含み損益の扱いが問題となる。法人税法22条2項は無償による資産の譲渡からも益金が生ずるとしており，最判平成7・12・19民集49巻10号3121頁［南西通商事件］はこの規定の趣旨として「反対給付を伴わないものであっても，譲渡時における適正な価額に相当する収益があると認識すべき」ことを明らかにしたものと解していた（→**15−2**）。同法22条の2第4

項はこれを「資産の引渡しの時における価額」と明定した。

　したがって，この例でも，S社は，土地の贈与に伴い，時価3億円相当額を益金に計上することになる（法税22条2項，22条の2第4項）。その際，この土地の簿価が1億円であったとすれば，1億円が原価として損金に計上されるから（22条3項1号），差し引き2億円の含み益が課税の対象とされる（土地の簿価が5億円であったとすれば，原価は5億円となり，2億円の含み損を計上する）。

　こうして，S社との関係では，①寄附金の額3億円につき限度額を超える損金不算入，②無償取引に関する規定による3億円の益金計上，③原価の損金算入，が複合的に問題となる。さらに，相手方のP社にとっては，④3億円の受贈益が益金に算入される（法税22条2項）。4つのことが同時に起こっていてややこしいので，図表16-8にまとめておこう。

図表16-8　S社からP社への土地の贈与

　上記4つのステップをあわせてS社とP社の課税を通覧すると，①の寄附金認定によりS社の側では純資産の減少分を控除できず，④によりP社の側では受贈益が課税所得に算入される。これに②③が加わるから，S社にとって含み損益が課税の対象とされる。

　この例からわかるように，無償取引を行うと，複数の当事者で何度も課税され，ひとつの取引から生ずる合計税額が大きくなってしまう。大阪高判昭和59・6・29行集35巻6号822頁［PL農場事件］では，関連法人間で土地を低額で転々譲渡した事案で，この点が問題とされた。当該事案において転売を拘束されていた点に着目して時価の認定に工夫をこらし，結果的に多重課税にならないようにしている。これに対し，名古屋高金沢支判平成10・11・30訟月46巻12号4267頁［セントラル航業事件］は，関連会社間の株式の低額譲渡について，法人税法22条2項と37条を機械的に適用した。

⑺完全支配関係がある場合

　上の例と異なり，Ｐ社がＳ社との間で完全支配関係がある場合には，①Ｓ社において３億円の全額が損金不算入とされ（法税37条2項），④Ｐ社において受贈益は益金不算入とされる（同25条の2）。グループ全体でみて，100％グループ内の寄附からは課税関係を生じさせないのである。

　さらに，同様の考え方にもとづき，100％グループ内の法人間の資産譲渡について，課税を繰り延べるルールが設けられている。一定の譲渡損益調整資産につき，譲渡利益額があれば同額を損金の額に算入し，譲渡損失額があれば同額を益金の額に算入することによって，当該事業年度のＳ社の課税所得に影響がないようにしている（同61条の11第1項）。これは課税時期を繰り延べる措置であり，土地を譲り受けたＰ社がのちに土地を転売するなどの事由が生じた場合，Ｓ社は，繰り延べられた譲渡利益額や譲渡損失額をその事業年度において計上する（同条2項）。

　完全支配関係がある場合に適用されるこれらの課税ルールは，平成22年度改正で導入された（参照，渡辺徹也「法人間における資産等の移転」金子宏監修『現代租税法講座(3)企業・市場』〔日本評論社，2017年〕169頁）。

16−4−4　交際費等

⑴交際費等の損金算入制限

　第二次大戦後，資本蓄積の促進に資するため，各種の租税特別措置が講ぜられた。昭和29年には，「法人の交際費等の濫費を抑制し，経済の発展に資する」ことをねらいとして，交際費等の損金算入を制限することとされた（臨時税制調査会「昭和31年12月臨時税制調査会答申」〔1956年〕第2部各論135頁）。その後，何度も期限が延長され，いくつもの改正を経て，現行の租税特別措置法61条の4になっている。時期によって条文番号が移動しているため，裁判例を読む場合には注意が必要である。現行法の適用年度は平成26年4月1日から令和6年3月31日までに開始する各事業年度である。

　損金不算入とされる金額は，資本金の額の大きさによって異なる。

▶資本金の額が100億円を超える法人　全額（租特61条の4第1項）。
▶資本金の額が100億円以下である法人　交際費等の額のうち接待飲食費の額の50％を超える部分の金額（同項括弧書き）
▶資本金の額が1億円以下である法人　定率控除限度額（1年で800万円）を超える部分の金額（租特61条の4第2項）。

　いま仮に租税特別措置法61条の4が存在しなかったとしたら，交際費等は，会社の事業に関係する支出である範囲で，費用として損金に算入できる

であろう（法税22条3項2号）。その意味で，租税特別措置法61条の4の規定は，創設的規定とみることができる。

　なお，個人事業者が交際費等を支出する場合には，所得税の必要経費に関する所得税法37条1項の要件に照らして，費用控除できるか否かを判定することになる（→**10−2**）。

(2)交際費等の意義

　交際費等とは，「交際費，接待費，機密費その他の費用で，法人が，その得意先，仕入先その他事業に関係のある者等に対する接待，供応，慰安，贈答その他これらに類する行為……のために支出するもの」のことである（租特61条の4第6項柱書前段）。「事業に関係のある者等」は，その法人の役員や従業員を含む。

　この規定の読み方につき，裁判例の一般論には，異なる傾向がある。

▶2要件説と呼ばれる傾向は，次の2つの要件を読み取る（東京高判平成5・6・28行集44巻6＝7号506頁［荒井商事オートオークション事件］）。①支出の相手方が事業に関連する者であること，および，②支出の目的がそのような相手方に対する接待，供応，慰安，贈答その他これらに類する行為のためであること。

▶3要件説とよばれる傾向は，「行為のために」という文言をさらに分解して目的と行為形態を別々の基準とし，次の3つの要件をたてる（東京高判平成15・9・9高民集56巻3号1頁［萬有製薬事件］）。すなわち，①支出の相手方が事業に関連する者であること，に加えて，②支出の目的が事業関係者等との間の親睦の度を密にして取引関係の円滑な進行を図ることであること，および，③行為の形態が接待，供応，慰安，贈答その他これらに類する行為であること。

　交際費等の範囲からは，次のものが除外されている。

▶専ら従業員の慰安のために行われる運動会，演芸会，旅行等のために通常要する費用（租特61条の4第6項1号）

▶飲食その他これに類する行為のために要する費用（専らその会社の役員・従業員またはこれらの親族に対する接待や供応などのために支出するものを除く）であって，1人あたり5000円以下の費用（同項2号，租特令37条の5第1項）

▶その他政令で定める費用（同項3号），具体的にはカレンダーや手帳の贈与や会議に関連する飲食物の供与に通常要する費用など（租特令37条の5第2項）

たとえば，ある会社が従業員の慰安旅行のために費用を支出したとする。これは，「専ら従業員の慰安のために行われる……旅行等のために通常要する費用」にあたる範囲で，交際費等から除外され，交際費等に関する損金算入規制を免れる。福利厚生費であるといえれば，費用として損金算入が可能である（法税22条3項2号）。

では，この場合の従業員側の所得税の課税関係はどうなるか。会社から慰安旅行の費用補助を受けた従業員個人にとって問題になるのは，従業員フリンジ・ベネフィットの課税である（→6−2−2）。「通常要する費用」の範囲にとどまっている限り現実には課税されないものと考えておいて，おおむねまちがいはない。

(3)使途不明金と使途秘匿金

交際費等に関連して，使途不明金と使途秘匿金に触れておく。

▶使途不明金。国税庁の通達は，「法人が交際費，機密費，接待費等の名義をもって支出した金銭でその費途が明らかでないものは，損金の額に算入しない」としている（法基通9−7−20）。課税庁の眼からみて損金算入を基礎付ける事実が認定できない場合に，損金に算入しないという取扱いを宣明したものである。税務調査の時点では費途が明らかでなかったが，のちに裁判の過程において費途が明らかになった場合は，その費目の性質に応じて損金算入の可否を決めればよい。損金算入を否定する論拠は，証拠法上，費用支出の事実に関する証明責任や証拠提出責任との関係に求めるほかはない。

▶使途秘匿金の支出とは，法人がした金銭の支出のうち，相当の理由がなく，相手方の氏名等を当該法人の帳簿書類に記載していないもののことをいう（租特62条2項）。使途秘匿金の支出の額に対する40％の額が，通常の法人税に追加して課税される（同条1項）。使途秘匿金が上記の使途不明金として損金不算入となることから，地方税を含めると，支出額のほとんどに相当する税額が生ずる。しかも，使途秘匿金に該当する場合には隠蔽仮装による申告をしているであろうから，これらに加えて重加算税も賦課されることになる（税通68条）。使途秘匿金に対する重課措置が導入されたのは，平成5年のことである。そのきっかけは，ゼネコン汚職をきっかけに，企業の使途不明金が闇献金や賄賂などの不正資金の温床となっているという社会的批判が強まり，課税強化が唱えられたことにあった。

16－4－5　繰越欠損金

⑴法人税法における赤字の扱い

欠損金額とは，各事業年度の所得の金額の計算上，当該事業年度の損金の額が当該事業年度の益金の額を超える場合におけるその超える部分の金額をいう（法税2条19号）。ひらたくいえば，赤字のことである。欠損金額を有する会社は，各事業年度の益金の額よりも損金の額のほうが大きい状態にあるにすぎない。よって，破産手続開始決定の要件である「支払不能」（破15条）の状態にあるわけでは必ずしもない。

法人税法上，欠損金額が生じた場合には，繰越控除と繰戻還付の措置が用意されている。

▶繰越控除。たとえば第1年度に欠損金額が生じ，第2年度にプラスの所得金額が生じた場合，第1年度の欠損金額を第2年度に繰り越して損金に算入できる（法税57条1項）。これを欠損金の繰越控除という。

▶繰戻還付。第1年度にプラスの所得金額が生じて法人税を納付していたところ，第2年度に欠損金額が生じた場合，すでに納付した法人税額の還付を請求できる（法税80条1項）。これを欠損金の繰戻還付という。もっとも，種々の要件が付されている上に，厳しい財政状況に鑑み，その適用範囲は資本金1億円以下の中小企業など一定の法人に限定されている（租特66条の12）。

このように，プラスの所得金額を計上すれば法人税を納付するのに，欠損金額が生じてもその欠損金額に対応する法人税額相当分をすぐさま完全に還付することがない。法人税法は，黒字と赤字の間で非対称的な扱いをしているのである。その理由については，所得税法における赤字の扱いについて学んだところと，同様のことがあてはまる（→11－2－2）。

所得税法上，純損失の繰越控除や繰戻還付を行う趣旨としては，複数期間を通じた課税の平準化（averaging）という理解が一般的であった。法人税法についても同様の理解にたって，最判平成25・3・21民集67巻3号438頁〔神奈川県臨時特例企業税事件〕は，次のように判示した。

「法人税法の規定する欠損金の繰越控除は，所得の金額の計算が人為的に設けられた期間である事業年度を区切りとして行われるため，複数の事業年度の通算では同額の所得の金額が発生している法人の間であっても，ある事業年度には所得の金額が発生し別の事業年度には欠損金額が発生した法人は，各事業年度に平均的に所得の金額が発生した法人よりも税負担が過重となる場合が生ずることから，各事業年度間の所得の金額と欠損金額を平準化することによってその緩和を図り，事業年度ごとの所得の金額の

変動の大小にかかわらず法人の税負担をできるだけ均等化して公平な課税
を行うという趣旨，目的から設けられた制度である」。

(2)法人税法57条1項を読む

欠損金の繰越に関する基本規定が，法人税法57条1項である。内国法人
は，各事業年度開始の日前10年以内に開始した事業年度において生じた欠
損金額を損金の額に算入する（法税57条1項本文）。過去の事業年度の欠損
金額を当期に繰り越し，問題となっている事業年度の損金とするのである。

1項本文の括弧書きが，次のものを除外する。

▶括弧書きの前半部分は，すでに繰越欠損金として損金算入済の金額を，損
金算入の範囲から除外する。たとえば，第1年度に欠損金額100，第2年
度に所得金額40，第3年度に所得金額70が生じた，という数値例で考え
る。この場合，100を第2年度に繰り越すと，すでに40は利用済みであ
るから，第3年度において損金算入できるのは残りの60だけになる。

▶括弧書きの後半部分は，法人税法80条の繰戻還付の対象とされた金額を
除外する。これも，欠損金の二重控除を防止する意味をもつ。上と同じ数
値例で，第0年度に80の所得金額があった場合で考えてみよう。この場
合，第0年度の黒字80と相殺してすでに使用済みとなった欠損金額は繰
越控除させず，残りの20のみが第2年度に繰り越して損金算入できる。

1項但書で，欠損金額控除前の所得金額の50％が控除限度額とされている
（法税57条1項但書）。法人税率引下げに伴う財源確保措置のひとつである。
資本金1億円以下の中小法人などについては，控除限度額は100％とされて
いる（同条11項）。

(3)法人税法57条の概観

平成13年度改正以降の度重なる改正の結果，繰越欠損金に関する法人税
法の規定は全体として複雑なものになった。企業組織のグループ内再編や第
三者による企業買収にあたり，繰越欠損金は有利な税効果をもたらす資産
（tax asset）として重要性が高い。それだけに，納税者は繰越欠損金を承継
してそのうまみを利用したいと考えるし，課税当局は野放図な利用に警戒す
る。それを見越して規定を用意すると，おのずから複雑化する。

昭和40年全文改正前の旧法下で，最判昭和43・5・2民集22巻5号1067
頁［行田電線株式会社事件］は，特別の規定がない限り合併法人は被合併法
人の繰越欠損金を承継できないとした。その後，平成13年の改正で，適格
合併にあたる場合，被合併法人の未処理欠損金額を合併法人の欠損金額とみ

なして繰越控除することが可能とされた（法税57条2項）。適格合併に該当するには，いくつもの要件を満たす必要がある（同2条12号の8）。これらの要件を満たさない場合，昭和43年判決の射程が及び，繰越欠損金は承継できない。

適格合併には，大別して，企業グループ内の適格合併（法税2条12号の8イロ）と共同事業を営むための適格合併（同号ハ）があり，前者については後者よりも要件が緩和されている。そのため，前者についての未処理欠損金額の引継ぎを無制限に認めると，たとえば，大規模な法人が未処理欠損金額を有するグループ外の小規模な法人を買収し完全子会社として取り込んだ上で，当該法人との適格合併を行うことにより，当該法人の未処理欠損金額が不当に利用されるなどのおそれがある。これを防止するため，企業グループ内の適格合併が行われた事業年度開始の日の5年前の日以後に特定資本関係が発生している場合には，「当該適格合併等が共同で事業を営むための適格合併等として政令で定めるもの」（みなし共同事業要件）に該当する場合を除き，特定資本関係が生じた日の属する事業年度前の各事業年度において生じた欠損金額等を引き継ぐことができないこととしている（法税57条3項）。

このように，みなし共同事業要件を充足すれば，未処理欠損金額の引継ぎが可能になる。みなし共同事業要件には，双方の法人の事業が合併の前後において継続しており合併後に共同で事業が営まれていると判断できるかどうかを，①事業規模等から判定するもの（法税令112条3項1号から4号までに掲げる要件）と，②双方の法人の特定役員が適格合併後に合併法人の特定役員に就任することが見込まれていることから判定するもの（同項1号および5号）がある。

②の要件の趣旨につき，最判平成28・2・29民集70巻2号242頁［ヤフー事件］は，「〔法人税法施行令112条3項〕2号から4号までの事業規模要件等が充足されない場合であっても，合併法人と被合併法人の特定役員が合併後において共に合併法人の特定役員に就任するのであれば，双方の法人の経営の中枢を継続的かつ実質的に担ってきた者が共同して合併後の事業に参画することになり，経営面からみて，合併後も共同で事業が営まれているとみることができることから，同項2号から4号までの要件に代えて同項5号の要件（特定役員引継要件）で足りるとされたものと解される」と判示している。そして，当該事案につき法人税法132条の2（→17-4-1(3)）を適用して，未処理欠損金額の引継ぎを否定した。

⑷その他の規定

　法人税法 57 条にはこれ以外にも利用制限があるし，他にも欠損金の利用には多くの規定が設けられている（図表16−9）。さらに，完全支配関係のある法人間では，納税者の選択により，損益通算と欠損金の通算とが可能とされており，その場合にも詳しい適用要件が設けられている（法税 64 条の 5 以下のグループ通算制度）。

図表16−9　法人税法 57 条〜 59 条の概観

57 条	青色申告書を提出した事業年度の欠損金の繰越し
57 条の 2	特定株主等によって支配された欠損等法人の欠損金の繰越しの不適用
58 条	青色申告書を提出しなかった事業年度の災害による損失金の繰越し
59 条	会社更生等による債務免除等があった場合の欠損金の損金算入

Column 16 − 2　　　　　事業再生と課税

　　事業再生に伴う債務消滅益は，原則どおり益金に算入されるが（法税 22 条 2 項），通常であれば損金算入が認められない期限切れ欠損金を含む設立以来の欠損金額と通算できる（同 59 条）。このことの意味につき参照，長戸貴之『事業再生と課税──コーポレート・ファイナンスと法政策論の日米比較』（東京大学出版会，2017 年）。

📑　この章で学んだこと

▶ 損金の額に関する基本規定が，法人税法 22 条 3 項である。

▶ 損金算入可能な項目は，利益分配と区別される。

▶ 法人税法 22 条 3 項は，原価・費用・損失について定める。

▶ 重要な「別段の定め」として，役員給与，寄附金，交際費等，繰越欠損金に関するものがある。

→　調べてみよう

▶ 損金の算入時期はどうなっており，どうあるべきか？

　　→一高龍司「損金の算入時期に関する基本的考察──費用を中心に」金子宏監修『現代租税法講座⑶企業・市場』（日本評論社，2017 年）135 頁

▶ 役員給与の損金不算入規定は，所有と経営の分離の有無を勘案すべきでは

ないか？

 →長戸貴之「法人税法における役員給与——エージェンシー理論を踏まえ
  た検討」民商法雑誌 154 巻 3 号（2018 年）54 頁

▶ 欠損金の法人間移転は，どう規律すべきか？

 →酒井貴子「欠損金の移転——組織再編税制，連結納税制度」金子宏監修
  『現代租税法講座(3)企業・市場』（日本評論社，2017 年）215 頁

Chapter 17 同族会社

📑 この章のテーマ

▶**法人成り** ▶**同族会社** ▶**特別税率** ▶**行為計算の否認** ▶**中小企業税制**

17−1 法人成りのメカニズム

　所得課税上，法人成りは，納税者に次のメリットをもたらす。

▶所得分散による累進課税の回避。個人事業の場合，事業所得者が家族構成員に支払う対価は原則として必要経費に算入できないから（所税56条。→7−4−4），事業主ひとりに所得が集中して累進税率の適用対象になる（ただし例外として同57条）。これに対し，法人事業形態をとって家族構成員を法人の従業員にすれば，法人所得の算定上，人件費を損金に算入できる。しかも，家族構成員に給与所得を分散できるから，各構成員はそれぞれに給与所得控除や人的控除を利用し，累進税率の下で比較的低い税率の適用を受ける。

▶内部留保による税率格差の利用。所得税率よりも法人税率のほうが低い場合，上とは逆に事業成果を法人の内部に留保することが，その年度における節税策になる。話を簡単にするために国税に限定して数字をあげると，所得税の最高税率は45％であり（所税89条1項），法人税の基本税率は23.2％である（法税66条1項）。これだけでも20ポイント以上の格差があるし，中小法人の課税所得には軽減税率の適用部分もある（同条2項）。歴史的には所得税法の最高税率が現在よりも高く（→8−4−1），税率格差は過去においてはもっと大きい時期もあった。

　ただし，以上の話はあくまでその年度に限ってのものであり，納税者にとっての総合的な得失を正確に分析するためには，法人の稼得した事業利益を個人株主に配当したり，個人株主が株式を譲渡したりする場合の課税を考慮に入れる必要がある。

　所得課税以外のメリットもある。相続対策としての法人成りである。個人事業主には必ず寿命があり，後継者への事業承継時に相続税が問題になる。そこで，店舗や工場を個人所有とするのでなく，会社の所有とし，もとの事

業主は会社の株を保有しておく。これによって，相続対象財産は株式に転換され，株式に関する評価方法にもとづいて金銭評価される。いわゆる事業承継税制によって，相続税の納税猶予や免除の制度を利用することもできる。

このように，法人成りには，所得税・法人税・相続税といった主要税目の関係だけでも多くの要素が影響する。加えて，事業の法人化に伴う社会保険料負担の変化（法人成りにより社会保険料は増える場合が多い）や，株式会社形態をとることによる有限責任の享受や取引相手への評判効果が，重要である。

17－2　同族会社とは

17－2－1　同族会社の圧倒的比重

法人成りの結果として設立される会社は，少数の株主が支配していることが多い。このような会社のことを，法人税法は同族会社と呼び，いくつかの特則を用意している。

まず，法人数の内訳を確認し，同族会社の比重がきわめて大きいことを頭にたたきこんでおこう（図表17－1）。

図表17−1　法人数の内訳（単位法人）

区　　　分	同　非　区　分		
	特定同族会社	同族会社	非同族会社
（資本金階級）	社	社	社
100 万円　以下	–	472,393	26,060
100 万円　超	–	73,070	2,565
200 万円　〃	–	1,122,386	16,565
500 万円　〃	–	685,249	24,894
1,000 万円　〃	1	135,535	9,394
2,000 万円　〃	–	139,221	11,042
5,000 万円　〃	1	48,818	3,911
1 億円　〃	2,860	6,661	1,749
5 億円　〃	234	888	465
10 億円　〃	256	1,755	979
50 億円　〃	30	390	313
100 億円　〃	29	496	527
計	3,411	2,686,862	98,464
構成比	%	%	%
100 万円　以下	–	94.8	5.2
100 万円　超	–	96.6	3.4
200 万円　〃	–	98.5	1.5
500 万円　〃	–	96.5	3.5
1,000 万円　〃	0.0	93.5	6.5
2,000 万円　〃	–	92.7	7.3
5,000 万円　〃	0.0	92.6	7.4
1 億円　〃	25.4	59.1	15.5
5 億円　〃	14.7	56.0	29.3
10 億円　〃	8.6	58.7	32.7
50 億円　〃	4.1	53.2	42.7
100 億円　〃	2.8	47.1	50.1
計	0.1	96.3	3.5

出典：国税庁の令和３年度分会社標本調査結果

　図表17−1から，次のことがわかる。

▶日本の法人のほとんどが同族会社である。

▶同族会社には資本金の大きいものもあるが，資本金の小さい会社が数の上で圧倒的に多い。

17−2−2　株主による支配に着目した同族会社の定義

　同族会社に該当するための要件のポイントは，株主３人以下が会社の株式の50％超を保有することである。株式会社についていえば，会社の株主の３人以下がその会社の発行済株式の総数の50％を超える数の株式を有する場

合，その会社は同族会社にあたる（法税2条10号）。一方で，この場合の株主からは，会社が自己の株式を有する場合のその会社を除く。他方で，これらの株主と「特殊の関係」のある個人および法人の持株をあわせて50％を超えていれば，同族会社に該当する。

　ここにいう「特殊の関係」は法令用語であって，株主の親族や使用人（法税令4条1項），共通の株主によって支配されている会社（同条2項）などがその例である。後述するように，同族会社に該当すると，課税上，不利に扱われることが多い。そのため，不利な扱いを避けたい納税者としては，同族会社の要件を満たさないようにいろいろと工夫する。たとえば，自分ひとりで会社の株を保有すれば50％を超えてしまうとわかれば，代わりに身内の者に保有させたり，自分の支配する別会社に保有させたりすることで，50％基準を潜脱できてしまう。これを許さないために，「特殊の関係」のある個人や法人を広く網にかける形で，同族会社を定義しているのである。

　同族会社の定義規定は，「株主等」という法令用語を用いている（法税2条10号）。株主等とは，株主または合名会社，合資会社もしくは合同会社の社員その他法人の出資者をいう（同条14号）。株式会社だけでなく，持分会社もまた，同族会社に該当しうる。

　同族会社の定義にいう「その他政令で定める場合」（法税2条10号）とは，議決権総数の50％を超える数を有する場合や，持分会社の社員の総数の半数を超える数を占める場合である（法税令4条5項）。

17－2－3　同族会社の特則

　法人税法は同族会社に対して，いくつかの特則を置いている。
▶特別税率（→**17－3**）。
▶同族会社の行為計算の否認規定（→**17－4**）。

17－3　特定同族会社の特別税率

　一定の同族会社が利益を内部留保すると，通常の法人税に加え，特別の税率で法人税を課す（法税67条）。これが，特定同族会社の特別税率である。留保金課税ともいう。

　このルールの沿革は，大正12年にさかのぼる。当時，個人株主が，個人段階での超過累進税率を免れるために，一族の資産を出資して同族保全会社を設立し，利益があっても配当しなかった。これに対処するために，内部留保分に課税した。このルールが展開し，現行法になっている。

　法人税法67条の趣旨は，内部留保期間中の運用益が相対的に低い税率で

課税されることへの対処である。課税の対象となるのは，各事業年度の留保金額（同条3項）のうち，留保控除額（同条5項）を超える部分の金額である。この金額に対して，10％，15％，20％から成る3段階の超過累進税率で課税する（同条1項）。個人株主との税率格差を相殺するために，所得税の累進税率との関係で特別税率の税率段階を設定しているのである。この税率段階は昭和36年度改正以降変わっていないが，制度趣旨との関係では所得税の累進税率構造にあわせて不断に見直していくことが必要であろう。

　特別税率の適用対象は，「特定同族会社」である（法税67条1項括弧書き）。株式会社についていえば，その定義の骨子は次の通りである。

▶ 被支配会社であること，すなわち，株主の1人が発行済株式の総数の50％超を有すること（法税67条2項）
▶ 被支配会社であることの判定の基礎となった株主のうちに被支配会社でない法人株主がある場合には，当該法人を除外してもなお被支配会社に該当すること
▶ 資本金の額が1億円以下の会社にあっては，大法人との間に当該大法人による完全支配関係がある普通法人など（法税66条5項2号・3号）に限ること
▶ 清算中のものを除くこと

　このうち第3点は，平成19年度税制改正で資本金1億円超の会社を除外したことによる。この措置により特別税率の適用範囲は著しく縮小した。

17−4　同族会社の行為計算否認規定

17−4−1　意義と沿革

(1)意義

　税務署長は，同族会社に係る法人税の更正または決定をする場合において，その同族会社の行為または計算で，これを容認した場合に法人税の負担を不当に減少させる結果となると認められるものがあるときは，その行為または計算にかかわらず，税務署長の認めるところにより，その法人にかかる法人税の課税標準もしくは欠損金額または法人税の額を計算することができる（法税132条1項）。この規定を，同族会社の行為計算否認規定という。内国法人が同族会社に該当するかどうかの判定は，行為または計算があった時の現況による（同条2項）。

　同族会社は少数の株主の支配下にあるため，利害関係者間の牽制効果が働きにくく，支配的株主による恣意的な取引や経理がなされやすい。そこで，法人税の負担を不当に減少させる行為計算がなされた場合に，これを正常な

行為計算に引き直して更正や決定をする権限を税務署長に与えたのである。

(2)沿革

　同族会社の行為計算否認規定の導入は，大正12年である。昭和のはじめになって，この規定の性格を租税回避の否認規定と位置付ける考え方が出現した（清永敬次「税法における同族会社の行為計算の否認規定」同『租税回避の研究』〔ミネルヴァ書房，1995年（初出1962年）〕307頁，325頁）。つまり，迂回的な行為によって不当に課税要件の充足を免れる行為があった場合に，課税要件を充足したものとして扱う規定であるとされた。

　その後，昭和15年に，「同族会社ノ行為又ハ計算ニシテ法人税逋脱ノ目的アリト認メラルルモノアル場合ニ於テハ其ノ行為又ハ計算ニ拘ラズ政府ハ其ノ認ムル所ニ依リ所得金額及資本金額ヲ計算スルコトヲ得」という規定となった（昭和15年法税28条）。

　第二次大戦後，昭和22年改正で，否認の要件を「法人税を免れる目的があると認められるものがある場合」と改めた（昭和22年法税34条）。「法人税を免れる目的」という文言にもかかわらず，納税者に税を免れる意思がある場合に限り行為計算の否認ができるという解釈はとっておらず，納税者の意思いかんにかかわらず負担の減少の結果の発生を問題としていた（清永敬次「税法における同族会社の行為計算の否認に関する戦後の判例」法学論叢74巻2号〔1963年〕1頁，6頁）。

　さらに，シャウプ勧告を受けた昭和25年改正で，現在のように「法人税の負担を不当に減少させる結果となると認められるものがあるとき」という文言になった。同年に公開された当時の法人税基本通達355は，同族会社の否認規定の適用例として，従来の判例や実務に現れた事例を整理し，過大出資，高価買入，低価譲渡，寄附金，無収益資産，過大給与などの否認類型を示していた。

(3)法人税法132条以外の行為計算否認規定

　同族会社の行為計算を否認する規定は，法人税法132条のほか，所得税法157条や相続税法64条にも存在する。所得税法157条の適用が争われた著名な事件が，最判平成16・7・20訟月51巻8号2126頁［パチンコ平和事件］である。最高裁は，無利息融資をした個人の収入金額に適正利息額を加算できることを前提として，加算税に関する判断をくだしている。

　行為計算の否認規定は，同族会社だけにとどまらず，組織再編税制（法税132条の2）やグループ通算制度（同132条の3），外国法人の恒久的施設帰属

所得（同147条の2），非居住者の恒久的施設帰属所得（所税168条の2）との関係でも導入されている。

17-4-2　一般的適用基準

(1)条文の文言

　法人税法132条1項は，法人税の負担を「不当に減少」させる結果となると認められる行為計算に適用される。

⑵憲法 84 条との関係

「不当に減少」とは，幅のある概念である。そのため，課税要件の明確性を欠くのではないかという点が問題になる。課税要件の明確性について正面から判示してはいないものの，最判昭和 53・4・21 訟月 24 巻 8 号 1694 頁［光楽園旅館事件］は，以下のように判示し，この規定が憲法 84 条に違反しないとしている。

> 「法人税法 132 条の趣旨，目的に照らせば，右規定は原審が判示するような客観的，合理的基準に従って同族会社の行為計算を否認すべき権限を税務署長に与えているものと解することができるのであるから，右規定が税務署長に包括的，一般的，白地的に課税処分権限を与えたものであることを前提とする所論違憲の主張は，その前提を欠く。」

この判示部分のいう「原審が判示するような客観的，合理的基準」とは，「純粋経済人の行為として不合理，不自然」か否かという基準であった（札幌高判昭和 51・1・13 訟月 22 巻 3 号 756 頁）。

⑶ユニバーサルミュージック事件

最高裁は長い間，法人税法 132 条 1 項の一般的適用基準を示してこなかった（最判昭和 33・5・29 民集 12 巻 8 号 1254 頁［明治物産株式会社事件］，最判昭和 59・10・25 集民 143 号 75 頁［南日本高圧コンクリート株式会社事件］，最決平成 28・2・18 税資 266 号順号 12802［日本 IBM 事件］）。これに対し，経済的合理性基準を採用することを明言したのが最判令和 4・4・21 民集 76 巻 4 号 480 頁［ユニバーサルミュージック事件］である。

ユニバーサルミュージック事件最高裁判決は，まず，同項の趣旨内容につき，次のように述べる。

> 「法人税法 132 条 1 項は，同項各号に掲げる法人である同族会社等においては，その意思決定が少数の株主等の意図により左右され，法人税の負担を不当に減少させる結果となる行為又は計算が行われやすいことから，税負担の公平を維持するため，そのような行為又は計算が行われた場合に，これを正常な行為又は計算に引き直して法人税の更正又は決定をする権限を税務署長に認めたものである。」

そのうえで，このような趣旨内容に鑑み，同項にいう「これを容認した場合には法人税の負担を不当に減少させる結果となると認められるもの」の意義として，

> 「同族会社等の行為又は計算のうち，経済的かつ実質的な見地において不自然，不合理なもの，すなわち経済的合理性を欠くものであって，法人税

の負担を減少させる結果となるものをいう」
と判示した。

　当該事案では，国際企業グループに属するフランス法人からの金銭の借入れに係る支払利息の損金算入が争われていた。最高裁は，「同族会社等による金銭の借入れが上記の経済的合理性を欠くものか否かについては，当該借入れの目的や融資条件等の諸事情を総合的に考慮して判断すべきものである」と述べた上で，判断基準を次のように具体化した。

　　「本件借入れのように，ある企業グループにおける組織再編成に係る一連の取引の一環として，当該企業グループに属する同族会社等が当該企業グループに属する他の会社等から金銭の借入れを行った場合において，当該一連の取引全体が経済的合理性を欠くときは，当該借入れは，上記諸事情のうち，その目的，すなわち当該借入れによって資金需要が満たされることで達せられる目的において不合理と評価されることとなる。そして，当該一連の取引全体が経済的合理性を欠くものか否かの検討に当たっては，①当該一連の取引が，通常は想定されない手順や方法に基づいたり，実態とはかい離した形式を作出したりするなど，不自然なものであるかどうか，②税負担の減少以外にそのような組織再編成を行うことの合理的な理由となる事業目的その他の事由が存在するかどうか等の事情を考慮するのが相当である。」

　最高裁はここで，一連の取引全体が経済的合理性を欠くか否かの判断にあたって考慮すべき事情として，①取引の不自然さと，②事業目的その他の事由を挙げている。同様の事情は，法人税法 132 条の 2 に関するヤフー事件最高裁判決（→ Column 17−1）でも挙げられていた。

　最高裁は，以上の判断基準を事案にあてはめ，結論として，法人税法 132 条 1 項の適用要件をみたさないとして損金算入を容認した。

　本件で問題とされた事業年度の後，平成 24 年度改正で過大支払利子税制（租特 66 条の 5 の 2）が創設され，基準となる所得の一定割合を超える支払利子について，当期の損金算入を否定し，最大 7 年間繰り越すこととされた（→ 16−1−2）。最高裁は課税庁の処分を退けたが，国会が立法により手当てを講じたことになる（→ 5−3−2）。

17−4−3　適用効果

⑴条文の文言

　法人税法 132 条 1 項の適用効果は，税務署長の認めるところにより，その法人に係る「法人税の課税標準若しくは欠損金額又は法人税の額を計算す

る」ことである。

(2)事業年度との関係

　税務署長が課税標準などの計算をやりなおす事業年度は，行為計算がなされた事業年度より後になる場合もある。

　最判昭和 52・7・12 訟月 23 巻 8 号 1523 頁［山菱不動産株式会社事件］は，このような場合につき，法人税法 132 条 1 項の前身規定の適用を肯定している。事案は，同族会社 X が経営不振の関連会社に対して債務引受をしていたところ，のちの事業年度に，元本と利息をあわせて債務免除したというものである。X が債務免除による貸倒損失を損金の額に計上して申告し，税務署長がこの後続事業年度において貸倒損失の損金算入を否定して更正した。

　最高裁はまず，関連会社に対する当初の債務引受が否認の対象になるとする。

　「ある会社と他の会社とがいずれも同一の個人の支配する同族会社であって，一方が他方に対し，無利息ないし通常の金融取引におけるより著しく低率の利息で金銭を貸付けた場合には，特段の事情がない限り，その貸付が無利息ないし著しく低率の利息である点を同族会社の行為又は計算の否認の規定（本件の場合，法人税法（昭和 40 年法律第 34 号による改正前のもの）第 30 条）に基づいて否認することができるものと解される」。

　そして，このことを理由として，のちの債務免除による貸倒損失の計上を，行為計算否認規定によって否認できるとした。いわく，

　「右貸付をした会社が，実際には同族会社であるために無利息ないし著しく低率の利息で貸付けたものであるのにかかわらず，会社の損益計算上は，税務実務上行われているいわゆる認定利息の取扱いに準じて，通常の金融取引と同程度の利息を未収利息として益金に計上し，その後の事業年度においてこれを貸倒損失として損金に計上した場合には，右貸倒処理は，同族会社であるためにされた不自然不合理な租税負担の不当回避行為として，同族会社の行為又は計算の否認の規定に基づき，これを否認することができる」。

(3)源泉徴収所得税との関係

　規定の文言から明らかなように，法人税法 132 条 1 項の適用は，その法人に係る法人税の計算を変更する結果をもたらすだけであり，源泉徴収所得税の課税関係に影響を及ぼすものではない。

最判昭和 48・12・14 訟月 20 巻 6 号 146 頁［株式会社塚本商店事件］もこの結論を承認している。この事件では，同族会社 X が，その代表取締役 A が所有する甲土地の上に，乙建物を所有していた。甲土地と乙建物が一括して訴外 B に譲渡され，譲渡代金から X が 2238 万円余，A が 5224 万円余を，それぞれ受け取った。比率にすると 3 対 7 であり，乙建物の価値を無視し，X の借地権割合を 30％としたものであった（図表17－2）。

図表17－2　源泉徴収所得税との関係

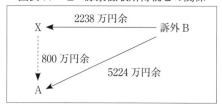

これに対し，税務署長は，X に対して次の処分をした。
▶法人税の増額更正。付近の取引価格からして X の借地権割合はすくなくとも 40％あり，乙建物の価格も譲渡代金に含まれているから，X は 3039 万円余を受け取るべきであったとして，法人税法 132 条を適用し，実際に受け取った 2238 万円との差額約 800 万円を X の所得金額に加算した。
▶所得税の源泉徴収の納税告知。A が土地譲渡代金として受け取った 5224 万円のうち，約 800 万円に相当する金額は，A が X から受け取った役員賞与にあたるとして，X は A に支払った給与につき所得税の源泉徴収義務を負うとして，X に対して源泉徴収の納税告知をした。
　ところが，更正の理由附記が不十分であったため，税務署長は法人税の増額更正を取り消したうえで，理由附記を補完して内容的にほぼ同様の更正をした。このような事実関係の下で，所得税の源泉徴収の納税告知の適法性を争ったのが，本件である。
　最高裁は次のように判示して，法人税の更正が取り消された場合であっても，X から A に対する役員賞与に係る源泉徴収所得税には影響しないとした。
　「法人税法 132 条に基づく同族会社等の行為計算の否認は，当該法人税の関係においてのみ，否認された行為計算に代えて課税庁の適正と認めるところに従い課税を行なうというものであって，もとより現実になされた行為計算そのものに実体的変動を生ぜしめるものではない。したがって，本件法人税に関する原判示第一次更正処分において X の行為計算が否認さ

れ，その否認額がXからAに対する役員賞与としてXの益金に算入され
たとしても，Aに対する所得税の関係にはなんら影響を及ぼすものでは
なく，同人の所得税に関して行なわれた原判示徴収処分〔Aの役員賞与に
係る源泉徴収所得税の納税告知処分のこと〕は，右第一次更正処分とはかか
わりなく，所得税法によって法律上当然に確定した源泉徴収義務について
その履行を求めるものであると解すべきである。それゆえ，右更正処分の
取消しによって，所得税法上の源泉徴収義務の範囲が左右されるいわれは
なく，右〔更正処分の〕取消しは本件徴収処分の効力に影響しない。」

⑷私法上の取引との関係

　上記⑶の最高裁判決は，「もとより現実になされた行為計算そのものに実
体的変動を生ぜしめるものではない」と述べている。このように，法人税法
132条1項の適用は，私法上の取引の効果に影響を及ぼすものではない。私
法上の取引はそのまま有効であることを前提として，法人税の計算上，課税
標準や税額を変更して更正や決定をする権限を与えているにとどまる。

　なお，現実の経済取引において，税務署長の更正があったのちに，当事者
が契約を解除したり損害賠償を請求したりすることは，ありうる。しかし，
それは，この規定の適用効果ではなく，当事者が私的自治の範囲で新たに法
律関係を発生させるものにすぎない。

⑸対応的調整

　平成18年度改正で，法人税法132条3項を新設した。その立法趣旨は，
次のように説明されている（『平成18年版改正税法のすべて』〔大蔵財務協会，
2006年〕374頁，下線は増井による）。

「所得税法第157条や相続税法第64条の規定の適用による所得税，相続税
又は贈与税の増額計算が行われた際に，反射的に法人税の課税所得等を減
少させる計算を行う権限が税務署長に法律上授権されているかは必ずしも
明らかではありません。このような状況の下では，納税者の利便性が損な
われる上，例えば，<u>法人の収益のすべてをその株主等の所得として計算す</u>
<u>る</u>ことによる租税回避的な『法人成り』に対応する際に，その執行に支障
を来しかねないといったことが考えられます。そこで，会社法の制定を機
に，『法人成り』の増加も見込まれるという状況をも踏まえ，所得税法及
び相続税法の適用関係に係る明確化措置として，所得税法第157条や相続
税法第64条の規定の適用による所得税，相続税又は贈与税の増額計算が
行われる場合に，税務署長に法人税における<u>反射的な計算処理</u>を行う権限

があることを明定することとされました。」

下線部分は，以下のような例を想定しているものと考えられる（図表17－3）。

図表17－3　対応的調整の例

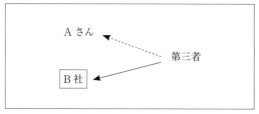

たとえば，オーナー株主Aさんが同族会社Bに所得を付け替えており，Aの所得税の負担を不当に減少させる結果となると認められたものとしよう。この場合，税務署長が，Aの所得税との関係で所得税法157条1項を適用し，B社の収益の額として申告されている金額を，Aの事業所得の総収入金額として計算したとする。この場合，同項の適用の効果はあくまでAの所得税との関係でしか意味をもたない。よって，B社の法人税との関係では，依然として同じ金額が益金に算入されたままになる。その結果，Aさんに所得税，B社に法人税，という具合にダブルパンチになってしまう。そこで，Aの所得税の増額計算が行われる場合に，B社の法人税に関する「反射的な計算処理」として，税務署長が減額更正をするというのである。

このような「反射的な計算処理」は，従来から学説が対応的調整と名付けて検討してきたものである。経済的二重課税を防止するための措置として，積極的に評価することができる。もっとも，法人税法132条3項の文言は，単に，1項の規定を準用するというだけの素っ気ないものである。はじめて法文に接する者にとって趣旨がつかみにくく，せっかくの立法趣旨を必ずしも十分に明確な形で条文化できていないうらみがある。対応的調整としての減額更正を意味することを明確にすること，さらに進んで納税者の手続保障を確保すること，といった点が立法的課題であろう。

法人税法132条3項と同様の規定は，所得税法157条3項や相続税法64条2項にもある。

17－5　同族会社と中小企業税制

以上，同族会社の特例として，特別税率と行為計算否認規定を概観した。いずれも，納税者にとって不利な取扱いをもたらす措置である。

これに対し，中小企業に対しては，経済活動の牽引役として，イノベーショ

ンをリードする肯定的な役割を期待することも多い。これが，いわゆる中小企業税制として，各種の租税優遇措置の根拠のひとつとなっている。これまで学んできた中でも，法人税の軽減税率（→12−2−3）や，貸倒引当金（→16−3−4），交際費等（→16−4−4），特定同族会社（→17−3）など，資本金の小さい会社を有利に扱う課税ルールがあった。政策目的と政策手法が整合的であるかを具体的に検討する必要があろう。

Column 17−2　**中小法人の課税ベース**

　オーナー株主が経営する小規模な会社を想像してみてほしい。オーナーは課税所得を得るやり方をかなりの程度自由に決めることができる。自分に支払うべき給与額を少なくすることで会社の利益を増やすことができ，これを配当に充てることで配当所得を増やすことができる。よって，給与と配当で課税が極端に異なっていれば，オーナーが報酬を得るやり方に対して税制が影響を与えることになる。この例からわかるように，小規模事業から生ずる所得には，労働のリターンと資本のリターンとが混合している（Institute for Fiscal Studies, Tax by Design − The Mirrlees Review（Oxford University Press, 2011）451）。

この章で学んだこと

▶ 日本の会社のほとんどが同族会社である。

▶ 同族会社の行為計算に対しては，税務署長がこれを否認する権限を与えられている。

調べてみよう

▶ 同族会社の行為計算否認規定の経済的合理性基準は，どのように展開してきたか？

　→谷口勢津夫『税法の基礎理論——租税法律主義論の展開』（清文社，2021年）315頁

▶ 中小企業のオーナーは，どのような節税誘因をもつか？

　→田近栄治＝八塩裕之「中小企業課税の新展開——資本と労働間の所得移転にどう対応すべきか」フィナンシャル・レビュー 127 号（2016 年）96頁

展　開

Part

04

Part 04 では，本書のこれまでの部分で学んだ知識を横断的に復習し，有機的にくみあわせながら，さらに一歩先へと議論を展開しよう。

まず Chapter 18 では，所得税法と法人税法が共通に用いている重要な立法技術として，課税繰延の 3 つの類型を学ぶ。Chapter 19 では，所得税でよく問題となる所得区分について，実践のための一歩を踏み出す。Chapter 20 では，みなし配当を単純な設例で例解し，そのようなルールの存在意義を考える。Chapter 21 では，相続税との関係を意識しながら，所得税における相続の扱いを検討する。最後に Chapter 22 では，所得課税が経済取引に及ぼす影響を観察するために，タックス・プランニングの理論を紹介する。

📑 この章のテーマ
▶取得費 ▶圧縮型 ▶引き継ぎ型 ▶置き換え型

18−1 課税のタイミングの調節弁としての取得費

18−1−1 課税を繰り延べる立法技術の「型」

　所得課税にとって，課税のタイミングは重要な要素である。この章では，課税を繰り延べるための立法技術として，典型的な３つの型を学ぶ。

　以下の叙述では，政令の規定をややくわしく引用する。その目的は，細かいルールの暗記にあるのではなく，現行法に現れた「型」の理解にある。基本の型を理解することによって，他の課税ルールを運用したり，将来の税制改正に対応したりするところにつながっていく。読者の皆さんがそのための基本を身につけることを，期待しているのである。

18−1−2 取得費の概念

　所得課税を繰り延べる場合，繰り延べた損益を将来の年において課税の対象にするための調節弁の機能を果たすのが，取得費（cost base）の概念である。この概念は，米国法では基準価格（basis）と呼ばれ，所得課税ルールを運用する上で最も重要なもののひとつである。

　日本の所得税法で，取得費について定めるのは，38条である。38条は，37条とならび，原資の回収のための規定と位置付けられる。原資に相当する部分は，所得の範囲から除外する（→**6−4**）。この考え方を，所得税法上，必要経費（所税37条）や取得費（同38条）として制度化している。

18−1−3 所得税法37条と38条を比較する

　一般に，より早い年に費用控除を行う（＝所得計上を後の年にずらす）と，課税が繰り延べられ，納税者に有利である。控除のタイミングという観点から，所得税法37条と38条を比較しよう（→**10−1−2**）。

▶ 37条１項は，ある年分の収入と対応関係にある費用を，当該年分の必要

経費として控除する。費用控除のタイミングに関する現行法のルールは，費用の計上時期を収益の計上時期に対応させている。たとえば，個人事業者が従業員に給与を支給すれば，業務について生じた人件費として，その年分に必要経費として控除する。収益と対応する範囲で，支出した年に即時に控除できる。

▶ 38条1項は，譲渡所得の金額の計算上控除する取得費について定める。たとえば，ある人が第1年に土地を購入するために100を支払い，その土地を保有していたところ，第5年に120で売れたとする。この場合，譲渡所得を計上するのは第5年であり，総収入金額120から取得費100を控除し，さらに譲渡費用や特別控除額を差し引いた金額が課税の対象となる（所税33条3項）。土地を取得するために100を支出するのは第1年であっても，所得算定上は第5年にはじめて控除が認められる。つまり，キャピタル・ゲインが実現し譲渡所得として課税される時点になってはじめて，取得費を控除する。

このように，取得費の控除時期は，資産の取得に要する費用の支出の時点よりも後になっている。譲渡の属する年分にはじめて控除できるのである。適用条文こそ違うものの，同じ時間的構造は，法人税法についても存在する。たとえば，会社が土地を譲渡する場合，土地の購入原価は，譲渡のあった事業年度になってはじめて損金に算入する（法税22条3項1号）。

18−1−4　課税を繰り延べる技術としての取得費調整

取得費は譲渡所得課税が生ずる年分に控除できる。このことと平仄をあわせて，課税を繰り延べる場合には取得費を調整する。この取得費調整の典型的な型として，3つの類型をみていこう。

▶所得税法42条（国庫補助金等）　取得費の圧縮（所税令90条）
▶所得税法60条（個人間贈与等）　前主の取得費を引き継ぐ（所税60条1項）
▶所得税法58条（交換）　譲渡資産から取得資産に取得費を置き換える（所税令168条）

18−2　所得税法42条——圧縮型

所得税法42条は，取得費を圧縮する型を示している。

たとえば，ある人が固定資産の取得または改良に充てるための国庫補助金を100受け取り，その年において，その国庫補助金をもって交付の目的に適合した固定資産Sを取得したとしよう。この場合，この人には100の所得があるはずである。しかし，国としては，せっかく国庫補助金を支出してい

るのに、それに課税してしまっては、補助の目的が減殺される。そこで、このような場合において、100の補助金のうち固定資産の取得または改良に充てた部分の金額に相当する金額は総収入金額に算入しない（所税42条1項）。

　ここで、取得時の資産Sの時価が100であり、Sを取得するために国庫補助金100の全額を用いた、という数値例を考えよう。この場合のSの取得費をどう計算するかは、政令に委任されている（所税42条5項）。委任を受けた政令の規定は、以下のように定めている（所税令90条2項1号前段。下線は増井による）。

　「法第42条第1項の規定の適用を受けた固定資産については、その固定資産の取得に要した金額……又は改良費の額に相当する金額から<u>その固定資産に係る国庫補助金等の額に相当する金額を控除した金額</u>をもって取得し、又は改良したものとみなし、……」

　この規定に数値例をあてはめると、総収入金額に算入されない金額100を控除した金額をもって取得したものとみなして、取得費を計算する。この結果、資産Sの取得費はゼロとなる。

　それゆえ、資産Sが譲渡資産の基因となる固定資産であり、この人が資産Sを将来に譲渡したとすれば、譲渡所得の金額の計算上、総収入金額から控除すべき取得費はゼロとなる。譲渡した年分において、今度はいわば根っこから課税されることになり、100に相当する金額分の所得が取り戻される（図表18-1）。

図表18-1　取得費圧縮のイメージ図

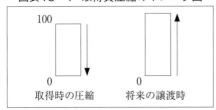

　資産Sが減価償却資産であり、複数年にわたって事業所得を産み出すことに役立っていたとしても、話の大筋は同じである。Sの取得価額が100であったとすれば、耐用年数の期間、100を基礎とした償却費が必要経費として控除できたはずである。しかし、取得価額が圧縮されゼロとされるため、結局のところ、償却費の必要経費控除ができなくなる。その分、複数年にまたがって所得が大きく計上されていく。

この例では，取得費の圧縮という法技術を用いることで，課税繰延がなされている。補助金の支給を受けた年分に総収入金額をゼロとする点だけを観察すると，一見，永久に非課税としてしまったかのようにも見える。しかし，そうではない。取得費を圧縮しておくことで，後続年分において控除する金額が減り，その分だけ所得が大きく計上される。将来に課税が及ぶようにしており，課税を繰り延べるルールである。

なお，令和4年度改正で，国庫補助金等の交付を受けた年の前年以前にその交付の目的に適合した固定資産の取得・改良をした場合について課税繰延措置の適用があることが明確化された（所税42条1項最後の括弧書き）。

同様の立法技術は，所得税法のみならず，法人税法でも用いられている。法人税法では，圧縮記帳といって，国庫補助金の額の範囲内で固定資産の帳簿価額を損金経理により減額するやり方をとっている（法税42条1項）。

18-3　所得税法60条——引き継ぎ型

18-3-1　譲渡所得の金額の計算

所得税法は実現原則を採用している。それゆえ，資産の値上がり益や値下がり損は，譲渡時に課税の対象となる（→9-3）。このことを示す原則的規定が，所得税法33条である。33条3項に定める譲渡所得の金額の計算にあたって，36条と38条が作動する（図表18-2）。

図表18-2　譲渡所得の金額の計算規定

原則的規定	特則
33条——36条（総収入金額） 38条（取得費）	59条・60条

ここで検討する所得税法60条は，59条と対を成しており，いずれも上の原則的規定に対する特則である。59条はみなし譲渡の規定であり，もともと，無限の課税繰延を防止するために導入された（→9-3-2）。59条により譲渡があったものとみなすか否かに応じ，60条4項が取得費を時価とし，60条1項が課税繰延べの取り扱いを定める。この60条1項が引き継ぎ型を体現している。なお，60条には，令和2年度税制改正により配偶者居住権に関する2項と3項が新設されているが，ここでは触れない。

18－3－2　所得税法60条の適用関係

(1)設例

値上がりした資産が相続によって個人間移転する例で考えてみよう。

たとえば，Aさんが第1年に代金100を支払って土地を取得していたところ，第5年にAの死亡により相続が発生し，唯一の相続人であるBさんがこの土地を相続により取得したとする。相続発生時の当該土地の時価は120である（図表18－3）。

図表18－3　所得税法60条の例解

```
    取得        相続        譲渡
  ──→Aさん ──→Bさん ──→
   100      時価120      130
```

(2)Aの所得税

まず，Aの所得税の課税関係をみておこう。

所得税法59条1項1号は「相続（限定承認に係るものに限る。）」により資産の移転があった場合に時価で譲渡したものとみなしている。そこで，限定承認の有無に応じて場合分けする。

▶ Bが限定承認する場合。Aは時価120で当該土地を譲渡したものとみなされ，Aに譲渡所得が発生する。譲渡所得の金額の計算上，総収入金額は120，取得費は100となる。なお，Aの所得税の申告や納付は，死亡したAに代わって，相続人のBが行う（所税125条・129条）。

▶ Bが限定承認しない場合。Aに譲渡所得は発生しない。Aの段階で課税しないのは，永遠に非課税とするという意味ではない。あくまで，後の時期まで課税を繰り延べるという意味である。

(3)Bの所得税

では，Bの所得税の課税関係はどうなるか。いま，第7年にBがこの土地を130で第三者に譲渡したものとしよう。すると，Bにはその年分の譲渡所得が発生する。この譲渡所得の金額の計算上，土地の取得費がいくらになるかが問題である。

取得費は，「その資産の取得に要した金額」と「設備費及び改良費の額」の合計額である（所税38条1項）。いま，Bは設備費や改良費を支出していないものとする。すると，問題は「その資産の取得に要した金額」をどう算定するかである。

　この点に関する「別段の定め」として，60条の規定がある。すなわち，B
におけるこの土地の取得費は，Aが上記のいずれの扱いを受けるかに応じ
て，次のようになる。

▶相続開始時にAに譲渡所得の課税がされる場合。Bは，相続時の時価で
資産を取得したものとみなす（所税60条4項）。つまり，Bは，この土地
を120で取得したものとみなされる。よって，第7年におけるBの譲渡
所得の計算上，「その資産の取得に要した金額」（同38条1項）は120であ
る。この例では設備費や改良費はかかっていないから，取得費は120とな
る。また，第5年から保有していたことになる。

▶相続開始時にAに譲渡所得の課税がされない場合。Bは，引き続きこの
土地を所有していたものとみなす（所税60条1項1号）。その意味は，B
があたかもAになりかわり，ずっとこの土地を所有していたかのように
して，取得費や保有期間を判定するということである。具体的には，第7
年におけるBの譲渡所得の計算上，この土地の取得費については，Aの
100を引き継いで「その資産の取得に要した金額」を算定する。保有期間
も第1年から引き続き所有していたことになり，資産の取得の日以後5年
超になされた譲渡ということになる（同33条3項2号）。

⑷まとめ

　まとめると，次の対応関係になる。

▶Aに対するみなし譲渡課税→Bにおける取得費は時価とする

▶Aの課税繰延→Bにおける取得費はAのそれを引き継ぐ

　このように，所得税法60条1項は，前主の取得費を譲受人に引き継がせ
ることで，未来永劫に非課税とするのではなく，課税を繰り延べる。いわ
ば，取得費の引き継ぎ型を体現する規定である。

⑸設例に関する補足

　この設例のBには，取得した財産について相続税がかかる可能性がある。
相続によって財産を取得した個人は，相続税の納税義務を負うからである。
ただし，遺産に係る基礎控除はかなり高い（相税15条）。相続によって取得
した財産は，所得税との関係では非課税とされている（所税9条1項17号
→**21−1**）。

　なお，Bに相続税額があり，相続開始後，相続税申告期限から3年内に相
続財産を譲渡した場合，Bの譲渡所得の金額の計算上，譲渡資産に対応する
相続税額相当額を取得費に加算する（租特39条）。

ゴルフ会員権贈与事件

　所得税法60条の適用がある場合の取得費の算定に関し，最判平成17・2・1訟月52巻3号1034頁は，個人間贈与の場合について，贈与者から引き継いだ金額に加えて，受贈者が贈与者から資産を取得するための付随費用（ゴルフクラブ会員権の名義書換手数料）の額を，「資産の取得に要した金額」に含めている。

18−4　所得税法58条──置き換え型

18−4−1　交換の場合の所得税の原則的課税関係

　固定資産の交換の場合，譲渡資産の取得費を取得資産のそれに置き換えることで課税を繰り延べる。この型を体現しているのが，所得税法58条である。58条も，譲渡所得の金額の計算に関する原則的規定（所税33条・36条・38条）に対する特則である。

　話の順序として，はじめに，58条の適用がない場合において，原則的規定の下でどうなるかをみておこう。いま，太郎と花子が固定資産を等価交換したとする。太郎が，甲資産（譲渡資産）を譲渡し，その対価として，乙資産（取得資産）を譲り受ける（図表18−4）。論題との関係で，太郎の所得税の課税関係に話をしぼる。また，甲資産は譲渡資産の基因となる資産であるものとする。取得費を考える際に，設備費や改良費の支出はないものとする。

図表18−4　等価交換の例

　この場合，太郎には，甲資産を譲渡することにより，譲渡所得が生ずる（所税33条1項）。では，総収入金額はいくらになるか。太郎は甲資産の譲渡とひきかえに，その対価として乙資産を受け取っている。これは，現物をもって収入する例である（→**6−2**）。ゆえに，対価として取得する乙資産の時価が，総収入金額となる（同36条1項）。そこから，太郎が甲資産を取得するために要した金額（同38条1項），譲渡に要した費用，特別控除額を差し引

けば，譲渡所得の金額を算定できる（同33条3項）。

この交換により，太郎は，乙資産を取得している。では，太郎が将来に乙資産を譲渡する場合，乙資産の取得費はいくらとして計算すべきか。これは，乙資産の「取得に要した金額」（所税38条1項）である。太郎が乙資産を取得しているのは，甲資産の譲渡とのひきかえである。よって，乙資産の取得に要した金額は，手放した甲資産の時価に相当する金額ということになる。仮に甲資産の時価が1億円だったとすれば，乙資産の「取得に要した金額」は1億円である。現物とのひきかえであるためややわかりにくいかもしれないが，現金1億円で乙資産を購入した場合と比較してみると，現金の場合と同じロジックで「取得に要した金額」を測定していることが理解できよう。

この例は等価交換であり，甲資産の時価と乙資産の時価は一致する。結局，太郎は，交換の属する年分において，時価相当額の対価で甲資産を譲渡したものとして譲渡所得に課税される。また，取得した乙資産の取得価額も，それと等しい時価となる。これが，特則を抜きにして考えた原則的な課税関係である。

18−4−2　所得税法58条の適用関係・基本編

次に，所得税法58条の課税繰延規定を考慮に入れてみよう。58条は，昭和34年（1959年）に従来の取扱いを政令に法文化し，昭和40年（1965年）全文改正で所得税法に取り込んだものである。「資産の交換によつて所得が実現したと観念するのは問題があるとも考えられる」ので租税特別措置法ではなく所得税法本法に規定し，交換前の資産を「引き続き有していると同視すべき場合」に「所得の実現がなかつたものとして課税延期を認める」という考え方から「同一種類同一用途の資産間の交換」に限り特例を認めた（税制調査会「所得税法及び法人税法の整備に関する答申」〔1963年〕54頁）。

課税繰延のやり方として，58条は，譲渡資産の取得費を，取得資産のそれに置き換える。上と同じ例で考えてみよう。いま，甲資産と乙資産の交換時の時価が等しいものとする。58条1項には，他にも，1年以上の保有とか，同種資産間の交換であることとか，取得資産を譲渡資産の譲渡直前の用途と同一の用途に供することとかいった適用要件がある。これらがすべて満たされたものとしよう。

この場合，太郎の譲渡所得の算定上，58条1項の適用効果は「譲渡がなかったものとみなす」ということである。つまり，33条の適用はなく，その年における譲渡所得の発生もない。

太郎が新たに取得する乙資産の取得費については，もともと保有していた

甲資産の取得費を置き換えて計算する（所税58条5項，所税令168条柱書第1文）。仮に太郎が甲資産を30で取得していたとしたら，これをもってきて乙資産の取得費とする。この置き換えによって，太郎が将来において乙資産を譲渡した時点で，甲資産の保有期間中に発生していた含み損益を課税の対象にできることになる。未来永劫の非課税ではなく，課税繰延を達成しようとしているのである。また，乙資産の保有期間については，太郎が甲資産を取得した時から引き続き所有していたものとみなして判定する（所税令168条柱書第2文）。

同様の立法技術は，法人税法でも用いられている（法税50条）。法人税法では，交換により取得した資産の帳簿価額を損金経理により減額し，減額した金額に相当する金額を損金に算入する。こうすることで，課税繰延をもたらす。

18−4−3　所得税法58条の適用関係・応用編

(1)交換差金がある場合

取得費置き換え型の基本を理解するには，以上で十分である。だが，現実の世界では，上の例で仮定したような等価交換でない場合がある。譲渡資産と取得資産との間に時価の相違がある場合，それを補うものとして交換差金を授受することがある。

そのような場合であっても，交換差金の額が20％以下の範囲であれば，課税を繰り延べることが可能である。所得税法の条文上は，「交換の時における取得資産の価額と譲渡資産の価額との差額がこれらの価額のうちいずれか多い価額の100分の20に相当する金額を超える場合」には，58条1項の繰延規定の適用がないと定められている（所税58条2項）。反対解釈により，これ以外の場合については，繰延が可能である。

そこで，所得税法施行令に，交換差金が授受される場合を想定した取得費算定のルールが定められている（所税58条5項，所税令168条1号・2号）。一歩進んだ応用編になるが，**図表18−4**の事例を若干修正しつつ，これを例解してみよう。太郎と花子の間で甲資産と乙資産が交換されているが，上の事例とは異なり，等価交換ではないものとする。ここでもまた，太郎の譲渡所得の金額の算定に着目する。また，太郎はもともと甲資産を30で取得していたとする。なお，甲資産の譲渡に要した費用はゼロであったとする。

(2)交換差金の交付

交換時の甲資産の時価が80で，乙資産の時価が90であるため，太郎が花子に対し交換差金として現金10をあわせて交付する場合はどうか(**図表18−5**)。

図表18−5　交換差金の交付

甲資産＋現金10
太郎 → 花子
乙資産

　この場合，取得資産（乙）の価額と譲渡資産（甲）の価額の差額10が，乙資産の価額の20％相当額以下であるため，課税繰延の適用要件を満たしうる（所税58条2項の反対解釈）。そして，保有期間1年以上などの法定の適用要件を満たす場合には，譲渡がなかったものとされる（同条1項）。

　問題は，譲渡がなかったものとされる場合における，太郎が取得する乙資産の取得費の計算方法である。この点につき，政令は，「譲渡資産とともに交換差金等を交付して取得資産を取得した場合」について，「譲渡資産の取得費にその交換差金等の額を加算した金額」をもって，取得資産を取得したものとみなしている（所税令168条2号）。このルールを事例にあてはめると，甲資産の取得費30に，交換差金10を加算した40が，乙資産の取得費とされる。要するに，太郎が交換時に取得のため交付する10は，甲資産から付け替えられる30とあわせて，将来における所得計算の際に原資回収のために控除するのである。

(3)交換差金の取得

　交換時の甲資産の時価が100で，乙資産の時価が90であるため，太郎が花子から交換差金として現金10を取得する場合はどうか（図表18−6）。

図表18−6　交換差金の取得

甲資産
太郎 → 花子
乙資産＋現金10

　図表18−6の場合，太郎の取得する10に対応する部分は，「譲渡がなかったものとみなす」というルールの適用対象から除外される（所税58条1項柱書の最後の括弧書き）。すると，その部分については原則的規定が適用され，譲渡があったことになり（同33条1項），譲渡所得の金額の計算上，総収入金額10が計上される（同条3項）。交換時にこの総収入金額から控除すべき

取得費は，後述する理由により3になる。

　それでは，太郎が取得した乙資産の取得費は，どのようにして計算するか。この点につき，政令は，「取得資産とともに交換差金等……を取得した場合」について，「譲渡資産の法38条第1項又は第2項……の規定による取得費……に，その取得資産の価額とその交換差金等の額との合計額のうちにその取得資産の価額の占める割合を乗じて計算した金額」をもって，取得資産の取得に要した金額とみなしている（所税令168条1号）。これを計算式にしたのが，図表18－7である。

図表18－7　所税令168条1号の計算式

（譲渡資産の取得費）×（取得資産の価額）÷（取得資産の価額と交換差金等の額との合計額）

　この計算式を事例にあてはめると，太郎の手元において，乙資産の取得費は，27となる（＝30×90÷100）。

　ここで，乙資産の取得費が27という数字になっていることに着目してほしい。27は，30から3を差し引いたものに等しい。つまり，交換時において3を取得費として控除済みであることを前提にして，甲資産の取得費30のうち未だ控除されていない27を，乙資産の取得に置き換えている。

　ここから逆に，太郎が甲資産を交換した時点で計上する譲渡所得の金額の計算上，総収入金額10から控除すべき取得費は，3であったことになる。つまり，太郎がもともと甲資産を取得するために要した費用30のうち，その1／10が取得費として控除される。残りの27は，乙資産の取得費となって太郎が将来に乙資産を譲渡する時点にはじめて控除の対象とされる。

⑷まとめ

　まとめると，交換差金を交付する場合にはその分だけ取得費に加算する。交換差金を受け取る場合にはその分を譲渡所得の総収入金額に計上して，その部分に対応する金額を取得費から減算する。交換差金の授受を反映して，取得費を調整するのである。

⑸取得資産を取得するために要した経費がある場合

　なお，交換に際して，太郎が乙資産（取得資産）を取得するために要した経費の額がある場合，甲資産（譲渡資産）の取得費にその経費の額を加算する

（所税令168条3号）。仲介手数料，周旋料その他譲渡と取得との双方に関連する費用でいずれの費用であるか明らかでないものがあるときは，当該費用の50％ずつをそれぞれの費用とするのが実務の扱いである（所基通58−10）。

18−5　展望

　以上，課税繰延の3つの型と，それぞれにおける取得費の調整のやり方をみてきた。これらは，基本の型である。登山にたとえれば，休日に日帰りで山に出かけるレベルといえようか。ここまで力がついたら，しめたものである。このさきに，美しいアルプスの展望が開けている。たとえば，次のようなものである。

▶株式交換等に伴う個人株主段階の課税繰延（所税57条の4）

▶有価証券譲渡に伴う法人株主段階の課税繰延（法税61条の2以下）

▶組織再編成に伴う法人段階の課税繰延（法税62条以下）

▶完全支配関係がある法人間の資産譲渡に伴う法人段階の課税繰延（法税61条の11）

▶居住用財産の買換えの場合等の長期譲渡所得の課税の特例（租特36条の2以下）

▶特定の事業用資産の買換えの場合等の譲渡所得の課税の特例（租特37条以下）

　これらの規定は，課税繰延に伴って取得費を調整する，という立法技術をあちこちで駆使している。

📄 この章で学んだこと

▶ 課税繰延のための立法技術として，取得費の圧縮・引き継ぎ・置き換えのルールが用意されている。

➡ 調べてみよう

▶ 所得税法59条と60条は，どのように適用されるか？

　　→増井良啓「所得税法59条と60条の適用関係」税務事例研究96号（2007年）37頁

▶ 資産の値上がり益は，いつ課税に適した状態になるか？

　　→浅妻章如「値上がり益課税適状の時期——所得税法58条・法人税法50条の交換特例をきっかけに」金子宏編『租税法の基本問題』（有斐閣，2007年）377頁

Chapter
19

所得区分の実践

📑 この章のテーマ

▶各種所得　▶所得区分の基準　▶所得種類の転換

19-1　所得を区分する

(1)所得区分の必要性

　所得税法は，所得を10種類の各種所得に区分して，各種所得ごとに所得の金額を計算することとしている（所税21条1項1号）。そのため，個人が経済活動を行って所得が生ずると，それがどの各種所得に該当するかを決定する必要がある。この作業を所得区分または所得分類という（→8-2-1）。

　所得区分は，実益を伴う実践的な作業である。どの各種所得に区分するかによって，実額で必要経費を控除できるかどうか（→10-1-1）とか，赤字が生じた場合に他の各種所得との間で損益通算が可能かどうか（→10-5-3）とかいった違いが出てくる。また，課税方法も，何所得にあたるかに応じて変わってくる。

　この章では，所得区分を実践するためのヒントを提供する。

(2)予備的なことがら

　本論に入る前に，ふたつほど予備的なことがらを述べておこう。

▶個人所得は労働所得と資本所得に大別できる（→Column 6-1）。これを所得税法上の各種所得に対応させると，給与所得や退職所得は労働所得の例である。利子所得や配当所得は金融資産から生ずる資本所得の例である。不動産所得は実物資産から生ずる資本所得の例である。事業所得は個人の労働と資本が結合した所得類型である。これに対し，一時所得や雑所得のように，労働や資本に対応させにくい各種所得もある。

▶各種所得の法律上の定義は，もうすこし複雑である。10種類もあるためやや根気を要するが，まずは，所得税法23条から35条までの条文をよく読んでおこう。その上で，それぞれの典型例をイメージできるようにしておくとよい。たとえば，利子所得の典型例は銀行口座に預け入れた預貯金

の利子である（所税23条1項）。条文をきちんと読めば，友人に貸したお金の利子などは，日常用語では利子といっているものの，所得税法上の利子所得にはあたらないことがすぐにわかる。

19－2　区分のための基準

19－2－1　条文上の優先順位

　各種所得を定義する所得税法の規定には，他の各種所得との関係を明示するものがある。

　たとえば，雑所得は，他の9つの各種所得のいずれにも該当しない所得と定義されている（所税35条1項）。したがって，他の各種所得に該当するかどうかの判定を先行させ，該当しないと判定された場合にはじめて，雑所得に区分されることになる。たとえば，個人が友人に貸したお金の利子は，利子所得にあたらないことはもちろん，（その個人が貸金業者としての事業の一環として友人にお金を貸しているというようなあまり現実的でない場合を除き）他の各種所得にもあたらないであろうから，結果として雑所得に区分される。

　他にも，所得区分の優先順位を明示する規定がいくつかあるので（図表19－1），注意深く読んでおく必要がある。

図表19－1　所得区分の優先順位を定める所得税法の規定

26条1項第3括弧書き
　→事業所得または譲渡所得に該当するものを不動産所得から除く
27条1項括弧書き
　→山林所得または譲渡所得に該当するものを事業所得から除く
33条2項1号
　→棚卸資産の譲渡による所得（2条1項16号により事業所得となる），準棚卸資産の譲渡による所得，その他営利を目的として継続的に行われる資産の譲渡による所得を，譲渡所得に含まないものとする
33条2項2号
　→山林の伐採または譲渡による所得を譲渡所得に含まないものとする
34条1項
　→利子所得から譲渡所得までの各種所得を一時所得から除く
35条1項
　→利子所得から一時所得までのいずれにも該当しない所得を雑所得とする

19－2－2　給与所得とその他の区分

　給与所得とは，「俸給，給料，賃金，歳費及び賞与並びにこれらの性質を有する給与」に係る所得をいう（所税28条1項）。この文言からして，コンビニでアルバイトをしてかせぐ賃金のような典型例が給与所得に区分される

ことは，明らかである。しかし，「これらの性質を有する給与」にあたるか
どうかの判断基準は，必ずしも明らかではない。また，他の各種所得との間
の優先順位が明示されているわけでもない。そのため，給与所得と他の各種
所得とをどのように区分すべきかが問題となる。給与所得に該当すると，給
与所得控除という法定の概算控除が適用され，年末調整を伴う精密な源泉徴
収の対象となる（→10-1-4）。

　給与所得と事業所得の区分が争われたリーディング・ケースが，最判昭和
56・4・24民集35巻3号672頁［弁護士顧問料事件］である。最高裁は，
業務や労務，所得の具体的態様に応じて考察する必要があるとしつつ，判断
の一応の基準として，給与所得とは「雇傭契約又はこれに類する原因に基づ
き使用者の指揮命令に服して提供した労務の対価として使用者から受ける給
付」をいうとの判断基準を示した。そして，給与所得に区分するにあたって
は，とりわけ，「給与支給者との関係において何らかの空間的，時間的な拘
束を受け，継続的ないし断続的に労務又は役務の提供があり，その対価とし
て支給されるものであるかどうか」を重視しなければならないとした。これ
らの基準は，後続の多くの事件でよく引用され，参照されている。この事件
では，弁護士が数社の会社の顧問として得た顧問料収入の所得区分が問題と
されていた。この業務の態様が自己の計算と危険において独立して継続的に
営む弁護士業務の一態様にすぎないことから，最高裁は，当該顧問料収入は
給与所得でなく事業所得にあたると結論している。

　給与所得と退職所得は，いずれも労働のリターンであり，近接する所得類
型である。最判昭和58・9・9民集37巻7号962頁［5年退職事件］は，退
職所得の定義にいう「退職手当，一時恩給その他の退職により一時に受ける
給与」（所税30条1項）にあたるというためには，「(1)退職すなわち勤務関係
の終了という事実によってはじめて給付されること，(2)従来の継続的な勤務
に対する報償ないしその間の労務の対価の一部の後払の性質を有すること，
(3)一時金として支払われること」の要件を満たすことが必要であると判示し
た。また，「これらの性質を有する給与」（同項）にあたるというためには，
形式的には上の各要件のすべてを備えていなくても，実質的にみてこれらの
要件の要求するところに適合することを必要とするとした。これらの解釈基
準は，文理から素直に導き出せるものであり，記憶に値する。この事件の事
実関係では，従前の雇用契約がそのまま継続しており，(1)勤務関係の終了と
いう要件を欠いていたことから，最高裁は，退職金名義で支払われた金員が
退職所得ではなく給与所得にあたると結論した。

　給与所得か一時所得かが争われたのが，最判平成17・1・25民集59巻1

号 64 頁［ストック・オプション事件］である。この事件では，外国親会社
A が完全子会社 B の代表取締役に対して付与したストック・オプションに
つき，代表取締役がこれを行使して得た行使益の所得区分が争点となった。
使用者たる B 社から受ける給付ではないため，弁護士顧問料事件の上記基
準が「使用者から受ける給付」としていたこととの関係が問題になる。この
点，最高裁は，A 社が B 社の役員の人事権等の実権をにぎっており，A 社
は代表取締役が職務を遂行しているからこそストック・オプションを付与し
たもので，行使益が職務遂行の対価としての性質を有する経済的利益である
ことを認定しつつ，当該行使益は「雇用契約又はこれに類する原因に基づき
提供された非独立的な労務の対価として給付されたもの」として給与所得に
あたるとした。給与所得に該当する以上，一時所得の定義上，一時所得には
あたらないことになる。

Column 19－1　給与所得の定義と消費税法

　所得税法 28 条 1 項の給与所得に当たると，消費税法との関係でも重要な
帰結が生ずる。なぜなら，消費税法の課税仕入れの定義（消税 2 条 1 項 12
号）が，「所得税法第 28 条第 1 項（給与所得）に規定する給与等を対価と
する役務の提供を除く。」と定めているからである。そのため，消費税の課
税事業者が給与を支払っても，仕入税額控除（消税 30 条）の対象とならな
い。

19－2－3　事業所得とその他の区分

　事業所得とは，「農業，漁業，製造業，卸売業，小売業，サービス業その
他の事業で政令で定めるものから生ずる所得」をいう（所税 27 条 1 項）。政
令は，その他「対価を得て継続的に行なう事業」とする（所税令 63 条 12
号）。事業所得は，所得の計算上実額の必要経費控除が可能であり，確定申
告を必要とする。

　事業所得の意義について参照すべき一般論を示したのが，上述の最判昭和
56・4・24［弁護士顧問料事件］である。判断の一応の基準として最高裁が
定式化したところによると，事業所得とは，「自己の計算と危険において独
立して営まれ，営利性，有償性を有し，かつ反覆継続して遂行する意思と社
会的地位とが客観的に認められる業務から生ずる所得」をいう。自己の計算
と危険，独立性，営利性と有償性，反覆継続して遂行する意思と社会的地

位，といった要素を客観的に認定して，事業所得にあたるかどうかを判定することになる。典型例として，個人が営業許可を得て八百屋業を営むような場合をイメージしておくとよい。

　事業所得と不動産所得の区分は，かなり細かい判断を要する。たとえば個人が旅館を営業する場合，宿泊客に部屋を利用させるものの，主眼はあくまで宿泊に伴うサービスの提供にある。そのため，不動産所得ではなく事業所得に区分する。

　さらに細かい点になるが，事業所得と不動産所得の相互関係について，法令の定めはやや循環的である。一方で，事業所得に関する政令は，不動産の貸付業を事業の範囲から除いている（所税令63条）。他方で，不動産の貸付けによる所得であっても，事業所得に該当するものは不動産所得から除かれる（所税26条1項第3括弧書き）。たとえば，不動産業者が販売の目的で取得した土地建物等の不動産を一時的に貸し付けて得る所得は，不動産業から生ずる事業所得に該当する（所基通26-7）。

　事業所得と譲渡所得の区分について，事業所得の定義は譲渡所得に該当するものを除いている（所税27条1項）。たとえば個人が飲食業を営む場合，飲食業という本業から得られる所得は事業所得であるが，店舗の譲渡による所得は譲渡所得となる。このことは，次のような典型例をイメージすれば，直感的に理解できるであろう。一方で，レストランを営んでもうけを得るには，労働と資本の両方の要素の投入を必要とし，継続的な活動が必要である。これは事業所得の典型である。他方で，店舗の譲渡は1回限りであり，それによって資産の値上がり益を現金化する。これは譲渡所得の典型である。

　このことがうまくイメージできれば，棚卸資産（所税2条1項16号）の譲渡による所得が譲渡所得に含まれない（同33条2項1号）ことも，理解できるであろう。たとえば，八百屋業を営む個人が店頭商品の野菜を販売して得る所得は，譲渡所得に含まれず，事業所得に区分される。

　事案によっては，譲渡所得の基因となる資産を保有している間に，それが棚卸資産に転化することがある。たとえば，長年保有していた土地を宅地造成して譲渡する場合，その譲渡益の中には，宅地造成に着手する前に潜在的に生じていた資産の増加益と，その他の部分とが含まれている。前者を譲渡所得とし後者を事業所得とした裁判例がある（松山地判平成3・4・18訟月37巻12号2205頁［川之江市井地山造成地事件］）。このような考え方を二重利得法という。

　事業所得と雑所得の区分は，雑所得の計算上生ずる赤字が損益通算の対象

とされていないこと（所税69条1項）から，しばしば問題になる。区分のための手順としては，上述の弁護士顧問料事件が提示する諸要素を客観的に認定して事業所得にあたるかどうかをまず判定し，事業所得に該当しなければ雑所得になる。これは，社会通念に照らした総合的判断を要する作業である。裁判になった例も多い。たとえば，商品先物取引から生じた損失を雑所得の計算上生じた損失であるとして損益通算を否定した例がある（名古屋地判昭和60・4・26行集36巻4号589頁［会社取締役商品先物取引事件]）。

19−2−4　譲渡所得と不動産所得の区分

　借地権設定の対価は，更地価格の2分の1を超える場合，不動産所得ではなく譲渡所得に区分される（所税33条1項括弧書き，所税令79条1項）。譲渡所得に区分する効果として，保有期間が長期にわたる場合には，長期譲渡所得として平準化措置を利用できる（所税22条2項2号）。

　このルールは昭和34年の所得税法改正で設けられた。当時，土地賃貸借における権利金授受の慣行が広く一般化し，その額も次第に高額となり，借地法等による借地人保護と相まって土地所有者は借地権の譲渡の承認や期間の更新を事実上拒めなくなっていた。このような状況を背景として，最判昭和45・10・23民集24巻11号1617頁［サンヨウメリヤス土地賃借事件]は，改正前の昭和33年に土地所有者である納税者が借地人から受け取った権利金について，一定のものは，所有権の権能の一部を譲渡した対価としての性質をもつとして，譲渡所得にあたる可能性があると判示した。差戻審の審理の結果，当該事案については不動産所得とされている。

19−2−5　雑所得という残余のカテゴリー

　雑所得は，他の9つの各種所得のいずれにも該当しない残余のカテゴリーである。そのため雑多なものが含まれるが，所得の計算方法や帳簿の保存義務の観点からは，次の3つに分けられる。

▶公的年金等（所税35条3項）。収入金額から公的年金等控除額を控除して計算する（同条2項1号）。これについては，独立の各種所得とすべきであるという立法論がある（→8−2−3）。なお，国民年金制度や企業年金制度に基づいて支給される年金は公的年金等とされ，一時金で支給されると退職所得とみなされる（同31条）。

▶業務に係る雑所得。原稿料やシェアリングエコノミーに係る所得など，副業に係る所得のうち営利を目的とした継続的な所得がその例であり，総収入金額から必要経費を控除して計算する（所税35条2項2号）。令和4年

分以後の所得税において，その年の前々年分の業務に係る雑所得の収入金額が 300 万円を超える場合，現金預金等関係書類を保存する必要がある（所税 232 条 2 項）。

▶その他雑所得。以上の 2 つを除いた本当の残余部分である。金融商品のリターンで他の各種所得に当たらないものも，結果的に雑所得に区分される。総収入金額から必要経費を控除して計算する（所税 35 条 2 項 2 号）。

業務に係る雑所得とその他雑所得の所得計算においては，必要経費控除が可能である。しかし，その結果赤字が生じても損益通算の対象外とされている（所税 69 条 1 項，→**10 − 5 − 3**）。これは昭和 43 年度改正によるもので，雑所得の必要経費の支出内容に家事関連費的なものが多いことなどを理由としていた。この改正のきっかけになったのが，当時，多数の国会議員が，政治献金による個人収入を雑所得として申告し，政治活動に多額の費用がかかったとして雑所得の赤字を歳費（給与所得）と損益通算したことであった。

雑所得と一時所得の区分が争われたのが，一連の外れ馬券事件である。従来から，競馬の当たり馬券の払戻金は，一時所得として扱うのが国税庁の取扱いであった。一時所得に当たる場合，総収入金額から控除できるのは，「その収入を得るために支出した金額（その収入を生じた行為をするため，又はその収入を生じた原因の発生に伴い直接要した金額に限る。）」（所税 34 条 2 項）とされているから，外れ馬券の購入費用は控除できないことになる。最判平成 27・3・10 刑集 69 巻 2 号 434 頁［外れ馬券刑事事件］は，一時所得の定義が「営利を目的とする継続的行為から生じた所得」を除外している点（所税 34 条 1 項）につき，それにあたるか否かは，「文理に照らし，行為の期間，回数，頻度その他の態様，利益発生の規模，期間その他の状況等の事情を総合考慮して判断する」という判断枠組みを示した。その上で，当該事案については，納税者が「馬券を自動的に購入するソフトを使用して独自の条件設定と計算式に基づいてインターネットを介して長期間にわたり多数回かつ頻繁に個々の馬券の的中に着目しない網羅的な購入をして当たり馬券の払戻金を得ることにより多額の利益を恒常的に上げ，一連の馬券の購入が一体の経済活動の実態を有するといえる」として，雑所得に区分し，外れ馬券を含むすべての購入代金の費用が雑所得の必要経費にあたると判断した（参照，高橋祐介「判例クローズアップ」法教 421 号〔2015 年〕42 頁）。その後，最判平成 29・12・15 民集 71 巻 10 号 2235 頁［外れ馬券民事事件］は，同じ判断枠組みを適用し，競馬予想ソフトウェアを使用しない事案についても雑所得とした。国税庁は通達を改正し，このような事案に限って雑所得に該当するという取扱いを示している（所基通 34 − 1(2)(注)1)。

> **Column 19-2　所得税基本通達 35-2 の改正**
>
> 　シェアリングエコノミーといった新分野の経済活動に係る所得や，副業に係る所得については，所得区分の判定が難しいという課題がある。これに対応して雑所得の範囲を明確化するために，令和4年8月1日，国税庁は，所得税基本通達 35-1 と 35-2 の改正案をパブリックコメントに付した。7059 通の意見が寄せられ，同年 10 月 7 日，国税庁は改正通達を公表した。業務に係る雑所得を例示する同通達 35-2 の(注)は，「事業所得と認められるかどうかは，その所得を得るための活動が，社会通念上事業と称するに至る程度で行っているかどうかで判定する。」とした上で，「なお，その所得に係る取引を記録した帳簿書類の保存がない場合（その所得に係る収入金額が 300 万円を超え，かつ，事業所得と認められる事実がある場合を除く。）には，業務に係る雑所得……に該当することに留意する。」とした。

19-3　所得種類の転換

　何所得にあたるかがわかると，所得金額を計算でき，課税方法を特定できるから，どのくらい所得税がかかるかがわかる。となると，次の段階として，別の種類の所得だったらどうなるかを考えることができる。こうして，納税者には，相対的にみてより軽課される所得類型へと所得種類を転換するインセンティブが生まれる。このようなタックス・プランニングをどう分析するかについては別の章で述べる（→ Chapter 22）。ここでは，軽課される所得種類への転換に限らず，いろいろな場面で所得の種類がダイナミックに転換される可能性があることを例示しておこう。

　労働所得から資本所得への転換は，企業が役員や従業員のために用意する報酬パッケージの中に含まれることがある。たとえば，ある会社が，従業員に対して労務の対価として，その会社の株式を与えたとする。これ自体は従業員フリンジ・ベネフィットとして（→6-2-2），給与所得にあたるであろう。と同時に，この従業員は会社の株主となるから，以後，剰余金の配当を受け取ったり，株式を売却して譲渡益を実現したりすることができる。会社の業績がよくなると株価が上がるから，従業員としては，しっかり働いて自分も株主として得をしようというインセンティブが生まれる。この例では，労働所得から，株式に係る配当所得または譲渡所得という資本所得への転換が起こっている。

資本所得の内部でも所得の転換は起こる。土地の譲渡所得（実物資産から生ずるもの）から，株式の譲渡所得（金融資産から生ずるもの）への転換は，いろいろな場面で生ずる。たとえば，個人がその所有する土地で所有期間が5年以下であるものを譲渡すると，他の所得からは分離して，課税短期譲渡所得の金額の30％の所得税がかかる（租特32条1項）。ここで，土地の短期譲渡のみを対象としたのでは，その有する資産が主として土地である会社の発行する株式を譲渡することで，この措置の適用を免れることができてしまう。そこで，そのような株式の譲渡についても，一定の要件の下に，同じルールを準用している（同条2項）。

金融商品から得られるリターンについては，株式と負債の区別が金融工学の進展によって乗り越えられるようになっており，配当所得と利子所得の区別自体が時代に合わなくなりつつある。金融所得課税の一体化（→8−2−3）は，このような文脈で理解できる。租税特別措置法では，人々の投資行動に対する課税の中立性を確保するために，所得税法上の各種所得の区分にかかわらず，同じ扱いにしていることも多い。たとえば，居住者が上場株式等を譲渡した場合，株式の譲渡に係る事業所得・譲渡所得・雑所得については，他の所得と区分して所得の金額を計算し，15％の比例税率で所得税を課す（→ Column 20−1）。

国際課税でも所得種類の転換はよく問題になる。たとえば，不動産の譲渡益に対しては，不動産所在地国が課税するルールを置いてきた。これを免れるために，不動産を保有する会社をつくって，その株式を譲渡することが予想される。そこで，一定の不動産関連法人の株式を譲渡することによる所得を，不動産の譲渡による所得と同様に扱って不動産所在地国が課税するルールがある（法税138条1項3号，法税令178条1項5号）。

19−4　展望

人の経済活動にはほぼ無限のバリエーションがあるから，所得区分の作業にも果てがない。しかも，現実の事案は微妙なあてはめを要することが少なくなく，所得区分の実践には修練を要する。

現実の事例に対応するときに頼りになるのは，本章でみてきたような基本的な知識である。各種所得の定義規定をよく読み，判例の示す区分の基準をにらみながら，事案にあてはめていく。特定の各種所得に区分することでどのような法的効果が生ずるか（必要経費の実額控除ができるかとか，赤字を損益通算の対象にできるかとか）を考え，座りのよい結果になっているかを検討する。このような作業を繰り返すうちに，少しずつ，土地勘のようなものが

できてくる。

　練習の素材には事欠かない。本章で引用した裁判例について，判例教材などで事実関係を丁寧に読み解けば，練達の裁判官がどのようにあてはめを行っているかを追体験できる。本章で触れていない各種所得についても，いろいろな裁判例がある。過去の事例に対して国税庁がどう判断してきたかは，所得税基本通達23−1から23〜35共−12までに集積しており，一読の価値がある。

📄 この章で学んだこと

▶ 所得区分の基準については，各種所得の定義規定に手がかりがあったり，判例が基準を示していたりする。

▶ 所得の種類は，ダイナミックに転換される可能性がある。

→ 調べてみよう

▶ 給与所得の意義と範囲について，裁判例はいかなる判断を示してきたか？
　→佐藤英明「給与所得の意義と範囲をめぐる諸問題」金子宏編『租税法の基本問題』（有斐閣，2007年）397頁

▶ 土地を譲渡した場合の所得は，どのように区分すべきか？
　→金子宏「譲渡所得の意義と範囲——二重利得法の提案を含めて」同『課税単位及び譲渡所得の研究』（有斐閣，1996年〔初出1978年〜1980年〕）113頁

20

みなし配当の例解

📄 この章のテーマ

▶みなし配当　▶配当所得と譲渡所得　▶原資部分と利益部分

20−1　みなし配当をイメージする

20−1−1　はじめに

　みなし配当に関する課税ルールは，所得税と法人税の相互関係を示す興味深い素材である。本章では，みなし配当の初歩を単純な設例で例解し，なぜそのようなルールが置かれているかを考える。最も典型的な事業組織である株式会社にそくしてみていくこととし，記述の簡略化のため，株式会社のことを単に「会社」という。

　これまで学んできたこととの関係でいうと，配当所得と譲渡所得の区分に実現原則が関係すること（→9−3−3），法人税法が損益取引と資本等取引を峻別していること（→14−4），課税繰延の技術として取得費の調整がなされること（→Chapter 18）を，本章で1歩展開することになる。

20−1−2　配当とみなす金額の譲渡所得からの先取り

⑴解散による残余財産の分配

　はじめに，次の例をイメージしてみよう。ある人が会社を設立してその株主となり，会社の事業が成功して，数年間かなりの業績をあげた。そしてこのたび，その会社を清算して解散したとする。この間，株主の変動はない。

　解散により，この会社は残余財産を分配する（会社504条）。これを個人株主の側からみると，この人は会社から残余財産の分配を受けることになる。

　ではこの残余財産の分配について，個人株主の所得税の課税ルールとして，どのようなやり方が考えられるだろうか。思いつきでかまわないので，所得区分などをすこし考えてみてほしい。

　さしあたり，次のような可能性が思い浮かぶのではないだろうか。

▶全額を配当所得として扱う。残余財産の分配も，株主としての地位に基づいて供与を受けたものであると考えて，配当所得とするわけである。この

扱いの下では，残余財産の分配額を総収入金額とし，（もし負債利子がある場合には）負債利子控除を行って，配当所得の金額を算定することになる。しかし，このやり方では，個人株主が会社設立の際に出資した金額など，原資の回収にすぎない部分の控除（→**6-4**）ができなくなってしまう。

▶全額を譲渡所得として扱う。個人株主は，保有していた株式と引き換えに残余財産の分配を受けると考えて，資産の譲渡による所得とする。この扱いの下では，残余財産の分配額を総収入金額とし，出資した金額などを株式の取得費として控除して，譲渡所得の金額を算定する。それゆえ，株主が出資した金額など，原資の回収に相当する部分を課税ベースから除くことができる。もっとも，分配を受けた金額の中に会社の利益積立金が含まれていても，個人株主段階で配当所得としての課税がなされないことになる。

　どうだろうか。いずれの可能性も論理的には成立しそうであるところ，一長一短という感じがするであろう。

⑵現行法の解決

　この点に関する現行法の解決は，①一部を配当所得とみなし，②残りを譲渡所得とする，というものである。

　①が，みなし配当のルールである（所税25条1項4号）。個人株主の所得税の算定上，配当とみなす金額は，会社の純資産の部の計算に連動するようにしてある。すなわち，残余財産の分配により交付を受けた金銭の額または金銭以外の資産の価額（以下，「交付金銭等の額」という）から，会社の「資本金等の額」のうち交付の基因となった株式に対応する部分の金額を超える部分を，剰余金の配当とみなす（同項柱書）。「資本金等の額」は株主から会社に対して拠出された「もとで」の部分に相当するから（→**14-4-2**），残余財産の分配額のうち「資本金等の額」を超える部分だけを法人段階で稼得された事業成果ととらえて，これを配当とみなしている。

　②は，配当とみなされた金額を除く残りの金額に対する譲渡所得の課税である。譲渡所得の計算は，総収入金額から取得費などを控除するのが基本である（所税33条3項）。株式の譲渡については，租税特別措置法が分離課税の特例を設けており（租特37条の10），解散による残余財産の分配として受ける交付金銭等の額を譲渡所得等の収入金額とみなしている（同条3項4号）。ここで重要なのが，譲渡所得等の収入金額とする金額から，みなし配当の金額を除いていることである（同項柱書の括弧書き）。つまり，配当とみ

なされた金額を除く残りの金額が，譲渡所得の計算上，総収入金額に算入されることになる。上場株式についても同様である（同37条の11第3項）。

このように，現行法は，会社の解散による残余財産の分配というひとつの取引を，法定ルールによりふたつの各種所得に分解する。すなわち，①まず一部分を配当とみなして配当所得となる金額を先取りした上で，②残りの金額を譲渡所得の総収入金額とする構造になっている。そして，②における個人株主の譲渡所得の計算として，この残りの金額から，株式の取得費などを控除する。取得費のデータに基づいて株主が株式に投資した元本を控除し，課税が及ばないようにしているのである。

(3)まとめ

現行法の解決はかなりこみいっている。話を複雑にする要因は，ひとつの取引から配当所得と譲渡所得が生ずる点，配当とみなす金額の計算が会社側の「資本金等の額」との関係で決まる点，配当とみなした金額を譲渡所得の総収入金額から除く点，そして，譲渡所得の計算上さらにそこから株式の取得費を控除する点である。一読しただけでは理解しにくかった方は，再読してそれぞれのポイントを確認してみてほしい。

うまく確認できた方には，なぜこのようなルールを置いているかが，そこはかとなくおわかりいただけよう。会社の段階で法人税を納付済であって株主の段階で未だ配当所得として課税していない金額を，まずは配当とみなす。そして，残りの金額を譲渡所得に区分して，株式の取得費控除を利用することで，株主の拠出した原資部分に課税が及ばないようにする。おおむねこういう考え方が，みなし配当に関する課税ルールの背景にあるのである。

(4)補論：法人株主の場合

法人株主についても，みなし配当のルールがある（法税24条）。配当とみなした金額は，株式の譲渡に係る対価の額から控除する（同61条の2第1項1号括弧書き）。残りの金額から株式の帳簿価額を控除して（同条18項），株式の譲渡損益を計算する。このように，みなし配当部分を先取りし，残りを譲渡損益とする構造は，個人株主の場合と同じである（図表20－1）。

図表20－1　個人株主と法人株主

	個人株主	法人株主
配当とみなす根拠規定	所税25条	法税24条
株式の譲渡損益に関する規定	租特37条の10・37条の11	法税61条の2

法人株主の場合，配当とみなすと，受取配当が益金不算入となる範囲で，納税者に有利に働く（→15−3−2）。これは個人株主にない効果である。そのため，同じ会社からのみなし配当であっても，個人株主と法人株主とで利害関係が異なってくる。

20−2　君の配当はストレート，それともみなし？

20−2−1　配当所得の定義

(1)剰余金の配当

会社法の下で，旧商法における利益の配当は利益剰余金を原資とする剰余金の配当と整理され，株式の消却を伴わない資本の減少による払戻しは資本金を資本剰余金へ振り替えた上での資本剰余金を原資とする剰余金の配当と整理された。両者は剰余金の配当（会社453条）という同一の手続により行われる。これを受けて，平成18年度改正により，通常の配当所得（所税24条）とみなし配当（所税25条）の区別は，会社財産の払戻しの手続の違いではなく，その原資の会社法上の違いによることとされた。

こうして，所得税法24条1項にいう「剰余金の配当」からは，「資本剰余金の額の減少に伴うもの」が除かれる（同項第2括弧書きの後段）。除かれたものは通常の配当所得ではなく，みなし配当の課税ルールの対象となる（所税25条1項4号括弧書き〔剰余金の配当で「資本剰余金の額の減少に伴うもの」〕）。

(2)資本剰余金

「資本剰余金」という用語は，会社計算規則に出てくる用語である。会社の純資産の部は，株主資本，評価・換算差額等，株式引受権，新株予約権に区分される（会社計算76条1項1号）。このうち，株主資本は，さらに，資本金，新株申込証拠金，資本剰余金，利益剰余金，自己株式，自己株式申込証拠金に区分される（同条2項）。

資本剰余金と利益剰余金は，さらに次のように区分される（会社計算76条4項・5項）。

▶資本剰余金→資本準備金，その他資本剰余金
▶利益剰余金→利益準備金，その他利益剰余金

そして，「その他資本剰余金」と「その他利益剰余金」の合計額が，株主に対する分配可能額の計算の出発点となる（会社446条1号，会社計算149条）。

法人税法上の用語との関係では，おおまかにいって，株主資本のうち利益

剰余金以外の部分が「資本金等の額」（法税2条16号）に相当し，利益剰余金が「利益積立金額」（同条18号）に相当する。

(3)利益剰余金のみを原資とする剰余金の配当

いま，会社がその個人株主に対して，利益剰余金のみを原資とする剰余金の配当を行ったとしよう。これは，「資本剰余金の額の減少に伴うもの」ではないから，問題なく個人株主の側で通常の配当所得に該当し，全額が配当所得の収入金額に算入される（所税24条2項）。

会社側では，「剰余金の分配」は資本等取引であり（法税22条5項），損益計算に反映させない。会社の利益積立金額を同額だけ減算することになる（法税令9条1項8号）。

なお，最判令和3・3・11民集75巻3号418頁［国際興業管理株式会社事件］も，法人株主の扱いについてではあるが，利益剰余金のみを原資とする払戻しは資本部分が含まれているか否かを問わずに一律に利益部分の分配と扱った上で，受取配当益金不算入の規定（法税23条1項1号）を適用するとしている。

Column 20 − 1　　　　**配当所得課税の特例**

個人株主の配当所得の課税については，租税特別措置法がいくつもの特例を設けている。特に重要なものをあげておこう。

▶上場株式等に係る配当所得につき選択による15％の申告分離課税（租特8条の4。地方税をあわせて20％。地税71条の28）

▶少額配当や大口以外の上場株式等の配当につき確定申告を不要とする制度（租特8条の5）

▶申告分離課税を選択せず，確定申告不要制度の適用を選択しなかった場合，所得税法の本則にもどって総合課税

いずれについても，配当の支払をする者には，源泉徴収義務がある（所税181条2項・182条，租特9条の3の2）。

20−2−2　剰余金の配当であって「資本剰余金の額の減少に伴うもの」

(1)原資部分と利益部分

所得税法25条1項4号は，みなし配当の発生事由として「当該法人の資本の払戻し」をあげる。その内容のひとつが，「株式に係る剰余金の配当

（資本剰余金の額の減少に伴うものに限る。）」である。分割型分割によるものと，株式分配によるものについては，別途2号と3号に規定があるので，それら以外のものと定めている。したがって，分割型分割や株式分配によるもの以外で，会社が個人株主に剰余金の配当を行ったところ，それが「資本剰余金の額の減少に伴うもの」であったとすれば，4号の規定の適用があり，配当とみなす部分が出てくることになる。

この例では，全額を配当所得の収入金額にするのではなく，法定の計算式によって一定の金額を算定して配当とみなす。その理由は次の点にある。会社法は，資本金や資本準備金を減額して株主に分配する場合も，その他資本剰余金にいったん振り替えて，剰余金の配当とすることとしている。そのため，剰余金の配当で「資本剰余金の額の減少に伴うもの」には，会社が株主から拠出を受けた原資部分と，会社の事業成果として稼得した利益部分が混在している。そこで，所得税法は，利益部分に相当する金額，すなわち会社の法人税納付済の留保利益から成る部分を切り分けて，配当とみなす。こういうわけである。

(2)プロラタ計算

そのための計算式が，剰余金の配当として交付を受けた交付金銭等の額を資本金等の額と利益積立金額の比率で按分する方法，いわゆるプロラタ計算である。すなわち，所得税法25条1項柱書は，交付金銭等の額の合計額が当該法人の「資本金等の額……のうちその交付の基因となった当該法人の株式……に対応する部分の金額を超える」ときに，その超える金額を配当とみなしている。

ここにいう「対応する部分の金額」は，次のように計算する（所税令61条2項4号）。

$$\text{資本金等の額} \times \frac{\text{資本剰余金の減少額}}{\text{純資産帳簿価額}} \times \frac{\text{保有株式数}}{\text{株式の総数}}$$

たとえば，払戻しの直前において，会社の資本金等の額が600，利益積立金額が200，純資産帳簿価額が800であったとする。種類株は発行していない。この会社が，その他資本剰余金から，100の剰余金の配当を，株式保有割合100％の個人株主に対して，現金で行う（図表20-2）。

図表20－2　みなし配当の数値例

| 純資産 800 | 利益積立金額 200 |
| | 資本金等の額 600 |

　このとき，上記「対応する部分の金額」は，75 である（＝ 600 × 100 ÷ 800 × 100％）。それゆえ，配当とみなす金額は，交付金銭等の額 100 のうち 75 を超える金額，すなわち 25 である。この数値例では，原資に相当する部分が 75 であり，利益に相当する部分が 25 であるとみて，25 を配当とみなしている。資本金等の額と利益積立金額の比率が 3 対 1 であるところから，この比率を用いて，交付金銭等の価額 100 を 3 対 1 で按分していることになる。

　このように，所得税法は，個人株主の所得課税との関係で配当とみなす金額を計算するために，会社の純資産の部における「資本金等の額」を参照する。そうすることによって，会社が稼得した利益部分を株主から拠出を受けた原資部分から区別し，切り分けた利益部分を個人株主段階で配当として課税する。

　上の数値例で，交付金銭等の価額 100 のうち，まず 25 が配当とされると，残余の 75 が譲渡所得等の収入金額とされる（租特 37 条の 10 第 3 項 4 号）。個人株主が譲渡所得等の金額を計算するに際しては，株式の取得費を控除できる。上場株式についても同様である（同 37 条の 11 第 3 項）。

　会社側では，剰余金の分配は資本等取引であり（法税 22 条 5 項），損益計算に関係させない。資本金等の額を 75 だけ減算し（法税令 8 条 1 項 18 号），利益積立金額を 25 だけ減算する（同 9 条 1 項 12 号）。これを直感的にイメージしたのが図表20－3である。縦割りにスライスして，100 の交付金銭等のうち資本金等の額に対応する部分 75 と利益積立金額に対応する部分 25 とが社外に出ていったとみなしていることになる。

図表20－3　縦割りにスライス

⑶混合配当の場合

利益剰余金と資本剰余金の双方を原資として行われた剰余金の配当（いわゆる混合配当）は，どのように扱うべきか。前掲最判令和3・3・11［国際興業管理株式会社事件］は，法人株主について，対になっている法人税法24条1項4号（当時は3号）および23条1項1号の文理等に照らして，混合配当は法人税法24条1項4号に規定する「資本の払戻し」に当たるとした。所得税法25条1項4号および24条1項の文理も同じ構造を有しているから，個人株主に対する混合配当についても同様の扱いが妥当する。

20-3　みなし配当のさまざま

⑴所得税法25条1項各号

会社の一生では，設立してから運営され解散に至るまで，株主との間ではほぼ恒常的に金銭や金銭以外の資産のやりとりがある。合併や分割などの組織再編成によってある会社の事業が他の会社に承継される場合も同様である。このような株主＝会社間取引のうち，会社から株主に対して分配がなされる局面で，みなし配当がひんぱんに問題になる。

こうして，所得税法25条1項は，剰余金の配当（資本剰余金の額の減少に伴うもの）や解散による残余財産の分配（4号）だけでなく，次のような場合をみなし配当の対象としている。

▶合併（1号）
▶分割型分割（2号）
▶株式分配（3号）
▶自己の株式の取得（5号）
▶出資の消却など（6号）
▶組織変更（7号）

ここでは，自己の株式の取得に関する5号の定めをみておこう。会社が自己の株式を取得するさまざまな場合の中でも，株主との合意による自己の株式の取得（会社156条～165条）は，株主への財産分配の手段として広く利用されている。いわゆる自社株買いである。

⑵自己の株式の取得

所得税法25条1項5号は，みなし配当を生じさせる事由として，「当該法人の自己の株式……の取得」をあげている。金庫株となった自己株式には，議決権もなければ配当請求権も残余財産請求権もないから，会社にとっては単なる紙切れでしかない。自社株買いは，会社が自分自身の一部を観念的に

解体して，個人株主に分配するようなイメージで理解できよう。ポイントはここでも，原資部分と利益部分を比例的に切り分けることにある。

　配当とみなす金額は，株主が対価として受け取った金額のうち，会社の資本金等の額のうちその交付の基因となった株式に対応する部分の金額を超える部分の金額である（所税25条1項柱書）。ここにいう「対応する部分の金額」は，1種類の株式を発行していた会社の場合，次のように計算する（所税令61条2項6号イ）。同号にいう「自己株式」は「自己の株式」と同義である。

$$\text{資本金等の額} \times \frac{\text{保有株式数}}{\text{発行済株式の総数}}$$

　配当とみなされた金額は，個人株主の譲渡所得の計算上除外され（租特37条の10第3項柱書の括弧書き），残余の金額が総収入金額とされる（同項5号）。上場株式の譲渡損益の計算についても同様である（同37条の11第3項）。

　会社側では，自己株式の取得は資本等取引であり，損益計算に関係させない。上記計算式による「対応する部分の金額」だけ資本金等の額を減算し（法税令8条1項20号），配当とみなした金額だけ利益積立金額を減算する（同9条14号）。

(3)市場取引などの例外

　ただし，所得税法25条1項5号は，その括弧書きで，次のものをみなし配当の発生事由から除いている。

　①金融商品取引所の開設する市場における購入による取得その他の政令で定める取得

　②所得税法57条の4第3項1号から3号までに掲げる株式の同項に該当する場合における取得

　①を除外するのは，金融商品取引所での上場株式等の購入が，株主の立場からすると上場株式等を市場で譲渡するものにすぎず，これをみなし配当として課税することが困難であるからである。①の取得に該当する場合，会社が株主に支払う対価のうち，配当とみなす金額はないことになるから，源泉徴収義務も生じない。会社が市場取引で自己株式を取得し，その相手方が個人株主である場合，株式を譲渡した個人株主は，譲渡対価の全額を譲渡所得の総収入金額に算入し（租特37条の11第3項・37条の10第3項5号括弧書

き），株式の取得費を控除する。

②が参照している所得税法57条の4は，譲渡がないものとみなして譲渡所得の課税を繰り延べる規定である（→**18−5**）。具体的には，取得請求権付株式に係る請求権の行使（所税57条の4第3項1号），取得条項付株式の取得事由の発生（同項2号），全部取得条項付種類株式の取得決議（同項3号）についてである。②の取得に該当する場合，配当とみなさないだけでなく，譲渡所得の課税も繰り延べる。

Column 20−2　いわゆる「2項みなし配当」の廃止

　平成13年（2001年）の税制改正で廃止されるまで，会社が利益積立金額を資本に組み入れる場合，組入額のうち株主の保有株式に対応する金額は，配当とみなしていた（渋谷雅弘「自己株式の取得とみなし配当課税」租税法研究25号〔1997年〕14頁）。かつての所得税法25条2項にこのルールがあったことから，これを「2項みなし配当」と呼んでいた。これは，株主に現金の流入がなくても配当所得課税を行うもので，未実現の所得に対する課税の例であった。最高裁はこれを憲法29条や84条に違反しないとしていた（最判昭和57・12・21訟月29巻8号1632頁）。2項みなし配当を廃止した現在では，会社が準備金や剰余金を資本に組み入れると，同額が資本金等の額の減算項目とされており，株式譲渡の時点まで課税が繰り延べられる。

20−4　展望

　本章では，所得税法25条1項の剰余金の配当（4号前段），残余財産の分配（4号後段），自己の株式の取得（5号）を素材として，みなし配当の初歩を例解した。扱った素材は限られている。しかし，これらについてみなし配当のメカニズムを理解できれば，他の場合に応用がきく。

　みなし配当の学習は，組織再編成に関するより複雑な取引の分析に役立つだけではない。現行法は，通常の配当所得の算定について，負債利子控除を除けば，株主が投下した原資部分の回収を行わない（所税24条2項）。この課税ルールが，所得概念における投下資本の回収（→**6−4−2**）との関係でどのような意味をもつか。このような点を考えるきっかけにもなるのである。

📑 **この章で学んだこと**

▶ 所得税法は，株主＝会社間取引について，一定の金額を配当とみなすルールを置いている。

▶ 配当とみなして先取りされた後の残余の金額が，株式に係る譲渡所得の総収入金額とされる。

→ **調べてみよう**

▶ 所得税と法人税の統合が不十分な中で，みなし配当の課税ルールには存在意義があるか？

→小塚真啓「配当課税の構造と課題」租税法研究 51 号（2023 年）28 頁

Chapter 21　所得税と相続

📄 この章のテーマ

▶相続による財産の取得　▶所得の概念　▶元本と運用益

21-1　相続による財産の取得

　自然人は，それぞれのライフサイクルを経て，必ず死を迎える。こうして相続が発生すると，相続法のルールに従い，被相続人から相続人や受遺者に対して財産が移転する。そこで，相続や遺贈による財産の取得を課税上どう扱うかが問題になる。

　相続により取得した所得には，所得税を課さない（所税9条1項17号）。そのかわり，相続税がかかる（ことがある）。相続により財産を取得した者が納税義務者となり（相税1条の3），取得財産の課税価格を基礎として計算した金額について（同11条），相続税を申告し納付する（同27条・33条）。ただし，多くの場合，相続が発生しても実際には相続税の納税義務は生じない。国税庁の統計によると，令和3年中に亡くなった人（被相続人）が約144万人いたところ，このうち相続税の課税対象となった被相続人数は13万4275人で，課税割合は9.3％であった。課税割合が10％に届かない理由は，遺産に対して比較的高額の基礎控除が適用されたり（同15条），配偶者に対して相続税額が軽減されたり（同19条の2）するからである。所得税法9条1項17号の文言から明らかなように，相続税の納税義務が生じるか否かにかかわらず，相続により取得した所得は所得税法上非課税である。

　所得税法9条1項17号の起源は昭和22年にさかのぼる。それまで所得概念は制限的に構成されており，昭和22年全文改正前の所得税法は，「営利ノ事業ニ属セザル一時ノ所得」ないし「営利ヲ目的トスル継続的行為ヨリ生ジタルニ非ザル一時ノ所得」は原則として課税の対象外としていた。これに対し，昭和22年改正で一時所得を課税の対象に取り込んだ際に，「贈与，遺贈又は相続に因り取得したもの」に所得税を課さないこととされた（所税6条5号）。昭和25年改正で相続税法上みなし相続財産とされる場合を括弧書きで付け加え（同条7号），これが昭和40年の全文改正で所得税法9条の非課

税所得の規定に引き継がれた。その後，号数の移動を経て現行規定に至っている。

　所得の概念を包括的に構成すると，相続による財産の取得は，取得者の財産権の蓄積の価値を増加させるから，所得に含まれる（→**6−1**）。もし現行法と異なり，相続によって取得したものを非課税所得とする規定が所得税法になかったとすれば，その金額は一時所得の総収入金額に算入されるであろう。このように考える場合には，本来は所得税の課税対象となるべきものを所得税の対象から除外し，相続税の対象にしているという理解になる。

Column 21−1　　　　　　　　**遺産動機**

　親はなぜ遺産を残すのだろうか。遺産動機（bequest motive）については，経済学上，いくつかの考え方がある（国枝繁樹「相続税・贈与税の理論」フィナンシャル・レビュー 65 号〔2002 年〕108 頁）。
- ▶偶発的遺産動機→みずからの将来のために用意していた貯蓄が，偶発的に遺産として残される。
- ▶利他的遺産動機→子の幸福を思って遺産を残す。子の効用の増加が，親の効用を増加させる。
- ▶贈与の喜び→利他的遺産動機と異なり，子に遺産を残すこと自体から親自身が効用を得る。
- ▶戦略的遺産動機→子に面倒をみさせようとするために遺産を残す。親の効用は，子によるケアの水準に左右される。

21−2　相続前後の所得税

　所得税の下では，時間の経過によって産み出される収益が課税の対象とされる（→**9−2**）。たとえば，ある人が第 1 年に給与所得を稼得すると所得税がかかる。この人が，所得税額を差し引いた残りの金額を第 2 年のはじめに銀行預金に預けて，第 2 年中に利子所得が生ずると，さらに所得税がかかる。

　このことは，相続が介在する場合についても変わらない。いま，A さんが死亡し，A の財産に属した一切の権利義務を，B さんが相続によって承継したとする（民 896 条）。

　まず注目したいのは，B さんの所得税である。B が相続により取得したものは非課税所得とされる（所税 9 条 1 項 17 号）。しかしその後，B が，相続

した財産を銀行預金に預けて新たに利子が発生すると，利子所得として課税される。この場合，相続によって取得した元本と，相続後に生ずる利子とを，別々に扱っている。非課税とされているのはあくまで「相続により取得」したものであり，相続後に生ずる利子は「相続により取得」したものではないからである。同じことは，Bが相続により不動産を取得して，相続後にその不動産を貸し付けて不動産所得を稼得するような場合にもあてはまる。

　同じ例で，今度はAさんの所得税に注目してみよう。Aが生前に毎年所得を稼得していれば，所得が発生するごとに，毎年，所得税を納付していたはずである。したがって，生涯の間に蓄積した遺産の額は，所得税引後のそれであることになる。例外は，相続開始時点で未納付の所得税であるが，これについても相続人による納付が予定されている。すなわち，Aに課されるべき，またはAが納付しもしくは徴収されるべき国税を納める義務は，相続人であるBが承継する（税通5条1項）。そして，Aの所得税額がいくらであるかについてBが確定申告を行い（所税124条・125条），納付すべき税額があるときはBがこれを納付する（同129条）。

　このように，運用益に毎年課税するという所得税のしくみは，相続の前後を問わず，基本的に妥当する。相続によって納税義務者は交代するものの，相続後の運用益は相続人の手元で所得税の対象となるし，相続前の運用益は原則として被相続人の手元で所得税の対象となる。

　なお，上の例で，Bの納付すべき相続税について付言しておこう。相続税の課税価格からは公租公課を含む被相続人の債務が控除される（相税13条1項1号）。控除すべき公租公課の金額は，被相続人の死亡の際債務の確定しているものの他，被相続人の死亡後相続税の納税義務者が納付または徴収されることとなった被相続人の所得に対する所得税額を含むこととされている（同14条2項，相続令3条1項1号）。こうして，Aから所得税の納付義務を承継したBが所得税を納付すると，その金額は相続税の課税価格から債務控除される。

21−3　生命保険年金二重課税事件

21−3−1　問題状況

(1)概観

　所得税法9条1項17号の解釈適用が争われた著名な事件が，最判平成22・7・6民集64巻5号1277頁［生命保険年金二重課税事件］である。本章では以下，この最高裁判決を「本判決」という。この事件の当時は同じ規

定が15号にあったが，現行法の号数である17号で表記する。

　事実関係は，夫婦間の相続にかかわる（図表21−1）。雄治さんは，生命保険年金の保険契約者兼被保険者であり，保険料を負担していた。配偶者の久代さんが，保険金受取人であり，本件の原告である。雄治さんが死亡し，久代さんは相続により年金受給権を第一生命から取得した（「本件年金受給権」）。問題とされたのは，これに基づいて久代さんが受け取る第1回の年金（「本件年金」）が，「相続……により取得したもの」（所税9条1項17号）として非課税所得にあたるか否かである。

図表21−1　生命保険年金二重課税事件の当事者

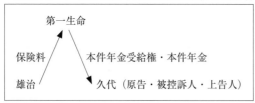

(2)みなし相続財産

　死亡保険金は，久代さんがみずから固有の権利として取得するものであって，雄治さんから承継取得するものではない。相続税法はこれを相続財産とみなして，相続税の課税対象に取り込んでいる（相税3条1項1号，みなし相続財産）。

　本件年金受給権は相続開始時において残存期間が10年であり，当時の相続税法24条により6割で法定評価されていた。230万円ずつ10回支払われるところ，その総額2300万円に6割を乗じて，1380万円が相続税の課税対象とされた。

　この1380万円という法定評価は，かなり低水準であった。もし，年金払いではなく一時金払いを選択していたら，2059万円余を受け取ることができる約定であった。本判決直前の平成22年度税制改正により，定期金債権の評価額は一般に引き上げられた（相税24条）。本件年金受給権についても，改正法によれば，少なくとも一時払い請求額の2059万円余で評価されることになる。

(3)一時金払いと年金払い

　本件で問題となったのは，本件年金受給権を相続により取得した久代さん

が，年金払いの第1回として受け取る本件年金について，その所得税の課税がどうなるかである。問題状況を理解するために大事なのは，本件のような年金払いの場合と，一時金払いを受ける場合とで，きわめて異なる課税のやり方がとられてきたという事実である。

　一方で，一時金払いの場合，確立した課税実務は，一時金に相続税を課すのみである。このやり方は，事実上，保険差額利益を所得税の課税対象から除外する効果をもつ。このことは，本件の背景を理解するために重要であるので，すこし敷衍しておこう。相続税法上，死亡保険金は相続財産とみなされており，相続税の対象となる。しかし，所得税法上，死亡保険金がいったん雄治さんに帰属したものとみなす規定は存在しない。いま仮に，現行法と異なり，雄治さんの死亡時にポジションを値洗いして清算するという所得課税ルールを採用していたとすれば，まず保険差額利益につき雄治さんに所得税がかかるはずである。それに加えて，久代さんについては，相続により取得したとみなされる一時金が相続税の対象となり，それは所得税法9条1項17号により所得税の対象から外されることになる。現行法はこのような所得課税ルールを採用しておらず，被相続人に対する所得課税をいわば一段階省略している。その分だけ，一時金払いが有利に扱われる。本件でもこの扱いが暗黙の前提とされた。本判決以降もこの点については税制改正がされることがなく，現在に至っている。

　他方で，年金払いの場合，本判決までの課税実務は，法定評価された年金受給権の金額を相続税の対象とするとともに，これとは別途，毎年受け取る年金についても所得税の対象としていた。一時金払いの有利な取扱いと比較すると，年金払いの場合については，相続税に加えて毎年所得税がかかるという取扱いが，きわだっていた。

　長崎税務署長は，この取扱いを本件年金に適用し，230万円を雑所得の総収入金額とし，払込保険料をもとに計算した必要経費9万2000円を控除した。第一生命も，このやり方を前提として源泉徴収した。原告である久代さんは，この所得税の課税を争い，本件年金が非課税所得にあたると主張したのである。

21−3−2　本判決のロジック

　本判決は年金払いの場合に関する従来の課税実務を覆した。では，そのロジックはどのようなものであったか。

　本判決はまず，所得税法 9 条 1 項 17 号の趣旨を検討し，それは，「相続税又は贈与税の課税対象となる経済的価値に対しては所得税を課さないこととして，同一の経済的価値に対する相続税又は贈与税と所得税との二重課税を排除したものである」と判示する。この判示部分のキーワードは「相続税……の課税対象となる経済的価値」である。これに対し，原審は，所得税法 9 条 1 項 17 号の「取得したものとみなされるもの」はみなし相続財産を意味するとし，非課税となるのは基本権のみであって，支分権に基づく毎年の年金支給額全額が非課税規定の対象外であるとしていた（民集 64 巻 5 号 1327 頁）。本判決は原審のこの解釈をしりぞけて，所得税法 9 条 1 項柱書が「次に掲げる所得については」と規定していることから，財産そのものではなく，財産の取得によりその者に帰属する所得が非課税になるとする。なお，本判決のいう「経済的価値」は，後続の判示部分からわかるように，相続税法 24 条 1 項の法定評価額を意味している。

　本判決は続いて以下のように判示し，「相続税の課税対象となる経済的価値」と同一のものとして非課税になるのが，「年金の各支給額のうち……現在価値に相当する部分」つまり「将来にわたって受け取るべき年金の金額を被相続人死亡時の現在価値に引き直した金額の合計額」である，という判定基準を示す。

　「年金の方法により支払を受ける上記保険金（年金受給権）のうち有期定期金債権に当たるものについては，同項〔相税 24 条 1 項〕1 号の規定によ

り，その残存期間に応じ，その残存期間に受けるべき年金の総額に同号所定の割合を乗じて計算した金額が当該年金受給権の価額として相続税の課税対象となるが，この価額は，当該年金受給権の取得の時における時価（同法〔相続税法〕22条），すなわち，将来にわたって受け取るべき年金の金額を被相続人死亡時の現在価値に引き直した金額の合計額に相当し，その価額と上記残存期間に受けるべき年金の総額との差額は，当該各年金の上記現在価値をそれぞれ元本とした場合の運用益の合計額に相当するものとして規定されているものと解される。したがって，これらの年金の各支給額のうち上記現在価値に相当する部分は，相続税の課税対象となる経済的価値と同一のものということができ，所得税法9条1項15号〔現行17号〕により所得税の課税対象とならないものというべきである。」

　第1審判決が年金支給額全額を非課税所得としたのと異なり，本判決はあくまで「現在価値に相当する部分」が非課税となるとしている。このロジックからは逆に，運用益に相当する部分は課税所得にあたることになる。

　以上の判定基準を本件の事実関係にあてはめて，本判決は，本件年金については，「被相続人の死亡日を支給日とする第1回目の年金であるから，その支給額と被相続人死亡時の現在価値とが一致する」と述べて，その全額が非課税所得となると結論した。

21-3-3　本判決の射程
⑴政府の対応

　本判決が下された翌日，平成22年7月7日に，野田佳彦財務大臣から，解釈変更により過去5年分の所得税につき更正の請求を待って減額更正すること，5年を超える部分につき制度上の対応が必要になること，生保年金以外で相続した金融商品につき政府税制調査会で議論すること，が方針として示された。同年8月6日，生命保険協会が，財務省大臣官房審議官と国税庁課税部長宛に要望書を提出し，課税取扱いの変更に際して，また，源泉徴収について，納税者と保険会社にとってわかりやすく簡素なしくみとしてほしい旨を申し入れた。同年10月1日，財務省と国税庁が，過去5年分につき解釈を変更して還付措置をとること，平成12年分以後平成16年分以前の救済につき特別な還付措置を講ずる方向で検討することを明らかにした。同月20日に所得税法施行令の改正が公布・施行され，法令解釈通達も改正されて，平成17年分から平成21年分の還付手続が開始した。その後，平成23年度税制改正で租税特別措置法を改正し，平成12年以後平成16年までにつき特別還付金の支給制度を創設した（当時の租特97条の2）。同時に，更正の

請求の期間を延長して，特別還付金の請求とあわせて，平成17年分から平成21年分について更正の請求ができるようにした（当時の租特41条の20の2）。

　こうして，本判決の結論を受け入れる方向で，立法府と行政府が対応した。その際に問題となったのが，本判決の射程である。

(2)運用益相当部分の扱い

　判旨のロジックでは，運用益相当部分が課税所得となる。そこで，運用益を相続開始翌年以降にどう割りつけるか。裏からいうと，各年の支給に対して非課税部分をどう振り分けるか。

　この点について，経済的減価償却類似の方法や，割引債引き直し法，定額法など，いくつかの方式が検討された。結局，非課税部分が毎年定額で減少していく階段状方式が採用された（所税令185条）。階段状方式では初回支払分について運用益相当額をゼロにできるから，本判決の結論と整合的である。本件のように，相続税法24条の法定評価改正前に開始した相続については，総額2300万円のうち，1380万円が相続税の課税対象となるため，残余の920万円が運用益として翌年以降の各年に割りつけられる。これに対し，法定評価が引き上げられた後に開始した相続について数値例をイメージすると，総額2300万円のうち，一時金払いを請求できる2059万円余が相続税の課税対象となり，残りの240万円余が運用益として各年に振り分けられることになる。

　所得税法施行令185条は，本件のような確定年金だけでなく，終身年金や有期年金などについても，計算ルールを設けた。また，年金支払方法が本件のような定額の場合だけでなく，逓増型や逓減型である場合にも対応した。年金の支払期間の長短を問わず適用できるようになっている。保険数理の知見を活かしつつ，執行コストの節減を図った制度設計である。損害保険年金についても，同様の改正がなされた（所税令186条）。

(3)定期金以外の相続財産

　定期金以外の相続財産について，所得税法9条1項17号により非課税所得にあたる部分があるか。

　この点について，平成22年度第8回の政府税制調査会（11月9日）で「『最高裁判決研究会』報告書〜『生保年金』最高裁判決の射程及び関連する論点について」が示された。同報告書は，本判決が相続税法24条の解釈を軸に展開されていることにかんがみ，その直接の射程は同条により評価がな

される相続財産であると理解する。その上で，それ以外の相続財産について，次の整理を行った。

　①土地・株式，無体財産権，信託受益権から生ずる将来収入について。従来通り所得税の対象とすればよく，対応は不要である。

　②土地・株式などの値上がり益について。土地・株式を相続すると，相続税はその時価について課税される。また，被相続人の取得費が所得税法60条により相続人に引き継がれ，相続後に相続人が当該土地・株式を譲渡した場合には，取得費からの値上がり益に対して譲渡所得税が課される。この結果は所得税法60条が予定している。

　③定期預金の利子と配当期待権について。満期前の定期預金を相続した場合，既経過利子分に対して，相続税と源泉所得税の二重課税が問題になるが，源泉所得税分を控除した残額を相続税の課税ベースとしていることから，必ずしも所得税法9条1項17号に抵触しない。配当基準日と株主総会の間に相続が開始する場合の，配当期待権に対する相続税と，配当に対する源泉所得税についても同様である。ただし，これらが所得税法の非課税所得にあたらないことを確認する意味で，所得税法60条と同様に明文の規定を置くべきである。

　以上の整理のうち，①は，**21−2**で述べたところから容易に理解できるであろう。②については，のちに下級審で同様の判断が下された（東京高判平成25・11・21税資263号順号12339，東京高判平成26・3・27税資264号順号12443，いずれも上告不受理により確定）。

　③については，平成23年6月の税制改正で，所得税法67条の4を設けた。平成22年分の所得税に関する事案につき，大阪高判平成28・1・12税資266号順号12779は，清算手続結了前の株式を相続した場合に当該株式について相続税を課すことと，清算後に生ずる残余財産分配金についてみなし配当課税をすることが，所得税法9条1項17号によって禁止される二重課税にあたらないとした（上告不受理により確定）。大阪地判令和3・11・26判タ1503号58頁は，配当期待権に対する相続税と配当に対する所得税の関係について，配当は，「被相続人……の下で生じていた未実現のものが，相続人……の下で実現したもの」であるので，所得税法67条の4の趣旨からして，「配当所得に所得税を課すことは，課税の繰延べとして，所得税法が予定している」と判示した。

⑷補説・源泉徴収との関係

　本判決は，年金が所得税の課税対象になるか否かにかかわらず，年金支払

者に源泉徴収義務があると判示した。第一生命の源泉徴収が正しかったと判断することで，納税義務者が国に対して直接に還付を求めることを肯定したのである。久代さんが第一生命に民事上の請求を行い，第一生命が国との間で別途争う，というルートはとらせなかったことになる。特段の理由を示しておらず，給与所得に関する先例（最判平成4・2・18民集46巻2号77頁）との関係が問題となりえた。

　この点，平成23年6月税制改正が立法措置を講じ，本件のような相続等生命保険年金の支払は一般的に源泉徴収を要しないこととした（所税209条2号，所税令326条6項）。受給者の確定申告に手続を一本化したわけであり，これをバックアップするために，支払者の提出する支払調書の範囲が拡充された（所税規86条2項）。

21-4　展望

　本判決のロジックでは，各年に支払われる年金のうち，非課税所得に該当するのは，相続開始時の現在価値として相続税の課税対象となっていた1380万円のみである。残りの920万円は，運用益として，すべて課税の対象となる。これは，雄治さんが払込済みであった保険料は控除せず，相続開始時点で課税関係をリセットし，久代さんの目からみた運用益部分を全額所得税の課税対象にすることを意味する。その後も最高裁は，生命保険の保険金の所得課税が問題になった別の事件で，保険料を控除するためには「個人が自ら負担して支出した」ものであることが必要であると明言した（最判平成24・1・13民集66巻1号1頁［逆ハーフタックスプラン事件］）。これに対し，改正後の法令は，保険料を必要経費控除した後の金額を課税対象とする（所税令185条1項9号・2項柱書第2文）。これは，本判決以前からの課税実務を踏襲しており，本判決とは発想に食い違いがある。

　本判決は，所得税法9条1項17号の解釈を示す中で，所得税と相続税の関係に関する実定法の建て付けをあぶりだし，従来の課税実務が暗黙に前提としていた「ものの見方」の再検討を迫った。事案の解決を大局的にみると，一時金払いの取扱いを与件として，年金払いの扱いをそれにそろえる判断を下したことになる。司法府の検討がここまで到達したからには，生命保険金の一時金払いに関する確立した課税取扱いを改めて立法論として再検討することも，目と鼻の先のところにきている。そのような再検討のためには，人の死を租税法上どう位置付けるか，という根源的な課題に取り組む必要がある。

📄 **この章で学んだこと**

▶ 相続により取得する所得には，所得税を課さない。

▶ 元本と運用益は区別される。

→ **調べてみよう**

▶ 二重課税は，いけないことか？

　→浅妻章如『ホームラン・ボールを拾って売ったら二回課税されるのか』
　　（中央経済社，2020年）

▶ 個人が無償で取得した資産には，いかなる取得費を付すべきか？

　→渋谷雅弘「無償取得資産の取得費」水野忠恒先生古稀記念論文集『公
　　法・会計の制度と理論』（中央経済社，2022年）527頁

タックス・プランニングの理論

22−1　叙述のねらい

22−1−1　タックス・プランニングとは

　タックス・プランニング（tax planning）とは，直訳すると租税計画であり，課税関係がどうなるかを考えて取引のやり方を計画することを意味する。意訳すると，税務戦略となる。

　タックス・プランニングの目標は，「税引後利益の最大化」にある。これに対し，納付税額の最小化を目標にするのは，誤った戦略である。なぜなら，どれだけ税金を減らしても，手元に利益が残らなければ意味がないからである。

　このように，タックス・プランニングの話は，まずは損得勘定の話からはじまる。人によっては，それだけで終わるかもしれない。しかし，それだけで終わらないところに，本当のおもしろさがある。

22−1−2　望ましい税制のあり方を語る

　ある課税ルールが誰かに損得をもたらすと，そのことを知った人々の行動が変わる。つまり，課税が意思決定に作用する。その結果として，経済にいろいろな影響が及ぶ。これを分析することで，課税ルールに内在する欠陥を発見し，是正措置を提案できるようになる。すなわち，タックス・プランニングの理論に触れることは，望ましい税制のあり方を語るために，不可欠のステップなのである。

　この点については，誤解する人が多い。読者の中にも，タックス・プランニングという表題をみて，課税ルールの抜け穴（loophole）を利用する「節税技術のあれこれ」の解説を予想する人がいるのではないか。本章の意図は，そのような点にはない。

22−2　税引後利益の計測

22−2−1　税引前利益への影響

税引後利益は，税引前利益から納付税額を差し引いたものである。

税引後利益＝税引前利益−租税

この式の右辺は，課税ルールの影響を受ける。いいかえれば，プランニングにあたっては，納付税額がどうなるかだけでなく，税引前利益がどうなるかも検討しなければならない。

ここで鍵になるのが租税裁定（tax arbitrage）である（→2−2）。課税ルールの存在を織り込んで人々の行動が変わると，そもそも税引前利益に影響が及ぶ。市場の「見えざる手」が税引後収益率を均等化する結果，課税債は非課税債に比べて税引前の利率が高くならないと，買い手がつかない。こうして，租税裁定によって税引前の収益率が変化する。

22−2−2　租税以外のコスト

税引前利益は，収入から費用を差し引いたものである。よって，上の式は次のように展開できる。

税引後利益＝収入−費用−租税

ここからわかるように，租税だけでなく，租税以外の費用も考慮に入れて，税引後利益の最大化を目標にする必要がある。もし，10だけ節税するために，15の非租税コストがかかるようなら，税引後利益を最大化することはできない。たとえば，プランニングのための助言を受けるために専門家に支払う報酬が高いような場合である。

租税以外の費用の例を，法人税の分野からひとつあげてみよう。たとえば，会社が資金調達するときに，新株発行によると，株主に支払う配当は損金に算入できない。借入金によると，支払利子は損金に算入できる。それゆえ，できるだけ借入金に頼って資金調達したほうが，法人税の課税ベースが小さくなる。

ここで，会社の法人税だけに着目すれば，自己資本をできるだけ少なくして，借入金に頼るのが得策のように見える。しかし，借金が多くなるにつれ財務状況が悪化し，高い利息でなければ資金を貸してくれないかもしれない。利払いにより資金繰りが苦しくなり，倒産リスクが高まる。そうであれば，そういった非租税コストが存在する限りで，新株発行を選ぶことが合理的であろう。こうして，租税以外の諸々のコストの増大が，過少資本に対する歯止めになる可能性がある。

22-2-3 租税をコストとみる発想

2点に留意しておこう。

▶以上の叙述は，会社の法人税だけに視野を限定して，租税コストをとらえている。本来は，会社だけでなく株主や社債権者のほうもあわせて租税コストを考える必要がある。タックス・プランニングには幅広い目配りが必要である。複数の年度にまたがって課税関係を分析したり，取引の相手方がどう課税されるかを考えたり，といったことが必要になる。

▶以上の枠組は，租税を事業や投資のためのコストとみている。これは，政府の公共財提供による受益と，租税を納税するという負担との関係を切断する発想である。租税の特徴が，手数料と異なり，強制的であって直接の対価がないものだという点（→**1-2**）を正直に反映している。しかし，その結果，個別主体の意思決定としては合理的であっても，社会全体からみた集団的意思決定としては不都合なことが出てくる可能性がある（→**22-5**）。

22-2-4 タックス・クライアンテーレ

租税裁定によって税引後収益率が均衡した状態では，どういうことが起きるだろうか。

課税債と非課税債の例で考えてみよう。税引後の収益率が均衡する場合，税引前の収益率には大きな開きがある。そこで，投資家は，自分の立場に応じ，いずれに投資するのが有利かを考えることになる。

たとえば，非課税団体は，非課税債ではなく，課税債を買おうとするだろう。この団体は人的に非課税であるから，課税債に投資しておけば，高い収益率をそのまま享受できる。

こうして，同じタイプの投資家が，同種の投資に集中する。これを，タックス・クライアンテーレ（tax clientele）という。クライアンテーレとは，顧客とかお得意さんとかいった意味で，要するに，特定の投資に特定のお客がつく，という現象である（→**2-2-2**）。

このことをイメージしやすいように，Chapter 2 で用いた数値例をひとつにまとめて再掲しておこう。

図表22-1　数値例の再掲

	課税債	非課税債
税引前	10%→16%	10%→8%
税引後	5%→8%	10%→8%

　図表22−1では，矢印の左側が当初の収益率を示し，右側が均衡後の収益率を示している。課税がない場合の収益率は，いずれの債券であっても10％であった。これに対し，税率50％の所得税を導入すると，課税債の税引後収益率は5％になる。その結果，租税裁定が生じ，税引後収益率が8％になる点で均衡したとする。この均衡状態において，税引前収益率を比較すると，課税債は16％でなければ買い手がつかず，非課税債は8％であっても買い手がつく，という状態になっている。

　均衡後の状態において課税債と非課税債のいずれに投資するのが有利かは，投資家の限界税率（marginal tax rate）によって決まってくる。限界税率とは，追加的な課税所得が得られた場合に納付することになる税率のことである。ひらたくいえば，一単位だけ余分に所得が増えたときに，その限界的に増えた部分に対して適用される税率のことをいう。

　限界税率は，法定税率と一致するとは限らない。たとえば，法定税率が50％であったとしても，純損失の金額を過去の年分から繰り越せる事業所得者が追加的にすこしばかりの所得を得た場合，その増えた部分には所得税がかからない。その場合の限界税率はゼロである。こうして，現実の世界では，投資家ごとに限界税率が異なっているのが普通である。

　投資家は，それぞれに異なる限界税率に直面する中で，投資判断を行うことになる。図表22−1の数値例について，限界税率が50％の人は，課税債と非課税債のいずれに投資しても税引後収益率は同じである。これに対し，限界税率が50％より小さい人は，課税債に投資したほうが税引後でみて得になる。限界税率が50％を超える人は，非課税債に投資したほうが，税引後でみて得になる。

　こうして，投資家が税引後利益を最大化するためには，自分が直面している限界税率がいくらなのかを意識する必要がある。また，状況が変われば限界税率が変化するから，将来のポジションがどうなるかにも注意する必要がある。

22−3　ショールズの式

22−3−1　式の提示

　世の中に投資機会は山のようにあり，適用される課税ルールも千差万別である。このような中で，典型的な貯蓄商品について税引後利益の計算式を示したのが，ショールズの式である（Merle M. Erickson et al., Scholes & Wolfson's Taxes and Business Strategy（Cambridge business publishers, Sixth Edition, 2020））。

　図表22−2をみてほしい。Rが税引前収益率，nが投資期間，tが通常税

率，tc が軽減税率である。左上の欄に「貯蓄の媒体」と書いてあるのは，Savings Vehicle の訳で，貯蓄のための諸々のしくみのことである。出発点で1単位の投資を行うという想定で式をつくっており，課税済みの自己資金からまかなっているものとする。この想定は，**図表22-2**のⅥを理解する上で，特に重要である。

図表22-2　ショールズの式

貯蓄の媒体	元本控除	課税のタイミング	税率	税引後リターン
Ⅰ	×	毎年	通常	$[1+R(1-t)]^n$
Ⅱ	×	繰延	通常	$(1+R)^n(1-t)+t$
Ⅲ	×	毎年	軽減	$[1+R(1-tc)]^n$
Ⅳ	×	繰延	軽減	$(1+R)^n(1-tc)+tc$
Ⅴ	×	非課税	非課税	$(1+R)^n$
Ⅵ	○	繰延	通常	$[1/(1-t)]\times(1+R)^n(1-t)$ あるいは $(1+R)^n$

22-3-2　預金型と繰延型

⑴Ⅰの預金型

Ⅰは，銀行預金に対する通常の課税ルールをイメージしてほしい。銀行口座に預金を預けたとき，預けた元本は所得算定上控除できない。利子がつけば，t の通常税率で毎年課税される。ゆえに，1単位の元本を預け入れると，1年後には，税引後の利子が手元に残り，あわせて $1+R(1-t)$ となる。つまり，税引後の利子率 $R(1-t)$ で増殖していく。

それゆえ，n 年後には，手取りでみて，

$$[1+R(1-t)]^n$$

となる。これが，投資時に投資元本を控除せず，しかも，毎年毎年利子に課税していく場合の税引後利益の計算方法である。所得税における基本型であり，何らの優遇措置もない。

⑵Ⅱの繰延型

Ⅱは，課税を繰り延べる場合である。元本を預けたときに控除しない点や，利子分が通常税率で課税される点は，SVⅠと同じである。SVⅠと違うのは，課税の時期が繰り延べられる点にある。つまり，毎年利子がつく時点で課税するのではなく，最後に預金を引き出す時点で利子分にはじめて課税する。

この場合の税引後リターンは，次のように計算する。1単位の投資が，n

年の間無税で増殖する。最後の年にネットの収益分が通常税率 t で課税される。それゆえ，税引後のリターンは，以下の式で表現できる。

$$(1+R)^n - t[(1+R)^n - 1] = (1+R)^n(1-t) + t$$

ⅢとⅣは，これらと同じことを，軽減税率 tc で課税される場合について計算した式である。

22−3−3　非課税型と元本控除型

⑴Ⅴの非課税型

Ⅴは，非課税型である。非課税であるから，毎年，税引前収益率 R で増殖していく。数値例を入れて計算してみるとすぐわかることであるが，Ⅴは，ⅠからⅣまでのどれよりも，手取りで残る金額が大きくなる。

⑵Ⅵの元本控除型

Ⅵは，元本控除型である。他と異なり，元本控除の欄に○印がついている。つまり，預金元本を預けた年分において，預けた元本の額を課税所得から控除して計算する。先に**22−3−1**の末尾で注意を喚起しておいたように，**図表22−2**では，課税済みの自己資金をもとにして1単位の投資をする，という想定で式をつくっていた。そこで，他のシナリオと同じように課税済みの自己資金1単位から出発するように数字をそろえるためには，単位を割り戻す必要がある。

そのための計算方法は，次のようにする。いま，元本を1円預ける。税率が20％だとすると，所得が1円だけ減ることで，税金が0.2円分減る。だから，投資家にとっての持ち出しは，1円−0.2円＝0.8円である。いいかえれば，1円の資金を用意すれば，投資家は，1円÷(1−0.2)の投資を行うことができる。これが税率20％の例である。これを一般化する。**図表22−2**では通常税率を t としているから，初期投資に充てることのできる金額は，他の課税ルールについて1単位だとすると，Ⅵの場合については，[1／(1−t)]となる。

この金額を出発点として，n 年後の税引後リターンを計算する。課税が満期まで繰り延べられるから，税引前収益率 R で毎年増殖していく。預金が満期になると，はじめに元本を控除しているから，利子分だけでなく，リターンの全額が元本部分を含め根っこから課税される。よって，

$$[1／(1-t)] \times (1+R)^n(1-t)$$

となる。

⑶ ⅤとⅥの比較

Ⅵにおいて，元本を預け入れたときの通常税率 t と，満期に課税されるときの通常税率 t が等しければ，結果として，Ⅴと同じことになる。つまり，元本控除型のⅥは，税率が一定であれば，非課税型のⅤと等しい結果になるのである。

元本控除型が非課税型と等しい結果になるという点は，実は，減価償却の理論について学んだことと同じである（→**10-3-2**）。減価償却資産について即時全額控除（expensing）の扱いをする例が，まさにⅥに対応する。さらに，支出税の設計で述べたことを（→**11-1-2**），表現を変えて繰り返している。キャッシュ・フロー型がⅥに対応し，収益非課税型がⅤに対応する。

22-3-4 まとめ

以上，銀行預金のような金融商品を念頭において，6つの課税ルールの下で税引後利益がどう計算されるかをみた。投資家が税引後利益を最大化するには，これをにらんで意思決定すればよい。また，この式から得られる税引後利益をにらんで，租税裁定をすることになる。その意味で，ショールズの式は，タックス・プランニングの出発点となる。

いかがだろうか。数式が出てくるだけで，アレルギーをもたないでほしい。式自体は中学校の数学レベルのもので，新奇なことを述べているわけでもない。これまで日常言語と数値例で説明してきたのと同じことを，もうすこし一般的に記しているだけである。

Column 22-1　　NISA と iDeCo

株式や投資信託などの金融商品に個人が投資した場合，通常，売却益や配当などに 20％の所得税がかかる。これに対し，NISA（Nippon Individual Savings Account）は，非課税口座内の少額上場株式等から得られる所得を非課税とする制度である。令和5年度改正で「一般 NISA」と「つみたて NISA」を一本化し，非課税保有期間を無期限化して投資上限額を大幅に引き上げ，制度を恒久化した。また，iDeCo（individual-type Defined Contribution pension plan）は，個人型確定拠出年金の掛金を所得控除の対象とする制度であり，支払額の全額を控除することが可能である。ショールズの式でいうと，NISA はⅤの非課税型に，iDeCo はⅥの元本控除型に対応する。

22－4　租税裁定の手法

22－4－1　裁定の手法

　租税裁定は，所得税だけでなく，すべての租税について問題になる。たとえば，相続税についても，相続財産の取引価額と，課税用の財産評価額の間に乖離がある場合，そのミスマッチを利用することが可能である。

　税制改正に伴うルールの移行をとらえた裁定行動もある。たとえば，消費税の税率アップがアナウンスされることで，増税前の駆け込み需要が大きくなる。軽い課税から重い課税に移行するその時間差を利用して，軽い課税の間に取引が集中する。これも，租税裁定の例である。

　所得税についていえば，本書で学んできたことのほとんどが関係してくる。たとえば，ある所得が事業所得に区分されると累進税率がそのまま適用されるが，長期譲渡所得に区分されると半額課税になる。あるいは，所得の人的帰属を変更し，家族構成員の間で高所得者から低所得者に所得を付け替える。このように，裁定の手法には，課税ルールをみる人の想像力に応じて，いくらでも例を追加することができる。

22－4－2　ストラドルの例

(1)課税のタイミング

　ここでは，実現原則の復習をかねて，課税のタイミングを変更する例をみてみよう。

　たとえば，個人投資家の野村さんが，A株を1株保有している。A株の現在の時価は100である。野村さんは，A株を1株保有したまま，証券会社からA株を1株借りて空売りする。

(2)株価の値下がり

　この例で，株価が80に下がった場合，野村さんのポジションはどうなるか。

　一方で，保有株は，100から80に値下がりして，含み損が20ある。これが，ロングのポジションである。

　他方で，株を借りて空売りしている。ということは，100の値段で売っている。証券会社にA株を返すときには，市場で80で買ってそれを返せばよい。それゆえ，A株の値下がりによって，20だけ利益が生ずる。これが，ショートのポジションである。

　ここで，空売りは，通常の株式売買とは逆の順序で損益を計算することに

なる。通常なら，さきに80で買って，後で100で売る。空売りの場合，順序が逆転しており，さきに100で売って後で80で買うからややこしいが，20の利益が生じていることは同じである。

図表22-3は，野村さんのポジションを一覧にしたものである。「借り株」の数字に△をつけてあるのは，負値を意味する。

図表22-3の①をみてほしい。ロングとショートの両方をあわせてみると，ロングがマイナス20，ショートがプラス20ということになり，経済的にみると相互にきっちり相殺して，100の価値を維持している。つまり，A株の値動きの変動をヘッジしている。

図表22-3　野村さんのポジション

			① 80に値下がり	② 120に値上がり
ロング	保有株	100	80	120
ショート	空売り	100	100	100
	借り株	△100	△80	△120

(3)株価の値上がり

では，同じ例で，株価が120に上がった場合はどうか。

図表22-3の②をご覧いただきたい。株価が120に上がると，保有株からは20の含み益が発生する。空売りのほうからは，100で売って120で買うのだから，20の含み損が発生する。それゆえ，ロングとショートの両方をあわせると，ポジションとしては，100の価値を維持していることになる。

(4)実現原則の限界

それでは，この例において，野村さんの所得はいつどれだけ課税すべきか。

野村さんは，A株という同一の資産を，ロング・ポジションとショート・ポジションで同時に保有している。つまり，この例は，両建て取引（straddle）である。ストラドルによって，経済的にみると，野村さんはA株の価値を100で確定し，その後の値動きのリスクを排除することに成功する。

実現原則の下では，野村さんの課税は，次のようになりそうである。

▶値下がりした場合。野村さんが，保有株を売却してロング・ポジションを手仕舞いし，含み損20を実現する。それからA株を購入し，ロング・ポジションを復元する。他方で，ショート・ポジションはそのまま維持する。

すると，リスクを負わずに課税だけが繰り延べられる。

▶値上がりした場合。A株を120で買って証券会社に返せば，20の損が確定し，ショート・ポジションを手仕舞いできる。その後で，もう一度空売りを行ってショート・ポジションを復元する。他方で，ロング・ポジションはそのまま維持する。こうすると，リスクを負わずに課税だけが繰り延べられる。

こうして，実現原則の下では，納税者がリスクを負うことなく課税のタイミングを繰り延べることが可能になる。そこで，立法論としては，実現原則の例外として，空売りの時点で100の総収入金額が確定したものとして課税することを検討しなければならない。この例と異なり，個人ではなく，会社が売買目的有価証券を保有している場合には，時価で根洗いする（法税61条の3。→14−3−2）。実現原則を廃棄しており，課税繰延は生じない。

金融工学の発展により，タイミングを変更したり，所得分類や所得源泉を変更したりすることが，ますます安価にできるようになってきている。その中で，金融所得に対してどう課税すべきかが，大きな挑戦となっている。

22−4−3　OFAとCBA

⑴ OFA

租税裁定には2つのものがある。第1は，OFA（organizational-form arbitrage）である。これは，課税上有利に扱われる資産をロング・ポジションでもち，課税上不利に扱われる資産をショート・ポジションでもつことによって，さやをかせぐ手法である。

たとえば，税引前の収益率が等しいにもかかわらず，税引後の収益率が異なる場合を考える。図表22−2の式を例にとれば，Ⅰよりも，Ⅴのほうが，税引後の収益率が高い。このとき，Ⅰをショート・ポジションでもち，Ⅴをロング・ポジションでもつことができれば，さやをかせげる。たとえば，税引前利子率Rで借入れを行い，その資金で非課税債券を買う。ここで，借入れをして毎年利払を行うことは，Ⅰをショート・ポジションでもつことと同じである。非課税債券を買うことは，Ⅴをロング・ポジションでもつことと同じである。つまり，借入金を用いて非課税資産を買う手法は，OFAの典型例である。

図表22−3でみた野村さんのストラドルも，OFAの一種とみることができる。同じ株を，ロングとショートで保有する。実現原則の下で，ロングのほうは含み益に課税されず，ショートの含み損は実現させることができる。つまり，課税の有利なほうをロングでもって，不利なほうをショートでもっ

ているわけである。

(2) CBA

第2は，CBA（clientele-based arbitrage）である。これは，税引前収益率が異なっており，暗黙の税が存在する場合に行われる。納税者は，自分がどのタックス・クライアンテーレに属するかによって，プランニングのやり方を考える。つまり，自分の直面する限界税率に応じて，次の戦略をとる。

たとえば，図表22－1の数値例でいえば，市場で調整が起こった結果，課税債が税引前で16%の収益率をもたらし，非課税債が税引前で8%の収益率をもたらしている。このとき，どういう戦略があるか，という話である（図表22－4）。

図表22－4　図表22－1の均衡後の数値例を再掲

	課税債	非課税債
税引前	16%	8%
税引後	8%	8%

いま，ある会社の直面している限界税率が80%だったとしよう。この会社が課税債を発行して100を調達し，その100で非課税債を買う（図表22－5）。これは，課税債をショート・ポジションでもち，非課税債をロング・ポジションでもつことである。

図表22－5　CBAの数値例

	課税債の利払	非課税債の利子受取
税引前	△16	8
税	△12.8	0
税引後	△ 3.2	8

このとき，課税債について，利払い16を所得から控除できる。よって，16×80％＝12.8だけ，税金が減る。税引後でみると，損になっているのは3.2だけである。

非課税債のほうはどうか。非課税債100を保有すると，8の利子を受け取ることができ，それは非課税だから，手取りで8残る。

よって，両者をあわせると，税引後でみて4.8だけ得をする。つまり，この会社は，裁定によってさやをかせぐことができる。

この例で，この会社の限界税率が50％であれば，課税債の利払いが税引後で△8となり，損も得もしない。限界税率が50％より小さければ，かえって損をする。その場合には，逆のポジションをとって，非課税債を発行し，その資金で課税債を購入することで租税裁定ができる。

22−4−4　租税裁定に対する摩擦

以上は事態を単純化して説明しており，タックス・プランニングに伴う諸々のコストを織り込んでいない。現実の世界では，租税裁定には摩擦（friction）が伴う。課税ルールの中には，立案担当者が特段意図しないまま結果的に租税裁定の歯止めになるものがあり，人々の裁定行動を妨げることがある。また，**22−2−2**でみたように，非租税コストがかかって，現実には裁定が生じないこともある。

22−5　展望——政策と倫理

現行税制には，さまざまな線引きがある。たとえば，課税所得と非課税所得の区別，実現原則の下での課税のタイミング，所得源泉や稼得態様による所得区分，法人形態と非法人形態の違いなどである。そして，線引きのこちら側だと重課され，あちら側だと軽課される，という現象があちこちで生ずる。したがって，課税ルールを知ることで，どうすれば重課（軽課）されるかがよくわかることになる。

法の分野に限ったことではないが，知識には光と影の両面がある。社会全体のために有益な使い方もできるし，自分だけの利益のために使うこともできる。自己愛に基づく行動が必ずしも悪いというわけではないが，他の人に迷惑をかける場合もあり得よう。そして，課税ルールに関する知識を得た人のタックス・プランニングにより，社会全体の厚生が低下することがあるかもしれない。

しかし，だからといって，人々がそのような知識を学んではいけないということにはならないだろう。課税ルールに関する知識を一定の人的サークルの秘儀的事項にとどめておけば害悪を成さない，などという保障はどこにもない。それに，私たちの自由な社会において，情報の伝播は禁圧不能である。さらにいえば，民主主義社会において，租税は主権者たる国民が共同の費用としてみずから負担すべきものであって，それに関する知識を広く共有することは，当然のことがらである。

現行法に線引きや抜け穴が存在し，それらに関する知識の普及にメリットとデメリットの双方があるのだとすれば，むしろ，そのような状態に正面か

ら向き合うべきである。すなわち，どうして抜け穴が生ずるのか，抜け穴があることで誰が得をし，誰が損をするのか，抜け穴をふさぐにはどのようなやり方があるか，といった点を分析するのである。これらの点を検討することにより，どうすれば望ましい課税ルールをつくっていけるかを考えることができる。

このようにして，タックス・プランニングの理論は，あるべき租税政策（tax policy）を語ることにつながる。タックス・プランニングを学習者の自己利益のためだけの計算技術にとどめないためには，租税に携わる専門家（官民を問わない）の倫理に関する研究と連携することが必要であろう。

Column 22 − 2　　租税専門家の倫理

租税を専門とする法曹（tax lawyer）のすそ野が広い米国では，租税実務における倫理（ethics）の重要性が広く認識されてきた。ある代表的なケースブックは，コンプライアンス，税務調査と争訟，プランニングと助言，租税政策の形成，という4つの中核業務について生ずる倫理上の問題点を詳述している。参照，増井良啓「書評 Bernard Wolfman, Deborah H. Schenk, and Diane Ring, Ethical Problems in Federal Tax Practice, 4th Edition (Aspen Publishers, 2008)」ソフトロー研究19号（2012年）85頁。同書の第5版については，髙橋祐介「税務調査・争訟と専門職責任」租税研究870号（2022年）173頁。

📄 この章で学んだこと

▶ タックス・プランニングの目標は，税引後利益の最大化にある。

▶ 租税裁定により，税引前利益が変化する。

▶ タックス・プランニングの理論は，望ましい租税政策の探求につながる。

→ 調べてみよう

▶ タックス・プランニングとは何か？

　→渡辺智之『税務戦略入門――タックス・プランニングの基本と事例』（東洋経済新報社，2005年）

事 項 索 引

353

判 例 索 引

*判例の末尾に，下記の要領で参考文献を掲げた。

百選○事件：中里実 = 佐藤英明 = 増井良啓 = 渋谷雅弘 = 渕圭吾編『租税判例百選〔第7版〕』（有斐閣，2021年）

ケース○頁：金子宏 = 佐藤英明 = 増井良啓 = 渋谷雅弘編著『ケースブック租税法〔第6版〕』（弘文堂，2023年）

著者紹介　　　増井 良啓（ますい よしひろ）

東京大学大学院法学政治学研究科教授。

1987 年東京大学法学部卒業。

東京大学法学部助手，同助教授を経て現職。

主な著書

『結合企業課税の理論』（東京大学出版会，2002 年）

『市場と組織〔融ける境 超える法③〕』（共編，東京大学出版会，2005 年）

『国際租税法〔第 4 版〕』（共著，東京大学出版会，2019 年）

『ケースブック租税法〔第 6 版〕』（共編著，弘文堂，2023 年）

【法学教室ライブラリィ】

租税法入門〔第 3 版〕
Introduction to Tax Law, 3rd ed.

2014 年 3 月 30 日 初 版第 1 刷発行　　2023 年 12 月 25 日 第 3 版第 1 刷発行
2018 年 7 月 30 日 第 2 版第 1 刷発行　　2024 年 11 月 25 日 第 3 版第 2 刷発行

著　者	増井良啓	
発行者	江草貞治	
発行所	株式会社有斐閣	
	〒101-0051 東京都千代田区神田神保町 2-17	
	https://www.yuhikaku.co.jp/	
印　刷	株式会社暁印刷	
製　本	牧製本印刷株式会社	
装丁印刷	株式会社亨有堂印刷所	

落丁・乱丁本はお取替えいたします。定価はカバーに表示してあります。

©2023, Masui Yoshihiro.

Printed in Japan ISBN 978-4-641-22860-3